Arthur Schopenhauer

Zürcher Ausgabe

Werke in zehn Bänden

Band VI

Non multa
[Nicht vielerlei]

Der Text folgt der
historisch-kritischen Ausgabe von Arthur Hübscher
(3. Auflage, Brockhaus, Wiesbaden 1972)
Die editorischen Materialien
besorgte Angelika Hübscher
Redaktion von Claudia Schmölders,
Fritz Senn und Gerd Haffmans

Die beiden Grundprobleme der Ethik.

Behandelt
in zwei akademischen Preisschriften

von Dr. Arthur Schopenhauer,

Mitglied der Königl. Norwegischen
Societät der Wissenschaften

I. Ueber die Freiheit des menschlichen Willens, gekrönt von der Königl. Norwegischen Societät der Wissenschaften, zu Drontheim, am 26. Januar 1839.
II. Ueber das Fundament der Moral, nicht gekrönt von der K. Dänischen Societät der Wissenschaften, zu Kopenhagen, den 30. Januar 1840.

Μεγάλη ἡ ἀλήθεια καὶ ὑπερισχύει.
*[Groß ist die Wahrheit,
und sie behält den Sieg; 3. Esra, 4,41]*

Kleinere Schriften II

Diogenes

Diese Ausgabe erscheint mit Förderung
der Schopenhauer-Gesellschaft e. V.
und des Schopenhauer-Archivs
(Sitz: Frankfurt am Main)

Ein Glossar der wichtigsten wissenschaftlichen
Begriffe und Fremdwörter findet sich jeweils
im Anhang der Bände IV, VI und X
Nachbemerkungen von Angelika Hübscher
zur *Welt als Wille und Vorstellung,* zu den *Kleineren Schriften*
und *Parerga und Paralipomena* jeweils
am Schluss der einzelnen Bände
Ein Namenregister am Schluss des X. Bandes

Covermotiv: Selbstbildnis Arthur Schopenhauers, um 1855

Diogenes Verlag AG Zürich
www.diogenes.ch
30/17/852/1
ISBN 978 3 257 30066 6

Inhalt.

Preisschrift über die Freiheit des Willens.

Preisschrift über die Grundlage der Moral.

I. Einleitung

II. Kritik des von Kant der Ethik gegebenen Fundaments.

III. Begründung der Ethik.

IV. Zur metaphysischen Auslegung des ethischen Urphänomens.

Vorrede zur ersten Auflage.

Unabhängig von einander, auf äußern Anlaß, entstanden, ergänzen diese beiden Abhandlungen sich dennoch gegenseitig zu einem System der Grundwahrheiten der Ethik, in welchem man hoffentlich einen Fortschritt dieser Wissenschaft, die seit einem halben Jahrhundert Rasttag gehalten hat, nicht verkennen wird. Jedoch durfte keine von beiden sich auf die andere und eben so wenig auf meine früheren Schriften berufen; weil jede für eine andere Akademie geschrieben und strenges Inkognito hiebei die bekannte Bedingung ist. Daher auch war nicht zu vermeiden, daß einige Punkte in beiden berührt wurden; indem nichts vorausgesetzt werden konnte und überall *ab ovo* [von Grund auf] anzufangen war. Es sind eigentlich specielle Ausführungen zweier Lehren, die sich, den Grundzügen nach, im vierten Buche der »Welt als Wille und Vorstellung« finden, dort aber aus meiner Metaphysik, also synthetisch und *a priori* abgeleitet wurden, hier hingegen, wo, der Sache nach, keine Voraussetzungen gestattet waren, analytisch und *a posteriori* begründet auftreten: daher was dort das Erste war, hier das Letzte ist. Aber gerade durch dieses Ausgehn von dem Allen gemeinsamen Standpunkt, wie auch durch die specielle Ausführung, haben beide Lehren an Faßlichkeit, Ueberzeugungskraft und Entfaltung ihrer Bedeutsamkeit hier sehr gewonnen. Demnach sind diese beiden Abhandlungen als Ergänzung des vierten Buches meines Hauptwerks anzusehn, gerade so, wie meine Schrift »Ueber den Willen in der Natur« eine sehr wesentliche und wichtige Ergänzung des zweiten Buches ist. Uebrigens, so heterogen auch der Gegenstand der zuletzt genannten Schrift dem der gegenwärtigen zu seyn scheint; so ist dennoch zwischen ihnen wirklicher Zusammenhang, ja, jene Schrift ist gewissermaaßen der Schlüssel zur gegenwärtigen, und die Einsicht in diesen Zusammenhang vollendet allererst das vollkommene Verständniß beider. Wenn ein Mal die Zeit gekommen seyn wird, wo man mich liest, wird man finden, daß meine Philosophie ist wie Theben mit hundert Thoren: von allen Seiten kann man hinein und durch jedes auf geradem Wege bis zum Mittelpunkt gelangen.

Noch habe ich zu bemerken, daß die erste dieser beiden Abhandlungen bereits im neuesten Bande der zu Drontheim erscheinenden Denkschriften der Königlich Norwegischen Societät der Wissenschaften ihre Stelle gefunden hat. Diese Akademie hat, in Betracht der weiten Entfernung Drontheims von Deutschland, mir die von ihr erbetene Erlaubniß, einen Abdruck dieser Preisschrift für Deutschland veranstalten zu dürfen, mit der größten Bereitwilligkeit und Liberalität gewährt: wofür ich derselben meinen aufrichtigen Dank hiemit öffentlich abstatte.

Die zweite Abhandlung ist von der Königlich Dänischen Societät der Wissenschaften n i c h t gekrönt worden, obschon keine andere dawar, mit ihr zu kompetiren [wettzueifern]. Da diese Societät ihr Urtheil über meine Arbeit veröffentlicht hat, bin ich berechtigt dasselbe zu beleuchten und darauf zu repliciren. Der Leser findet dasselbe hinter der betreffenden Abhandlung [S. 316–17] und wird daraus ersehn, daß die Königliche Societät an meiner Arbeit durchaus nichts zu loben, sondern nur zu tadeln gefunden hat und daß dieser Tadel in drei verschiedenen Ausstellungen besteht, die ich jetzt einzeln durchgehn werde.

Der erste und hauptsächliche Tadel, dem die beiden andern nur accessorisch beigegeben sind, ist dieser, daß ich die Frage mißverstanden hätte, indem ich irriger Weise vermeint hätte, es würde verlangt, daß man das Prinzip der Ethik aufstelle: hingegen wäre die Frage eigentlich und hauptsächlich gewesen nach dem N e x u s d e r M e t a p h y s i k m i t d e r E t h i k. Diesen Nexus darzulegen hätte ich ganz unterlassen *(omisso enim eo, quod potissimum postulabatur* [indem er das überging, was vor allem andern gefordert worden war]), sagt das Urtheil im A n f a n g ; jedoch drei Zeilen weiter hat es dies wieder vergessen und sagt das Gegentheil, nämlich: ich hätte denselben dargelegt *(principii ethicae et metaphysicae suae nexum exponit* [er hat den Zusammenhang des Prinzips seiner Ethik mit seiner Metaphysik erörtert]), jedoch hätte ich dieses als einen Anhang und als etwas, darin ich mehr als verlangt worden leistete, geliefert.

Von diesem Widerspruch des Urtheils mit sich selbst will ich ganz absehn: ich halte ihn für ein Kind der Verlegenheit, in welcher es abgefaßt worden. Hingegen bitte ich den gerechten und gelehrten Leser, die von der Dänischen Akademie gestellte Preisfrage, mit der ihr vorgesetzten Einleitung, wie beide, nebst meiner Verdeutschung derselben, der Abhandlung vorgedruckt stehn, jetzt aufmerksam zu durchlesen und sodann zu entscheiden, wonach die Frage eigentlich frägt, ob nach dem letzten Grunde, dem Princip, dem Fundament, der wahren und eigentlichen Quelle der Ethik, – oder aber nach dem Nexus zwischen Ethik und Metaphysik. – Um dem Leser die Sache zu erleichtern, will ich jetzt Einleitung und Frage analysirend durchgehn und den Sinn derselben auf das Deutlichste hervorheben. Die Einleitung zur Frage sagt uns: »es gebe eine nothwendige Idee der Moralität, oder einen Urbegriff vom moralischen Gesetze, der zwiefach hervortrete, nämlich einerseits in der Moral als Wissenschaft, und andererseits im wirklichen Leben: in diesem letztern zeige derselbe sich wiederum zwiefach, nämlich theils im Urtheil über unsere eigenen, theils in dem über die Handlungen Anderer. An diesen ursprünglichen Begriff der Moralität knüpften sich dann wieder andere, welche auf ihm beruheten. Auf diese Einleitung gründet nun die Societät ihre Frage, nämlich: wo denn die Quelle und Grundlage der Moral zu suchen sei? ob vielleicht in einer ursprünglichen Idee der Moralität, die etwan thatsächlich und unmittelbar im Bewußtseyn, oder Gewissen, läge? diese müßte alsdann analysirt werden, wie auch die hieraus hervorgehenden Begriffe; oder aber ob die Moral einen andern Erkenntnißgrund habe?« – Latein lautet die Frage, wenn vom Unwesentlichen entkleidet und in eine ganz deutliche Stellung gebracht, also: *Ubinam sunt quaerenda* fons et fundamentum philosophiae moralis? *Suntne quaerenda in explicatione ideae moralitatis, quae conscientia immediate contineatur? an in alio cognoscendi principio?* [Wo sind die Quelle und das Fundament der Moralphilosophie zu suchen? Sind sie zu suchen in der Erklärung der Idee der Moralität, die in einem unmittelbaren Bewußtsein besteht? Oder in einem anderen Erkenntnisgrunde?] Dieser letzte Fragesatz zeigt aufs Deutlichste an, daß überhaupt nach dem Erkenntnißgrunde der Moral gefragt wird. Zum Ueberfluß will ich jetzt noch eine paraphrastische

Exegese [umschreibende Erklärung] der Frage hinzufügen. Die Einleitung geht aus von zwei ganz empirischen Bemerkungen: »es gebe, sagt sie, faktisch eine Moralwissenschaft; und ebenfalls sei es Thatsache, daß im wirklichen Leben moralische Begriffe sich bemerkbar machten; nämlich theils indem wir selbst, in unserm Gewissen, über unsere Handlungen moralisch richteten, theils indem wir die Handlungen Anderer in moralischer Hinsicht beurtheilen. Imgleichen wären mancherlei moralische Begriffe, z. B. Pflicht, Zurechnung u. dgl. in allgemeiner Geltung. In diesem Allen nun trete doch eine ursprüngliche Idee der Moralität, ein Grundgedanke von einem moralischen Gesetze hervor, dessen Nothwendigkeit jedoch eine eigenthümliche und nicht eine bloß logische sei: d. h. welche nicht nach dem bloßen Satze vom Widerspruch aus den zu beurtheilenden Handlungen, oder den diesen zum Grunde liegenden Maximen, bewiesen werden könne. Von diesem moralischen Urbegriff giengen nachher die übrigen moralischen Hauptbegriffe aus, und wären von ihm abhängig, daher auch unzertrennlich. – Worauf nun aber dieses Alles beruhe? – das wäre doch ein wichtiger Gegenstand der Forschung. – Daher also stelle die Societät folgende Aufgabe: die Quelle, d. h. der Ursprung der Moral, die Grundlage derselben, soll gesucht werden *(quaerenda sunt)*. Wo soll sie gesucht werden? d. h. wo ist sie zu finden? Etwan in einer uns angeborenen, in unserm Bewußtseyn, oder Gewissen, liegenden Idee der Moralität? Diese, nebst den von ihr abhängigen Begriffen brauchte dann bloß analysirt *(explicandis)* zu werden. Oder aber ist sie wo anders zu suchen? d. h. hat die Moral vielleicht einen ganz andern Erkenntnißgrund unserer Pflichten zu ihrer Quelle, als den so eben vorschlags- und beispielsweise angeführten?« – Dieses ist der, ausführlicher und deutlicher, aber treu und genau wiedergegebene Inhalt der Einleitung und Frage.

Wem kann nun hiebei auch nur der leiseste Zweifel bleiben daran, daß die Königliche Societät nach der Quelle, dem Ursprung, der Grundlage, dem letzten Erkenntnißgrunde der Moral frägt? – Nun kann aber die Quelle und Grundlage der Moral schlechterdings keine andere seyn, als die der Moralität selbst: denn was theoretisch und ideal Moral ist, das ist praktisch und real Moralität. Die Quelle dieser aber muß nothwendig der letzte Grund zu allem moralischen Wohlverhalten seyn: eben diesen Grund muß daher auch ihrerseits die Moral aufstellen, um sich, bei Allem was sie dem Menschen vorschreibt, darauf zu stützen und zu berufen; wenn sie nicht etwan ihre Vorschriften entweder ganz aus der Luft greifen, oder aber sie falsch begründen will. Sie hat also diesen letzten Grund aller Moralität nachzuweisen: denn als wissenschaftliches Gebäude hat sie ihn zum Grundstein, wie die Moralität als Praxis ihn zum Ursprung hat. Er ist also unleugbar das *fundamentum philosophiae moralis* [die Grundlage der Moralphilosophie], danach die Aufgabe frägt: folglich ist es klar wie der Tag, daß die Aufgabe wirklich verlangt, daß ein Princip der *Ethik* gesucht und aufgestellt werde, *»ut principium aliquod Ethicae conderetur«*, nicht in dem Sinn einer bloßen obersten Vorschrift oder Grundregel, sondern eines Realgrundes aller Moralität, und deshalb Erkenntnißgrundes der Moral. – Dieses leugnet nun aber das Urtheil, indem es sagt, daß weil ich es vermeint hätte, meine Abhandlung nicht gekrönt werden könne. Allein das wird und muß Jeder vermeinen, der die Aufgabe liest: denn es steht eben, schwarz auf weiß, mit klaren, unzweideutigen Worten da, und ist nicht wegzuleugnen, so lange die Worte der Lateinischen Sprache ihren Sinn behalten.

Ich bin hierin weitläuftig gewesen: aber die Sache ist wichtig und merkwürdig. Denn hieraus ist klar und gewiß, daß was diese Akademie gefragt zu haben leugnet, sie offenbar und unwidersprechlich gefragt hat. – Dagegen behauptet sie, etwas Anderes gefragt zu haben. Nämlich der Nexus zwischen Metaphysik und Moral sei der Hauptgegenstand der Preisfrage (diese allein kann unter *ipsum thema* [dem Thema selbst] verstanden werden) gewesen. Jetzt beliebe der Leser nachzusehn, ob davon ein Wort in der Preisfrage, oder in der Einleitung, zu finden sei: keine Sylbe und auch keine Andeutung. Wer nach der Verbindung zweier Wissenschaften frägt, muß sie denn doch beide nennen: aber der Metaphysik geschieht weder in der Frage noch in der Einleitung Erwähnung. Uebrigens wird dieser ganze Hauptsatz des Urtheils deutlicher, wenn man ihn aus der verkehrten Stellung in die natürliche bringt, wo er in genau den selben Worten lautet: *Ipsum thema ejusmodi disputationem flagitabat, in qua vel praecipuo loco metaphysicae et ethicae nexus consideraretur: sed scriptor, omisso eo, quod potissimum postulabatur, hoc expeti putavit, ut principium aliquod ethicae conderetur: itaque eam partem commentationis suae, in qua principii ethicae a se propositi et metaphysicae suae nexum exponit, appendicis loco habuit, in qua plus, quam postulatum esset, praestaret.* [Das Thema selbst forderte eine Untersuchung, in der vor allen Dingen der Zusammenhang der Metaphysik mit der Ethik klargelegt würde. Aber der Autor hat das, was vor allem andern gefordert wurde, übergangen und geglaubt, die Aufstellung irgendeines Prinzips der Ethik werde verlangt: daher hat er den Teil der Abhandlung, in dem er den Zusammenhang des von ihm aufgestellten ethischen Prinzips mit seiner Metaphysik erörtert, nur in einem Anhang dargelegt, in dem er mehr, als gefordert war, darbot.] Auch liegt die Frage nach dem Nexus zwischen Metaphysik und Moral schlechterdings nicht in dem Gesichtspunkte, von welchem die Einleitung der Frage ausgeht: denn diese hebt an mit empirischen Bemerkungen, beruft sich auf die im gemeinen Leben vorkommenden moralischen Beurtheilungen u. dgl., frägt sodann, worauf denn das Alles zuletzt beruhe? und schlägt endlich, als Beispiel einer möglichen Auflösung, eine angeborene, im Bewußtseyn liegende Idee der Moralität vor, nimmt also in ihrem Beispiel, versuchsweise und problematisch, eine bloße psychologische Thatsache und nicht ein metaphysisches Theorem als Lösung an. Hiedurch aber giebt sie deutlich zu erkennen, daß sie die Begründung der Moral durch irgend eine Thatsache, sei es des Bewußtseyns oder der Außenwelt, verlangt, nicht aber dieselbe aus den Träumen irgend einer Metaphysik abgeleitet zu sehn erwartet: daher würde die Akademie eine Preisschrift, welche die Frage auf diese Art gelöst hätte, mit vollem Rechte haben abweisen können. Man erwäge das wohl. Nun kommt aber noch hinzu, daß die angeblich aufgestellte, jedoch nirgends zu findende Frage nach dem Nexus der Metaphysik mit der Moral eine ganz unbeantwortbare, folglich, wenn wir der Akademie einige Einsicht zutrauen, eine unmögliche wäre: unbeantwortbar, weil es eben keine Metaphysik schlechthin giebt, sondern nur verschiedene (und zwar höchst verschiedene) Metaphysiken,

d. h. allerlei Versuche zur Metaphysik, in beträchtlicher Anzahl, nämlich so viele als es jemals Philosophen gegeben hat, von denen daher jede ein ganz anderes Lied singt, die also von Grund aus differiren und dissentiren [abweichender Meinung sind]. Demnach ließe sich wohl fragen nach dem Nexus zwischen der Aristotelischen, Epikurischen, Spinozischen, Leibnitzischen, Lockeschen, oder sonst einer bestimmt angegebenen Metaphysik, und der Ethik; aber nie und nimmermehr nach dem Nexus zwischen der Metaphysik schlechthin und der Ethik: weil diese Frage gar keinen bestimmten Sinn hätte, da sie das Verhältniß zwischen einer gegebenen und einer ganz unbestimmten, ja, vielleicht unmöglichen Sache fordert. Denn so lange es keine als objektiv wahr anerkannte und unleugbare Metaphysik, also eine Metaphysik schlechthin giebt, wissen wir nicht ein Mal, ob eine solche überhaupt auch nur möglich ist, noch was sie seyn wird und seyn kann. Wollte man inzwischen urgiren [nachdrücklich betonen], daß wir doch einen ganz allgemeinen, also freilich unbestimmten Begriff von der Metaphysik überhaupt hätten, in Hinsicht auf welchen nach dem Nexus überhaupt zwischen dieser Metaphysik *in abstracto* und der Ethik gefragt werden könnte; so ist das zuzugeben: jedoch würde die Antwort auf die in diesem Sinn genommene Frage so leicht und einfach seyn, daß einen Preis auf dieselbe zu setzen lächerlich wäre. Sie könnte nämlich nichts weiter besagen, als daß eine wahre und vollkommene Metaphysik auch der Ethik ihre feste Stütze, ihre letzten Gründe darbieten müsse. Zudem findet man diesen Gedanken gleich im ersten Paragraphen meiner Abhandlung ausgeführt, wo ich unter den Schwierigkeiten der vorliegenden Frage besonders die nachweise, daß sie, ihrer Natur nach, die Begründung der Ethik durch irgend eine gegebene Metaphysik, von der man ausgienge und auf die man sich stützen könnte, ausschließt.

Ich habe also im Obigen unwidersprechlich nachgewiesen, daß die Königlich Dänische Societät Das wirklich gefragt hat, was sie gefragt zu haben leugnet; hingegen Das, was sie gefragt zu haben behauptet, nicht gefragt hat, ja nicht ein Mal hat fragen können. Dieses Verfahren der Königlich Dänischen Societät wäre, nach dem von mir aufgestellten Moralprincip, freilich nicht Recht: allein da dieselbe mein Moralprincip nicht gelten läßt; so wird sie wohl ein anderes haben, nach welchem es Recht ist.

Was nun aber die Dänische Akademie wirklich gefragt hat, das habe ich genau beantwortet. Ich habe zuvörderst in einem negativen Theile dargethan, daß das Princip der Ethik nicht da liegt, wo man es, seit 60 Jahren, als sicher nachgewiesen annimmt. Sodann habe ich, im positiven Theile, die ächte Quelle moralisch lobenswerther Handlungen aufgedeckt, und habe wirklich bewiesen, daß diese es sei, und keine andere es seyn könne. Schließlich habe ich die Verbindung gezeigt, in welcher dieser ethische Realgrund mit – nicht meiner Metaphysik, wie das Urtheil fälschlich angiebt, auch nicht mit irgend einer bestimmten Metaphysik, – sondern mit einem allgemeinen Grundgedanken steht, der sehr vielen, vielleicht den meisten, ohne Zweifel den ältesten, nach meiner Meinung den wahrsten, metaphysischen Systemen gemeinsam ist. Diese metaphysische Darstellung habe ich nicht, wie das Urtheil sagt, als einen Anhang, sondern als das letzte Kapitel der Abhandlung gegeben: es ist der Schlußstein des Ganzen, eine Betrachtung höherer Art, in die es ausläuft. Daß ich dabei gesagt habe, ich leistete hierin mehr als die Aufgabe eigentlich verlange, kommt eben daher, daß diese mit keinem Worte auf eine metaphysische Erklärung hindeutet, viel weniger, wie das Urtheil behauptet, ganz eigentlich auf eine solche gerichtet wäre. Ob nun übrigens diese metaphysische Auseinandersetzung eine Zugabe, d. h. etwas darin ich mehr leiste als gefordert worden, sei, oder nicht, ist Nebensache, ja, gleichgültig: genug, daß sie dasteht. Daß aber das Urtheil dies gegen mich geltend machen will, zeugt von seiner Verlegenheit: es greift nach Allem, um nur etwas gegen meine Arbeit vorzubringen. Uebrigens mußte, der Natur der Sache nach, jene metaphysische Betrachtung den Schluß der Abhandlung machen. Denn wäre sie vorangegangen; so hätte aus ihr das Princip der Ethik synthetisch abgeleitet werden müssen; was nur dann möglich gewesen wäre, wenn die Akademie gesagt hätte, aus welcher der vielen, so höchst verschiedenen Metaphysiken sie ein ethisches Princip abgeleitet zu sehn beliebe: die Wahrheit eines solchen aber wäre alsdann ganz von der dabei vorausgesetzten Metaphysik abhängig, also problematisch geblieben. Demnach machte die Natur der Frage eine analytische Begründung des moralischen Urprincips, d. h.

eine Begründung, die, ohne Voraussetzung irgend einer Metaphysik, aus der Wirklichkeit der Dinge geschöpft wird, nothwendig. Eben weil, in neuerer Zeit, dieser Weg als der allein sichere allgemein erkannt worden, hat Kant, wie auch schon die ihm vorhergangenenen Englischen Moralisten, sich bemüht, das Moralprincip, unabhängig von jeder metaphysischen Voraussetzung, auf analytischem Wege zu begründen. Davon wieder abzugehn, wäre ein offenbarer Rückschritt. Hätte diesen die Akademie dennoch verlangt; so müßte sie wenigstens dies auf das Bestimmteste aussprechen: aber in ihrer Frage liegt nicht ein Mal eine Andeutung davon.

Da übrigens die Dänische Akademie über das Grundgebrechen meiner Arbeit großmüthig geschwiegen hat, werde ich mich hüten es aufzudecken. Ich fürchte nur, dies wird uns nichts helfen; indem ich vorhersehe, daß die Naseweisheit des Lesers der Abhandlung dem faulen Fleck doch auf die Spur kommen wird. Allenfalls könnte es ihn irre führen, daß meine Norwegische Abhandlung mit dem selben Grundgebrechen wenigstens eben so sehr behaftet ist. Die Königlich Norwegische Societät hat sich dadurch freilich nicht abhalten lassen, meine Arbeit zu krönen. Dieser Akademie anzugehören ist aber auch eine Ehre, deren Werth ich mit jedem Tage deutlicher einsehn und vollständiger ermessen lerne. Denn sie kennt, als Akademie, kein anderes Interesse, als das der Wahrheit, des Lichts, der Förderung menschlicher Einsicht und Erkenntnisse. Eine Akademie ist kein Glaubenstribunal. Wohl aber hat eine jede, ehe sie so hohe, ernste und bedenkliche Fragen, wie die beiden vorliegenden, als Preisfragen aufstellt, vorher bei sich selbst auszumachen und fest zu stellen, ob sie auch wirklich bereit ist, der Wahrheit, wie sie immer lauten möge (denn das kann sie nicht vorher wissen), öffentlich beizutreten. Denn hinterher, nachdem auf eine ernste Frage eine ernste Antwort eingegangen, ist es nicht mehr an der Zeit sie zurückzunehmen. Und wenn ein Mal der steinerne Gast geladen worden, da ist, bei dessen Eintritt, selbst Don Juan zu sehr ein *Gentleman*, als daß er seine Einladung verleugnen sollte. Diese Bedenklichkeit ist ohne Zweifel der Grund, weshalb die Akademien Europas sich in der Regel wohl hüten, Fragen solcher Art aufzustellen: wirklich sind die zwei vorliegenden die ersten, welche ich mich entsinne erlebt zu haben, weshalb eben, *pour la rareté du fait* [wegen der Seltenheit der Sache], ich ihre Beantwortung unternahm. Denn obwohl mir seit geraumer Zeit klar geworden, daß ich die Philosophie zu ernstlich nehme, als daß ich ein Professor derselben hätte werden können; so habe ich doch nicht geglaubt, daß der selbe Fehler mir auch bei einer Akademie entgegenstehn könne.

Der zweite Tadel der Königlich Dänischen Societät lautet: *scriptor neque ipsa disserendi forma nobis satisfecit* [Der Autor hat uns auch nicht durch die Form seiner Abhandlung befriedigt]. Dagegen ist nichts zu sagen: es ist das subjektive Urtheil der Königlich Dänischen Societät*, zu dessen Erläuterung ich meine Arbeit veröffentliche und derselben das Urtheil beifüge, damit es nicht verloren gehe, sondern aufbewahrt bleibe

ἔστ᾽ ἂν ὕδωρ τε ῥέῃ, καὶ δένδρεα μακρὰ τεθήλῃ,
ἠέλιός τ᾽ ἀνιὼν φαίνῃ, λαμπρή τε σελήνη,
καὶ ποταμοὶ πλήθωσιν, ἀνακλύζῃ δὲ θάλασσα, –
ἀγγελέω παριοῦσι, Μίδας ὅτι τῇδε τέθαπται.**

(Dum fluit unda levis, sublimis nascitur arbor,
Dum sol exoriens et splendida luna relucet,
Dum fluvii labuntur, inundant littora fluctus,
Usque Midam viatori narro hic esse sepultum.)

[Solange fließet das Wasser und wachsen mächtige Bäume,
Solange aufgeht die Sonne und scheint, solange der Mond glänzt,
Und die Flüsse ihr Wasser, die Meere ihr Rauschen behalten,
Werde ich melden dem Wandrer, daß hier liegt Midas begraben.
(vgl. Platon, *Phaidr.* p. 264 D.)]

Ich bemerke hiebei, daß ich hier die Abhandlung so gebe, wie ich sie eingesandt habe: d. h. ich habe nichts gestrichen, noch verändert: die wenigen, kurzen und nicht wesentlichen Zusätze aber,

---

* »Sie sagen: das muthet mich nicht an!
Und meinen, sie hätten's abgethan.«
G o e t h e.
[»Sprichwörtlich«] Zusatz zur zweiten Auflage.

** Der letzte Vers war in der ersten Auflage weggelassen, unter der Voraussetzung, daß der Leser ihn ergänzen würde.

welche ich nach der Absendung beigeschrieben, bezeichne ich durch ein Kreuz am Anfang und Ende eines jeden derselben, um allen Ein- und Ausreden zuvorzukommen.*

Das Urtheil fügt zu Obigem hinzu: *neque reapse hoc fundamentum sufficere evicit* [auch hat er diese Grundlage wirklich nicht als ausreichend nachgewiesen]. Dagegen berufe ich mich darauf, daß ich meine Begründung der Moral wirklich und ernstlich b e w i e s e n habe, mit einer Strenge, welche der mathematischen nahe kommt. Dies ist in der M o r a l ohne Vorgang und nur dadurch möglich geworden, daß ich, tiefer als bisher geschehn, in die Natur des menschlichen Willens eindringend, die drei letzten Triebfedern desselben, aus denen alle seine Handlungen entspringen, zu Tage gebracht und bloß gelegt habe.

Im Urtheil folgt aber noch gar: *quin ipse contra esse confiteri coactus est* [ja, er hat sich vielmehr genötigt gesehen, selbst das Gegenteil einzugestehen]. Wenn das heißen soll, ich selbst hätte meine Moralbegründung für ungenügend erklärt; so wird der Leser sehn, daß davon keine Spur zu finden und so etwas mir nicht eingefallen ist. Sollte aber vielleicht mit jener Phrase etwan gar darauf angespielt seyn, daß ich, an einer Stelle gesagt habe, die Verwerflichkeit der widernatürlichen Wollustsünden sei nicht aus dem selben Princip mit den Tugenden der Gerechtigkeit und Menschenliebe abzuleiten; – so hieße dies aus Wenigem viel gemacht und wäre nur ein abermaliger Beweis, wie man zur Verwerfung meiner Arbeit nach Allem gegriffen hat. Zum Schlusse und Abschiede ertheilt mir sodann die Königlich Dänische Societät noch einen derben Verweis, wozu, selbst wenn dessen Inhalt gegründet wäre, ich ihre Berechtigung nicht einsehe. Ich werde ihr also darauf dienen. Er lautet: *plures recentioris aetatis* summos philosophos *tam indecenter commemorari, ut justam et gravem offensionem habeat* [Mehrere hervorragende Philosophen der Neuzeit werden so unziemlich erwähnt, daß es gerechten und schweren Anstoß erregt.] Diese *summi philosophi* sind nämlich – F i c h t e und H e g e l !

---

* Dies gilt nur von der ersten Auflage: in der gegenwärtigen sind die Kreuze weggelassen, weil sie etwas Störendes haben, zumal da jetzt zahlreiche neue Zusätze hinzugekommen sind. Daher muß, wer die Abhandlung genau in der Gestalt, in welcher sie der Akademie eingesandt worden, kennen lernen will, die erste Auflage zur Hand nehmen.

Denn über diese allein habe ich mich in starken und derben Ausdrücken, mithin so ausgesprochen, daß die von der Dänischen Akademie gebrauchte Phrase möglicherweise Anwendung finden könnte: ja, der darin ausgesprochene Tadel würde, an sich selbst, sogar gerecht seyn, wenn diese Leute *summi philosophi* wären. Dies allein ist der Punkt, worauf es hier ankommt.

Was Fichten betrifft, so findet man in der Abhandlung nur das Urtheil wiederholt und ausgeführt, was ich bereits vor 22 Jahren, in meinem Hauptwerke, über ihn abgegeben habe. So weit es hier zur Sprache kam, habe ich dasselbe durch einen Fichten eigens gewidmeten ausführlichen Paragraphen motivirt, aus welchem genugsam hervorgeht, wie weit er davon entfernt war, ein *summus philosophus* zu seyn: dennoch habe ich ihn als einen »Talent-Mann« hoch über Hegeln gestellt. Ueber diesen allein habe ich, ohne Kommentar, mein unqualificirtes Verdammungsurtheil in den entschiedensten Ausdrücken ergehn lassen. Denn ihm geht, meiner Ueberzeugung nach, nicht nur alles Verdienst um die Philosophie ab; sondern er hat auf dieselbe, und dadurch auf die Deutsche Litteratur überhaupt, einen höchst verderblichen, recht eigentlich verdummenden, man könnte sagen pestilenzialischen Einfluß gehabt, welchem daher, bei jeder Gelegenheit, auf das Nachdrücklichste entgegen zu wirken, die Pflicht jedes selbst zu denken und selbst zu urtheilen Fähigen ist. Denn schweigen wir, wer soll dann sprechen? Nebst Fichten also ist es Hegel, auf den sich der am Schlusse des Urtheils mir ertheilte Verweis bezieht; ja, von ihm ist, da er am schlimmsten weggekommen, vornehmlich die Rede, wenn die Königlich Dänische Societät von *recentioris aetatis summis philosophis* spricht, gegen welche ich unanständigerweise es an schuldigem Respekt habe fehlen lassen. Sie erklärt also öffentlich, von eben dem Richterstuhl herab, von welchem sie Arbeiten wie meine mit unqualificirtem Tadel verwirft, diesen Hegel für einen *summus philosophus*.

Wenn ein Bund zur Verherrlichung des Schlechten verschworener Journalschreiber, wenn besoldete Professoren der Hegelei, und schmachtende Privatdocenten, die es werden möchten, jenen sehr gewöhnlichen Kopf, aber ungewöhnlichen Scharlatan, als den größten Philosophen, den je die Welt besessen, unermüdlich und mit beispielloser Unverschämtheit, in alle vier Winde ausschreien; so ist das keiner ernstlichen Berücksichtigung werth, um so weniger, als die plumpe Absichtlichkeit dieses elenden Treibens nachgerade selbst dem wenig Geübten augenfällig werden muß. Wenn es aber so weit kommt, daß eine ausländische Akademie jenen Philosophaster als einen *summus philosophus* in Schutz nehmen will, ja, sich erlaubt, den Mann zu schmähen, der, redlich und unerschrocken, dem falschen, erschlichenen, gekauften und zusammengelogenen Ruhm mit dem Nachdruck sich entgegenstellt, der allein jenem frechen Anpreisen und Aufdringen des Falschen, Schlechten und Kopfverderbenden angemessen ist; so wird die Sache ernsthaft: denn ein so beglaubigtes Urtheil könnte Unkundige zu großem und schädlichem Irrthum verleiten. Es muß daher neutralisirt werden: und dies muß, da ich nicht die Auktorität einer Akademie habe, durch Gründe und Belege geschehn. Solche also will ich jetzt so deutlich und faßlich darlegen, daß sie hoffentlich dienen werden, der Dänischen Akademie den Horazianischen Rath

Qualem commendes, etiam atque etiam adspice, ne mox
Incutiant aliena tibi peccata pudorem
[Wen du empfehlen willst, den prüfe ernstlich, damit du
Nicht zu erröten brauchst über Sünden, die andre begangen:
Epist., I, 18, 76],

für die Zukunft zu empfehlen.

Wenn ich nun zu diesem Zwecke sagte, die sogenannte Philosophie dieses Hegels sei eine kolossale Mystifikation, welche noch der Nachwelt das unerschöpfliche Thema des Spottes über unsere Zeit liefern wird, eine alle Geisteskräfte lähmende, alles wirkliche Denken erstickende und, mittelst des frevelhaftesten Mißbrauchs der Sprache, an dessen Stelle den hohlsten, sinnleersten, gedankenlosesten, mithin, wie der Erfolg bestätigt, verdummendesten Wortkram setzende Pseudophilosophie, welche, mit einem aus der Luft gegriffenen und absurden Einfall zum Kern, sowohl der Gründe als der Folgen entbehrt, d. h. durch nichts bewiesen wird, noch selbst irgend etwas beweist oder erklärt, dabei noch, der Originalität ermangelnd, eine bloße Parodie des scholastischen Realismus und zugleich des Spinozismus, welches Monstrum auch noch von der Kehrseite das Christenthum vorstellen soll, also

πρόσθε λέων, ὄπιθεν δὲ δράκων, μέσση δὲ χίμαιρα,
(ora leonis erant, venter capra, cauda draconis),

[vorn ein Löwe, von hinten ein Drache, eine Ziege inmitten: *Ilias*, VI, 181],

so würde ich Recht haben. Wenn ich ferner sagte, dieser *summus philosophus* der Dänischen Akademie habe Unsinn geschmiert wie kein Sterblicher je vor ihm, so daß, wer sein gepriesenstes Werk, die sogenannte »Phänomenologie des Geistes«*, lesen könne, ohne daß ihm dabei zu Muthe würde, als wäre er im Tollhause, – hinein gehöre; so würde ich nicht minder Recht haben. Allein da ließe ich der Dänischen Akademie den Ausweg, zu sagen, die hohen Lehren jener Weisheit wären niedrigen Intelligenzen, wie meiner, nicht erreichbar, und was mir Unsinn scheine, wäre bodenloser Tiefsinn. Da muß ich denn freilich nach einer festern Handhabe suchen, die nicht abgleiten kann, und den Gegner da in die Enge treiben, wo keine Hinterthüre vorhanden ist. Demnach werde ich jetzt unwiderleglich beweisen, daß diesem *summo philosopho* der Dänischen Akademie sogar der gemeine Menschenverstand, so gemein er auch ist, abgieng. Daß man aber auch ohne diesen ein *summus philosophus* seyn könne, ist eine Thesis, welche die Akademie nicht aufstellen wird. Jenen Mangel aber werde ich durch d r e i verschiedene Beispiele erhärten. Und diese werde ich entnehmen aus d e m Buche, bei welchem er am allermeisten sich hätte besinnen, sich zusammennehmen und überlegen sollen, was er schrieb, nämlich aus seinem Studentenkompendio, betitelt »Encyklopädie der philosophischen Wissenschaften«, welches Buch ein Hegelianer die Bibel der Hegelianer genannt hat.

Daselbst also, in der Abtheilung »Physik«, § 293 (zweite Auflage, von 1827), handelt er vom specifischen Gewichte, welches er specifische Schwere nennt, und bestreitet die Annahme, daß dasselbe auf Verschiedenheit der Porosität beruhe, durch folgendes Argument: »Ein Beispiel vom e x i s t i r e n d e n Specificiren der Schwere ist die Erscheinung, daß ein auf seinem Unterstützungspunkte gleichgewichtig schwebender Eisenstab, wie er m a g n e t i s i r t wird, sein Gleichgewicht verliert und sich an dem einen Pole jetzt schwerer zeigt als an dem andern. Hier wird der eine Theil so inficirt, daß er, ohne sein Volumen zu

* Heißt eigentlich »System der Wissenschaft«, Bamberg 1807. In dieser Originalausgabe muß man es lesen, da es in den *operibus omnibus* [Sämtlichen Werken] von dem edirenden *assecla* [Parteigänger] etwas glatt geleckt seyn soll.

verändern, schwerer wird; die Materie, deren Masse nicht vermehrt worden, ist somit s p e c i f i s c h schwerer geworden.« – Hier macht also der *summus philosophus* der Dänischen Akademie folgenden Schluß: »Wenn ein in seinem Schwerpunkt unterstützter Stab nachmals auf einer Seite schwerer wird; so senkt er sich nach dieser Seite: nun aber senkt ein Eisenstab, nachdem er magnetisirt worden, sich nach einer Seite: also ist er daselbst schwerer geworden.« Ein würdiges Analogon zu dem Schluß: »Alle Gänse haben zwei Beine, Du hast zwei Beine, also bist Du eine Gans.« Denn in kategorische Form gebracht, lautet der Hegel'sche Syllogismus: »Alles was auf einer Seite schwerer wird, senkt sich nach der Seite: dieser magnetisirte Stab senkt sich nach einer Seite: also ist er daselbst schwerer geworden.« Das ist die Syllogistik dieses *summi philosophi* und Reformators der Logik, dem man leider vergessen hat beizubringen, daß *e meris affirmativis in secunda figura nihil sequitur* [aus bloß bejahenden Voraussetzungen in der zweiten Figur sich kein Schluß ziehen läßt]. Im Ernst aber ist es die a n g e b o r e n e Logik, welche jedem gesunden und geraden Verstande dergleichen Schlüsse unmöglich macht, und deren Abwesenheit das Wort U n v e r s t a n d bezeichnet. Wie sehr ein Lehrbuch, welches Argumentationen dieser Art enthält und vom Schwererwerden der Körper ohne Vermehrung ihrer Masse redet, geeignet ist, den geraden Verstand der jungen Leute schief und krumm zu biegen, bedarf keiner Auseinandersetzung. – Welches das Erste war.

Das zweite Beispiel vom Mangel des gemeinen Menschenverstandes in dem *summo philosopho* der Dänischen Akademie beurkundet der § 269 des selben Haupt- und Lehrwerks, in dem Satz: »Zunächst widerspricht die Gravitation unmittelbar dem Gesetze der Trägheit, denn vermöge jener strebt die Materie a u s s i c h s e l b s t zur andern hin.« – Wie?! nicht zu begreifen, daß es dem Gesetze der Trägheit so wenig zuwiderläuft, daß ein Körper von einem andern a n g e z o g e n, als daß er von ihm g e s t o ß e n wird?! Im einen wie im andern Fall ist es ja der Hinzutritt einer äußern Ursache, welcher die bis dahin bestehende Ruhe oder Bewegung aufhebt oder verändert; und zwar so, daß, beim Anziehn wie beim Stoßen, Wirkung und Gegenwirkung einander gleich sind. – Und eine solche Albernheit so dummdreist hinzuschreiben! Und dies in ein Lehrbuch für

Studenten, die dadurch an den ersten Grundbegriffen der Naturlehre, die keinem Gelehrten fremd bleiben dürfen, gänzlich und vielleicht auf immer irre gemacht werden. Freilich, je unverdienter der Ruhm, desto dreister macht er. – Dem, der denken kann (welches nicht der Fall unsers *summi philosophi* war, der bloß »den Gedanken« stets im Munde führte, wie die Wirthshäuser den Fürsten, der nie bei ihnen einkehrt, im Schilde), ist es nicht erklärlicher, daß ein Körper den andern fortstößt, als daß er ihn anzieht; da dem Einen wie dem Andern unerklärte Naturkräfte, wie solche jede Kausalerklärung zur Voraussetzung hat, zum Grunde liegen. Will man daher sagen, daß ein Körper, der von einem andern, vermöge der Gravitation, angezogen wird, »aus sich selbst« zu ihm hinstrebt; so muß man auch sagen, daß der gestoßene Körper »aus sich selbst« vor dem stoßenden flieht, und wie im Einen so im Andern das Gesetz der Trägheit aufgehoben sehn. Das Gesetz der Trägheit fließt unmittelbar aus dem der Kausalität, ja, ist eigentlich nur dessen Kehrseite: »Jede Veränderung wird durch eine Ursache herbeigeführt«, sagt das Gesetz der Kausalität: »Wo keine Ursache hinzukommt, tritt keine Veränderung ein«, sagt das Gesetz der Trägheit. Daher würde eine Thatsache, die dem Gesetz der Trägheit widerspräche, geradezu auch dem der Kausalität, d. h. dem *a priori* Gewissen, widersprechen und uns eine Wirkung ohne Ursache zeigen: welches anzunehmen der Kern alles Unverstandes ist. – Welches das Zweite war.

Die dritte Probe der eben genannten angeborenen Eigenschaft legt der *summus philosophus* der Dänischen Akademie im § 298 des selben Meisterwerkes ab, woselbst er, gegen die Erklärung der Elasticität durch Poren polemisirend, sagt: »Wenn zwar sonst in Abstracto zugegeben wird, daß die Materie vergänglich, nicht absolut sei, so wird sich doch in der Anwendung dagegen gesträubt, – – – – – – – –; so daß in der That die Materie als absolut-selbstständig, ewig, angenommen wird. Dieser Irrthum wird durch den allgemeinen Irrthum des Verstandes eingeführt, daß u. s. w.« – Welcher Dummkopf hat je zugegeben, daß die Materie vergänglich sei? Und welcher nennt das Gegentheil einen Irrthum? – Daß die Materie beharrt, d. h. daß sie nicht, gleich allem Andern, entsteht und vergeht, sondern, unzerstörbar wie unentstanden, alle Zeit hindurch ist und bleibt, daher ihr Quantum weder vermehrt noch vermindert werden kann; dies ist eine Erkenntniß *a priori*, so fest und sicher wie irgend eine mathematische. Ein Entstehn oder Vergehn von Materie auch nur vorzustellen, ist uns schlechterdings unmöglich: weil die Form unsers Verstandes es nicht zuläßt. Dies leugnen, dies für einen Irrthum erklären, heißt daher allem Verstande geradezu entsagen. – Welches also das Dritte war. – Selbst das Prädikat a b s o l u t kann mit Fug und Recht der Materie beigelegt werden, indem es besagt, daß ihr Daseyn ganz außerhalb des Gebietes der Kausalität liegt, und nicht mit eingeht in die endlose Kette von Ursachen und Wirkungen, als welche nur ihre Accidenzien, Zustände, Formen betrifft und unter einander verbindet: auf diese, auf die a n der Materie vorgehenden V e r ä n d e r u n g e n allein, erstreckt sich das Gesetz der Kausalität, mit seinem Entstehn und Vergehn, nicht auf die Materie. Ja, jenes Prädikat a b s o l u t hat an der Materie seinen alleinigen Beleg, dadurch es Realität erhält und zulässig ist, außerdem es ein Prädikat, für welches gar kein Subjekt zu finden, mithin ein aus der Luft gegriffener, durch nichts zu realisirender Begriff seyn würde, nichts weiter als ein wohl aufgeblasener Spielball der Spaaßphilosophen. – Beiläufig legt obiger Ausspruch dieses H e g e l s recht naiv an den Tag, welcher Altenweiber- und Rocken-Philosophie so ein sublimer, hyper-transscendenter, aerobatischer [seiltänzerischer] und bodenlos tiefer Philosoph eigentlich, in seinem Herzen, kindlich zugethan ist und welche Sätze er nie sich hat beigehn lassen in Frage zu ziehn.

Also der *summus philosophus* der Dänischen Akademie lehrt ausdrücklich: daß Körper ohne Vermehrung ihrer Masse schwerer werden können, und daß dies namentlich der Fall sei bei einem magnetisirten Eisenstabe; desgleichen, daß die Gravitation dem Gesetze der Trägheit widerspreche; endlich auch, daß die Materie vergänglich sei. Diese drei Beispiele werden wohl genügen, zu zeigen was fein lang hervorguckt, sobald die dichte Hülle des aller Menschenvernunft Hohn sprechenden, unsinnigen Gallimathias, in welche gewickelt der *summus philosophus* einherzuschreiten und dem geistigen Pöbel zu imponiren pflegt, ein Mal eine Oeffnung läßt. Man sagt: *ex ungue leonem* [an der Pranke erkennt man den Löwen]: aber ich muß, *decenter* oder *indecenter* [ziemlich oder unziemlich], sagen: *ex aure asinum* [an den Ohren erkennt man den Esel]. – Uebrigens mag jetzt aus den drei hier vorgelegten *speciminibus philosophiae Hegelianae* [Proben der Hegelschen Philosophie] der Gerechte und Unparteiische beurtheilen, wer eigentlich *indecenter commemoravit* [unziemlich erwähnt]: der, welcher einen solchen Absurditätenlehrer ohne Umstände einen Scharlatan nannte, oder der, welcher *ex cathedra academica* [aus akademischer Unfehlbarkeit] dekretirte, er sei ein *summus philosophus*?

Noch habe ich hinzuzufügen, daß ich aus einer so reichen Auswahl von Absurditäten jeder Art, wie die Werke des *summi philosophi* darbieten, den drei eben präsentirten deshalb den Vorzug gegeben habe, weil bei ihrem Gegenstand es sich einerseits nicht handelt um schwierige, vielleicht unlösbare, philosophische Probleme, die demnach eine Verschiedenheit der Ansicht zulassen; und andererseits nicht um specielle physikalische Wahrheiten, welche genauere empirische Kenntnisse voraussetzen; sondern es sich hier handelt um Einsichten *a priori*, d. h. um Probleme, die Jeder durch bloßes Nachdenken lösen kann: daher eben ein verkehrtes Urtheil in Dingen dieser Art ein entschiedenes und unleugbares Zeichen ganz ungewöhnlichen Unverstandes ist, das dreiste Aufstellen solcher Unsinnlehren aber in einem Lehrbuch für Studenten uns sehn läßt, welche Frechheit sich eines gemeinen Kopfes bemächtigt, wenn man ihn als einen großen Geist ausschreit. Daher dies zu thun ein Mittel ist, welches kein Zweck rechtfertigen kann. Mit den drei hier dargelegten *speciminibus in physicis* [Beispielen aus der Physik] halte man zusammen die Stelle im § 98 des selben Meisterwerks, welche anhebt, »indem ferner der Repulsivkraft« – und sehe, mit welcher unendlichen Vornehmigkeit dieser Sünder herabblickt auf Neuton's allgemeine Attraktion und Kants metaphysische Anfangsgründe der Naturwissenschaft. Wer Geduld hat, lese nun noch die §§ 40 bis 62, wo der *summus philosophus* eine verdrehte Darstellung der Kantischen Philosophie giebt und nun, unfähig die Größe der Verdienste Kants zu ermessen, auch von der Natur zu niedrig gestellt, um sich an der so unaussprechlich seltenen Erscheinung eines wahrhaft großen Geistes freuen zu können, statt dessen, von der Höhe selbstbewußter, unendlicher Ueberlegenheit vornehm herabblickt auf diesen großen, großen Mann, als auf einen, den er hundert Mal übersieht und in dessen schwachen, schülerhaften Versuchen er, mit kalter Geringschätzung, halb ironisch, halb mitleidig, die Fehler und

Mißgriffe, zur Belehrung seiner Schüler, nachweist. Auch § 254 gehört dahin. Diese Vornehmthuerei gegen ächte Verdienste ist freilich ein bekannter Kunstgriff aller Scharlatane zu Fuß und zu Pferde, verfehlt jedoch, Schwachköpfen gegenüber, nicht leicht ihre Wirkung. Daher eben auch nächst der Unsinnsschmiererei die Vornehmthuerei der Hauptkniff auch dieses Scharlatans war, so daß er, bei jeder Gelegenheit, nicht bloß auf fremde Philosopheme, sondern auch auf jede Wissenschaft und ihre Methode, auf Alles was der menschliche Geist, im Laufe der Jahrhunderte, durch Scharfsinn, Mühe und Fleiß sich erworben hat, vornehm, fastidiös [angeekelt], schnöde und höhnisch herabblickt von der Höhe seines Wortgebäudes, und dadurch auch wirklich von der in seinem Abrakadabra verschlossenen Weisheit eine hohe Meinung beim Deutschen Publiko erregt hat, als welches eben denkt:

> Sie sehen stolz und unzufrieden aus:
> Sie scheinen mir aus einem edlen Haus.
> [*Faust*, I, 2177 f.]

Urtheilen aus eigenen Mitteln ist das Vorrecht Weniger: die Uebrigen leitet Auktorität und Beispiel. Sie sehn mit fremden Augen und hören mit fremden Ohren. Daher ist es gar leicht, zu denken, wie jetzt alle Welt denkt; aber zu denken, wie alle Welt über dreißig Jahre denken wird, ist nicht Jedermanns Sache. Wer nun also, an die *Estime sur parole* [Hochachtung auf bloße Versicherung hin] gewöhnt, die Verehrungswürdigkeit eines Schriftstellers auf K r e d i t angenommen hat, solche aber nachher auch bei Andern geltend machen will, kann leicht in die Lage Dessen gerathen, der einen schlechten Wechsel diskontirt [gekauft] hat, welchen er, als er ihn honorirt zu sehn erwartet, mit bitterm Protest zurückerhält, und sich die Lehre geben muß, ein ander Mal die Firma des Ausstellers und die der Indossenten [Wechselüberschreiber] besser zu prüfen. Ich müßte meine aufrichtige Ueberzeugung verleugnen, wenn ich nicht annähme, daß auf den Ehrentitel eines *summi philosophi*, welchen die Dänische Akademie in Bezug auf jenen Papier-, Zeit- und Kopf-Verderber gebraucht hat, das in Deutschland über denselben künstlich veranstaltete Lobgeschrei, nebst der großen Anzahl seiner Parteigänger überwiegenden Einfluß gehabt hat. Deshalb scheint es mir zweckmäßig, der Königlich Dänischen Societät die schöne Stelle in Erinnerung zu bringen, mit welcher ein wirklicher *summus philosophus*, Locke (dem es zur Ehre gereicht, von Fichten der schlechteste aller Philosophen genannt zu seyn), das vorletzte Kapitel seines berühmten Meisterwerkes schließt, und die ich hier, zu Gunsten des Deutschen Lesers, Deutsch wiedergeben will:

»So groß auch der Lerm ist, der in der Welt über Irrthümer und Meinungen gemacht wird; so muß ich doch der Menschheit die Gerechtigkeit widerfahren lassen, zu sagen, daß nicht so Viele, als man gewöhnlich annimmt, in Irrthümern und falschen Meinungen befangen sind. Nicht daß ich dächte, sie erkennten die Wahrheit; sondern weil sie hinsichtlich jener Lehren, mit welchen sie sich und Andern so viel zu schaffen machen, in der That gar keine Meinungen und Gedanken haben. Denn wenn Jemand den größten Theil aller Parteigänger der meisten Sekten auf der Welt ein wenig katechisirte [über ihren Glauben befragte]; so würde er nicht finden, daß sie hinsichtlich der Dinge, für die sie so gewaltig eifern, irgend eine Meinung selbst hegten, und noch weniger würde er Ursache finden, zu glauben, daß sie eine solche in Folge einer Prüfung der Gründe und eines Anscheins der Wahrheit angenommen hätten. Sondern sie sind entschlossen, der Partei, für welche Erziehung oder Interesse sie geworben haben, fest anzuhängen, und legen, gleich dem gemeinen Soldaten im Heere, ihren Muth und Eifer an den Tag, der Lenkung ihrer Führer gemäß, ohne die Sache, für welche sie streiten, jemals zu prüfen, oder selbst auch nur zu kennen. Wenn der Lebenswandel eines Menschen anzeigt, daß er auf die Religion keine ernstliche Rücksicht nimmt; warum sollen wir denn glauben, daß er über die Satzungen der Kirche sich den Kopf zerbrechen und sich anstrengen werde, die Gründe dieser oder jener Lehre zu prüfen? Ihm genügt es, daß er, seinen Lenkern gehorsam, Hand und Zunge stets bereit habe zur Unterstützung der gemeinsamen Sache, um dadurch sich denen zu bewähren, welche ihm Ansehn, Beförderung und Protektion, in der Gesellschaft, der er angehört, ertheilen können. So werden Menschen Bekenner und Vorkämpfer von Meinungen, von welchen sie nie sich überzeugt, deren Proselyten sie nie geworden, ja, die niemals ihnen auch nur im Kopf herumgegangen sind. Obwohl man also nicht sagen kann, daß die Zahl der unwahrscheinlichen und irrigen Meinungen in der Welt kleiner sei, als sie vorliegt; so ist doch gewiß, daß denselben Wenigere wirklich anhängen und sie fälschlich für Wahrheiten halten, als man sich vorzustellen pflegt.«

Wohl hat Locke Recht: wer gute Löhnung giebt, findet jeder Zeit eine Armee, und sollte auch seine Sache die schlechteste auf der Welt seyn. Durch tüchtige Subsidien [Hilfsgelder] kann man, so gut wie einen schlechten Prätendenten [Thronanwärter] auch einen schlechten Philosophen eine Weile oben auf erhalten. Jedoch hat Locke hier noch eine ganze Klasse der Anhänger irriger Meinungen und Verbreiter falschen Ruhmes unberücksichtigt gelassen, und zwar die, welche den rechten Troß, das *Gros de l'armée* [die Hauptmasse des Heeres] derselben ausmacht: ich meine die Zahl Derer, welche nicht prätendiren, z. B. Professoren der Hegelei zu werden, oder sonstige Pfründen zu genießen, sondern als reine Gimpel *(gulls)*, im Gefühl der völligen Impotenz ihrer Urtheilskraft, Denen, die ihnen zu imponiren verstehn, nachschwätzen, wo sie Zulauf sehn, sich anschließen und mittrollen, und wo sie Lerm hören, mitschreien. Um nun die von Locke ertheilte Erklärung eines zu allen Zeiten sich wiederholenden Phänomens auch von dieser Seite zu ergänzen, will ich eine Stelle aus meinem Spanischen Favoritautor mittheilen, welche, da sie durchaus belustigend ist und eine Probe aus einem vortrefflichen, in Deutschland so gut wie unbekannten Buche giebt, dem Leser jedenfalls willkommen seyn wird. Besonders aber soll diese Stelle vielen jungen und alten Gecken in Deutschland zum Spiegel dienen, welche, im stillen aber tiefen Bewußtseyn ihres geistigen Unvermögens, den Schalken das Lob des Hegels nachsingen und in den nichtssagenden oder gar nonsensikalischen [unsinnigen] Aussprüchen dieses philosophischen Scharlatans wundertiefe Weisheit zu finden affektiren. *Exempla sunt odiosa* [Beispiele sind anstößig]; daher ich ihnen, nur *in abstracto* genommen, die Lektion widme, daß man durch nichts sich so tief intellektuell herabsetzt, wie durch das Bewundern und Preisen des Schlechten. Denn Helvetius sagt mit Recht: *le degré d'esprit nécessaire pour nous plaire, est une mesure assez exacte du degré d'esprit que nous avons* [Das Maß von Geist, das erforderlich ist, um uns zu gefallen, ist ein ziemlich genauer Gradmesser für das Maß unseres eigenen Geistes: *De l'esprit,* disc. II, ch. 10, note]. Viel eher ist das Verkennen des Guten auf eine Weile zu entschuldigen: denn das Vortrefflichste in jeder Gattung tritt, vermöge seiner Ursprünglichkeit, so neu und fremd an uns heran, daß, um es auf den ersten Blick zu erkennen, nicht nur Verstand, sondern auch große Bildung in der Gattung desselben erfordert wird: daher es, in der Regel, eine späte und um so spätere Anerkennung findet, als es höherer Gattung ist, und die wirklichen Erleuchter der Menschheit das Schicksal der Fixsterne theilen, deren Licht viele Jahre braucht, ehe es bis zum Gesichtskreise der Menschen herabgelangt. Hingegen Verehrung des Schlechten, Falschen, Geistlosen, oder gar Absurden, ja, Unsinnigen, läßt keine Entschuldigung zu; sondern man beweist dadurch unwiderruflich, daß man ein Tropf ist und folglich es bis ans Ende seiner Tage bleiben wird: denn Verstand wird nicht erlernt. – Andererseits aber bin ich, indem ich, auf erhaltene Provokation, die Hegelei, diese Pest der deutschen Litteratur, ein Mal nach Verdienst behandele, des Dankes der Redlichen und Einsichtigen, die es noch geben mag, gewiß. Denn sie werden ganz der Meinung seyn, welche Voltaire und Goethe, in auffallender Uebereinstimmung, so ausdrücken: *»La faveur prodiguée aux mauvais ouvrages est aussi contraire aux progrès de l'esprit que le déchainement contre les bons.«* [Die Gunst, die man an schlechte Werke verschwendet, ist dem Fortschritt des Geistes ebenso hinderlich wie der heftige Angriff gegen gute Werke.] (*Lettre à la Duchesse du Maine* [als Vorrede zum *Oreste*].) »Der eigentliche Obskurantismus ist nicht, daß man die Ausbreitung des Wahren, Klaren, Nützlichen hindert, sondern daß man das Falsche in Cours bringt.« ([Goethe,] Nachlaß, Bd. 9, S. 54 [*Maximen und Reflexionen*, II, 84].) Welche Zeit aber hätte ein so planmäßiges und gewaltsames in Cours bringen des ganz Schlechten erlebt, wie diese letzten zwanzig Jahre in Deutschland? Welche andere hätte eine ähnliche Apotheose des Unsinns und Aberwitzes aufzuweisen? Für welche andere scheint Schillers Vers

Ich sah des Ruhmes heil'ge Kränze
Auf der gemeinen Stirn entweiht,
[»Die Ideale«, Str. 9.]

so prophetisch bestimmt gewesen? Daher eben ist die Spanische Rhapsodie, welche ich, zum heitern Schluß dieser Vorrede, mittheilen will, so wundervoll zeitgemäß, daß der Verdacht entstehn könnte, sie sei 1840 und nicht 1640 abgefaßt: dieserhalb diene zur Nachricht, daß ich sie treu übersetze aus dem *Criticon de Baltazar Gracian, P. III, Crisi 4, p. 285* des ersten Bandes der ersten Antwerpener Quartausgabe der *Obras de Lorenzo Gracian*, von 1702.

»– – – Der Führer und Entzifferer unserer beiden Reisenden* fand aber unter allen die Seiler allein zu loben: weil sie in umgekehrter Richtung aller Uebrigen gehn. –

Als sie nun angelangt waren, wurde ihre Aufmerksamkeit durch das Gehör erregt. Nachdem sie sich nach allen Seiten umgesehn, erblickten sie, auf einer gemeinen Bretterbühne, einen tüchtigen Schwadronör, umringt von einem großen Mühlrade Volks, welches hier eben gemahlen und bearbeitet wurde. Er hielt sie als seine Gefangenen fest, bei den Ohren angekettet; wiewohl nicht mit der goldenen Kette des Thebaners**, sondern mit einem eisernen Zaum. Dieser Kerl also bot, mit gewaltigem Maulwerk, welches dazu unerläßlich ist, Wunderdinge zur Schau aus. »Nunmehro, meine Herren«, sagte er, »will ich Ihnen ein geflügeltes Wunder, welches dabei ein Wunder an Verstand ist, vorzeigen. Es freut mich, daß ich mit Personen von Einsicht, mit ganzen Leuten zu thun habe: jedoch muß ich bemerken, daß wenn etwan Jemand unter Ihnen eben nicht mit einem ganz außerordentlichen Verstande begabt seyn sollte, er sich jetzt nur gleich entfernen kann, da die hohen und subtilen Dinge, welche nunmehr vorkommen werden, ihm nicht verständlich seyn können. Also aufgepaßt, meine Herren von Einsicht und Verstand! Es wird nunmehro der Adler des Jupiters auftreten, welcher redet und argumentirt, wie es sich für einen solchen schickt, scherzt wie ein Zoylus und stichelt wie ein Aristarch. Kein Wort

* Sie sind Kritilo, der Vater, und Andrenio, der Sohn. Der Entzifferer ist der *Desengaño*, d. h. die Enttäuschung: er ist der zweite Sohn der Wahrheit, deren Erstgeborener der Haß ist: *veritas odium parit* [Die Wahrheit gebiert Haß].

** Er meint den Herkules, von welchem er *P. II, cr. 2, p. 133* (wie auch in der *Agudeza y arte, Disc. 19;* und gleichfalls im *Discreto, p. 398*) sagt, daß von seiner Zunge Kettchen ausgegangen wären, welche die Uebrigen an den Ohren gefesselt hielten. Er verwechselt ihn jedoch (durch ein Emblem des Alciatus verleitet) mit dem Merkur, welcher, als Gott der Beredsamkeit, so abgebildet wurde.

wird aus seinem Munde gehn, welches nicht ein Mysterium in sich schlösse, nicht einen witzigen Gedanken, mit hundert Anspielungen auf hundert Dinge enthielte. Alles was er sagt, werden Sentenzen von der erhabensten Tiefe* seyn.« – »Das wird«, sagte Kritilo, »ohne Zweifel irgend ein Reicher oder Mächtiger seyn: denn wäre er arm, würde Alles, was er sagte, nichts taugen. Mit einer silbernen Stimme singt sich's gut, und mit einem goldenen Schnabel redet sich's noch schöner.« – »Wohlan!« fuhr der Scharlatan fort, »mögen sich nunmehr die Herren empfehlen, welche nicht selbst Adler an Verstand sind: denn für sie ist hier jetzt nichts zu holen.« – Was ist das? Keiner geht fort? Keiner rührt sich? – Die Sache war, daß Keiner sich zu der Einsicht, daß er ohne Einsicht sei, bekannte, vielmehr Alle sich für sehr einsichtig hielten, ihren Verstand ungemein estimirten und eine hohe Meinung von sich hegten. Jetzt zog er an einem groben Zaum, und es erschien – das dümmste der Thiere: denn auch es nur zu nennen ist beleidigend. »Hier sehn Sie«, schrie der Betrüger, »einen Adler, einen Adler an allen glänzenden Eigenschaften, am Denken und am Reden. Daß sich nur Keiner beigehn lasse, das Gegentheil zu sagen: denn da würde er seinem Verstande schlechte Ehre machen.« – »Beim Himmel«, rief Einer, »ich sehe seine Flügel: o, wie großartig sie sind!« – »Und ich«, sagte ein Anderer, »kann die Federn darauf zählen: ach, wie sie so fein sind!« – »Ihr seht es wohl nicht?« sprach Einer zu seinem Nachbarn. »Ich nicht?!« schrie dieser, »ei, und wie deutlich!« Aber ein redlicher und verständiger Mann sagte zu seinem Nachbarn: »So wahr ich ein ehrlicher Mann bin, ich sehe nicht, daß da ein Adler sei, noch daß er Federn habe, wohl aber vier lahme Beine und einen ganz respektabeln Zagel (Schwanz).« – »St! St!« erwiderte ein Freund, »sagt das nicht, Ihr richtet Euch zu Grunde: sie werden meinen, Ihr wäret ein großer *et cetera*. Ihr höret ja was wir Andern sagen und thun: also folgt dem Strohm.« – »Ich schwöre bei allen Heiligen«, sagte ein anderer ebenfalls ehrlicher Mann, »daß das nicht nur kein Adler ist, sondern sogar sein Antipode: ich sage, es ist ein großer *et cetera*.« – »Schweig doch, schweig!«

---

* Ausdruck Hegels in der Hegelzeitung, *vulgo* [gewöhnlich genannt:] Jahrbücher der wissenschaftlichen Litteratur, 1827, Nr. 7. Das Original hat bloß: *profundidades y sentencias* [tiefe Gedanken und Aussprüche].

sagte, ihn mit dem Ellenbogen stoßend, sein Freund, »willst du von Allen ausgelacht werden? Du darfst nicht anders sagen, als daß es ein Adler sei, dächtest du auch ganz das Gegentheil: so machen wir's ja Alle.« – »Bemerken Sie nicht«, schrie der Scharlatan, »die Feinheiten, welche er vorbringt? Wer die nicht faßte und fühlte, müßte von allem Genie entblößt seyn.« Auf der Stelle sprang ein Backalaureus hervor ausrufend: »Wie herrlich! Welche große Gedanken! Das Vortrefflichste der Welt! Welche Sentenzen! Laßt sie mich aufschreiben! Es wäre ewig Schade, wenn auch nur ein Jota davon verloren gienge: (und nach seinem Hinscheiden werde ich meine Hefte ediren.)«* – In diesem Augenblick erhob das Wunderthier jenen seinen ohrzerreißenden Gesang, der eine ganze Rathsversammlung aus der Fassung bringen kann, und begleitete ihn mit einem solchen Strohm von Ungebührlichkeiten, daß Alle verdutzt dastanden, einander ansehend. »Aufgeschaut, aufgeschaut, meine gescheuten** Leute«, rief eilig der verschmitzte Betrüger, »aufgeschaut und auf den Fußspitzen gestanden! Das nenne ich reden! Giebt es einen zweiten Apollo wie diesen? Was dünkt euch von der Zartheit seiner Gedanken, von der Beredsamkeit seiner Sprache? Giebt es auf der Welt einen größern Verstand?« – Die Umstehenden blickten einander an, aber keiner wagte zu mucksen, noch zu äußern was er dachte und was eben die Wahrheit war, um nur nicht für einen Dummkopf gehalten zu werden: vielmehr brachen Alle mit Einer Stimme in Lob und Beifall aus. »Ach, dieser Schnabel«, rief eine lächerliche Schwätzerin, »reißt mich ganz hin: den ganzen Tag könnte ich ihm zuhören.« – »Und mich soll der Teufel holen«, sprach fein leise ein Gescheuter, »wenn es nicht ein Esel ist und aller Orten bleibt: werde mich jedoch hüten, dergleichen zu sagen.« – »Bei meiner Treue«, sagte ein Anderer, »das war ja keine Rede, sondern ein Eselgeschrei: aber Wehe dem, der so etwas sagen wollte! Das geht jetzt

* *Lectio spuria, uncis inclusa* [unechter Zusatz, in Klammern gesetzt (Zusatz Schopenhauers)].

** Man soll schreiben »Gescheut« und nicht »Gescheidt«: der Etymologie des Worts liegt der Gedanke zum Grunde, welchen Chamfort sehr artig so ausdrückt: *l'écriture a dit que le commencement de la sagesse était la crainte de Dieu; moi, je crois que c'est la crainte des hommes.* [Die Heilige Schrift hat gesagt, die Furcht Gottes sei der Weisheit Anfang; ich aber glaube, die Furcht vor den Menschen ist es: *Maximes et Pensées*, chap. II.]

so in der Welt: der Maulwurf gilt für einen Luchs, der Frosch für einen Kanarienvogel, die Henne für einen Löwen, die Grille für einen Stieglitz, der Esel für einen Adler. Was ist denn mir am Gegentheil gelegen? Meine Gedanken habe ich für mich, rede dabei wie Alle, und laßt uns leben! Das ist's, worauf es ankommt.«

Kritilo war aufs Aeußerste gebracht, solche Gemeinheit von der einen und solche Verschmitztheit von der andern Seite sehn zu müssen. »Kann die Narrheit sich so der Köpfe bemeistern?« dachte er. Aber der Spitzbube von Aufschneider lachte unter dem Schatten seiner großen Nase über Alle, und sprach, wie in der Komödie bei Seite, triumphirend zu sich selbst: »Habe ich sie dir alle zum Besten? Könnte eine Kupplerin mehr leisten?« und von Neuem gab er ihnen hundert Abgeschmacktheiten zu verdauen, wobei er abermals rief: »Daß nur Keiner sage, es sei nicht so: sonst stämpelt er sich zum Dummkopf.« Dadurch stieg nun jener niederträchtige Beifall immer höher: auch Andrenio machte es schon wie Alle. – Aber Kritilo, der es nicht länger aushalten konnte, wollte platzen. Er wandte sich zu seinem verstummten Entzifferer mit den Worten: »Wie lange soll dieser Mensch unsere Geduld mißbrauchen, und wie lange willst du schweigen? Geht doch die Unverschämtheit und Gemeinheit über alle Gränzen!« – Worauf Jener: »Habe nur Geduld, bis die Zeit es aussagt: die wird schon, wie sie immer thut, die Wahrheit nachholen. Warte nur, daß das Ungethüm uns das Schwanztheil zukehre, und dann wirst du eben Die, welche es jetzt bewundern, es verwünschen hören.« Und genau so fiel es aus, als der Betrüger seinen Diphtong [seine Doppelgestalt] von Adler und Esel (so erlogen jener, wie richtig dieser) wieder hineinzog. Im selben Augenblick fieng Einer und der Andere an, mit der Sprache herauszurücken: »Bei meiner Treue«, sagte der Eine, »das war ja kein Genie, sondern ein Esel.« – »Was für Narren wir gewesen sind!« rief ein Anderer: und so machten sie sich gegenseitig Muth, bis es hieß: »Hat man je eine ähnliche Betrügerei gesehn? Er hat wahrhaftig nicht ein einziges Wort gesprochen, woran etwas gewesen wäre, und wir klatschten ihm Beifall. Kurzum, es war ein Esel, und wir verdienen gesaumsattelt zu werden.«

Aber eben jetzt trat von Neuem der Scharlatan hervor, ein anderes und größeres Wunder verheißend: »Nunmehro«, sagte er, »werde ich Ihnen wirklich nichts Geringeres vorführen, als einen weltberühmten Riesen, neben welchem Enceladus und Typhoeus sich gar nicht sehn lassen dürften. Ich muß jedoch zugleich erwähnen, daß, wer ihm ›Riese!‹ zurufen wird, dadurch sein Glück macht: denn dem wird er zu großen Ehren verhelfen, wird Reichthümer auf ihn häufen, tausende, ja zehntausende von Piastern Einkünfte, dazu Würde, Amt und Stelle. Hingegen Wehe Dem, der keinen Riesen in ihm erkennt: nicht nur wird er keine Gnadenbezeugung erreichen, sondern ihn werden Blitz und Strafe erreichen. Aufgeschaut, die ganze Welt! Nun kommt er, nun zeigt er sich, o wie er emporragt!« – Eine Gardine gieng auf und es erschien ein Männchen, welches auf einen Hebe-Krahn gestellt, nicht mehr sichtbar gewesen wäre, groß wie vom Ellenbogen bis zur Hand, ein Nichts, ein Pygmäe in jeder Hinsicht, im Wesen und im Thun. »Nun, was macht ihr? Warum schreiet ihr nicht? Warum applaudirt ihr nicht? Erhebet Eure Stimme, Redner! Singet, Dichter! Schreibt, Genies! Euer Chorus sei: der berühmte, der außerordentliche, der große Mann!« – Alle standen erstarrt und fragten einander mit den Augen: »Was hat Der von einem Riesen? Welchen Zug eines Helden seht ihr an ihm?« – Aber schon fieng der Haufen der Schmeichler laut und immer lauter zu schreien an: »Ja, ja! der Riese, der Riese! der erste Mann der Welt! Welch ein großer Fürst war jener! Welch ein tapfrer Marschall dieser! Welch ein trefflicher Minister der und der!« Sogleich regnete es Dublonen über sie. Da schrieben die Autoren! schon nicht mehr Geschichte, sondern Panegyriken. Die Dichter, sogar Pedro Mateo* selbst, nagten an den Nägeln, um zu Brode zu gelangen. Und Niemand war da, der es gewagt hätte, das Gegentheil zu sagen. Vielmehr schrien Alle um die Wette: »Der Riese! der große, der allergrößte Riese!« Denn Jeder hoffte ein Amt, eine Pfründe. Im Stillen und innerlich sagten sie freilich: »Wie tapfer ich lüge! Er ist noch immer nicht gewachsen, sondern bleibt ein Zwerg. Aber was soll ich machen? Geht ihr hin und sagt was ihr denkt: dann seht zu, was euch das einbringen wird. Hingegen wie ich es mache, habe ich Bekleidung und Essen und Trinken, und kann glänzen und werde ein großer Mann. Mag er daher seyn was er

* Er hat Heinrich IV. besungen: siehe *Criticon, P. III, Cris. 12, p. 376.*

will: er soll, der ganzen Welt zum Trotz, ein Riese seyn.« – Andrenio fieng an, dem Strohme zu folgen und schrie auch: »Der Riese, der Riese, der ungeheure Riese!« Und augenblicklich regnete es Geschenke und Dublonen über ihn: da rief er aus: »Das, das ist Lebensweisheit!« Aber Kritilo stand da, und wollte außer sich gerathen: »Ich berste, wenn ich nicht rede«, sagte er. »Rede nicht«, sprach der Entzifferer, »und renne nicht in dein Verderben. Warte nur, daß dieser Riese uns den Rücken kehre, und du wirst sehn wie es geht.« So traf es ein: denn sobald Jener seine Riesenrolle ausgespielt hatte und nun sich zurückzog in die Leichentüchergarderobe, da hoben Alle an: »Welche Pinsel sind wir doch gewesen! das war ja kein Riese, sondern ein Pygmäe, an dem nichts, und der zu nichts war«, und fragten sich unter einander, wie es nur möglich gewesen. Kritilo aber sprach: »Welch ein Unterschied ist es doch, ob man von Einem bei seinem Leben oder nach dem Tode redet. Wie ändert die Abwesenheit die Sprache: wie groß ist doch die Entfernung zwischen über unsern Köpfen und unter unsern Füßen!«

Allein die Betrügereien jenes modernen Sinon waren noch nicht zu Ende. Jetzt warf er sich auf die andere Seite und holte ausgezeichnete Männer, wahre Riesen hervor, die er für Zwerge ausgab, für Leute die nichts taugten, nichts wären, ja, weniger als nichts: wozu denn Alle Ja sagten, und wofür Jene gelten mußten, ohne daß die Leute von Urtheil und Kritik zu mucksen gewagt hätten. Ja, er führte den Phönix vor, und sagte, es wäre ein Käfer. Alle sprachen richtig Ja, das wäre er: und dafür mußte er nun gelten.« –

So weit Gracian, und so viel von dem *summo philosopho*, vor welchem die Dänische Akademie ganz ehrlich meint Respekt fordern zu dürfen: wodurch sie mich in den Fall gesetzt hat, für die mir ertheilte Lektion ihr mit einer Gegenlektion zu dienen.

Noch habe ich zu bemerken, daß das Publikum gegenwärtige zwei Preisschriften ein halbes Jahr früher erhalten haben würde, wenn ich mich nicht fest darauf verlassen hätte, daß die Königlich Dänische Societät, wie es Recht ist und alle Akademien thun, in dem selben Blatte, darin sie ihre Preisfragen für das Ausland publicirt (hier die Halle'sche Litteraturzeitung) auch die Entscheidung derselben bekannt machen würde. Das thut sie aber nicht, sondern man muß die Entscheidung aus Kopenhagen einholen, welches um so schwieriger ist, als nicht ein Mal der

Zeitpunkt derselben in der Preisfrage angegeben wird. Diesen Weg habe ich daher sechs Monate zu spät eingeschlagen.*

Frankfurt a. M., im September 1840.

* Sie hat ihr Urtheil jedoch nachträglich publicirt, d. h. nach dem Erscheinen gegenwärtiger Ethik und dieser Rüge. Nämlich im Intelligenzblatt der Halle'schen Litteraturzeitung, November 1840, N. 59, wie auch in dem der Jena'schen Litteraturzeitung des selben Monats, hat sie dasselbe abdrucken lassen, – also im November publicirt was im Januar entschieden worden.

Vorrede zur zweiten Auflage.

Beide Preisschriften haben in dieser zweiten Auflage ziemlich beträchtliche Zusätze erhalten, welche meistens nicht lang, aber an vielen Stellen eingefügt sind und zum gründlichen Verständniß des Ganzen beitragen werden. Nach der Seitenzahl kann man sie nicht abschätzen; wegen des größern Formats gegenwärtiger Auflage. Ueberdies würden sie noch zahlreicher seyn, wenn nicht die Ungewißheit, ob ich diese zweite Auflage erleben würde, mich in der Zwischenzeit genöthigt hätte, die hieher gehörigen Gedanken, successiv, wo ich es eben konnte, einstweilen niederzulegen, nämlich theils im zweiten Bande meines Hauptwerkes, Kap. 47, und theils in »Parerga und Paralipomena«, Bd. 2, Kap. 8. –

Die von der Dänischen Akademie verworfene und bloß mit einem öffentlichen Verweis belohnte Abhandlung über das Fundament der Moral erscheint also hier nach zwanzig Jahren in zweiter Auflage. Ueber das Urtheil der Akademie habe ich die nöthige Auseinandersetzung schon in der ersten Vorrede gegeben, und daselbst vor allen Dingen nachgewiesen, daß in demselben die Akademie leugnet gefragt zu haben was sie gefragt hat, hingegen gefragt zu haben behauptet was sie durchaus nicht gefragt hat: und zwar habe ich dieses (S. IX–XIV [S. 8 ff.]) so klar, ausführlich und gründlich dargethan, daß kein Rabulist auf der Welt sie davon weiß brennen kann. Was es nun aber hiemit auf sich habe, brauche ich nicht erst zu sagen. Ueber das Verfahren der Akademie im Ganzen habe ich jetzt, nach zwanzigjähriger Zeit zur kühlsten Ueberlegung, noch Folgendes hinzuzufügen.

Wenn der Zweck der Akademien wäre, die Wahrheit möglichst zu unterdrücken, Geist und Talent nach Kräften zu ersticken und den Ruhm der Windbeutel und Scharlatane tapfer aufrecht zu erhalten; so hätte dies Mal unsere Dänische Akademie demselben vortrefflich entsprochen. Weil ich nun aber mit dem von mir verlangten Respekt vor Windbeuteln und Scharlatanen, welche von feilen Lobsängern und bethörten Gimpeln für große Denker ausgeschrien sind, ihr nicht dienen kann; so will ich, statt dessen, den Herren von der Dänischen Akademie einen nützlichen Rath ertheilen. Wenn die Herren Preisfragen in die Welt ergehn lassen, müssen sie vorher sich eine Portion Urtheilskraft anschaffen, wenigstens so viel man für's Haus braucht, gerade nur um nöthigenfalls doch Hafer von Spreu unterscheiden zu können. Denn außerdem, wenn es da in *secunda Petri** gar zu schlecht bestellt ist, kann man garstig anlaufen. Nämlich auf Midas-Urtheil folgt Midas-Schicksal, und bleibt nicht aus. Nichts kann davor schützen; keine gravitätische Gesichter und vornehme Mienen können helfen. Auch kommt es zu Tage. Wie dicke Perrücken man auch aufsetzen mag, – es fehlt doch nicht an indiskreten Barbieren, an indiskretem Schilfrohr, ja, heut zu Tage nimmt man sich nicht die Mühe, dazu erst ein Loch in die Erde zu bohren. – Zu diesem Allen kommt nun aber noch die kindliche Zuversicht, mir einen öffentlichen Verweis zu ertheilen und ihn in Deutschen Litteraturzeitungen abdrucken zu lassen, darüber, daß ich nicht so pinselhaft gewesen bin, mir imponiren zu lassen durch den von demüthigen Ministerkreaturen angestimmten und vom hirnlosen litterarischen Pöbel lange fortgesetzten Lobgesang, um darauf hin bloße Gaukler, die nie die Wahrheit, sondern stets nur ihre eigene Sache gesucht haben, mit der Dänischen Akademie für *Summi philosophi* zu halten. Ist es denn diesen Akademikern [Akademie-Mitgliedern] gar nicht eingefallen, sich erst zu fragen, ob sie auch nur einen Schatten von Berechtigung hätten, mir über meine Ansichten öffentliche Verweise zu ertheilen? Sind sie so gänzlich von allen Göttern verlassen, daß ihnen dies nicht in den Sinn kam? – Jetzt kommen die Folgen: die Nemesis ist da: schon rauscht das Schilfrohr! Ich bin, dem vieljährigen, vereinten Widerstande sämmtlicher Philosophieprofessoren zum Trotz, endlich durchgedrungen, und über die *Summi philosophi* unserer Akademiker gehn dem gelehrten Publiko die Augen immer weiter auf: wenn sie auch noch von armsäligen Philosophieprofessoren, die sich längst mit ihnen kompromittirt haben und zudem ihrer als Stoff zu Vor-

* *Dialectices Petri Rami pars secunda, quae est »de judicio«.* [Dialektik des Petrus Ramus, 2. Teil, der »vom Urteil« handelt.]

lesungen bedürfen, noch ein Weilchen, mit schwachen Kräften, aufrecht erhalten werden; so sind sie doch gar sehr in der öffentlichen Aestimation gesunken, und besonders geht Hegel mit starken Schritten der Verachtung entgegen, die seiner bei der Nachwelt wartet. Die Meinung über ihn hat sich, seit zwanzig Jahren, dem Ausgang, mit welchem die in der ersten Vorrede mitgetheilte Allegorie Gracian's schließt, schon auf drei Viertel des Weges genähert, und wird ihn, in einigen Jahren, ganz erreicht haben, um völlig mit dem Urtheil zusammenzutreffen, welches, vor zwanzig Jahren, der Dänischen Akademie *tam justam et gravem offensionem* [so gerechten und schweren Anstoß] gegeben hat. Daher will ich, als Gegengeschenk für ihren Verweis, der Dänischen Akademie ein Goethe'sches Gedicht, in ihr Album, verehren:

»Das Schlechte kannst du immer loben:
Du hast dafür sogleich den Lohn!
In deinem Pfuhle schwimmst du oben
Und bist der Pfuscher Schutzpatron.

Das Gute schelten? Magst's probiren!
Es geht, wenn du dich frech erkühnst:
Doch treten, wenn's die Menschen spüren,
Sie dich in Quark, wie du's verdienst.«

[*Zahme Xenien*, v, 1315 f.]

Daß unsere Deutschen Philosophieprofessoren den Inhalt der vorliegenden ethischen Preisschriften keiner Berücksichtigung, geschweige Beherzigung, werth gehalten haben, ist schon von mir, in der Abhandlung über den Satz vom Grunde, S. 47–49 der zweiten Auflage [Bd. v, S. 63–65], gebührend anerkannt worden, und versteht sich überdies von selbst. Wie sollten doch hohe Geister dieser Gattung auf Das achten, was Leutchen, wie ich, sagen! Leutchen, auf die sie, in ihren Schriften, höchstens im Vorübergehn und von oben herab einen Blick der Geringschätzung und des Tadels werfen. Nein, was ich vorbringe, ficht sie nicht an: sie bleiben bei ihrer Willensfreiheit und ihrem Sittengesetz; sollten auch die Gründe dagegen so zahlreich seyn, wie die Brommbeeren. Denn jene gehören zu den obligaten Artikeln, und sie wissen, wozu sie dasind: *in majorem Dei gloriam* [zum größeren Ruhme Gottes] sind sie da und verdienen sämmtlich Mitglieder der Königlich Dänischen Akademie zu werden.

Frankfurt a. M., im August 1860.

Preisschrift über die Freiheit des Willens,

gekrönt
von der Königlich Norwegischen Societät
der Wissenschaften,
zu Drontheim, am 26. Januar 1839.

Motto:
La liberté est un mystère.
[Die Freiheit ist ein Mysterium:
nach Helvétius, De l'esprit, Disc. I, chap. 4.]

Die von der Königl. Societät aufgestellte Frage lautet: *Num liberum hominum arbitrium e sui ipsius conscientia demonstrari potest?*

Verdeutscht: »Läßt die Freiheit des menschlichen Willens sich aus dem Selbstbewußtseyn beweisen?«

I.
Begriffsbestimmungen.

Bei einer so wichtigen, ernsten und schwierigen Frage, die im Wesentlichen mit einem Hauptproblem der gesammten Philosophie mittlerer und neuerer Zeit zusammenfällt, ist große Genauigkeit und daher eine Analyse der in der Frage vorkommenden Hauptbegriffe gewiß an ihrer Stelle.

1) Was heißt Freiheit?

Dieser Begriff ist, genau betrachtet, ein negativer. Wir denken durch ihn nur die Abwesenheit alles Hindernden und Hemmenden: dieses hingegen muß, als Kraft äußernd, ein Positives seyn. Der möglichen Beschaffenheit dieses Hemmenden entsprechend hat der Begriff drei sehr verschiedene Unterarten: physische, intellektuelle und moralische Freiheit.

a) Physische Freiheit ist die Abwesenheit der materiellen Hindernisse jeder Art. Daher sagen wir: freier Himmel, freie Aussicht, freie Luft, freies Feld, ein freier Platz, freie Wärme (die nicht chemisch gebunden ist), freie Elektricität, freier Lauf des Strohms, wo er nicht mehr durch Berge oder Schleusen gehemmt ist u. s. w. Selbst freie Wohnung, freie Kost, freie Presse, postfreier Brief, bezeichnet die Abwesenheit der lästigen Bedingungen, welche, als Hindernisse des Genusses, solchen Dingen anzuhängen pflegen. Am häufigsten aber ist in unserm Denken der Begriff der Freiheit das Prädikat animalischer Wesen, deren Eigenthümliches ist, daß ihre Bewegungen von ihrem Willen ausgehn, willkürlich sind und demnach alsdann frei genannt werden, wann kein materielles Hinderniß dies unmöglich macht. Da nun diese Hindernisse sehr verschiedener Art seyn können, das durch sie Gehinderte aber stets der Wille ist; so faßt man, der Einfachheit halber, den Begriff lieber von der positiven Seite, und denkt dadurch Alles, was sich allein durch seinen Willen bewegt, oder allein aus seinem Willen handelt: welche Umwendung des Begriffs im Wesentlichen nichts ändert. Demnach werden, in dieser physischen Bedeutung des Begriffs der Freiheit, Thiere und Menschen dann frei genannt, wann weder Bande, noch Kerker, noch Lähmung, also überhaupt kein physisches, materielles Hinderniß ihre Handlungen hemmt, sondern diese ihrem Willen gemäß vor sich gehn.

Diese physische Bedeutung des Begriffs der Freiheit, und besonders als Prädikat animalischer Wesen, ist die ursprüngliche, unmittelbare und daher allerhäufigste, in welcher er eben deshalb auch keinem Zweifel oder Kontrovers unterworfen ist, sondern seine Realität stets durch die Erfahrung beglaubigen kann. Denn sobald ein animalisches Wesen nur aus seinem Willen handelt, ist es, in dieser Bedeutung, frei: wobei keine Rücksicht darauf genommen wird, was etwan auf seinen Willen selbst Einfluß haben mag. Denn nur auf das Können, d. h. eben auf die Abwesenheit physischer Hindernisse seiner Aktionen, bezieht sich der Begriff der Freiheit, in dieser seiner ursprünglichen, unmittelbaren und daher populären Bedeutung. Daher sagt man: frei ist der Vogel in der Luft, das Wild im Walde; frei ist der Mensch von Natur; nur der Freie ist glücklich. Auch ein Volk nennt man frei, und versteht darunter, daß es allein nach Gesetzen regiert wird, diese Gesetze aber selbst gegeben hat: denn alsdann befolgt es überall nur seinen eigenen Willen. Die politische Freiheit ist demnach der physischen beizuzählen.

Sobald wir aber von dieser physischen Freiheit abgehn und die zwei andern Arten derselben betrachten, haben wir es nicht mehr mit dem populären, sondern mit einem philosophischen Sinne des Begriffs zu thun, der bekanntlich vielen Schwierigkeiten den Weg öffnet. Er zerfällt in zwei gänzlich verschiedene Arten: die intellektuelle und die moralische Freiheit.

b) Die intellektuelle Freiheit, τὸ ἑκούσιον καὶ ἀκούσιον κατὰ διάνοιαν [das Freiwillige und Unfreiwillige in Hinsicht auf das Denken] bei Aristoteles [*Eth. Eud.*, II, 7], wird hier bloß zum Behuf der Vollständigkeit der Begriffseintheilung in Betracht gezogen: ich erlaube mir daher ihre Erörterung hinauszusetzen bis ganz ans Ende dieser Abhandlung, als wo die in ihr zu gebrauchenden Begriffe schon im Vorhergegangenen ihre Erklärung gefunden haben werden, so daß sie dann in der Kürze wird abgehandelt werden können. In der Eintheilung aber mußte sie, als der physischen Freiheit zunächst verwandt, ihre Stelle neben dieser haben.

c) Ich wende mich also gleich zur dritten Art, zur moralischen Freiheit, als welche eigentlich das *liberum arbitrium* [die freie Willensentscheidung] ist, von dem die Frage der königl. Societät redet.

Dieser Begriff knüpft sich an den der physischen Freiheit von einer Seite, die auch seine, nothwendig viel spätere, Entstehung begreiflich macht. Die physische Freiheit bezieht sich, wie gesagt, nur auf materielle Hindernisse, bei deren Abwesenheit sie sogleich daist. Nun aber bemerkte man, in manchen Fällen, daß ein Mensch, ohne durch materielle Hindernisse gehemmt zu seyn, durch bloße Motive, wie etwan Drohungen, Versprechungen, Gefahren u. dgl., abgehalten wurde zu handeln, wie es außerdem gewiß seinem Willen gemäß gewesen seyn würde. Man warf daher die Frage auf, ob ein solcher Mensch noch frei gewesen wäre? oder ob wirklich ein starkes Gegenmotiv die dem eigentlichen Willen gemäße Handlung eben so hemmen und unmöglich machen könne, wie ein physisches Hinderniß? Die Antwort darauf konnte dem gesunden Verstande nicht schwer werden: daß nämlich niemals ein Motiv so wirken könne, wie ein physisches Hinderniß; indem dieses leicht die menschlichen Körperkräfte überhaupt unbedingt übersteige, hingegen ein Motiv nie an sich selbst unwiderstehlich seyn, nie eine unbedingte Gewalt haben, sondern immer noch möglicherweise durch ein stärkeres Gegenmotiv überwogen werden könne, wenn nur ein solches vorhanden und der im individuellen Fall gegebene Mensch durch dasselbe bestimmbar wäre; wie wir denn auch häufig sehn, daß sogar das gemeinhin stärkste aller

Motive, die Erhaltung des Lebens, doch überwogen wird von andern Motiven: z. B. beim Selbstmord und bei Aufopferung des Lebens für Andere, für Meinungen und für mancherlei Interessen; und umgekehrt, daß alle Grade der ausgesuchtesten Marter auf der Folterbank bisweilen überwunden worden sind von dem bloßen Gedanken, daß sonst das Leben verloren gehe. Wenn aber auch hieraus erhellte, daß die Motive keinen rein objektiven und absoluten Zwang mit sich führen, so konnte ihnen doch ein subjektiver und relativer, nämlich für die Person des Betheiligten, zustehn; welches im Resultat das Selbe war. Daher blieb die Frage: ist der Wille selbst frei? – Hier war nun also der Begriff der Freiheit, den man bis dahin nur in Bezug auf das Können gedacht hatte, in Beziehung auf das Wollen gesetzt worden, und das Problem entstanden, ob denn das Wollen selbst frei wäre. Aber diese Verbindung mit dem Wollen einzugehn, zeigt, bei näherer Betrachtung, der ursprüngliche, rein empirische und daher populäre Begriff von Freiheit sich unfähig. Denn nach diesem bedeutet »frei« – »dem eigenen Willen gemäß«: frägt man nun, ob der Wille selbst frei sei; so frägt man, ob der Wille sich selber gemäß sei: was sich zwar von selbst versteht, womit aber auch nichts gesagt ist. Dem empirischen Begriff der Freiheit zufolge heißt es: »Frei bin ich, wenn ich thun kann, was ich will«: und durch das »was ich will« ist da schon die Freiheit entschieden. Jetzt aber, da wir nach der Freiheit des Wollens selbst fragen, würde demgemäß diese Frage sich so stellen: »Kannst du auch wollen, was du willst!« – welches herauskommt, als ob das Wollen noch von einem andern, hinter ihm liegenden Wollen abhienge. Und gesetzt, diese Frage würde bejaht; so entstände alsbald die zweite: »Kannst du auch wollen, was du wollen willst?« und so würde es ins Unendliche höher hinaufgeschoben werden, indem wir immer ein Wollen von einem früheren, oder tiefer liegenden, abhängig dächten, und vergeblich strebten, auf diesem Wege zuletzt eines zu erreichen, welches wir als von gar nichts abhängig denken und annehmen müßten. Wollten wir aber ein solches annehmen; so könnten wir eben so gut das erste, als das beliebig letzte dazu nehmen, wodurch denn aber die Frage auf die ganz einfache »kannst du wollen?« zurückgeführt würde. Ob aber die bloße Bejahung dieser Frage die Freiheit des Wollens entscheidet, ist was man wissen wollte, und bleibt unerledigt.

Der ursprüngliche, empirische, vom Thun hergenommene Begriff der Freiheit weigert sich also, eine direkte Verbindung mit dem des Willens einzugehn. Dieserhalb mußte man, um dennoch den Begriff der Freiheit auf den Willen anwenden zu können, ihn dadurch modificiren, daß man ihn abstrakter faßte. Dies geschah, indem man durch den Begriff der Freiheit nur im Allgemeinen die Abwesenheit aller Nothwendigkeit dachte. Hiebei behält der Begriff den negativen Charakter, den ich ihm gleich Anfangs zuerkannt hatte. Zunächst wäre demnach der Begriff der Nothwendigkeit, als der jenem negativen Bedeutung gebende positive Begriff, zu erörtern.

Wir fragen also: was heißt nothwendig? Die gewöhnliche Erklärung, »nothwendig ist, dessen Gegentheil unmöglich, oder was nicht anders seyn kann«, – ist eine bloße Worterklärung, eine Umschreibung des Begriffs, die unsere Einsicht nicht vermehrt. Als die Real-Erklärung aber stelle ich diese auf: nothwendig ist, was aus einem gegebenen zureichenden Grunde folgt: welcher Satz, wie jede richtige Definition, sich auch umkehren läßt. Je nachdem nun dieser zureichende Grund ein logischer, oder ein mathematischer, oder ein physischer, genannt Ursache, ist, wird die Nothwendigkeit eine logische (wie die der Konklusion, wenn die Prämissen gegeben sind), eine mathematische (z. B. die Gleichheit der Seiten des Dreiecks, wenn die Winkel gleich sind), oder eine physische, reale (wie der Eintritt der Wirkung, sobald die Ursache daist) seyn: immer aber hängt sie, mit gleicher Strenge, der Folge an, wenn der Grund gegeben ist. Nur sofern wir etwas als Folge aus einem gegebenen Grunde begreifen, erkennen wir es als nothwendig, und umgekehrt, sobald wir etwas als Folge eines zureichenden Grundes erkennen, sehn wir ein, daß es nothwendig ist: denn alle Gründe sind zwingend. Diese Realerklärung ist so adäquat und erschöpfend, daß Nothwendigkeit und Folge aus einem gegebenen zureichenden Grunde geradezu Wechselbegriffe sind, d. h. überall der eine an die Stelle des andern gesetzt werden kann.* – Demnach wäre Abwesenheit der Nothwendigkeit identisch mit Abwesenheit

* Man findet die Erörterung des Begriffes der Nothwendigkeit in meiner Abhandlung über den Satz vom Grunde, zweite Auflage, § 49.

eines bestimmenden zureichenden Grundes. Als das Gegentheil des Nothwendigen wird jedoch das Zufällige gedacht; was hiemit nicht streitet. Nämlich jedes Zufällige ist nur relativ ein solches. Denn in der realen Welt, wo allein das Zufällige anzutreffen, ist jede Begebenheit nothwendig, in Bezug auf ihre Ursache: hingegen in Bezug auf alles Uebrige, womit sie etwan in Raum und Zeit zusammentrifft, ist sie zufällig. Nun müßte aber das Freie, da Abwesenheit der Nothwendigkeit sein Merkmal ist, das schlechthin von gar keiner Ursache Abhängige seyn, mithin definirt werden als das absolut Zufällige: ein höchst problematischer Begriff, dessen Denkbarkeit ich nicht verbürge, der jedoch sonderbarer Weise mit dem der Freiheit zusammentrifft. Jedenfalls bleibt das Freie das in keiner Beziehung Nothwendige, welches heißt von keinem Grunde Abhängige. Dieser Begriff nun, angewandt auf den Willen des Menschen, würde besagen, daß ein individueller Wille in seinen Aeußerungen (Willensakten) nicht durch Ursachen, oder zureichende Gründe überhaupt, bestimmt würde; da außerdem, weil die Folge aus einem gegebenen Grunde (welcher Art dieser auch sei) allemal nothwendig ist, seine Akte nicht frei, sondern nothwendig wären. Hierauf beruht Kants Definition, nach welcher Freiheit das Vermögen ist, eine Reihe von Veränderungen von selbst anzufangen. Denn dies »von selbst« heißt, auf seine wahre Bedeutung zurückgeführt, »ohne vorhergegangene Ursache«: dies aber ist identisch mit »ohne Nothwendigkeit«. So daß, wenn gleich jene Definition dem Begriff der Freiheit den Anschein giebt, als wäre er ein positiver, bei näherer Betrachtung doch seine negative Natur wieder hervortritt. – Ein freier Wille also wäre ein solcher, der nicht durch Gründe, – und da Jedes ein Anderes Bestimmende ein Grund, bei realen Dingen ein Real-Grund, d. i. Ursache, seyn muß, – ein solcher, der durch gar nichts bestimmt würde; dessen einzelne Aeußerungen (Willensakte) also schlechthin und ganz ursprünglich aus ihm selbst hervorgiengen, ohne durch vorhergängige Bedingungen nothwendig herbeigeführt, also auch ohne durch irgend etwas, einer Regel gemäß, bestimmt zu seyn. Bei diesem Begriff geht das deutliche Denken uns deshalb aus, weil der Satz vom Grunde, in allen seinen Bedeutungen, die wesentliche Form unsers gesammten Erkenntnißvermögens ist, hier aber aufgegeben werden soll.

Inzwischen fehlt es auch für diesen Begriff nicht an einem *terminus technicus* [Fachausdruck]: er heißt *liberum arbitrium indifferentiae* [freie, nach keiner Seite hin beeinflußte Willensentscheidung]. Dieser Begriff ist übrigens der einzige deutlich bestimmte, feste und entschiedene von Dem, was Willensfreiheit genannt wird; daher man sich von ihm nicht entfernen kann, ohne in schwankende, nebelichte Erklärungen, hinter denen sich zaudernde Halbheit verbirgt, zu gerathen: wie wenn von Gründen geredet wird, die ihre Folgen nicht nothwendig herbeiführen. Jede Folge aus einem Grunde ist nothwendig, und jede Nothwendigkeit ist Folge aus einem Grunde. Aus der Annahme eines solchen *liberi arbitrii indifferentiae* ist die nächste, diesen Begriff selbst charakterisirende Folge und daher als sein Merkmal festzustellen, daß einem damit begabten menschlichen Individuo, unter gegebenen, ganz individuell und durchgängig bestimmten äußern Umständen, zwei einander diametral entgegengesetzte Handlungen gleich möglich sind.

2) Was heißt Selbstbewußtseyn?

Antwort: das Bewußtseyn des eigenen Selbst, im Gegensatz des Bewußtseyns anderer Dinge, welches letztere das Erkenntnißvermögen ist. Dieses nun enthält zwar, ehe noch jene andern Dinge darin vorkommen, gewisse Formen der Art und Weise dieses Vorkommens, welche demnach Bedingungen der Möglichkeit ihres objektiven Daseyns, d. h. ihres Daseyns als Objekte für uns, sind: dergleichen sind bekanntlich Zeit, Raum, Kausalität. Obgleich nun diese Formen des Erkennens in uns selbst liegen; so ist dies doch nur zu dem Behuf, daß wir uns anderer Dinge als solcher bewußt werden können und in durchgängiger Beziehung auf diese: daher wir jene Formen, wenn sie gleich in uns liegen, nicht als zum Selbstbewußtseyn gehörig anzusehn haben, vielmehr als das Bewußtseyn anderer Dinge, d.i. die objektive Erkenntniß, möglich machend.

Ferner werde ich nicht etwan durch den Doppelsinn des in der Aufgabe gebrauchten Wortes *conscientia* [Gewissen – Bewußtsein] mich verleiten lassen, die unter dem Namen des Gewissens, auch wohl der praktischen Vernunft, mit ihren von Kant behaupteten kategorischen Imperativen, bekannten moralischen

Regungen des Menschen zum Selbstbewußtseyn zu ziehn; theils weil solche erst in Folge der Erfahrung und Reflexion, also in Folge des Bewußtseyns anderer Dinge, eintreten, theils weil die Gränzlinie zwischen dem, was in ihnen der menschlichen Natur ursprünglich und eigen angehört, und dem, was moralische und religiöse Bildung hinzugefügt, noch nicht scharf und unwidersprechlich gezogen ist. Zudem es auch wohl nicht die Absicht der königl. Societät seyn kann, durch Hineinziehung des Gewissens in das Selbstbewußtseyn, die Frage auf den Boden der Moral hinübergespielt und nun Kants moralischen Beweis, oder vielmehr Postulat, der Freiheit aus dem *a priori* bewußten Moralgesetze, vermöge des Schlusses »du kannst, weil du sollst«, wiederholt zu sehn.

Aus dem Gesagten erhellt, daß von unserm gesammten Bewußtseyn überhaupt der bei weitem größte Theil nicht das Selbstbewußtseyn, sondern das Bewußtseyn anderer Dinge, oder das Erkenntnißvermögen, ist. Dieses ist, mit allen seinen Kräften, nach außen gerichtet und ist der Schauplatz (ja, von einem tiefern Forschungspunkte aus, die Bedingung) der realen Außenwelt, gegen die es sich zunächst anschaulich auffassend verhält und nachher das auf diesem Wege Gewonnene, gleichsam ruminirend, zu Begriffen verarbeitet, in deren endlosen, mit Hülfe der Worte vollzogenen Kombinationen das Denken besteht. – Also allererst was wir nach Abzug dieses bei Weitem allergrößten Theiles unsers gesammten Bewußtseyns übrig behalten, wäre das Selbstbewußtseyn. Wir übersehn schon von hier, daß der Reichthum desselben nicht groß seyn kann: daher, wenn die nachgesuchten Data zum Beweise der Willensfreiheit in demselben wirklich liegen sollten, wir hoffen dürfen, daß sie uns nicht entgehn werden. Als das Organ des Selbstbewußtseyns hat man auch einen innern Sinn* aufgestellt, der jedoch mehr im bildlichen, als im eigentlichen Verstande zu nehmen ist: denn das Selbstbewußtseyn ist unmittelbar. Wie dem auch sei, so ist unsere nächste Frage: was enthält nun das Selbstbewußtseyn? oder: wie wird der Mensch sich seines eigenen Selbsts unmittelbar

* Er findet sich schon beim Cicero als *tactus interior: Acad. quaest., IV, 7.* Deutlicher beim Augustin, *De lib. arb., II, 3 sqq.* Dann bei Cartes[ius]: *Princ. phil., IV, 190;* und ganz ausgeführt bei Locke.

bewußt? Antwort: durchaus als eines Wollenden. Jeder wird, bei Beobachtung des eigenen Selbstbewußtseyns bald gewahr werden, daß sein Gegenstand allezeit das eigene Wollen ist. Hierunter hat man aber freilich nicht bloß die entschiedenen, sofort zur That werdenden Willensakte und die förmlichen Entschlüsse, nebst den aus ihnen hervorgehenden Handlungen zu verstehn; sondern wer nur irgend das Wesentliche, auch unter verschiedenen Modifikationen des Grades und der Art, festzuhalten vermag, wird keinen Anstand nehmen, auch alles Begehren, Streben, Wünschen, Verlangen, Sehnen, Hoffen, Lieben, Freuen, Jubeln u. dgl., nicht weniger, als Nichtwollen oder Widerstreben, als Verabscheuen, Fliehen, Fürchten, Zürnen, Hassen, Trauern, Schmerzleiden, kurz alle Affekte und Leidenschaften, den Aeußerungen des Wollens beizuzählen; da diese Affekte und Leidenschaften nur mehr oder minder schwache oder starke, bald heftige und stürmische, bald sanfte und leise Bewegungen des entweder gehemmten, oder losgelassenen, befriedigten, oder unbefriedigten eigenen Willens sind, und sich alle auf Erreichen oder Verfehlen des Gewollten, und Erdulden oder Ueberwinden des Verabscheuten, in mannigfaltigen Wendungen, beziehn: sie sind also entschiedene Affektionen des selben Willens, der in den Entschlüssen und Handlungen thätig ist.* Sogar aber gehört eben dahin das, was man Gefühle der Lust und Unlust nennt: diese sind zwar in großer Mannigfaltigkeit von Graden und Arten vorhanden, lassen sich aber doch allemal zurückführen auf begehrende, oder verabscheuende Affektionen, also auf den als befriedigt, oder unbefriedigt, gehemmt, oder losgelassen sich seiner bewußt werdenden Willen selbst: ja, dieses erstreckt sich bis auf die körperlichen, angenehmen, oder schmerzlichen, und alle zwischen diesen beiden Extre-

* Es ist sehr beachtenswerth, daß schon der Kirchenvater Augustinus dies vollkommen erkannt hat, während so viele Neuere, mit ihrem angeblichen »Gefühlsvermögen«, es nicht einsehn. Nämlich *de civit. Dei, Lib. XIV, c. 6,* redet er von den *affectionibus animi,* welche er, im vorhergehenden Buche, unter vier Kategorien, *cupiditas, timor, laetitia, tristitia* [Begierde, Furcht, Freude, Traurigkeit], gebracht hat, und sagt: *voluntas est quippe in omnibus, imo omnes nihil aliud, quam voluntates sunt: nam quid est cupiditas et laetitia, nisi voluntas in eorum consensionem, quae volumus? et quid est metus atque tristitia, nisi voluntas in dissensionem ab his, quae nolumus?* [In ihnen allen steckt ja der Wille, sie alle sind nichts anderes als Willensregungen: denn was sind Begierde und Freude anderes als der Wille, dem zuzustimmen, was wir wollen; und was sind Furcht und Traurigkeit anderes als der Wille, dem nicht zuzustimmen, was wir nicht wollen?]

men liegenden zahllosen Empfindungen; da das Wesen aller dieser Affektionen darin besteht, daß sie als ein dem Willen Gemäßes, oder ihm Widerwärtiges, unmittelbar ins Selbstbewußtseyn treten. Des eigenen Leibes ist man sogar, genau betrachtet, sich unmittelbar nur bewußt als des nach außen wirkenden Organs des Willens und des Sitzes der Empfänglichkeit für angenehme, oder schmerzliche Empfindungen, welche aber selbst, wie soeben gesagt, auf ganz unmittelbare Affektionen des Willens, die ihm entweder gemäß, oder widrig sind, zurücklaufen. Wir mögen übrigens diese bloßen Gefühle der Lust oder Unlust mit einrechnen oder nicht; jedenfalls finden wir, daß alle jene Bewegungen des Willens, jenes wechselnde Wollen und Nichtwollen, welches, in seinem beständigen Ebben und Fluthen, den alleinigen Gegenstand des Selbstbewußtseyns, oder, wenn man will, des innern Sinnes ausmacht, in durchgängiger und von allen Seiten anerkannter Beziehung steht zu dem in der Außenwelt Wahrgenommenen und Erkannten. Dieses hingegen liegt, wie gesagt, nicht mehr im Bereich des unmittelbaren Selbstbewußtseyns, an dessen Gränze also, wo es an das Gebiet des Bewußtseyns anderer Dinge stößt, wir angelangt sind, sobald wir die Außenwelt berühren. Die in dieser wahrgenommenen Gegenstände sind aber der Stoff und der Anlaß aller jener Bewegungen und Akte des Willens. Man wird dies nicht als eine *petitio principii* [Erschleichung des Beweisgrundes] auslegen: denn daß unser Wollen stets äußere Objekte zum Gegenstande hat, auf die es gerichtet ist, um die es sich dreht und die als Motive es wenigstens veranlassen, kann Keiner in Abrede stellen; da er sonst einen von der Außenwelt völlig abgeschlossenen und im finstern Innern des Selbstbewußtseyns eingesperrten Willen übrig behielte. Bloß die Nothwendigkeit, mit der jene in der Außenwelt gelegenen Dinge die Akte des Willens bestimmen, ist uns für jetzt noch problematisch.

Mit dem Willen also finden wir das Selbstbewußtseyn sehr stark, eigentlich sogar ausschließlich beschäftigt. Ob dasselbe nun aber in diesem seinem alleinigen Stoff Data antrifft, aus denen die Freiheit eben jenes Willens, im oben dargelegten, auch allein deutlichen und bestimmten Sinne des Worts, hervorgienge, ist unser Augenmerk, darauf wir jetzt gerade zusteuern wollen, nachdem wir bis hieher uns ihm zwar nur lavirend, aber doch schon merklich genähert haben.

II.

Der Wille vor dem Selbstbewußtseyn.

Wenn ein Mensch w i l l ; so will er auch Etwas: sein Willensakt ist allemal auf einen Gegenstand gerichtet und läßt sich nur in Beziehung auf einen solchen denken. Was heißt nun Etwas wollen? Es heißt: der Willensakt, welcher selbst zunächst nur Gegenstand des Selbstbewußtseyns ist, entsteht auf Anlaß von etwas, das zum Bewußtseyn a n d e r e r D i n g e gehört, also ein Objekt des Erkenntnißvermögens ist, welches Objekt, in dieser Beziehung, M o t i v genannt wird und zugleich der Stoff des Willensaktes ist, indem dieser darauf gerichtet ist, d. h. irgend eine Veränderung daran bezweckt, also darauf reagirt: in dieser R e a k t i o n besteht sein ganzes Wesen. Hieraus ist schon klar, daß er ohne dasselbe nicht eintreten könnte; da es ihm sowohl an Anlaß, als an Stoff fehlen würde. Allein es frägt sich, ob, wenn dieses Objekt für das Erkenntnißvermögen dasteht, der Willensakt nun auch eintreten m u ß , oder vielmehr ausbleiben und entweder gar keiner, oder auch ein ganz anderer, wohl gar entgegengesetzter entstehn könnte, also ob jene Reaktion auch ausbleiben, oder, unter völlig gleichen Umständen, verschieden, ja entgegengesetzt ausfallen könne. Dies heißt in der Kürze: wird der Willensakt durch das Motiv mit Nothwendigkeit hervorgerufen? oder behält vielmehr, beim Eintritt dieses ins Bewußtseyn, der Wille gänzliche Freiheit zu wollen, oder nicht zu wollen? Hier also ist der Begriff der Freiheit in jenem oben erörterten und als hier allein anwendbar nachgewiesenen, abstrakten Sinn, als bloße Negation der Nothwendigkeit genommen und somit unser Problem festgestellt. Im unmittelbaren S e l b s t b e w u ß t s e y n aber haben wir die Data zur Lösung desselben zu suchen, und werden zu dem Ende dessen Aussage genau prüfen, nicht aber, durch eine summarische Entscheidung, den Knoten zerhauen, wie C a r t e -

sius, der ohne Weiteres die Behauptung aufstellte: *Libertatis autem et indifferentiae, quae in nobis est, nos ita conscios esse, ut nihil sit, quod evidentius et perfectius comprehendamus.* [Hingegen sind wir uns unserer Freiheit und Bestimmungslosigkeit so bewußt, daß wir nichts anderes so klar und vollkommen begreifen.] *(Princ. phil., I, § 41.)* Das Unstatthafte dieser Behauptung hat schon Leibnitz gerügt *(Theod. I, § 50, et III, § 292)*, der doch selbst, in diesem Punkt, nur ein schwankes Rohr im Winde war und, nach den widersprechendesten Aeußerungen, endlich zu dem Resultate gelangt, daß der Wille durch die Motive zwar inklinirt [geneigt], aber nicht necessitirt [genötigt] würde. Er sagt nämlich: *Omnes actiones sunt determinatae, et nunquam indifferentes, quia semper datur ratio inclinans quidem, non tamen necessitans, ut sic potius, quam aliter fiat.* [Alle Handlungen sind bestimmt und niemals unbeeinflußt, weil immer ein Grund da ist, der uns geneigt macht, auch wenn er nicht nötigt, daß wir so und nicht anders handeln.] *(Leibnitz, De libertate: Opera, ed. Erdmann, p. 669.)* Dies giebt mir Anlaß zu bemerken, daß ein solcher Mittelweg zwischen der oben gestellten Alternative nicht haltbar ist und man nicht, einer gewissen beliebten Halbheit gemäß, sagen kann, die Motive bestimmten den Willen nur gewissermaaßen, er erleide ihre Einwirkung, aber nur bis zu einem gewissen Grade, und dann könne er sich ihr entziehn. Denn sobald wir einer gegebenen Kraft Kausalität zugestanden haben, also erkannt haben, daß sie wirkt; so bedarf es, bei etwanigem Widerstande, nur der Verstärkung der Kraft, nach Maaßgabe des Widerstandes, und sie wird ihre Wirkung vollenden. Wer mit 10 Dukaten nicht zu bestechen ist, aber wankt, wird es mit 100 seyn, u. s. f.

Wir wenden uns also mit unserm Problem an das unmittelbare Selbstbewußtseyn, in dem Sinn, den wir oben festgestellt haben. Welchen Aufschluß giebt uns nun wohl dieses Selbstbewußtseyn über jene abstrakte Frage, nämlich über die Anwendbarkeit, oder Nichtanwendbarkeit, des Begriffs der Nothwendigkeit auf den Eintritt des Willensaktes nach gegebenem, d. h. dem Intellekt vorgestellten, Motiv? oder über die Möglichkeit, oder Unmöglichkeit, seines Ausbleibens in solchem Fall? Wir würden uns sehr getäuscht finden, wenn wir gründliche und tiefgehende Aufschlüsse über Kausalität überhaupt und Motivation insbesondere, wie auch über die etwanige

Nothwendigkeit, welche Beide mit sich führen, von diesem Selbstbewußtseyn erwarteten; da dasselbe, wie es allen Menschen einwohnt, ein viel zu einfaches und beschränktes Ding ist, als daß es von dergleichen mitreden könnte: vielmehr sind diese Begriffe aus dem reinen Verstande, der nach außen gerichtet ist, geschöpft und können allererst vor dem Forum der reflektirenden Vernunft zur Sprache gebracht werden. Jenes natürliche, einfache, ja, einfältige Selbstbewußtseyn hingegen kann nicht ein Mal die Frage verstehn, geschweige sie beantworten. Seine Aussage über die Willensakte, welche Jeder in seinem eigenen Innern behorchen mag, wird, wenn von allem Fremdartigen und Unwesentlichen entblößt und auf ihren nackten Gehalt zurückgeführt, sich etwan so ausdrücken lassen: »Ich kann wollen, und wann ich eine Handlung wollen werde; so werden die beweglichen Glieder meines Leibes dieselbe sofort vollziehn, sobald ich nur will, ganz unausbleiblich.« Das heißt in der Kürze: »Ich kann thun was ich will.« Weiter geht die Aussage des unmittelbaren Selbstbewußtseyns nicht, wie man sie auch wenden und in welcher Form man auch die Frage stellen mag. Seine Aussage bezieht sich also immer auf das Thun können dem Willen gemäß: dies aber ist der gleich Anfangs aufgestellte, empirische, ursprüngliche und populäre Begriff der Freiheit, nach welchem frei bedeutet »dem Willen gemäß«. Diese Freiheit wird das Selbstbewußtseyn unbedingt aussagen. Aber es ist nicht die, wonach wir fragen. Das Selbstbewußtseyn sagt die Freiheit des Thuns aus, – unter Voraussetzung des Wollens: aber die Freiheit des Wollens ist es, danach gefragt worden. Wir forschen nämlich nach dem Verhältniß des Wollens selbst zum Motiv: hierüber aber enthält jene Aussage, »ich kann thun was ich will«, nichts. Die Abhängigkeit unsers Thuns, d. h. unserer körperlichen Aktionen, von unserm Willen, welche das Selbstbewußtseyn allerdings aussagt, ist etwas ganz Anderes, als die Unabhängigkeit unserer Willensakte von den äußern Umständen, welche die Willensfreiheit ausmachen würde, über welche aber das Selbstbewußtseyn nichts aussagen kann, weil sie außerhalb seiner Sphäre liegt, indem sie das Kausalverhältniß der Außenwelt (die uns als Bewußtseyn von andern Dingen gegeben ist) zu unsern Entschlüssen betrifft, das Selbstbewußtseyn aber nicht die Beziehung dessen, was ganz außer seinem Bereiche liegt, zu dem, was innerhalb desselben ist, beurtheilen kann. Denn keine Erkenntnißkraft kann ein Verhältniß feststellen, von dessen Gliedern das eine ihr auf keine Weise gegeben werden kann. Offenbar aber liegen die Objekte des Wollens, welche eben den Willensakt bestimmen, außerhalb der Gränze des Selbstbewußtseyns, im Bewußtseyn von andern Dingen; der Willensakt selbst allein in demselben, und nach dem Kausalverhältniß jener zu diesem wird gefragt. Sache des Selbstbewußtseyns ist allein der Willensakt, nebst seiner absoluten Herrschaft über die Glieder des Leibes, welche eigentlich mit dem »was ich will« gemeint ist. Auch ist es erst der Gebrauch dieser Herrschaft, d. i. die That, die ihn, selbst für das Selbstbewußtseyn, zum Willensakte stämpelt. Denn so lange er im Werden begriffen ist, heißt er Wunsch, wenn fertig, Entschluß; daß er aber dies sei, beweist dem Selbstbewußtseyn selbst erst die That: denn bis zu ihr ist er veränderlich. Und hier stehn wir schon gleich an der Hauptquelle jenes allerdings nicht zu leugnenden Scheines, vermöge dessen der Unbefangene (d. i. philosophisch Rohe) meint, daß ihm, in einem gegebenen Fall, entgegengesetzte Willensakte möglich wären, und dabei auf sein Selbstbewußtseyn pocht, welches, meint er, dies aussagte. Er verwechselt nämlich Wünschen mit Wollen. Wünschen kann er Entgegengesetztes*; aber Wollen nur Eines davon: und welches dieses sei, offenbart auch dem Selbstbewußtseyn allererst die That. Ueber die gesetzmäßige Nothwendigkeit aber, vermöge deren, von entgegengesetzten Wünschen, der eine und nicht der andere zum Willensakt und That wird, kann eben deshalb das Selbstbewußtseyn nichts enthalten, da es das Resultat so ganz *a posteriori* erfährt, nicht aber *a priori* weiß. Entgegengesetzte Wünsche mit ihren Motiven steigen vor ihm auf und nieder, abwechselnd und wiederholt: über jeden derselben sagt es aus, daß er zur That werden wird, wenn er zum Willensakt wird. Denn diese letztere rein subjektive Möglichkeit ist zwar zu jedem vorhanden und ist eben das »ich kann thun was ich will«. Aber diese subjektive Möglichkeit ist ganz hypothetisch: sie sagt bloß: »Wenn ich dies will, kann ich es thun«. Allein die zum Wollen erforderliche Bestimmung liegt nicht darin; da das Selbstbewußtseyn bloß das Wollen, nicht aber

* Siehe darüber »Parerga«, Bd. 2, § 327, der ersten Auflage.

die zum Wollen bestimmenden Gründe enthält, welche im Bewußtseyn anderer Dinge, d. h. im Erkenntnißvermögen, liegen. Hingegen ist es die objektive Möglichkeit, die den Ausschlag giebt: diese aber liegt außerhalb des Selbstbewußtseyns, in der Welt der Objekte, zu denen das Motiv und der Mensch als Objekt gehört, ist daher dem Selbstbewußtseyn fremd und gehört dem Bewußtseyn anderer Dinge an. Jene subjektive Möglichkeit ist gleicher Art mit der, welche im Steine liegt, Funken zu geben, jedoch bedingt ist durch den Stahl, an welchem die objektive Möglichkeit haftet. Ich werde hierauf von der andern Seite zurückkommen, im folgenden Abschnitt, wo wir den Willen nicht mehr, wie hier, von innen, sondern von außen betrachten und also die objektive Möglichkeit des Willensaktes untersuchen werden: alsdann wird die Sache, nachdem sie so von zwei verschiedenen Seiten beleuchtet worden, ihre volle Deutlichkeit erhalten und auch durch Beispiele erläutert werden.

Also das im Selbstbewußtseyn liegende Gefühl, »ich kann thun was ich will« begleitet uns beständig, besagt aber bloß, daß die Entschlüsse, oder entschiedenen Akte unsers Willens, obwohl in der dunkeln Tiefe unsers Innern entspringend, allemal gleich übergehn werden in die anschauliche Welt, da zu ihr unser Leib, wie alles Andere, gehört. Dies Bewußtseyn bildet die Brücke zwischen Innenwelt und Außenwelt, welche sonst durch eine bodenlose Kluft getrennt blieben; indem alsdann in der letztern bloße von uns in jedem Sinn unabhängige Anschauungen als Objekte, – in der erstern lauter erfolglose und bloß gefühlte Willensakte liegen würden. – Befragte man einen ganz unbefangenen Menschen; so würde er jenes unmittelbare Bewußtseyn, welches so häufig für das einer vermeinten Willensfreiheit gehalten wird, etwan so ausdrücken: »Ich kann thun was ich will: will ich links gehn, so gehe ich links: will ich rechts gehn, so gehe ich rechts. Das hängt ganz allein von meinem Willen ab: ich bin also frei.« Diese Aussage ist allerdings vollkommen wahr und richtig: nur liegt bei ihr der Wille schon in der Voraussetzung: sie nimmt nämlich an, daß er sich schon entschieden habe: also kann über sein eigenes Freiseyn dadurch nichts ausgemacht werden. Denn sie redet keineswegs von der Abhängigkeit oder Unabhängigkeit des Eintrittes des Willensaktes selbst, sondern nur von den Folgen dieses Akts, sobald er eintritt, oder, genauer zu reden, von seiner unausbleiblichen Erscheinung als Leibesaktion. Das jener Aussage zum Grunde liegende Bewußtseyn ist es aber ganz allein, was den Unbefangenen, d. h. den philosophisch rohen Menschen, der dabei jedoch in andern Fächern ein großer Gelehrter seyn kann, die Willensfreiheit für etwas so ganz unmittelbar Gewisses halten läßt, daß er sie als unzweifelhafte Wahrheit ausspricht und eigentlich gar nicht glauben kann, die Philosophen zweifelten im Ernste daran, sondern in seinem Herzen meint, all das Gerede darüber sei bloße Fechtübung der Schuldialektik und im Grunde Spaaß. Eben aber weil ihm die durch jenes Bewußtseyn gegebene und allerdings wichtige Gewißheit stets so sehr zur Hand ist, und zudem weil der Mensch, als ein zunächst und wesentlich praktisches, nicht theoretisches Wesen, sich der aktiven Seite seiner Willensakte, d. h. der ihrer Wirksamkeit, sehr viel deutlicher bewußt wird, als der *passiven*, d. h. der ihrer Abhängigkeit; so hält es schwer, dem philosophisch rohen Menschen den eigentlichen Sinn unsers Problems faßlich zu machen und ihn dahin zu bringen, daß er begreift, die Frage sei jetzt nicht nach den *Folgen*, sondern nach den *Gründen* seines jedesmaligen Wollens; sein *Thun* zwar hänge ganz allein von seinem *Wollen* ab, jetzt aber verlange man zu wissen, wovon denn *sein Wollen selbst* abhänge, ob von gar nichts, oder von etwas? er könne allerdings das Eine *thun*, wenn er wolle, und eben so gut das Andere *thun*, wenn er wolle: aber er solle jetzt sich besinnen, ob er denn auch das Eine wie das Andere zu *wollen* fähig sei. Stellt man nun, in dieser Absicht, dem Menschen die Frage etwan so: »Kannst du wirklich, von in dir aufgestiegenen entgegengesetzten Wünschen, dem Einen sowohl, als dem Andern Folge leisten? z. B. bei einer Wahl zwischen zwei einander ausschließenden Gegenständen des Besitzes eben so gut den Einen, als den Andern vorziehn?« Da wird er sagen: »Vielleicht kann mir die Wahl schwer fallen: immer jedoch wird es ganz allein von mir abhängen, ob ich das Eine oder das Andere wählen *will*, und von keiner andern Gewalt: da habe ich volle Freiheit, welches ich *will* zu erwählen, und dabei werde ich immer ganz allein meinen *Willen* befolgen.« – Sagt man nun: »Aber dein Wollen selbst, wovon hängt das ab?« so antwortet der Mensch aus dem Selbstbewußtseyn: »Von gar nichts als von mir! Ich kann wollen was ich will: was ich will das will ich.« – Und letzteres sagt er, ohne dabei die Tautologie zu beabsichtigen, oder auch nur im innersten seines Bewußtseyns sich auf den Satz der Identität zu stützen, vermöge dessen allein das wahr ist. Sondern, hier aufs äußerste bedrängt, redet er von einem Wollen seines Wollens, welches ist, als ob er von einem Ich seines Ichs redete. Man hat ihn auf den Kern seines Selbstbewußtseyns zurückgetrieben, wo er sein Ich und seinen Willen als ununterscheidbar antrifft, aber nichts übrig bleibt, um Beide zu beurtheilen. Ob, bei jener Wahl, sein W o l l e n s e l b s t des Einen und nicht des Andern, da seine Person und die Gegenstände der Wahl hier als gegeben angenommen sind, irgend möglicherweise auch anders ausfallen könnte, als es zuletzt ausfällt; oder ob, durch die eben angegebenen Data, dasselbe so nothwendig festgestellt ist, wie daß im Triangel dem größten Winkel die größte Seite gegenüber liegt; das ist eine Frage, die dem natürlichen S e l b s t b e w u ß t s e y n so fern liegt, daß es nicht ein Mal zu ihrem Verständniß zu bringen ist, geschweige daß es die Antwort auf sie fertig, oder auch nur als unentwickelten Keim, in sich trüge und sie nur naiv von sich zu geben brauchte. – Angegebenermaaßen wird also der unbefangene, aber philosophisch rohe Mensch immer noch vor der Perplexität, welche die Frage, wenn wirklich verstanden, herbeiführen muß, sich zu flüchten suchen hinter jene unmittelbare Gewißheit »was ich will kann ich thun, und ich will was ich will«, wie oben gesagt. Dies wird er immer von Neuem versuchen, unzählige Mal; so daß es schwer halten wird, ihn vor der eigentlichen Frage, der er immer zu entschlüpfen sucht, zum Stehn zu bringen. Und dies ist ihm nicht zu verargen: denn die Frage ist wirklich eine höchst bedenkliche. Sie greift mit forschender Hand in das allerinnerste Wesen des Menschen: sie will wissen, ob auch er, wie alles Uebrige in der Welt, ein durch seine Beschaffenheit selbst ein für alle Mal entschiedenes Wesen sei, welches, wie jedes Andere in der Natur, seine bestimmten, beharrlichen Eigenschaften habe, aus denen seine Reaktionen auf entstehenden äußern Anlaß nothwendig hervorgehn, die demnach ihren von dieser Seite unabänderlichen Charakter tragen und folglich in dem, was an ihnen etwan modifikabel seyn mag, der Bestimmung durch die Anlässe von außen gänzlich Preis gegeben sind; oder ob er allein eine Ausnahme von der ganzen Natur mache. Gelingt es dennoch endlich, ihn vor dieser so bedenklichen Frage zum Stehn zu bringen und ihm deutlich zu machen, daß hier nach dem Ursprung seiner Willensakte selbst, nach der etwanigen Regel, oder gänzlichen Regellosigkeit ihres Entstehns geforscht wird; so wird man entdecken, daß das unmittelbare Selbstbewußtseyn hierüber keine Auskunft enthält, indem der unbefangene Mensch hier selbst davon abgeht und seine Rathlosigkeit durch Nachsinnen und allerlei Erklärungsversuche an den Tag legt, deren Gründe er bald aus der Erfahrung, wie er sie an sich und Andern gemacht hat, bald aus allgemeinen Verstandesregeln zu nehmen versucht, dabei aber durch die Unsicherheit und das Schwanken seiner Erklärungen genugsam zeigt, daß sein unmittelbares Selbstbewußtseyn über die richtig verstandene Frage keine Auskunft liefert, wie es vorhin über die irrig verstandene sie gleich bereit hatte. Dies liegt im letzten Grunde daran, daß des Menschen Wille sein eigentliches Selbst, der wahre Kern seines Wesens ist: daher macht derselbe den Grund seines Bewußtseyns aus, als ein schlechthin Gegebenes und Vorhandenes, darüber er nicht hinaus kann. Denn er selbst ist wie er will, und will wie er ist. Daher ihn fragen, ob er auch anders wollen könnte, als er will, heißt ihn fragen, ob er auch wohl ein Anderer seyn könnte, als er selbst: und das weiß er nicht. Eben deshalb muß auch der Philosoph, der sich von Jenem bloß durch die Uebung unterscheidet, wenn er in dieser schwierigen Angelegenheit zur Klarheit kommen will, an seinen Verstand, der Erkenntnisse *a priori* liefert, an die solche überdenkende Vernunft und an die Erfahrung, welche sein und Anderer Thun, zur Auslegung und Kontrolle solcher Verstandeserkenntniß ihm vorführt, als letzte und allein kompetente Instanz sich wenden, deren Entscheidung zwar nicht so leicht, so unmittelbar und einfach, wie die des Selbstbewußtseyns, dafür aber doch zur Sache und ausreichend seyn wird. Der Kopf ist es, der die Frage aufgeworfen hat, und er auch muß sie beantworten.

Uebrigens darf es uns nicht wundern, daß auf jene abstruse, spekulative, schwierige und bedenkliche Frage das unmittelbare Selbstbewußtseyn keine Antwort aufzuweisen hat. Denn dieses ist ein sehr beschränkter Theil unsers gesammten Bewußtseyns, welches, in seinem Innern dunkel, mit allen seinen objektiven Erkenntnißkräften ganz nach außen gerichtet ist. Alle seine vollkommen sicheren, d. h. *a priori* gewissen Erkenntnisse betreffen ja allein die Außenwelt, und da kann es denn nach gewissen allgemeinen Gesetzen, die in ihm selbst wurzeln, sicher entscheiden, was da draußen möglich, was unmöglich, was nothwendig sei, und bringt auf diesem Wege reine Mathematik, reine Logik, ja, reine Fundamental-Naturwissenschaft *a priori* zu Stande. Demnächst liefert die Anwendung seiner ihm *a priori* bewußten Formen auf die in der Sinnesempfindung gegebenen Data ihm die anschauliche, reale Außenwelt und damit die Erfahrung: ferner wird die Anwendung der Logik und der dieser zum Grunde liegenden Denkfähigkeit auf jene Außenwelt die Begriffe, die Welt der Gedanken, liefern, dadurch wieder die Wissenschaften, deren Leistungen u. s. w. D a d r a u ß e n also liegt vor seinen Blicken große Helle und Klarheit. Aber i n n e n ist es finster, wie ein gut geschwärztes Fernrohr: kein Satz *a priori* erhellt die Nacht seines eigenen Innern; sondern diese Leuchtthürme strahlen nur nach außen. Dem sogenannten innern Sinn liegt, wie oben erörtert, nichts vor, als der eigene Wille, auf dessen Bewegungen eigentlich auch alle sogenannten innern Gefühle zurückzuführen sind. Alles aber, was diese innere Wahrnehmung des Willens liefert, läuft, wie oben gezeigt, zurück auf Wollen und Nichtwollen, nebst der belobten Gewißheit »was ich w i l l, das kann ich t h u n«, welches eigentlich besagt: »Jeden Akt meines Willens sehe ich sofort (auf eine mir ganz unbegreifliche Weise) als eine Aktion meines Leibes sich darstellen«, – und, genau genommen, für das erkennende Subjekt ein Erfahrungssatz ist. Darüber hinaus ist hier nichts zu finden. Für die aufgeworfene Frage ist also der angegangene Richterstuhl inkompetent: ja, sie kann, in ihrem wahren Sinn, gar nicht vor ihn gebracht werden, da er sie nicht versteht.

Den auf unsere Anfrage beim Selbstbewußtseyn erhaltenen Bescheid resumire ich jetzt nochmals in kürzerer und leichterer Wendung. Das S e l b s t b e w u ß t s e y n eines Jeden sagt sehr deutlich aus, daß er thun kann was er will. Da nun auch ganz entgegengesetzte Handlungen als von ihm g e w o l l t gedacht werden können; so folgt allerdings, daß er auch Entgegengesetztes thun kann, w e n n e r w i l l. Dies verwechselt nun der rohe Verstand damit, daß er, in einem gegebenen Fall, auch Entgegengesetztes w o l l e n könne, und nennt dies d i e F r e i h e i t d e s W i l l e n s. Allein daß er, in einem gegebenen Fall, Entgegengesetztes w o l l e n könne, ist schlechterdings nicht in obiger Aussage enthalten, sondern bloß dies, daß von zwei entgegengesetzten Handlungen, er, wenn er diese will, sie thun kann, und wenn er jene will, sie ebenfalls thun kann: ob er aber die eine so wohl als die andere, im gegebenen Fall, wollen könne, bleibt dadurch unausgemacht und ist Gegenstand einer tiefern Untersuchung, als durch das bloße Selbstbewußtseyn entschieden werden kann. Die kürzeste, wenn gleich scholastische Formel für dieses Resultat würde lauten: die Aussage des Selbstbewußtseyns betrifft den Willen bloß *a parte post* [hinsichtlich des Nachher]; die Frage nach der Freiheit hingegen *a parte ante* [hinsichtlich des Vorher]. – Also jene unleugbare Aussage des Selbstbewußtseyns »ich kann thun was ich will« enthält und entscheidet durchaus nichts über die Freiheit des Willens, als welche darin bestehn würde, daß der jedesmalige Willensakt selbst, im einzelnen individuellen Fall, also bei gegebenem individuellen Charakter, nicht durch die äußern Umstände, in denen hier dieser Mensch sich befindet, nothwendig bestimmt würde, sondern jetzt so und auch anders ausfallen könnte. Hierüber aber bleibt das Selbstbewußtseyn völlig stumm: denn die Sache liegt ganz außer seinem Bereich; da sie auf dem Kausalverhältniß zwischen der Außenwelt und dem Menschen beruht. Wenn man einen Menschen von gesundem Verstande, aber ohne philosophische Bildung, frägt, worin denn die auf Aussage seines Selbstbewußtseyns so zuverlässig von ihm behauptete Willensfreiheit bestehe; so wird er antworten: »Darin, daß ich thun kann was ich will, sobald ich nicht physisch gehemmt bin.« Also ist es immer das Verhältniß seines Thuns zu seinem Wollen, wovon er redet. Dies aber ist, wie im ersten Abschnitt gezeigt, noch bloß die physische Freiheit. Frägt man ihn weiter, ob er alsdann, im gegebenen Fall, sowohl eine Sache als ihr Gegentheil wollen könne; so wird er zwar im ersten Eifer es bejahen: sobald er aber den Sinn der Frage zu begreifen anfängt, wird er auch anfangen bedenklich zu werden, endlich in Unsicherheit und Verwirrung gerathen und aus dieser sich am liebsten wieder hinter sein Thema »ich kann thun was ich will« retten und daselbst gegen alle Gründe und alles Räsonnement verschanzen. Die berichtigte Antwort auf sein Thema aber würde, wie ich im folgenden Abschnitt außer Zweifel zu setzen hoffe, lauten: »Du kannst thun was du willst: aber du kannst, in jedem gegebenen

Augenblick deines Lebens, nur Ein Bestimmtes wollen und schlechterdings nichts Anderes, als dieses Eine.«

Durch die in diesem Abschnitte enthaltene Auseinandersetzung wäre nun eigentlich schon die Frage der königl. Societät und zwar verneinend beantwortet; wiewohl nur in der Hauptsache, indem auch diese Darlegung des Thatbestandes im Selbstbewußtseyn noch einige Vervollständigung im Nachfolgenden erhalten wird. Nun aber auch für diese unsere verneinende Antwort giebt es, in einem Fall, noch eine Kontrole. Wenn wir nämlich uns jetzt mit der Frage an diejenige Behörde, zu welcher, als der allein kompetenten, wir im Vorhergehenden verwiesen wurden, nämlich an den reinen Verstand, die über die Data desselben reflektirende Vernunft und die im Gefolge Beider gehende Erfahrung wenden, und deren Entscheidung fiele etwan dahin aus, daß ein *liberum arbitrium* [freie Willensentscheidung] überhaupt nicht existire, sondern das Handeln des Menschen, wie alles Andere in der Natur, in jedem gegebenen Fall, als eine nothwendig eintretende Wirkung erfolge; so würde uns dieses noch die Gewißheit geben, daß im unmittelbaren Selbstbewußtseyn Data, aus denen das nachgefragte *liberum arbitrium* sich beweisen ließe, auch nicht ein Mal liegen können; wodurch, mittelst des Schlusses *a non posse ad non esse* [von der Unmöglichkeit auf die Unwirklichkeit], welcher der einzige mögliche Weg ist, negative Wahrheiten *a priori* festzustellen, unsere Entscheidung, zu der bisher dargelegten empirischen, noch eine rationelle Begründung erhalten würde, mithin alsdann doppelt sicher gestellt wäre. Denn ein entschiedener Widerspruch zwischen den unmittelbaren Aussagen des Selbstbewußtseyns und den Ergebnissen aus den Grundsätzen des reinen Verstandes, nebst ihrer Anwendung auf Erfahrung, darf nicht als möglich angenommen werden: ein solches lügenhaftes Selbstbewußtseyn kann das unserige nicht seyn. Wobei zu bemerken ist, daß selbst die von Kant über dieses Thema aufgestellte vorgebliche Antinomie, auch bei ihm selbst, nicht etwan dadurch entstehn soll, daß Thesis und Antithesis von verschiedenen Erkenntnißquellen, die eine etwan von Aussagen des Selbstbewußtseyns, die andere von Vernunft und Erfahrung ausgienge; sondern Thesis und Antithesis vernünfteln Beide aus angeblich objektiven Gründen; wobei aber die Thesis auf gar nichts, als auf der faulen Vernunft, d. h. dem Bedürfniß im Regressus irgend ein Mal stille zu stehn, fußet, die Antithesis hingegen alle objektiven Gründe wirklich für sich hat.

Diese demnach jetzt vorzunehmende indirekte, auf dem Felde des Erkenntnißvermögens und der ihm vorliegenden Außenwelt sich haltende Untersuchung wird aber zugleich viel Licht zurückwerfen auf die bis hieher vollzogene direkte und so zur Ergänzung derselben dienen, indem sie die natürlichen Täuschungen aufdecken wird, die aus der falschen Auslegung jener so höchst einfachen Aussage des Selbstbewußtseyns entstehn, wann dieses in Konflikt geräth mit dem Bewußtseyn von andern Dingen, welches das Erkenntnißvermögen ist und in einem und dem selben Subjekt mit dem Selbstbewußtseyn wurzelt. Ja, erst am Schluß dieser indirekten Untersuchung wird uns über den wahren Sinn und Inhalt jenes alle unsere Handlungen begleitenden »Ich will«, und über das Bewußtseyn der Ursprünglichkeit und Eigenmächtigkeit, vermöge dessen sie unsere Handlungen sind, einiges Licht aufgehn; wodurch die bis hieher geführte direkte Untersuchung allererst ihre Vollendung erhalten wird.

III.

Der Wille vor dem Bewußtseyn anderer Dinge.

Wenn wir uns nun an das Erkenntnißvermögen mit unserm Probleme wenden; so wissen wir zum voraus, daß, da dieses Vermögen wesentlich nach außen gerichtet ist, der Wille für dasselbe nicht ein Gegenstand unmittelbarer Wahrnehmung seyn kann, wie er dies für das, dennoch in unserer Sache inkompetent befundene, Selbstbewußtseyn war; sondern, daß hier nur die mit einem Willen begabten Wesen betrachtet werden können, welche vor dem Erkenntnißvermögen als objektive und äußere Erscheinungen, d. i. als Gegenstände der Erfahrung, dastehn und nunmehr als solche zu untersuchen und zu beurtheilen sind, theils nach allgemeinen für die Erfahrung überhaupt, ihrer Möglichkeit nach, feststehenden *a priori* gewissen Regeln, theils nach den Thatsachen, welche die fertige und wirklich vorhandene Erfahrung liefert. Also nicht mehr, wie vorhin, mit dem Willen selbst, wie er nur dem innern Sinne offen liegt; sondern mit den wollenden, vom Willen bewegten Wesen, welche Gegenstände der äußern Sinne sind, haben wir es hier zu thun. Wenn wir nun auch dadurch in den Nachtheil versetzt sind, den eigentlichen Gegenstand unsers Forschens nur mittelbar und aus größerer Entfernung betrachten zu müssen; so wird dieselbe überwogen durch den Vortheil, daß wir uns jetzt eines viel vollkommeneren Organons [Werkzeugs] bei unserer Untersuchung bedienen können, als das dunkle, dumpfe, einseitige, direkte Selbstbewußtseyn, der sogenannte innere Sinn, war: nämlich des mit allen äußern Sinnen und allen Kräften zum objektiven Auffassen ausgerüsteten Verstandes.

Als die allgemeinste und grundwesentliche Form dieses Verstandes finden wir das Gesetz der Kausalität, da sogar allein durch dessen Vermittelung die Anschauung der realen Außenwelt zu Stande kommt, als bei welcher wir die in unsern Sinnesorganen empfundenen Affektionen und Veränderungen sogleich und ganz unmittelbar als »Wirkungen« auffassen und (ohne Anleitung, Belehrung und Erfahrung) augenblicklich von ihnen den Uebergang machen zu ihren »Ursachen«, welche nunmehr, eben durch diesen Verstandesproceß, als Objekte im Raum sich darstellen*. Hieraus erhellt unwidersprechlich, daß das Gesetz der Kausalität uns *a priori*, folglich als ein, hinsichtlich der Möglichkeit aller Erfahrung überhaupt, nothwendiges bewußt ist; ohne daß wir des indirekten, schwierigen, ja, ungenügenden Beweises, den Kant für diese wichtige Wahrheit gegeben hat, bedürften. Das Gesetz der Kausalität steht *a priori* fest, als die allgemeine Regel, welcher alle reale Objekte der Außenwelt ohne Ausnahme unterworfen sind. Diese Ausnahmslosigkeit verdankt es eben seiner Apriorität. Dasselbe bezieht sich wesentlich und ausschließlich auf Veränderungen, und besagt, daß wo und wann, in der objektiven, realen, materiellen Welt, irgend etwas, groß oder klein, viel oder wenig, sich verändert, nothwendig gleich vorher auch etwas Anderes sich verändert haben muß, und damit dieses sich veränderte, vor ihm wieder ein Anderes, und so ins Unendliche, ohne daß irgend ein Anfangspunkt dieser regressiven Reihe von Veränderungen, welche die Zeit erfüllt, wie die Materie den Raum, jemals abzusehn, oder auch nur als möglich zu denken, geschweige vorauszusetzen wäre. Denn die unermüdlich sich erneuernde Frage »was führte diese Veränderung herbei?« gestattet dem Verstande nimmermehr einen letzten Ruhepunkt; wie sehr er auch dabei ermüden mag: weshalb eine erste Ursache gerade so undenkbar ist, wie ein Anfang der Zeit oder eine Gränze des Raumes. – Nicht minder besagt das Gesetz der Kausalität, daß wenn die frühere Veränderung, – die Ursache, – eingetreten ist, die dadurch herbeigeführte spätere, – die Wirkung, – ganz unausbleiblich eintreten muß, mithin nothwendig erfolgt. Durch diesen Charakter von Nothwendigkeit bewährt sich das Gesetz der Kausalität

* Die gründliche Ausführung dieser Lehre findet man in der Abhandlung über den Satz vom Grunde, § 21 der zweiten Auflage.

als eine Gestaltung des Satzes vom Grunde, welcher die allgemeinste Form unsers gesammten Erkenntnißvermögens ist und wie in der realen Welt als Ursächlichkeit, so in der Gedankenwelt als logisches Gesetz vom Erkenntnißgrunde, und selbst im leeren, aber *a priori* angeschauten Raume als Gesetz der streng nothwendigen Abhängigkeit der Lage aller Theile desselben gegenseitig von einander auftritt; – welche nothwendige Abhängigkeit speciell und ausführlich nachzuweisen, das alleinige Thema der Geometrie ist. Daher eben, wie ich schon im Anfange erörtert habe, nothwendig seyn und Folge eines gegebenen Grundes seyn Wechselbegriffe sind.

Alle an den objektiven, in der realen Außenwelt liegenden Gegenständen vorgehende Veränderungen sind also dem Gesetz der Kausalität unterworfen, und treten daher, wann und wo sie eintreten, allemal als nothwendig und unausbleiblich ein. – Eine Ausnahme hievon kann es nicht geben, da die Regel *a priori* für alle Möglichkeit der Erfahrung feststeht. Hinsichtlich ihrer Anwendung aber auf einen gegebenen Fall, ist bloß zu fragen, ob es sich um eine Veränderung eines in der äußern Erfahrung gegebenen realen Objekts handelt: sobald dies ist, unterliegen seine Veränderungen der Anwendung des Gesetzes der Kausalität. d. h. müssen durch eine Ursache, eben darum aber nothwendig herbeigeführt seyn.

Gehn wir nun mit unserer allgemeinen, *a priori* gewissen und daher für alle mögliche Erfahrung ohne Ausnahme gültigen Regel an diese Erfahrung selbst näher heran und betrachten die in derselben gegebenen realen Objekte, auf deren etwan eintretende Veränderungen unsere Regel sich bezieht; so bemerken wir bald an diesen Objekten einige tief eingreifende Hauptunterschiede, nach denen sie auch längst klassificirt sind: nämlich sie sind theils unorganische, d. h. leblose, theils organische, d. h. lebendige, und diese wieder theils Pflanzen, theils Thiere. Diese letzteren wieder finden wir, wenn auch im Wesentlichen einander ähnlich und ihrem Begriff entsprechend, doch in einer überaus mannigfaltigen und fein nüancirten Stufenfolge der Vollkommenheit, von den der Pflanze noch nahe verwandten, schwer von ihr zu unterscheidenden an, bis hinauf zu den vollendetesten, dem Begriffe des Thiers am vollkommensten entsprechenden: auf dem Gipfel dieser Stufenfolge sehn wir den Menschen, – uns selbst.

Betrachten wir nun, ohne uns durch jene Mannigfaltigkeit irre machen zu lassen, alle diese Wesen sämmtlich nur als objektive, reale Gegenstände der Erfahrung, und schreiten demgemäß zur Anwendung unsers, für die Möglichkeit aller Erfahrung, *a priori* feststehenden Gesetzes der Kausalität auf die mit solchen Wesen etwan vorgehenden Veränderungen; so werden wir finden, daß zwar die Erfahrung überall dem *a priori* gewissen Gesetze gemäß ausfällt; jedoch der in Erinnerung gebrachten großen Verschiedenheit im Wesen aller jener Erfahrungsobjekte, auch eine ihr angemessene Modifikation in der Art, wie die Kausalität ihr Recht an ihnen geltend macht, entspricht. Näher: es zeigt sich, dem dreifachen Unterschiede von unorganischen Körpern, Pflanzen und Thieren entsprechend, die alle ihre Veränderungen leitende Kausalität ebenfalls in drei Formen, nämlich als Ursache im engsten Sinne des Worts, oder als Reiz, oder als Motivation, – ohne daß durch diese Modifikation ihre Gültigkeit *a priori* und folglich die durch sie gesetzte Nothwendigkeit des Erfolgs im Mindesten beeinträchtigt würde.

Die Ursache im engsten Sinne des Worts ist die, vermöge welcher alle mechanischen, physikalischen und chemischen Veränderungen der Erfahrungsgegenstände eintreten. Sie charakterisirt sich überall durch zwei Merkmale: erstlich dadurch, daß bei ihr das dritte Neutonische Grundgesetz »Wirkung und Gegenwirkung sind einander gleich« seine Anwendung findet: d. h., der vorhergehende Zustand, welcher Ursache heißt, erfährt eine gleiche Veränderung, wie der nachfolgende, welcher Wirkung heißt. – Zweitens dadurch, daß, dem zweiten Neutonischen Gesetze gemäß, allemal der Grad der Wirkung dem Grade der Ursache genau angemessen ist, folglich eine Verstärkung dieser auch eine gleiche Verstärkung jener herbeiführt; so daß, wenn nur ein Mal die Wirkungsart bekannt ist, sofort aus dem Grade der Intensität der Ursache auch der Grad der Wirkung, und *vice versa*, sich wissen, messen und berechnen läßt. Bei empirischer Anwendung dieses zweiten Merkmals darf man jedoch nicht die eigentliche Wirkung verwechseln mit ihrer augenfälligen Erscheinung. Z. B. man darf nicht erwarten, daß, bei der Zusammendrückung eines Körpers, sein Umfang immerfort abnehme in dem Verhältniß wie die zusammendrückende Kraft zunimmt. Denn der Raum, in den man den Körper zwängt, nimmt immer ab, folglich der Widerstand zu: und wenn nun gleich auch hier die eigentliche Wirkung, welche die Verdichtung ist, wirklich nach Maaßgabe der Ursache wächst, wie das Mariottesche Gesetz besagt; so ist dies doch nicht von jener ihrer augenfälligen Erscheinung zu verstehn. Ferner wird in vielen Fällen, bei gewissen und bestimmten Graden der Einwirkung, mit einem Male die ganze Wirkungsart sich ändern, eigentlich weil die Art der Gegenwirkung sich ändert, weil die bisherige Art derselben, in einem Körper von endlicher Größe, erschöpft war; so z. B. wird dem Wasser zugeleitete Wärme bis zu einem gewissen Grad Erhitzung bewirken, über diesen Grad hinaus aber nur schnelle Verflüchtigung: bei dieser tritt aber wieder das selbe Verhältniß ein zwischen dem Grade der Ursache und dem der Wirkung: und so ist es in vielen Fällen. Solche Ursachen im engsten Sinn sind es nun, welche die Veränderungen aller leblosen, d. i. unorganischen Körper bewirken. Die Erkenntniß und Voraussetzung von Ursachen dieser Art leitet die Betrachtung aller der Veränderungen, welche der Gegenstand der Mechanik, Hydrodynamik, Physik und Chemie sind. Das ausschließliche Bestimmtwerden durch Ursachen dieser Art allein ist daher das eigentliche und wesentliche Merkmal eines unorganischen oder leblosen Körpers.

Die zweite Art der Ursachen ist der Reiz, d. h. diejenige Ursache, welche erstlich selbst keine mit ihrer Einwirkung im Verhältniß stehende Gegenwirkung erleidet, und zweitens zwischen deren Intensität und der Intensität der Wirkung durchaus keine Gleichmäßigkeit Statt findet. Folglich kann hier nicht der Grad der Wirkung gemessen und vorher bestimmt werden nach dem Grade der Ursache: vielmehr kann eine kleine Vermehrung des Reizes eine sehr große der Wirkung verursachen, oder auch umgekehrt die vorige Wirkung ganz aufheben, ja, eine entgegengesetzte herbeiführen. Z. B. Pflanzen können bekanntlich durch Wärme oder auch der Erde beigemischten Kalk, zu einem außerordentlich schnellen Wachsthum getrieben werden, indem jene Ursachen als Reize ihrer Lebenskraft wirken: wird jedoch hiebei der angemessene Grad des Reizes um ein Weniges überschritten; so wird der Erfolg, statt des erhöhten und beschleunigten Lebens, der Tod der Pflanze seyn. So auch können wir durch Wein, oder Opium, unsere Geisteskräfte anspannen und beträchtlich erhöhen: wird aber das rechte Maaß des Reizes überschritten; so wird der Erfolg gerade der entgegengesetzte seyn. – Diese Art der Ursachen, also R e i z e, sind es, welche alle Veränderungen der Organismen a l s s o l c h e r bestimmen. Alle Veränderungen und Entwickelungen der Pflanzen, und alle bloß organische und vegetative Veränderungen, oder Funktionen, thierischer Leiber gehn auf R e i z e vor sich. In dieser Art wirkt auf sie das Licht, die Wärme, die Luft, die Nahrung, jedes Pharmakon, jede Berührung, die Befruchtung u. s. w. – Während dabei das Leben der Thiere noch eine ganz andere Sphäre hat, von der ich gleich reden werde, so geht hingegen das ganze Leben der P f l a n z e n ausschließlich nach R e i z e n vor sich. Alle ihre Assimilation [Anpassung], Wachsthum, Hinstreben mit der Krone nach dem Lichte, mit den Wurzeln nach besserm Boden, ihre Befruchtung, Keimung u. s. w. ist Veränderung auf R e i z e. Bei einzelnen, wenigen Gattungen kommt hiezu noch eine eigenthümliche schnelle Bewegung, die ebenfalls nur auf Reize erfolgt, wegen welcher sie jedoch sensitive Pflanzen genannt werden. Bekanntlich sind dies hauptsächlich *Mimosa pudica, Hedysarum gyrans* und *Dionaea muscipula* [Rührmichnichtan, Schildklee, Venusfliegenfalle]. Das Bestimmtwerden ausschließlich und ohne Ausnahme durch R e i z e ist der Charakter der Pflanze. Mithin ist P f l a n z e jeder Körper, dessen eigenthümliche, seiner Natur angemessene Bewegungen und Veränderungen allemal und ausschließlich auf R e i z e erfolgen.

Die dritte Art der bewegenden Ursachen ist die, welche den Charakter der T h i e r e bezeichnet: es ist die M o t i v a t i o n, d. h. die durch das E r k e n n e n hindurchgehende Kausalität. Sie tritt in der Stufenfolge der Naturwesen auf dem Punkt ein, wo das komplicirtere und daher mannigfaltige Bedürfnisse habende Wesen, diese nicht mehr bloß auf Anlaß des Reizes befriedigen konnte, als welcher abgewartet werden muß; sondern es im Stande seyn mußte, die Mittel der Befriedigung zu wählen, zu ergreifen, ja, aufzusuchen. Deshalb tritt bei Wesen dieser Art an die Stelle der bloßen Empfänglichkeit für R e i z e und der Bewegung auf solche, die Empfänglichkeit für M o t i v e, d. h. ein Vorstellungsvermögen, ein Intellekt, in unzähligen Abstufungen der Vollkommenheit, materiell sich darstellend als Nervensystem und Gehirn, und eben damit das Bewußtseyn. Daß dem thierischen Leben ein Pflanzenleben zur Basis dient, welches als solches eben nur auf Reize vor sich geht, ist bekannt. Aber alle die Bewegungen, welche das Thier als Thier vollzieht, und welche eben deshalb von dem abhängen, was die Physiologie animalische Funktionen nennt, geschehn in Folge eines erkannten Objekts, also auf Motive. Demnach ist ein Thier jeder Körper, dessen eigenthümliche, seiner Natur angemessene, äußere Bewegungen und Veränderungen allemal auf Motive, d. h. auf gewisse, seinem hiebei schon vorausgesetzten Bewußtseyn gegenwärtige Vorstellungen erfolgen. So unendliche Abstufungen in der Reihe der Thiere die Fähigkeit zu Vorstellungen, und eben damit das Bewußtseyn, auch haben mag; so ist doch in jedem so viel davon vorhanden, daß das Motiv sich ihm darstellt und seine Bewegung veranlaßt: wobei dem nunmehr vorhandenen Selbstbewußtseyn die innere bewegende Kraft, deren einzelne Aeußerung durch das Motiv hervorgerufen wird, als Dasjenige sich kund giebt, was wir mit dem Worte Wille bezeichnen.

Ob nun aber ein gegebener Körper sich auf Reize, oder auf Motive bewege, kann, auch für die Beobachtung von außen, welche hier unser Standpunkt ist, nie zweifelhaft bleiben: so augenscheinlich verschieden ist die Wirkungsart eines Reizes von der eines Motivs. Denn der Reiz wirkt stets durch unmittelbare Berührung, oder sogar Intussusception [Aufnahme in das Innere], und wo auch diese nicht sichtbar ist, wie wo der Reiz die Luft, das Licht, die Wärme ist; so verräth sie sich doch dadurch, daß die Wirkung ein unverkennbares Verhältniß zur Dauer und Intensität des Reizes hat, wenn gleich dieses Verhältniß nicht bei allen Graden des Reizes das selbe bleibt. Wo hingegen ein Motiv die Bewegung verursacht, fallen alle solche Unterschiede ganz weg. Denn hier ist das eigentliche und nächste Medium der Einwirkung nicht die Atmosphäre, sondern ganz allein die Erkenntniß. Das als Motiv wirkende Objekt braucht durchaus nichts weiter, als wahrgenommen, erkannt zu seyn; wobei es ganz einerlei ist, wie lange, ob nahe, oder ferne, und wie deutlich es in die Apperception gekommen. Alle diese Unterschiede verändern hier den Grad der Wirkung ganz und gar nicht: sobald es nur wahrgenommen worden, wirkt es auf ganz gleiche Weise; vorausgesetzt, daß es überhaupt ein Bestimmungsgrund des hier zu erregenden Willens sei. Denn auch die physikalischen und chemischen Ursachen, desgleichen die Reize, wirken ebenfalls nur, sofern der zu afficirende Körper für sie empfänglich ist. Ich sagte eben »des hier zu erregenden Willens«: denn, wie schon erwähnt, als das, was das Wort Wille bezeichnet, giebt sich hier dem Wesen selbst, innerlich und unmittelbar, Dasjenige kund, was eigentlich dem Motiv die Kraft zu wirken ertheilt, die geheime Springfeder der durch dasselbe hervorgerufenen Bewegung. Bei ausschließlich auf Reize sich bewegenden Körpern (Pflanzen) nennen wir jene beharrende, innere Bedingung Lebenskraft; – bei den bloß auf Ursachen im engsten Sinne sich bewegenden Körpern nennen wir sie Naturkraft, oder Qualität: immer wird sie von den Erklärungen als das Unerklärliche vorausgesetzt; weil hier im Innern der Wesen kein Selbstbewußtseyn ist, dem sie unmittelbar zugänglich wäre. Ob nun aber diese in solchen erkenntnißlosen, sogar leblosen Wesen liegende innere Bedingung ihrer Reaktion auf äußere Ursachen, wenn man, von der Erscheinung überhaupt abgehend, nach demjenigen forschen wollte, was Kant das Ding an sich nennt, etwan ihrem Wesen nach identisch wäre mit dem, was wir in uns den Willen nennen, wie ein Philosoph neuerer Zeit uns wirklich hat andemonstriren wollen, – dies lasse ich dahin gestellt, ohne jedoch dem gerade widersprechen zu wollen.*

Hingegen darf ich nicht den Unterschied unerörtert lassen, welchen, bei der Motivation, das Auszeichnende des menschlichen Bewußtseyns vor jedem thierischen herbeiführt. Dieses, welches eigentlich das Wort Vernunft bezeichnet, besteht darin, daß der Mensch nicht, wie das Thier, bloß der anschauenden Auffassung der Außenwelt fähig ist, sondern aus dieser Allgemein-Begriffe *(notiones universales)* zu abstrahiren vermag, welche er, um sie in seinem sinnlichen Bewußtseyn fixiren und festhalten zu können, mit Worten bezeichnet und nun damit zahllose Kombinationen vornimmt, die zwar immer, wie auch die Begriffe, aus denen sie bestehn,

* Es versteht sich, daß ich hier mich selbst meine und nur des erforderten Inkognitos wegen nicht in der ersten Person reden durfte.

auf die anschaulich erkannte Welt sich beziehn, jedoch eigentlich Das ausmachen, was man denken nennt und wodurch die großen Vorzüge des Menschengeschlechts vor allen übrigen möglich werden, nämlich Sprache, Besonnenheit, Rückblick auf das Vergangene, Sorge für das Künftige, Absicht, Vorsatz, planmäßiges, gemeinsames Handeln Vieler, Staat, Wissenschaften, Künste u. s. f. Alles dieses beruht auf der einzigen Fähigkeit, nichtanschauliche, abstrakte, allgemeine Vorstellungen zu haben, die man Begriffe (d. i. Inbegriffe der Dinge) nennt, weil jeder derselben vieles Einzelne unter sich begreift. Dieser Fähigkeit entbehren die Thiere, selbst die allerklügsten: sie haben daher keine andere als anschauliche Vorstellungen, und erkennen demnach nur das gerade Gegenwärtige, leben allein in der Gegenwart. Die Motive, durch die ihr Wille bewegt wird, müssen daher allemal anschaulich und gegenwärtig seyn. Hievon aber ist die Folge, daß ihnen äußerst wenig Wahl gestattet ist, nämlich bloß zwischen dem ihrem beschränkten Gesichtskreise und Auffassungsvermögen anschaulich Vorliegenden und also in Zeit und Raum Gegenwärtigen, wovon nun das als Motiv stärkere ihren Willen sofort bestimmt; wodurch die Kausalität des Motivs hier sehr augenfällig wird. Eine scheinbare Ausnahme macht die Dressur, welche die durch das Medium der Gewohnheit wirkende Furcht ist; eine gewissermaaßen wirkliche der Instinkt, sofern, vermöge desselben, das Thier im Ganzen seiner Handlungsweise nicht eigentlich durch Motive, sondern durch innern Zug und Trieb in Bewegung gesetzt wird, welcher jedoch seine nähere Bestimmung, im Detail der einzelnen Handlungen und für jeden Augenblick, doch wieder durch Motive erhält, also in die Regel zurückkehrt. Die nähere Erörterung des Instinkts würde mich hier zu weit von meinem Thema abführen: ihr ist das 27. Kapitel des zweiten Bandes meines Hauptwerks gewidmet. – Der Mensch hingegen hat, vermöge seiner Fähigkeit nicht-anschaulicher Vorstellungen, vermittelst deren er denkt und reflektirt, einen unendlich weiteren Gesichtskreis, welcher das Abwesende, das Vergangene, das Zukünftige begreift: dadurch hat er eine sehr viel größere Sphäre der Einwirkung von Motiven und folglich auch der Wahl, als das auf die enge Gegenwart beschränkte Thier. Nicht das seiner sinnlichen Anschauung Vorliegende, in Raum und

Zeit Gegenwärtige, ist es, in der Regel, was sein Thun bestimmt: vielmehr sind es bloße Gedanken, die er in seinem Kopfe überall mit sich herumträgt und die ihn vom Eindruck der Gegenwart unabhängig machen. Wenn sie aber dies zu thun verfehlen, nennt man sein Handeln unvernünftig: dasselbe wird hingegen als vernünftig gelobt, wenn es ausschließlich nach wohl überlegten Gedanken und daher völlig unabhängig vom Eindruck der anschaulichen Gegenwart vollzogen wird. Eben dieses, daß der Mensch durch eine eigene Klasse von Vorstellungen (abstrakte Begriffe, Gedanken), welche das Thier nicht hat, aktuirt [angetrieben] wird, ist selbst äußerlich sichtbar, indem es allem seinen Thun, sogar dem unbedeutendesten, ja, allen seinen Bewegungen und Schritten, den Charakter des Vorsätzlichen und Absichtlichen aufdrückt; wodurch sein Treiben von dem der Thiere so augenfällig verschieden ist, daß man geradezu sieht, wie gleichsam feine, unsichtbare Fäden (die aus bloßen Gedanken bestehenden Motive) seine Bewegungen lenken, während die der Thiere von den groben, sichtbaren Stricken des anschaulich Gegenwärtigen gezogen werden. Weiter aber geht der Unterschied nicht. Motiv wird der Gedanke, wie die Anschauung Motiv wird, sobald sie auf den vorliegenden Willen zu wirken vermag. Alle Motive aber sind Ursachen, und alle Kausalität führt Nothwendigkeit mit sich. Der Mensch kann nun, mittelst seines Denkvermögens, die Motive, deren Einfluß auf seinen Willen er spürt, in beliebiger Ordnung, abwechselnd und wiederholt sich vergegenwärtigen, um sie seinem Willen vorzuhalten, welches überlegen heißt: er ist deliberationsfähig und hat, vermöge dieser Fähigkeit, eine weit größere Wahl, als dem Thiere möglich ist. Hiedurch ist er allerdings relativ frei, nämlich frei vom unmittelbaren Zwange der anschaulich gegenwärtigen, auf seinen Willen als Motive wirkenden Objekte, welchem das Thier schlechthin unterworfen ist: er hingegen bestimmt sich unabhängig von den gegenwärtigen Objekten, nach Gedanken, welche seine Motive sind. Diese relative Freiheit ist es wohl auch im Grunde, was gebildete, aber nicht tief denkende Leute unter der Willensfreiheit, die der Mensch offenbar vor dem Thiere voraus habe, verstehn. Dieselbe ist jedoch eine bloß relative, nämlich in Beziehung auf das anschaulich Gegenwärtige, und eine bloß komparative, nämlich im Vergleich mit dem Thiere. Durch sie ist ganz allein die Art der Motivation geändert, hingegen die Nothwendigkeit der Wirkung der Motive im Mindesten nicht aufgehoben, oder auch nur verringert. Das abstrakte, in einem bloßen Gedanken bestehende Motiv ist eine äußere, den Willen bestimmende Ursache, so gut wie das anschauliche, in einem realen, gegenwärtigen Objekt bestehende: folglich ist es eine Ursache wie jede andere, ist sogar auch, wie die andern, stets ein Reales, Materielles, sofern es allemal zuletzt doch auf einem irgend wann und irgend wo erhaltenen Eindruck von außen beruht. Es hat bloß die Länge des Leitungsdrahtes voraus; wodurch ich bezeichnen will, daß es nicht, wie die bloß anschaulichen Motive, an eine gewisse Nähe im Raum und in der Zeit gebunden ist; sondern durch die größte Entfernung, durch die längste Zeit und durch eine Vermittelung von Begriffen und Gedanken in langer Verkettung hindurch wirken kann: welches eine Folge der Beschaffenheit und eminenten Empfänglichkeit des Organs ist, das zunächst seine Einwirkung erfährt und aufnimmt, nämlich des menschlichen Gehirns, oder der Vernunft. Dies hebt jedoch seine Ursächlichkeit und die mit ihr gesetzte Nothwendigkeit im Mindesten nicht auf. Daher kann nur eine sehr oberflächliche Ansicht jene relative und komparative Freiheit für eine absolute, ein *liberum arbitrium indifferentiae,* halten. Die durch sie entstehende Deliberations[Abwägungs-]fähigkeit giebt in der That nichts Anderes, als den sehr oft peinlichen Konflikt der Motive, dem die Unentschlossenheit vorsitzt, und dessen Kampfplatz nun das ganze Gemüth und Bewußtseyn des Menschen ist. Er läßt nämlich die Motive wiederholt ihre Kraft gegen einander an seinem Willen versuchen, wodurch dieser in die selbe Lage geräth, in der ein Körper ist, auf welchen verschiedene Kräfte in entgegengesetzten Richtungen wirken, – bis zuletzt das entschieden stärkste Motiv die andern aus dem Felde schlägt und den Willen bestimmt; welcher Ausgang Entschluß heißt und als Resultat des Kampfes mit völliger Nothwendigkeit eintritt.

Ueberblicken wir jetzt nochmals die ganze Reihe der Formen der Kausalität, in der sich Ursachen im engsten Sinne des Worts, sodann Reize und endlich Motive, welche wieder in anschauliche und abstrakte zerfallen, deutlich von einander sondern; so werden wir bemerken, daß, indem wir die Reihe der Wesen in dieser Hinsicht von unten nach oben durchgehn, die Ursache und ihre Wirkung mehr und mehr aus einander treten, sich deutlicher sondern und heterogener werden, wobei die Ursache immer weniger materiell und palpabel [greifbar] wird, daher denn immer weniger in der Ursache und immer mehr in der Wirkung zu liegen scheint; durch welches Alles zusammengenommen der Zusammenhang zwischen Ursache und Wirkung an unmittelbarer Faßlichkeit und Verständlichkeit verliert. Nämlich alles eben Angeführte ist am wenigsten der Fall bei der mechanischen Kausalität, welche deshalb die faßlichste von allen ist: hieraus entsprang im vorigen Jahrhundert das falsche, in Frankreich sich noch erhaltende, neuerlich aber auch in Deutschland aufgekommene Bestreben, jede andere auf diese zurückzuführen und alle physikalischen und chemischen Vorgänge aus mechanischen Ursachen zu erklären, aus jenen aber wieder den Lebensproceß. Der stoßende Körper bewegt den ruhenden, und so viel Bewegung er mittheilt, so viel verliert er: hier sehn wir gleichsam die Ursache in die Wirkung hinüberwandern: Beide sind ganz homogen, genau kommensurabel und dabei palpabel. Und so ist es eigentlich bei allen rein mechanischen Wirkungen. Aber man wird finden, daß dies Alles weniger und weniger der Fall ist, hingegen das oben Gesagte eintritt, je höher wir hinaufsteigen, wenn wir auf jeder Stufe das Verhältniß zwischen Ursache und Wirkung betrachten, z. B. zwischen der Wärme als Ursache und ihren verschiedenen Wirkungen, wie Ausdehnung, Glühen, Schmelzen, Verflüchtigung, Verbrennung, Thermo-Elektricität u. s. w., oder zwischen Verdunstung als Ursache und Erkältung, oder Krystallisation, als Wirkungen; oder zwischen Reibung des Glases als Ursache und freier Elektricität, mit ihren seltsamen Phänomenen, als Wirkung; oder zwischen langsamer Oxydation der Platten als Ursache und Galvanismus, mit allen seinen elektrischen, chemischen, magnetischen Phänomenen als Wirkung. Also Ursache und Wirkung sondern sich mehr und mehr, werden heterogener, ihr Zusammenhang unverständlicher, die Wirkung scheint mehr zu enthalten, als die Ursache ihr liefern konnte; da diese sich immer weniger materiell und palpabel zeigt. Dies Alles tritt noch deutlicher ein, wenn wir zu den organischen Körpern übergehn, wo nun bloße Reize, theils äußere, wie die des Lichts, der Wärme, der Luft, des Erdbodens, der Nahrung, theils innere, der Säfte und Theile auf einander, die Ursachen sind, und als ihre Wirkung das Leben, in seiner unendlichen Komplikation und in zahllosen Verschiedenheiten der Art, in den mannigfaltigen Gestalten der Pflanzen- und Thier-Welt sich darstellt.*

Hat nun aber bei dieser mehr und mehr eintretenden Heterogeneität, Inkommensurabilität und Unverständlichkeit des Verhältnisses zwischen Ursache und Wirkung etwan auch die durch dasselbe gesetzte Nothwendigkeit abgenommen? Keineswegs, nicht im Mindesten. So nothwendig, wie die rollende Kugel die ruhende in Bewegung setzt, muß auch die Leidener Flasche, bei Berührung mit der andern Hand, sich entladen, – muß auch Arsenik jedes Lebende tödten, – muß auch das Saamenkorn, welches, trocken aufbewahrt, Jahrtausende hindurch keine Veränderung zeigte, sobald es in den gehörigen Boden gebracht, dem Einflusse der Luft, des Lichtes, der Wärme, der Feuchtigkeit ausgesetzt ist, keimen, wachsen und sich zur Pflanze entwickeln. Die Ursache ist komplicirter, die Wirkung heterogener, aber die Nothwendigkeit, mit der sie eintritt, nicht um ein Haarbreit geringer.

Bei dem Leben der Pflanze und dem vegetativen Leben des Thieres ist der Reiz von der durch ihn hervorgerufenen organischen Funktion zwar in jeder Hinsicht höchst verschieden, und Beide sind deutlich gesondert: jedoch sind sie noch nicht eigentlich getrennt; sondern zwischen ihnen muß ein Kontakt, sei er auch noch so fein und unsichtbar, vorhanden seyn. Die gänzliche Trennung tritt erst ein beim animalen Leben, dessen Aktionen durch Motive hervorgerufen werden, wodurch nun die Ursache, welche bisher mit der Wirkung noch immer materiell zusammen hieng, ganz von ihr losgerissen dasteht, ganz anderer Natur, ein zunächst Immaterielles, eine bloße Vorstellung ist. Im Motiv also, welches die Bewegung des Thieres hervorruft, hat jene Heterogeneität zwischen Ursache und Wirkung, die Sonderung Beider von einander, die Inkommensurabilität derselben, die Immaterialität der Ursache und daher ihr scheinbares

* Die ausführlichere Darlegung dieses Auseinandertretens der Ursache und Wirkung findet man im »Willen in der Natur«, Rubrik »Astronomie«, S. 80 ff. der zweiten Auflage [Bd. v uns. Ausg., S. 282 ff.].

Zuwenigenthalten gegen die Wirkung, den höchsten Grad erreicht, und die Unbegreiflichkeit des Verhältnisses zwischen Beiden würde sich zu einer absoluten steigern, wenn wir, wie die übrigen Kausalverhältnisse, auch dieses bloß von außen kennten: so aber ergänzt hier eine Erkenntniß ganz anderer Art, eine innere, die äußere, und der Vorgang, welcher als Wirkung nach eingetretener Ursache hier Statt hat, ist uns intim bekannt: wir bezeichnen ihn durch einen *terminus ad hoc* [hierfür bestimmten Begriff]: Willen. Daß jedoch auch hier nicht, so wenig wie oben beim Reiz, das Kausalverhältniß an Nothwendigkeit eingebüßt habe, sprechen wir aus, sobald wir es als Kausalverhältniß erkennen und durch diese unserm Verstande wesentliche Form denken. Zudem finden wir die Motivation den zwei andern oben erörterten Gestaltungen des Kausalverhältnisses völlig analog und nur als die höchste Stufe, zu der diese sich in ganz allmäligem Uebergange erheben. Auf den niedrigsten Stufen des thierischen Lebens ist das Motiv noch dem Reize nahe verwandt: Zoophyten [Pflanzentiere], Radiarien [Strahlentiere] überhaupt, Akephalen [Muscheln] unter den Mollusken [Weichtieren], haben nur eine schwache Dämmerung von Bewußtseyn, gerade so viel, als nöthig ist, ihre Nahrung oder Beute wahrzunehmen und sie an sich zu reißen, wenn sie sich darbietet, und allenfalls ihren Ort gegen einen günstigeren zu vertauschen: daher liegt, auf diesen niedrigen Stufen, die Wirkung des Motivs uns noch ganz so deutlich, unmittelbar, entschieden und unzweideutig vor, wie die des Reizes. Kleine Insekten werden vom Scheine des Lichtes bis in die Flamme gezogen: Fliegen setzen sich der Eidechse, die eben, vor ihren Augen, ihres Gleichen verschlang, zutraulich auf den Kopf. Wer wird hier von Freiheit träumen? Bei den oberen, intelligenteren Thieren wird die Wirkung der Motive immer mittelbarer: nämlich das Motiv trennt sich deutlicher von der Handlung, die es hervorruft; so daß man sogar diese Verschiedenheit der Entfernung zwischen Motiv und Handlung zum Maaßstabe der Intelligenz der Thiere gebrauchen könnte. Beim Menschen wird sie unermeßlich. Hingegen auch bei den klügsten Thieren muß die Vorstellung, die zum Motiv ihres Thuns wird, noch immer eine anschauliche seyn: selbst wo schon eine Wahl möglich wird, kann sie nur zwischen dem anschaulich Gegenwärtigen Statt haben. Der Hund steht zaudernd zwischen dem Ruf seines Herrn und dem Anblick einer Hündin: das stärkere Motiv wird seine Bewegung bestimmen: dann aber erfolgt sie so nothwendig, wie eine mechanische Wirkung. Sehn wir doch auch bei dieser einen aus dem Gleichgewicht gebrachten Körper eine Zeit lang abwechselnd nach der einen und der andern Seite wanken, bis sich entscheidet, auf welcher sein Schwerpunkt liegt, und er nach dieser hinstürzt. So lange nun die Motivation auf anschauliche Vorstellungen beschränkt ist, wird ihre Verwandtschaft mit dem Reiz und der Ursache überhaupt, noch dadurch augenfällig, daß das Motiv, als wirkende Ursache, ein Reales, ein Gegenwärtiges seyn, ja durch Licht, Schall, Geruch, wenn auch sehr mittelbar, doch noch physisch auf die Sinne wirken muß. Zudem liegt hier dem Beobachter die Ursache so offen vor, wie die Wirkung: er sieht das Motiv eintreten und das Thun des Thieres unausbleiblich erfolgen, so lange kein anderes eben so augenfälliges Motiv, oder Dressur entgegenwirkt. Den Zusammenhang zwischen Beiden zu bezweifeln ist unmöglich. Daher wird es auch Niemanden einfallen, den Thieren ein *liberum arbitrium indifferentiae*, d. h. ein durch keine Ursache bestimmtes Thun beizulegen.

Wo nun aber das Bewußtseyn ein vernünftiges, also ein der nichtanschauenden Erkenntniß, d. h. der Begriffe und Gedanken fähiges ist, da werden die Motive von der Gegenwart und realen Umgebung ganz unabhängig und bleiben dadurch dem Zuschauer verborgen. Denn sie sind jetzt bloße Gedanken, die der Mensch in seinem Kopfe herumträgt, deren Entstehung jedoch außerhalb desselben, oft sogar weit entfernt liegt, nämlich bald in der eigenen Erfahrung vergangener Jahre, bald in fremder Ueberlieferung durch Worte und Schrift, selbst aus den fernsten Zeiten, jedoch so, daß ihr Ursprung immer real und objektiv ist, wiewohl, durch die oft schwierige Kombination komplicirter äußerer Umstände, viele Irrthümer und mittelst der Ueberlieferung viele Täuschungen, folglich auch viele Thorheiten unter den Motiven sind. Hiezu kommt noch, daß der Mensch die Motive seines Thuns oft vor allen Andern verbirgt, bisweilen sogar vor sich selbst, nämlich da, wo er sich scheut zu erkennen, was eigentlich es ist, das ihn bewegt, Dieses oder Jenes zu thun. Inzwischen sieht man sein Thun erfolgen und sucht durch Konjekturen [Vermutungen] die Motive zu ergründen, welche man dabei so fest und zuversichtlich voraussetzt, wie die Ursache jeder Bewegung lebloser Körper, die man hätte erfolgen sehn; in der Ueberzeugung, daß das Eine wie das Andere ohne Ursache unmöglich ist. Dem entsprechend bringt man auch umgekehrt, bei seinen eigenen Plänen und Unternehmungen, die Wirkung der Motive auf die Menschen mit einer Sicherheit in Anschlag, welche der, womit man die mechanischen Wirkungen mechanischer Vorrichtungen berechnet, völlig gleich kommen würde, wenn man die individuellen Charaktere der hier zu behandelnden Menschen so genau kennte, wie dort die Länge und Dicke der Balken, die Durchmesser der Räder, das Gewicht der Lasten u. s. w. Diese Voraussetzung befolgt Jeder, so lange er nach außen blickt, es mit Andern zu thun hat und praktische Zwecke verfolgt: denn zu diesen ist der menschliche Verstand bestimmt. Aber versucht er, die Sache theoretisch und philosophisch zu beurtheilen, als wozu die menschliche Intelligenz eigentlich nicht bestimmt ist, und macht nun sich selbst zum Gegenstande der Beurtheilung; so läßt er sich durch die eben geschilderte immaterielle Beschaffenheit abstrakter, aus bloßen Gedanken bestehender Motive, weil sie an keine Gegenwart und Umgebung gebunden sind und ihre Hindernisse selbst wieder nur in bloßen Gedanken, als Gegenmotiven, finden, so weit irre leiten, daß er ihr Daseyn, oder doch die Nothwendigkeit ihres Wirkens bezweifelt und meint, was gethan wird, könne eben so gut auch unterbleiben, der Wille entscheide sich von selbst, ohne Ursache, und jeder seiner Akte wäre ein erster Anfang einer unabsehbaren Reihe dadurch herbeigeführter Veränderungen. Diesen Irrthum unterstützt nun ganz besonders die falsche Auslegung jener im ersten Abschnitt hinlänglich geprüften Aussage des Selbstbewußtseyns »ich kann thun was ich will«; zumal wenn diese, wie zu jeder Zeit, auch bei Einwirkung mehrerer, vor der Hand bloß sollicitirender [anregender] und einander ausschließender Motive anklingt. Dieses zusammengenommen also ist die Quelle der natürlichen Täuschung, aus welcher der Irrthum erwächst, in unserm Selbstbewußtseyn liege die Gewißheit einer Freiheit unsers Willens, in dem Sinne, daß er, allen Gesetzen des reinen Verstandes und der Natur zuwider, ein ohne zureichende Gründe sich Entscheidendes sei, dessen Entschlüsse, unter gegebenen Umständen, bei einem und dem selben Menschen, so oder auch entgegengesetzt ausfallen könnten.

Um die Entstehung dieses für unser Thema so wichtigen Irrthums speciell und aufs deutlichste zu erläutern und dadurch die im vorigen Abschnitt angestellte Untersuchung des Selbstbewußtseyns zu ergänzen, wollen wir uns einen Menschen denken, der, etwan auf der Gasse stehend, zu sich sagte: »Es ist 6 Uhr Abends, die Tagesarbeit ist beendigt. Ich kann jetzt einen Spatziergang machen; oder ich kann in den Klub gehn; ich kann auch auf den Thurm steigen, die Sonne untergehn zu sehn; ich kann auch ins Theater gehn; ich kann auch diesen, oder aber jenen Freund besuchen; ja, ich kann auch zum Thor hinauslaufen, in die weite Welt, und nie wiederkommen. Das Alles steht allein bei mir, ich habe völlige Freiheit dazu; thue jedoch davon jetzt nichts, sondern gehe eben so freiwillig nach Hause, zu meiner Frau.« Das ist gerade so, als wenn das Wasser spräche: »Ich kann hohe Wellen schlagen (ja! nämlich im Meer und Sturm), ich kann reißend hinabeilen (ja! nämlich im Bette des Strohms), ich kann schäumend und sprudelnd hinunterstürzen (ja! nämlich im Wasserfall), ich kann frei als Strahl in die Luft steigen (ja! nämlich im Springbrunnen), ich kann endlich gar verkochen und verschwinden (ja! bei 80° Wärme); thue jedoch von dem Allen jetzt nichts, sondern bleibe freiwillig, ruhig und klar im spiegelnden Teiche.« Wie das Wasser jenes Alles nur dann kann, wann die bestimmenden Ursachen zum Einen oder zum Andern eintreten; eben so kann jener Mensch was er zu können wähnt, nicht anders, als unter der selben Bedingung. Bis die Ursachen eintreten, ist es ihm unmöglich: dann aber m u ß er es, so gut wie das Wasser, sobald es in die entsprechenden Umstände versetzt ist. Sein Irrthum und überhaupt die Täuschung, welche aus dem falsch ausgelegten Selbstbewußtseyn hier entsteht, daß er jenes Alles jetzt gleich könne, beruht, genau betrachtet, darauf, daß seiner Phantasie nur e i n Bild zur Zeit gegenwärtig seyn kann und für den Augenblick Alles Andere ausschließt. Stellt er nun das Motiv zu einer jener als möglich proponirten [vorgeschlagenen] Handlungen sich vor; so fühlt er sogleich dessen Wirkung auf seinen Willen, der dadurch sollicitirt wird: dies heißt, in der Kunstsprache, eine *Velleitas* [Willensregung]. Nun meint er aber, er könne diese auch zu einer *Voluntas* [Willenshandlung] erheben, d. h. die proponirte Handlung ausführen: allein dies ist Täuschung. Denn alsbald würde die Besonnenheit eintreten und die nach andern Seiten ziehenden, oder die entgegenstehenden Motive ihm in Erinnerung bringen: worauf er sehn würde, daß es nicht zur That kommt. Bei einem solchen successiven Vorstellen verschiedener einander ausschließender Motive unter steter Begleitung des innern »ich kann thun was ich will«, dreht sich gleichsam der Wille, wie eine Wetterfahne auf wohlgeschmierter Angel und bei unstätem Winde, sofort nach jedem Motiv hin, welches die Einbildungskraft ihm vorhält, successiv nach allen als möglich vorliegenden Motiven, und bei jedem denkt der Mensch, er könne es w o l l e n und also die Fahne auf diesem Punkte fixiren; welches bloße Täuschung ist. Denn sein »ich kann dies wollen« ist in Wahrheit hypothetisch und führt den Beisatz mit sich »wenn ich nicht lieber jenes Andere wollte«: der hebt aber jenes Wollenkönnen auf. – Kehren wir zu jenem aufgestellten, um 6 Uhr deliberirenden [überlegenden] Menschen zurück und denken uns, er bemerke jetzt, daß ich hinter ihm stehe, über ihn philosophire und seine Freiheit zu allen jenen ihm möglichen Handlungen abstreite; so könnte es leicht geschehn, daß er, um mich zu widerlegen, eine davon ausführte: dann wäre aber gerade mein Leugnen und dessen Wirkung auf seinen Widerspruchsgeist das ihn dazu nöthigende Motiv gewesen. Jedoch würde dasselbe ihn nur zu einer oder der andern von den l e i c h t e r e n unter den oben angeführten Handlungen bewegen können, z. B. ins Theater zu gehn; aber keineswegs zur zuletzt genannten, nämlich in die weite Welt zu laufen: dazu wäre dies Motiv viel zu schwach. – Eben so irrig meint Mancher, indem er ein geladenes Pistol in der Hand hält, er könne sich damit erschießen. Dazu ist das Wenigste jenes mechanische Ausführungsmittel, die Hauptsache aber ein überaus starkes und daher seltenes Motiv, welches die ungeheuere Kraft hat, die nöthig ist, um die Lust zum Leben, oder richtiger die Furcht vor dem Tode, zu überwiegen: erst nachdem ein solches eingetreten, kann er sich wirklich erschießen, und muß es; es sei denn, daß ein noch stärkeres Gegenmotiv, wenn überhaupt ein solches möglich ist, die That verhindere.

Ich kann thun was ich will: ich kann, w e n n i c h w i l l, Alles was ich habe den Armen geben und dadurch selbst einer werden, – wenn ich w i l l! – Aber ich vermag nicht, es zu w o l l e n; weil die entgegenstehenden Motive viel zu viel Gewalt über mich haben, als daß ich es könnte. Hingegen wenn ich einen andern Charakter hätte, und zwar in dem Maaße, daß ich ein Heiliger wäre [,] dann würde ich es wollen können; dann aber würde ich auch nicht umhin können, es zu wollen, würde es also thun müssen. – Dies Alles besteht vollkommen wohl mit dem »ich kann thun was ich will« des Selbstbewußtseyns, worin noch heut zu Tage einige gedankenlose Philosophaster die Freiheit des Willens zu sehn vermeinen, und sie demnach als eine gegebene Thatsache des Bewußtseyns geltend machen. Unter diesen zeichnet sich aus Hr. Cousin und verdient deshalb hier eine *mention honorable* [ehrende Erwähnung], da er in seinem *Cours d'histoire de la philosophie, professé en 1819, 20, et publié par Vacherot, 1841* [Vorlesung über Geschichte der Philosophie, gehalten i. d. Jahren 1819 und 1820, und 1841 bei Vacherot verlegt], lehrt, daß die Freiheit des Willens die zuverlässigste Thatsache des Bewußtseyns sei *(Vol. 1, p. 19, 20)*, und Kanten tadelt, daß er dieselbe bloß aus dem Moralgesetz bewiesen und als ein Postulat aufgestellt habe, da sie doch eine Thatsache sei: *»pourquoi démontrer ce qu'il suffit de constater?«* [Warum beweisen, wo die Feststellung genügt?] *(p. 50) »la liberté est un fait, et non une croyance«* [die Freiheit ist eine Tatsache, und nicht ein Glaube.] *(ibid.)* – Inzwischen fehlt es auch in Deutschland nicht an Ignoranten, die Alles, was seit zwei Jahrhunderten große Denker darüber gesagt haben, in den Wind schlagen und auf die im vorigen Abschnitt analysirte, von ihnen, wie vom großen Haufen, falsch aufgefaßte Thatsache des Selbstbewußtseyns pochend, die Freiheit des Willens als thatsächlich gegeben präkonisiren [preisen]. Doch thue ich ihnen vielleicht Unrecht; indem es seyn kann, daß sie nicht so unwissend sind, wie sie scheinen, sondern bloß hungrig, und daher, für ein sehr trockenes Stück Brod, Alles lehren, was einem hohen Ministerio wohlgefällig seyn könnte.

Es ist durchaus weder Metapher noch Hyperbel, sondern ganz trockene und buchstäbliche Wahrheit, daß, so wenig eine Kugel auf dem Billiard in Bewegung gerathen kann, ehe sie einen Stoß erhält, eben so wenig ein Mensch von seinem Stuhle aufstehn kann, ehe ein Motiv ihn weg zieht oder treibt: dann aber ist sein Aufstehn so nothwendig und unausbleiblich, wie das Rollen der Kugel nach dem Stoß. Und zu erwarten, daß Einer etwas thue, wozu ihn durchaus kein Interesse auffordert, ist wie erwarten, daß ein Stück Holz sich zu mir bewege, ohne einen Strick, der es zöge. Wer etwan dergleichen behauptend, in einer Gesellschaft hartnäckigen Widerspruch erführe, würde am kürzesten aus der Sache kommen, wenn er, durch einen Dritten, plötzlich mit lauter und ernster Stimme rufen ließe: »Das Gebälk stürzt ein!« wodurch die Widersprecher zu der Einsicht gelangen würden, daß ein Motiv eben so mächtig ist, die Leute zum Hause hinaus zu werfen, wie die handfesteste mechanische Ursache.

Denn der Mensch ist, wie alle Gegenstände der Erfahrung, eine Erscheinung in Zeit und Raum, und da das Gesetz der Kausalität für diese alle *a priori* und folglich ausnahmslos gilt, muß auch er ihm unterworfen seyn. So sagt es der reine Verstand *a priori*, so bestätigt es die durch die ganze Natur geführte Analogie, und so bezeugt es die Erfahrung jeden Augenblick, wenn man sich nicht täuschen läßt durch den Schein, der dadurch herbeigeführt wird, daß, indem die Naturwesen, sich höher und höher steigernd, komplicirter werden, und ihre Empfänglichkeit, von der bloß mechanischen, zur chemischen, elektrischen, reizbaren, sensibeln, intellektuellen und endlich rationellen [vernünftigen] sich erhebt und verfeinert, auch die Natur der einwirkenden Ursachen hiemit gleichen Schritt halten und auf jeder Stufe den Wesen, auf welche gewirkt werden soll, entsprechend ausfallen muß: daher dann auch die Ursachen immer weniger palpabel und materiell sich darstellen; so daß sie zuletzt nicht mehr dem Auge sichtbar, wohl aber dem Verstande erreichbar sind, der sie, im einzelnen Fall, mit unerschütterlicher Zuversicht voraussetzt und bei gehörigem Forschen auch entdeckt. Denn hier sind die wirkenden Ursachen gesteigert zu bloßen Gedanken, die mit andern Gedanken kämpfen, bis der mächtigste von ihnen den Ausschlag giebt und den Menschen in Bewegung setzt; welches Alles in eben solcher Strenge des Kausalzusammenhanges vor sich geht, wie wenn rein mechanische Ursachen, in komplicirter Verbindung, einander entgegen wirken und der berechnete Erfolg unfehlbar eintritt. Den Augenschein der Ursachlosigkeit, wegen Unsichtbarkeit der Ursache, haben die im Glase nach allen Richtungen umherhüpfenden, elektrisirten Korkkügelchen eben so sehr wie die Bewegungen des Menschen: das Urtheil aber kommt nicht dem Auge zu, sondern dem Verstande.

Unter Voraussetzung der Willensfreiheit wäre jede menschliche Handlung ein unerklärliches Wunder, – eine Wirkung ohne Ursache. Und wenn man den Versuch wagt, ein solches *liberum arbitrium indifferentiae* sich vorstellig zu machen; so wird man bald inne werden, daß dabei recht eigentlich der Verstand stille steht: er hat keine Form so etwas zu denken. Denn der Satz vom Grunde, das Princip durchgängiger Bestimmung und Abhängigkeit der Erscheinungen von einander, ist die allgemeinste Form unsers Erkenntnißvermögens, die, nach Verschiedenheit der Objekte desselben, auch selbst verschiedene Gestalten annimmt. Hier aber sollen wir etwas denken, das bestimmt, ohne bestimmt zu werden, das von nichts abhängt, aber von ihm das Andere, das ohne Nöthigung, folglich ohne Grund, jetzt A wirkt, während es eben so wohl B, oder C, oder D wirken könnte, und zwar ganz und gar könnte, unter den selben Umständen könnte, d. h. ohne daß jetzt in A etwas läge, was ihm einen Vorzug (denn der wäre Motivation, also Kausalität) vor B, C, D ertheilte. Wir werden hier auf den gleich Anfangs als problematisch aufgestellten Begriff des absolut Zufälligen zurückgeführt. Ich wiederhole es: dabei steht ganz eigentlich der Verstand stille, wenn man nur vermag ihn daran zu bringen.

Jetzt aber wollen wir uns auch daran erinnern, was überhaupt eine Ursache ist: die vorhergehende Veränderung, welche die nachfolgende nothwendig macht. Keineswegs bringt irgend eine Ursache in der Welt ihre Wirkung ganz und gar hervor, oder macht sie aus nichts. Vielmehr ist allemal etwas da, worauf sie wirkt, und sie veranlaßt bloß zu dieser Zeit, an diesem Ort und an diesem bestimmten Wesen eine Veränderung, welche stets der Natur des Wesens gemäß ist, zu der also die Kraft bereits in diesem Wesen liegen mußte. Mithin entspringt jede Wirkung aus zwei Faktoren, einem innern und einem äußern: nämlich aus der ursprünglichen Kraft dessen, worauf gewirkt wird, und der bestimmenden Ursache, welche jene nöthigt sich jetzt hier zu äußern. Ursprüngliche Kraft setzt jede Kausalität und jede Erklärung aus ihr voraus: daher eben letztere nie Alles erklärt, sondern stets ein Unerklärliches übrig läßt. Dies sehn wir in der gesammten Physik und Chemie: überall werden bei ihren Erklärungen die Naturkräfte vorausgesetzt, die sich in den Phänomenen äußern, und in der Zurückführung auf welche die ganze Erklärung besteht. Eine Naturkraft selbst ist keiner Erklärung unterworfen, sondern ist das Princip aller Erklärung. Eben so ist sie selbst auch keiner Kausalität unterworfen; sondern sie ist gerade Das, was jeder Ursache die Kausalität, d. h. die Fähigkeit zu wirken, verleiht. Sie selbst ist die gemeinsame Unterlage aller Wirkungen dieser Art und in jeder derselben gegenwärtig. So werden die Phänomene des Magnetismus auf eine ursprüngliche Kraft, genannt Elektricität, zurückgeführt. Hiebei steht die Erklärung stille: sie giebt bloß die Bedingungen an, unter denen eine solche Kraft sich äußert, d. h. die Ursachen, welche ihre Wirksamkeit hervorrufen. Die Erklärungen der himmlischen Mechanik setzen die Gravitation als Kraft voraus, vermöge welcher hier die einzelnen Ursachen, die den Gang der Weltkörper bestimmen, wirken. Die Erklärungen der Chemie setzen die geheimen Kräfte voraus, welche sich als Wahlverwandtschaften, nach gewissen stöchiometrischen [Maß-]Verhältnissen äußern, und auf denen alle die Wirkungen zuletzt beruhen, welche durch Ursachen, die man angiebt, hervorgerufen, pünktlich eintreten. Eben so setzen alle Erklärungen der Physiologie die Lebenskraft voraus, als welche auf specifische, innere und äußere Reize bestimmt reagirt. Und so ist es durchgängig überall. Selbst die Ursachen, mit denen die so faßliche Mechanik sich beschäftigt, wie Stoß und Druck, haben die Undurchdringlichkeit, Kohäsion, Starrheit, Härte, Trägheit, Schwere, Elasticität zur Voraussetzung, welche nicht weniger, als die eben erwähnten, unergründliche Naturkräfte sind. Also überall bestimmen die Ursachen nichts weiter als das Wann und Wo der Aeußerungen ursprünglicher, unerklärlicher Kräfte, unter deren Voraussetzung allein sie Ursachen sind, d. h. gewisse Wirkungen nothwendig herbeiführen.

Wie nun dies bei den Ursachen im engsten Sinne und bei den Reizen der Fall ist, so nicht minder bei den Motiven; da ja die Motivation nicht im Wesentlichen von der Kausalität verschieden, sondern nur eine Art derselben, nämlich die durch das Medium der Erkenntniß hindurchgehende Kausalität ist. Auch hier also ruft die Ursache nur die Aeußerung einer nicht weiter auf Ursachen zurückzuführenden, folglich nicht weiter zu erklärenden Kraft hervor, welche Kraft, die hier Wille heißt, uns aber nicht bloß von außen, wie die andern Naturkräfte, sondern, vermöge des Selbstbewußtseyns, auch von innen und unmittelbar bekannt ist. Nur unter der Voraussetzung, daß ein solcher Wille vorhanden und, im einzelnen Fall, daß er von bestimmter Beschaffenheit sei, wirken die auf ihn gerichteten

Ursachen, hier Motive genannt. Diese speciell und individuell bestimmte Beschaffenheit des Willens, vermöge deren seine Reaktion auf die selben Motive in jedem Menschen eine andere ist, macht Das aus, was man dessen Charakter nennt und zwar, weil er nicht *a priori* sondern nur durch Erfahrung bekannt wird, empirischen Charakter. Durch ihn ist zunächst die Wirkungsart der verschiedenartigen Motive auf den gegebenen Menschen bestimmt. Denn er liegt allen Wirkungen, welche die Motive hervorrufen, so zum Grunde, wie die allgemeinen Naturkräfte den durch Ursachen im engsten Sinn hervorgerufenen Wirkungen, und die Lebenskraft den Wirkungen der Reize. Und, wie die Naturkräfte, so ist auch er ursprünglich, unveränderlich, unerklärlich. Bei den Thieren ist er in jeder Species, beim Menschen in jedem Individuo ein anderer. Nur in den alleroberstén, klügsten Thieren zeigt sich schon ein merklicher Individualcharakter, wiewohl mit durchaus überwiegendem Charakter der Species.

Der Charakter des Menschen ist: 1) individuell: er ist in Jedem ein anderer. Zwar liegt der Charakter der Species allen zum Grunde, daher die Haupteigenschaften sich in jedem wiederfinden. Allein hier ist ein so bedeutendes Mehr und Minder des Grades, eine solche Verschiedenheit der Kombination und Modifikation der Eigenschaften durch einander, daß man annehmen kann, der moralische Unterschied der Charaktere komme dem der intellektuellen Fähigkeiten gleich, was viel sagen will, und beide seien ohne Vergleich größer als die körperliche Verschiedenheit zwischen Riese und Zwerg, Apollo und Thersites. Daher ist die Wirkung des selben Motivs auf verschiedene Menschen eine ganz verschiedene; wie das Sonnenlicht Wachs weiß, aber Chlorsilber schwarz färbt, die Wärme Wachs erweicht, aber Thon verhärtet. Deshalb kann man aus der Kenntniß des Motivs allein nicht die That vorhersagen, sondern muß hiezu auch den Charakter genau kennen.

2) Der Charakter des Menschen ist empirisch. Durch Erfahrung allein lernt man ihn kennen, nicht bloß an Andern, sondern auch an sich selbst. Daher wird man oft, wie über Andere, so auch über sich selbst enttäuscht, wenn man entdeckt, daß man diese oder jene Eigenschaft, z. B. Gerechtigkeit, Uneigennützigkeit, Muth, nicht in dem Grade besitzt, als man gütigst voraussetzte. Daher auch bleibt, bei einer vorliegenden

schweren Wahl, unser eigener Entschluß, gleich einem fremden, uns selber so lange ein Geheimniß, bis jene entschieden ist: bald glauben wir, daß sie auf diese, bald daß sie auf jene Seite fallen werde, je nachdem dieses oder jenes Motiv dem Willen von der Erkenntniß näher vorgehalten wird und seine Kraft an ihm versucht, wobei denn jenes »ich kann thun was ich will« den Schein der Willensfreiheit hervorbringt. Endlich macht das stärkere Motiv seine Gewalt über den Willen geltend, und die Wahl fällt oft anders aus, als wir Anfangs vermutheten. Daher endlich kann Keiner wissen, wie ein Anderer und auch nicht, wie er selbst in irgend einer bestimmten Lage handeln wird, ehe er darin gewesen: nur nach bestandener Probe ist er des Andern und erst dann auch seiner selbst gewiß. Dann aber ist er es: erprobte Freunde, geprüfte Diener sind sicher. Ueberhaupt behandeln wir einen uns genau bekannten Menschen, wie jede andere Sache, deren Eigenschaften wir bereits kennen gelernt haben, und sehn mit Zuversicht vorher, was von ihm zu erwarten steht und was nicht. Wer ein Mal etwas gethan, wird es, vorkommenden Falls, wieder thun, im Guten wie im Bösen. Darum wird, wer großer, außerordentlicher Hülfe bedarf, sich an Den wenden, der Proben des Edelmuthes abgelegt hat: und wer einen Mörder dingen will, wird sich unter den Leuten umsehn, die schon die Hände im Blute gehabt haben. Nach Herodot's Erzählung *(VII, 164)* war Gelo von Syrakus in die Nothwendigkeit versetzt, eine sehr große Geldsumme einem Manne gänzlich anzuvertrauen, indem er sie ihm, unter freier Disposition darüber, ins Ausland mitgeben mußte: er erwählte dazu den Kadmos, als welcher einen Beweis seltener, ja, unerhörter Redlichkeit und Gewissenhaftigkeit abgelegt hatte. Sein Zutrauen bewährte sich vollkommen. – Gleichermaaßen erwächst erst aus der Erfahrung und wenn die Gelegenheit kommt die Bekanntschaft mit uns selbst, auf welche das Selbstvertrauen, oder Mißtrauen, sich gründet. Je nachdem wir in einem Fall Besonnenheit, Muth, Redlichkeit, Verschwiegenheit, Feinheit, oder was sonst er heischen mochte, gezeigt haben, oder aber der Mangel an solchen Tugenden zu Tage gekommen ist, – sind wir, in Folge der mit uns gemachten Bekanntschaft, hinterher zufrieden mit uns selbst, oder das Gegentheil. Erst die genaue Kenntniß seines eigenen empirischen Charakters giebt dem Menschen Das, was man erworbenen Charakter nennt: derjenige besitzt ihn, der seine eigenen Eigenschaften, gute wie schlechte, genau kennt und dadurch sicher weiß, was er sich zutrauen und zumuthen darf, was aber nicht. Er spielt seine eigene Rolle, die er zuvor, vermöge seines empirischen Charakters, nur naturalisirte [der Natur nach durchspielte], jetzt kunstmäßig und methodisch, mit Festigkeit und Anstand, ohne jemals, wie man sagt, aus dem Charakter zu fallen, was stets beweist, daß Einer, im einzelnen Fall, sich über sich selbst im Irrthum befand.

3) Der Charakter des Menschen ist konstant: er bleibt der selbe, das ganze Leben hindurch. Unter der veränderlichen Hülle seiner Jahre, seiner Verhältnisse, selbst seiner Kenntnisse und Ansichten, steckt, wie ein Krebs in seiner Schaale, der identische und eigentliche Mensch, ganz unveränderlich und immer der selbe. Bloß in der Richtung und dem Stoff erfährt sein Charakter die scheinbaren Modifikationen, welche Folge der Verschiedenheit der Lebensalter und ihrer Bedürfnisse sind. Der Mensch ändert sich nie: wie er in einem Falle gehandelt hat, so wird er, unter völlig gleichen Umständen (zu denen jedoch auch die richtige Kenntniß dieser Umstände gehört) stets wieder handeln. Die Bestätigung dieser Wahrheit kann man aus der täglichen Erfahrung entnehmen: am frappantesten aber erhält man sie, wenn man einen Bekannten nach 20 bis 30 Jahren wiederfindet und ihn nun bald genau auf den selben Streichen betrifft, wie ehemals. – Zwar wird Mancher diese Wahrheit mit Worten leugnen: er selbst setzt sie jedoch bei seinem Handeln voraus, indem er Dem, den er ein Mal unredlich befunden, nie wieder traut, wohl aber sich auf den verläßt, der sich früher redlich bewiesen. Denn auf jener Wahrheit beruht die Möglichkeit aller Menschenkenntniß und des festen Vertrauens auf die Geprüften, Erprobten, Bewährten. Sogar wenn ein solches Zutrauen uns ein Mal getäuscht hat, sagen wir nie: »Sein Charakter hat sich geändert«, sondern: »Ich habe mich in ihm geirrt«. – Auf ihr beruht es, daß, wenn wir den moralischen Werth einer Handlung beurtheilen wollen, wir vor Allem über ihr Motiv Gewißheit zu erlangen suchen, dann aber unser Lob oder Tadel nicht das Motiv trifft, sondern den Charakter, der sich durch ein solches Motiv bestimmen ließ, als den zweiten und allein dem Menschen inhärirenden Faktor dieser That. – Auf der selben Wahrheit beruht es, daß die wahre Ehre (nicht die ritterliche, oder Narren-Ehre), ein Mal verloren, nie wieder her-

zustellen ist, sondern der Makel einer einzigen nichtswürdigen Handlung dem Menschen auf immer anklebt, ihn, wie man sagt, brandmarkt. Daher das Sprichwort: »Wer Ein Mal stiehlt, ist sein Lebtag ein Dieb.« – Auf ihr beruht es, daß, wenn bei wichtigen Staatshändeln, es ein Mal kommen kann, daß der Verrath gewollt, daher der Verräther gesucht, gebraucht und belohnt wird; dann, nach erreichtem Zweck, die Klugheit gebietet, ihn zu entfernen, weil die Umstände veränderlich sind, sein Charakter aber unveränderlich. – Auf ihr beruht es, daß der größte Fehler eines dramatischen Dichters dieser ist, daß seine Charaktere nicht gehalten sind, d. h. nicht, gleich den von großen Dichtern dargestellten, mit der Konstanz und strengen Konsequenz einer Naturkraft durchgeführt sind; wie ich dieses Letztere in einem ausführlichen Beispiele am Shakespeare nachgewiesen habe, in Parerga, Bd. 2, § 118, S. 196, der ersten Auflage [Bd. IX uns. Ausgabe, S. 253]. – Ja, auf der selben Wahrheit beruht die Möglichkeit des Gewissens, sofern dieses oft noch im späten Alter die Unthaten der Jugend uns vorhält, wie z. B. dem J. J. Rousseau, nach 40 Jahren, daß er die Magd Marion eines Diebstahls beschuldigt hatte, den er selbst begangen. Dies ist nur unter der Voraussetzung möglich, daß der Charakter unverändert der selbe geblieben; da, im Gegentheil, die lächerlichsten Irrthümer, die gröbste Unwissenheit, die wunderlichsten Thorheiten unserer Jugend uns im Alter nicht beschämen: denn das hat sich geändert, die waren Sache der Erkenntniß, wir sind davon zurückgekommen, haben sie längst abgelegt, wie unsere Jugendkleider. – Auf der selben Wahrheit beruht es, daß ein Mensch, selbst bei der deutlichsten Erkenntniß, ja, Verabscheuung seiner moralischen Fehler und Gebrechen, ja, beim aufrichtigsten Vorsatz der Besserung, doch eigentlich sich nicht bessert, sondern trotz ernsten Vorsätzen und redlichem Versprechen, sich, bei erneuerter Gelegenheit, doch wieder auf den selben Pfaden wie zuvor, zu seiner eigenen Ueberraschung, betreffen läßt. Bloß seine Erkenntniß läßt sich berichtigen; daher er zu der Einsicht gelangen kann, daß diese oder jene Mittel, die er früher anwandte, nicht zu seinem Zwecke führen, oder mehr Nachtheil als Gewinn bringen: dann ändert er die Mittel, nicht die Zwecke. Hierauf beruht das Amerikanische Pönitentiarsystem: es unternimmt nicht, den Charakter, das Herz des Menschen zu bessern, wohl aber ihm den Kopf zurechtzusetzen und ihm zu zeigen, daß er die Zwecke, denen er vermöge seines Charakters unwandelbar nachstrebt, auf dem bisher gegangenen Wege der Unredlichkeit weit schwerer und mit viel größeren Mühsäligkeiten und Gefahren erreichen würde, als auf dem der Ehrlichkeit, Arbeit und Genügsamkeit. Ueberhaupt liegt allein in der Erkenntniß die Sphäre und der Bereich aller Besserung und Veredelung. Der Charakter ist unveränderlich, die Motive wirken mit Nothwendigkeit: aber sie haben durch die Erkenntniß hindurchzugehn, als welche das Medium der Motive ist. Diese aber ist der mannigfaltigsten Erweiterung, der immerwährenden Berichtigung in unzähligen Graden fähig: dahin arbeitet alle Erziehung. Die Ausbildung der Vernunft, durch Kenntnisse und Einsichten jeder Art, ist dadurch moralisch wichtig, daß sie Motiven, für welche ohne sie der Mensch verschlossen bliebe, den Zugang öffnet. So lange er diese nicht verstehn konnte, waren sie für seinen Willen nicht vorhanden. Daher kann, unter gleichen äußern Umständen, die Lage eines Menschen das zweite Mal doch in der That eine ganz andere seyn, als das erste: wenn er nämlich erst in der Zwischenzeit fähig geworden ist, jene Umstände richtig und vollständig zu begreifen; wodurch jetzt Motive auf ihn wirken, denen er früher unzugänglich war. In diesem Sinn sagten die Scholastiker sehr richtig: *causa finalis* (Zweck, Motiv) *movet non secundum suum esse reale, sed secundum esse cognitum.* [Das Endmotiv wirkt nicht nach seinem wirklichen, sondern nach seinem erkannten Wesen: nach Suarez, *Disputationes metaphysicae,* disp. XXIII, sect. 7 und 8]. Weiter aber, als auf die Berichtigung der Erkenntniß, erstreckt sich keine moralische Einwirkung, und das Unternehmen, die Charakterfehler eines Menschen durch Reden und Moralisiren aufheben und so seinen Charakter selbst, seine eigentliche Moralität, umschaffen zu wollen, ist ganz gleich dem Vorhaben, Blei durch äußere Einwirkung in Gold zu verwandeln, oder eine Eiche durch sorgfältige Pflege dahin zu bringen, daß sie Aprikosen trüge.

Die Ueberzeugung von der Unveränderlichkeit des Charakters finden wir als eine unzweifelhafte schon von Apulejus ausgesprochen, in seiner *Oratio de magia* [Rede über die Zauberei], woselbst er, sich gegen die Beschuldigung der Zauberei vertheidigend, an seinen bekannten Charakter appellirt und sagt: *Certum indicem cujusque animum esse, qui semper eodem ingenio ad virtutem vel ad malitiam moratus, firmum argumentum est accipiendi criminis, aut respuendi.* [Ein sicherer Beweis liegt im Charakter jedes Menschen: von Natur aus stets in der gleichen Weise zur Tugend oder zur Bosheit veranlagt, bietet er den sicheren Beweisgrund für das Begehen oder Nicht-Begehen eines Verbrechens.]

4) Der individuelle Charakter ist angeboren: er ist kein Werk der Kunst, oder der dem Zufall unterworfenen Umstände; sondern das Werk der Natur selbst. Er offenbart sich schon im Kinde, zeigt dort im Kleinen, was er künftig im Großen seyn wird. Daher legen, bei der allergleichesten Erziehung und Umgebung, zwei Kinder den grundverschiedensten Charakter aufs deutlichste an den Tag: es ist der selbe, den sie als Greise tragen werden. Er ist sogar, in seinen Grundzügen, erblich, aber nur vom Vater, die Intelligenz hingegen von der Mutter; worüber ich auf Kap. 43 des zweiten Bandes meines Hauptwerkes verweise.

Aus dieser Darlegung des Wesens des individuellen Charakters folgt allerdings, daß Tugenden und Laster angeboren sind. Diese Wahrheit mag manchem Vorurtheil und mancher Rockenphilosophie, mit ihren sogenannten praktischen Interessen, d. h. ihren kleinen, engen Begriffen und beschränkten Kinderschulansichten, ungelegen kommen: sie war aber schon die Ueberzeugung des Vaters der Moral, des Sokrates, der laut Angabe des Aristoteles *(Eth. magna, I, 9)* behauptete: οὐκ ἐφ' ἡμῖν γενέσθαι τὸ σπουδαίους εἶναι, ἢ φαύλους, κ. τ. λ. *(in arbitrio nostro positum non esse, nos probos, vel malos esse)* [es steht nicht bei uns, ob wir gut oder böse sind]. Was Aristoteles hier dagegen erinnert, ist offenbar schlecht: auch theilt er selbst jene Meinung des Sokrates und spricht sie auf das deutlichste aus, in der *Eth. Nicom., VI, 13:* »Πᾶσι γὰρ δοκεῖ ἕκαστα τῶν ἠθῶν ὑπάρχειν φύσει πως καὶ γὰρ δίκαιοι καὶ σωφρονικοὶ καὶ ἀνδρεῖοι καὶ τἄλλα ἔχομεν εὐθὺς ἐκ γενετῆς.« *(Singuli enim mores in omnibus hominibus quodammodo videntur inesse natura: namque ad justitiam, temperantiam, fortitudinem, ceterasque virtutes proclivitatem statim habemus, cum primum nascimur.)* [Denn es scheint, daß allen die einzelnen Charakterzüge schon in etwa von Natur eigen sind; denn gerecht und mäßig und tapfer und anderes mehr zu sein, ist uns schon von Geburt an zu eigen.] Und wenn man die sämmtlichen Tugenden und

Laster in dem Buche des Aristoteles *de virtutibus et vitiis,* wo sie zu kurzer Uebersicht zusammengestellt sind, überschaut; so wird man finden, daß sie sämmtlich, an wirklichen Menschen, sich nur denken lassen als angeborene Eigenschaften, und nur als solche ächt wären: hingegen aus der Reflexion hervorgegangen und willkürlich angenommen, würden sie eigentlich auf eine Art Verstellung hinauslaufen, unächt seyn, daher auch auf ihren Fortbestand und ihre Bewährung im Drange der Umstände dann durchaus nicht zu rechnen seyn würde. Und auch wenn man die beim Aristoteles und allen Alten fehlende Christliche Tugend der Liebe, *caritas,* hinzufügt; so verhält es sich mit ihr nicht anders. Wie sollte auch die unermüdliche Güte des einen Menschen und die unverbesserliche, tief wurzelnde Bosheit des andern, der Charakter der Antonine, des Hadrian, des Titus einerseits, und der des Kaligula, Nero, Domitian andererseits, von außen angeflogen, das Werk zufälliger Umstände, oder bloßer Erkenntniß und Belehrung seyn! Hatte doch gerade Nero den Seneka zum Erzieher. – Vielmehr liegt im angeborenen Charakter, diesem eigentlichen Kern des ganzen Menschen, der Keim aller seiner Tugenden und Laster. Diese dem unbefangenen Menschen natürliche Ueberzeugung hat auch die Hand des Vellejus Paterkulus geführt, als er *(II, 35)* über den Kato Folgendes niederschrieb: *Homo virtuti consimillimus, et per omnia genio diis, quam hominibus propior: qui nunquam recte fecit, ut facere videretur, sed quia aliter facere non poterat.* [Ein Mann, mit der Tugend verschwistert, in allen Stücken durch seine Naturanlage den Göttern näher als den Menschen; der niemals recht handelte, um als Rechthandelnder gesehen zu werden, sondern weil er nicht anders handeln konnte.]*

Woraus hingegen, unter der Annahme der Willensfreiheit, Tugend und Laster, oder überhaupt die Thatsache, daß zwei gleich erzogene Menschen, unter völlig gleichen Umständen und

* Diese Stelle wird allmälig zu einem regulären Armaturstück im Zeughause der Deterministen, welche Ehre der gute alte Historiker, vor 1800 Jahren, sich gewiß nicht träumen ließ. Zuerst hat sie Hobbes gelobt, nach ihm Priestley. Dann hat sie Schelling in seiner Abhandlung über die Freiheit, S. 478, in einer zu seinen Zwecken etwas verfälschten Uebersetzung wiedergegeben; weshalb er auch den Vellejus Paterkulus nicht namentlich anführt, sondern, so klug wie vornehm, sagt »ein Alter«. Endlich habe auch ich nicht ermangeln wollen, sie beizubringen, da sie wirklich zur Sache ist.

Anlässen, ganz verschieden, ja entgegengesetzt handeln, eigentlich entspringen soll, ist schlechterdings nicht abzusehn. Die thatsächliche, ursprüngliche Grundverschiedenheit der Charaktere ist unvereinbar mit der Annahme einer solchen Willensfreiheit, die darin besteht, daß jedem Menschen, in jeder Lage, entgegengesetzte Handlungen gleich möglich seyn sollen. Denn da muß sein Charakter von Hause aus eine *tabula rasa* [ein unbeschriebenes Blatt] seyn, wie nach Locke der Intellekt, und darf keine angeborene Neigung nach einer, oder der andern Seite haben; weil diese eben schon das vollkommene Gleichgewicht, welches man im *libero arbitrio indifferentiae* denkt, aufheben würde. Im Subjektiven kann also, unter jener Annahme, der Grund der in Betrachtung genommenen Verschiedenheit der Handlungsweise verschiedener Menschen nicht liegen; aber noch weniger im Objektiven: denn alsdann wären es ja die Objekte, welche das Handeln bestimmten, und die verlangte Freiheit gienge ganz und gar verloren. Da bliebe allenfalls nur noch der Ausweg übrig, den Ursprung jener thatsächlichen großen Verschiedenheit der Handlungsweisen in die Mitte zwischen Subjekt und Objekt zu verlegen, nämlich sie entstehn zu lassen aus der verschiedenen Art, wie das Objektive vom Subjektiven aufgefaßt, d. h. wie es von verschiedenen Menschen erkannt würde. Dann liefe aber Alles auf richtige, oder falsche Erkenntniß der vorliegenden Umstände zurück, wodurch der moralische Unterschied der Handlungsweisen zu einer bloßen Verschiedenheit der Richtigkeit des Urtheils umgestaltet und die Moral in Logik verwandelt würde. Versuchten nun die Anhänger der Willensfreiheit zuletzt noch sich aus jenem schlimmen Dilemma dadurch zu retten, daß sie sagten: angeborene Verschiedenheit der Charaktere gebe es zwar nicht, aber es entstände eine dergleichen Verschiedenheit aus äußeren Umständen, Eindrücken, Erfahrungen, Beispiel, Lehren u. s. w.: und wenn auf diese Weise ein Mal der Charakter zu Stande gekommen wäre; so erklärte sich aus ihm nachher die Verschiedenheit des Handelns: so ist darauf zu sagen, erstlich, daß demnach der Charakter sich sehr spät einstellen würde (während er thatsächlich schon in Kindern zu erkennen ist) und die meisten Menschen sterben würden, ehe sie einen Charakter erlangt hätten; zweitens aber, daß alle jene äußeren Umstände, deren Werk der Charakter seyn sollte, ganz außer unserer Macht liegen und vom

Zufall (oder wenn man will, von der Vorsehung) so oder anders herbeigeführt würden: wenn nun also aus diesen der Charakter und aus diesem wieder die Verschiedenheit des Handelns entspränge; so würde alle moralische Verantwortlichkeit für diese letztere ganz und gar wegfallen, da sie offenbar zuletzt das Werk des Zufalls oder der Vorsehung wäre. So sehn wir also, unter der Annahme der Willensfreiheit, den Ursprung der Verschiedenheit der Handlungsweisen, und damit der Tugend, oder des Lasters, nebst der Verantwortlichkeit, ohne allen Anhalt schweben und nirgends ein Plätzchen finden, Wurzel darauf zu schlagen. Hieraus aber ergiebt sich, daß jene Annahme, so sehr sie auch, auf den ersten Blick, dem rohen Verstande zusagt, doch im Grunde eben so sehr mit unsern moralischen Ueberzeugungen im Widerspruch steht, als, wie genugsam gezeigt, mit der obersten Grundregel unsers Verstandes.

Die Nothwendigkeit, mit der, wie ich oben ausführlich dargethan habe, die Motive, wie alle Ursachen überhaupt, wirken, ist keine voraussetzungslose. Jetzt haben wir ihre Voraussetzung, den Grund und Boden worauf sie fußt, kennen gelernt: es ist der angeborene, individuelle Charakter. Wie jede Wirkung in der unbelebten Natur ein nothwendiges Produkt zweier Faktoren ist, nämlich der hier sich äußernden allgemeinen Naturkraft und der diese Aeußerung hier hervorrufenden einzelnen Ursache; gerade so ist jede That eines Menschen das nothwendige Produkt seines Charakters und des eingetretenen Motivs. Sind diese Beiden gegeben, so erfolgt sie unausbleiblich. Damit eine andere entstände, müßte entweder ein anderes Motiv oder ein anderer Charakter gesetzt werden. Auch würde jede That sich mit Sicherheit vorhersagen, ja, berechnen lassen; wenn nicht theils der Charakter sehr schwer zu erforschen, theils auch das Motiv oft verborgen und stets der Gegenwirkung anderer Motive, die allein in der Gedankensphäre des Menschen, Andern unzugänglich, liegen, bloßgestellt wäre. Durch den angeborenen Charakter des Menschen sind schon die Zwecke überhaupt, welchen er unabänderlich nachstrebt, im Wesentlichen bestimmt: die Mittel, welche er dazu ergreift, werden bestimmt theils durch die äußeren Umstände theils durch seine Auffassung derselben, deren Richtigkeit wieder von seinem Verstande und dessen Bildung abhängt. Als Endresultat von dem Allen erfolgen nun seine einzelnen Thaten, mithin die ganze Rolle, welche er in der Welt zu spielen hat. – Eben so richtig daher, wie poetisch aufgefaßt, findet man das Resultat der hier dargelegten Lehre vom individuellen Charakter ausgesprochen in einer der schönsten Strophen Goethes:

> »Wie an dem Tag, der dich der Welt verliehen,
> Die Sonne stand zum Gruße der Planeten,
> Bist alsobald und fort und fort gediehen,
> Nach dem Gesetz, wonach du angetreten.
> So mußt du seyn, dir kannst du nicht entfliehen,
> So sagten schon Sibyllen, so Propheten;
> Und keine Zeit und keine Macht zerstückelt
> Geprägte Form, die lebend sich entwickelt.«
> [»Gott und Welt, *Urworte. Orphisch*«.]

Jene Voraussetzung also, auf der überhaupt die Nothwendigkeit der Wirkungen aller Ursachen beruht, ist das innere Wesen jedes Dinges, sei dasselbe nun bloß eine in diesem sich äußernde allgemeine Naturkraft, oder sei es Lebenskraft, oder sei es Wille: immer wird jegliches Wesen, welcher Art es auch sei, auf Anlaß der einwirkenden Ursachen, seiner eigenthümlichen Natur gemäß reagiren. Dieses Gesetz, dem alle Dinge der Welt, ohne Ausnahme, unterworfen sind, drückten die Scholastiker aus in der Formel *operari sequitur esse* [Das Handeln folgt aus dem Sein]. Demselben zufolge prüft der Chemiker die Körper durch Reagenzien, und der Mensch den Menschen durch die Proben, auf welche er ihn stellt. In allen Fällen werden die äußeren Ursachen mit Nothwendigkeit hervorrufen, was in dem Wesen steckt: denn dieses kann nicht anders reagiren, als nach dem wie es ist.

Hier ist daran zu erinnern, daß jede *Existentia* eine *Essentia* [Wesenheit] voraussetzt: d. h. jedes Seiende muß eben auch Etwas seyn, ein bestimmtes Wesen haben. Es kann nicht daseyn und dabei doch nichts seyn, nämlich so etwas wie das *Ens metaphysicum* [metaphysische Wesen], d. h. ein Ding welches ist, und weiter nichts als ist, ohne alle Bestimmungen und Eigenschaften, und folglich ohne die aus diesen fließende entschiedene Wirkungsart: sondern so wenig eine *Essentia* ohne *Existentia* eine Realität liefert (was Kant durch das bekannte Beispiel von hundert Thalern erläutert hat); eben so wenig vermag Dies eine *Existentia* ohne *Essentia*. Denn jedes

Seiende muß eine ihm wesentliche, eigenthümliche Natur haben, vermöge welcher es ist was es ist, die es stets behauptet, deren Aeußerungen von den Ursachen mit Nothwendigkeit hervorgerufen werden; während hingegen diese Natur selbst keineswegs das Werk jener Ursachen, noch durch dieselben modifikabel ist. Alles dieses aber gilt vom Menschen und seinem Willen eben so sehr, wie von allen übrigen Wesen in der Natur. Auch er hat zur *Existentia* eine *Essentia,* d. h. grundwesentliche Eigenschaften, die eben seinen Charakter ausmachen und nur der Veranlassung von außen bedürfen, um hervorzutreten. Folglich zu erwarten, daß ein Mensch, bei gleichem Anlaß, ein Mal so, ein ander Mal aber ganz anders handeln werde, wäre wie wenn man erwarten wollte, daß der selbe Baum, der diesen Sommer Kirschen trug, im nächsten Birnen tragen werde. Die Willensfreiheit bedeutet, genau betrachtet, eine *Existentia* ohne *Essentia;* welches heißt, daß etwas sei und dabei doch Nichts sei, welches wiederum heißt, nicht sei, also ein Widerspruch ist.

Der Einsicht hierin, wie auch in die *a priori* gewisse und daher ausnahmslose Gültigkeit des Gesetzes der Kausalität, ist es zuzuschreiben, daß alle wirklich tiefen Denker aller Zeiten, so verschieden auch ihre sonstigen Ansichten seyn mochten, darin übereinstimmten, daß sie die Nothwendigkeit der Willensakte bei eintretenden Motiven behaupteten und das *liberum arbitrium* verwarfen. Sogar haben sie, eben weil die unberechenbar große Majorität der zum Denken unfähigen und dem Scheine und Vorurtheil Preis gegebenen Menge dieser Wahrheit allezeit hartnäckig widerstrebte, sie auf die Spitze gestellt, um sie in den entschiedensten, ja, übermüthigsten Ausdrücken zu behaupten. Der bekannteste von diesen ist der Esel des Buridan, nach welchem man jedoch, seit ungefähr hundert Jahren, in den von Buridan noch vorhandenen Schriften vergeblich sucht. Ich selbst besitze eine augenscheinlich noch im fünfzehnten Jahrhundert gedruckte Ausgabe seiner *Sophismata,* ohne Druckort, noch Jahreszahl, noch Seitenzahl, in der ich oft vergeblich danach gesucht habe, obgleich fast auf jeder Seite Esel als Beispiele vorkommen. Bayle, dessen Artikel Buridan die Grundlage alles seitdem darüber Geschriebenen ist, sagt sehr unrichtig, daß man nur von dem einen Sophisma Buridans wisse; da ich einen ganzen Quartanten Sophismata von ihm habe. Auch hätte Bayle, da er die Sache so ausführlich behandelt, wissen sollen, was jedoch auch seitdem nicht bemerkt zu seyn scheint, daß jenes Beispiel, welches gewissermaaßen zum Symbol oder Typus der großen hier von mir verfochtenen Wahrheit geworden ist, weit älter ist, als Buridan. Es findet sich im Dante, der das ganze Wissen seiner Zeit inne hatte, vor Buridan lebte und nicht von Eseln, sondern von Menschen redet, mit folgenden Worten, welche das vierte Buch [4. Gesang] seines *Paradiso* eröffnen:

Intra duo cibi, distanti e moventi
D'un modo, prima si morrìa di fame,
*Che liber' uomo l'un recasse a' denti.**

Ja, es findet sich schon im Aristoteles, *De coelo, II, 13,* mit diesen Worten: καὶ ὁ λόγος τοῦ πεινῶντος καὶ διψῶντος σφόδρα μὲν, ὁμοίως δὲ, καὶ τῶν ἐδωδίμων καὶ ποτῶν ἴσον ἀπέχοντος, καὶ γὰρ τοῦτον ἠρεμεῖν ἀναγκαῖον *(item ea, quae de sitiente vehementer esurienteque dicuntur, cum aeque ab his, quae eduntur atque bibuntur, distat: quiescat enim necesse est* [ebenso das Beispiel des in hohem Grade, aber gleich stark, Hungernden und Dürstenden, wenn er von Speise und Trank gleich weit entfernt ist: er muß notwendigerweise still stehen bleiben]). Buridan, der aus diesen Quellen das Beispiel überkommen hatte, vertauschte den Menschen gegen einen Esel, bloß weil es die Gewohnheit dieses dürftigen Scholastikers ist, zu seinen Beispielen entweder Sokrates und Plato, oder *asinum* [einen Esel] zu nehmen.

Die Frage nach der Willensfreiheit ist wirklich ein Probierstein, an welchem man die tief denkenden Geister von den oberflächlichen unterscheiden kann, oder ein Gränzstein, wo beide aus einander gehn, indem die ersteren sämmtlich das nothwendige Erfolgen der Handlung, bei gegebenem Charakter und Motiv, behaupten, die letzteren hingegen, mit dem großen Haufen, der Willensfreiheit anhängen. Sodann giebt es noch einen Mittelschlag, welcher, sich verlegen fühlend, hin und her lavirt, sich und Andern den Zielpunkt verrückt, sich hinter Worte und

* *Inter duos cibos aeque remotos unoque modo motos constitutus, homo prius fame periret, quam ut, absoluta libertate usus, unum eorum dentibus admoveret.* [Zwischen zwei Speisen, lockend und gleich weit entfernt stehend, stürb' man eher Hungers, als daß man *eine* frei zum Munde führte.]

Phrasen flüchtet, oder die Frage so lange dreht und verdreht, bis man nicht mehr weiß, worauf sie hinauslief. So hat es schon Leibnitz gemacht, der viel mehr Mathematiker und Polyhistor, als Philosoph war.* Aber um solche Hin- und Her-Redner zur Sache zu bringen, muß man ihnen die Frage folgendermaaßen stellen und nicht davon abgehn:

1) Sind einem gegebenen Menschen, unter gegebenen Umständen, zwei Handlungen möglich, oder nur eine? – Antwort aller Tiefdenkenden: Nur Eine.

2) Konnte der zurückgelegte Lebenslauf eines gegebenen Menschen – angesehn, daß einerseits sein Charakter unveränderlich feststeht und andererseits die Umstände, deren Einwirkung er zu erfahren hatte, durchweg und bis auf das Kleinste herab von äußeren Ursachen, die stets mit strenger Nothwendigkeit eintreten, und deren aus lauter eben so nothwendigen Gliedern bestehende Kette ins Unendliche hinausläuft, nothwendig bestimmt wurden, – irgend worin, auch nur im Geringsten, in irgend einem Vorgang, einer Scene, anders ausfallen, als er ausgefallen ist? – Nein! ist die konsequente und richtige Antwort.

Die Folgerung aus beiden Sätzen ist: Alles was geschieht, vom Größten bis zum Kleinsten, geschieht nothwendig. *Quidquid fit necessario fit.*

Wer bei diesen Sätzen erschrickt, hat noch Einiges zu lernen und Anderes zu verlernen: danach aber wird er erkennen, daß sie die ergiebigste Quelle des Trostes und der Beruhigung sind. – Unsere Thaten sind allerdings kein erster Anfang, daher in ihnen nichts wirklich Neues zum Daseyn gelangt: sondern durch das was wir thun, erfahren wir bloß was wir sind.

Auf der, wenn auch nicht deutlich erkannten, doch gefühlten Ueberzeugung von der strengen Nothwendigkeit alles Geschehenden beruht auch die bei den Alten so fest stehende Ansicht vom *Fatum*, der εἱμαρμενη [dem Schicksal], wie auch der Fatalismus der Mohammedaner, sogar auch der überall unvertilgbare Glaube an *Omina* [Vorbedeutungen], weil eben selbst der kleinste Zufall nothwendig eintritt und alle Begebenheiten, so zu

* Leibnitzens Haltlosigkeit in diesem Punkte zeigt sich am deutlichsten in seinem Briefe an Coste, *Opera phil. ed. Erdmann, p. 447*; demnächst auch in der *Théodicée, § 45–53.*

sagen, mit einander Tempo halten, mithin Alles in Allem wiederklingt. Endlich hängt sogar dies damit zusammen, daß, wer ohne die leiseste Absicht und ganz zufällig einen Andern verstümmelt oder getödtet hat, dieses *Piaculum* [Unglück] sein ganzes Leben hindurch betrauert, mit einem Gefühl, welches dem der Schuld verwandt scheint, und auch von Andern, als *persona piacularis* (Unglücksmensch), eine eigene Art von Diskredit erfährt. Ja sogar auf die Christliche Lehre von der Gnadenwahl ist die gefühlte Ueberzeugung von der Unveränderlichkeit des Charakters und der Nothwendigkeit seiner Aeußerungen wohl nicht ohne Einfluß gewesen. – Endlich will ich noch folgende ganz beiläufige Bemerkung hier nicht unterdrücken, die Jeder, je nachdem er über gewisse Dinge denkt, beliebig stehn oder fallen lassen mag. Wenn wir die strenge Nothwendigkeit alles Geschehenden, vermöge einer alle Vorgänge ohne Unterschied verknüpfenden Kausalkette nicht annehmen, sondern diese letztere an unzähligen Stellen durch eine absolute Freiheit unterbrochen werden lassen; so wird alles Vorhersehn des Zukünftigen, im Traume, im hellsehenden Somnambulismus und im zweiten Gesicht *(second sight)*, selbst objektiv, folglich absolut unmöglich, mithin undenkbar; weil es dann gar keine objektiv wirkliche Zukunft giebt, die auch nur möglicherweise vorhergesehn werden könnte: statt daß wir jetzt doch nur die subjektiven Bedingungen hiezu, also die subjektive Möglichkeit, bezweifeln. Und selbst dieser Zweifel kann bei den Wohlunterrichteten heut zu Tage nicht mehr Raum gewinnen, nachdem unzählige Zeugnisse, von glaubwürdigster Seite, jene Anticipationen der Zukunft festgestellt haben.

Ich füge noch ein Paar Betrachtungen als Korollarien zur festgestellten Lehre von der Nothwendigkeit alles Geschehenden hinzu.

Was würde aus dieser Welt werden, wenn nicht die Nothwendigkeit alle Dinge durchzöge und zusammenhielte, besonders aber der Zeugung der Individuen vorstände? Ein Monstrum, ein Schutthaufen, eine Fratze ohne Sinn und Bedeutung, – nämlich das Werk des wahren und eigentlichen Zufalls. –

Wünschen, daß irgend ein Vorfall nicht geschehn wäre, ist eine thörichte Selbstquälerei: denn es heißt etwas absolut Unmögliches wünschen, und ist so unvernünftig, wie der

Wunsch, daß die Sonne im Westen aufgienge. Weil eben alles Geschehende, Großes wie Kleines, streng nothwendig eintritt, ist es durchaus eitel, darüber nachzudenken, wie geringfügig und zufällig die Ursachen waren, welche jenen Vorfall herbeigeführt haben, und wie so sehr leicht sie hätten anders seyn können: denn Dies ist illusorisch; indem sie alle mit eben so strenger Nothwendigkeit eingetreten sind und mit eben so vollkommener Macht gewirkt haben, wie die, in Folge welcher die Sonne im Osten aufgeht. Wir sollen vielmehr die Begebenheiten, wie sie eintreten, mit eben dem Auge betrachten, wie das Gedruckte, welches wir lesen, wohl wissend, daß es da stand, ehe wir es lasen.

IV.
Vorgänger.

Zum Beleg der obigen Behauptung über das Urtheil aller tiefen Denker hinsichtlich unseres Problems, will ich von den großen Männern, welche sich in diesem Sinne ausgesprochen haben, einige in Erinnerung bringen.

Zuvörderst, um Diejenigen zu beruhigen, welche etwan glauben könnten, daß Religionsgründe der von mir verfochtenen Wahrheit entgegenständen, erinnere ich daran, daß schon Jeremias (10, 23) gesagt hat: »Des Menschen Thun stehet nicht in seiner Gewalt, und stehet in Niemandes Macht, wie er wandele, oder seinen Gang richte.« Besonders aber berufe ich mich auf Luther, welcher in einem eigens dazu geschriebenen Buche, *De servo arbitrio* [Vom unfreien Willen], mit seiner ganzen Heftigkeit die Willensfreiheit bestreitet. Ein Paar Stellen daraus reichen hin, seine Meinung zu charakterisiren, die er natürlich nicht mit philosophischen, sondern mit theologischen Gründen unterstützt. Ich citire sie nach der Ausgabe von Seb. Schmidt, Strasburg 1707. – Daselbst S. 145 heißt es: *Quare simul in omnium cordibus scriptum invenitur liberum arbitrium nihil esse; licet obscuretur tot disputationibus contrariis et tanta tot virorum auctoritate.* [Darum finden wir in alle Herzen eingeschrieben, daß der freie Wille nichts ist; wenn auch diese Überzeugung durch soviele gegenteilige Behauptungen und die Autorität sovieler Männer verdunkelt wird.] – S. 214: *Hoc loco admonitos velim liberi arbitrii tutores, ut sciant, sese esse abnegatores Christi, dum asserunt liberum arbitrium.* [Hier möchte ich die Verfechter der Willensfreiheit daran erinnern, daß sie mit der Behauptung der Willensfreiheit Christus verleugnen.] – S. 220: *Contra liberum arbitrium pugnabunt Scripturae testimonia, quotquot de Christo loquuntur. At ea sunt innumerabilia, imo tota Scriptura. Ideo, si Scriptura judice causam agimus, omnibus modis vicero, ut ne jota unum aut apex sit reliquus, qui non damnet dogma liberi arbitrii.* [Gegen die Freiheit des Willens streiten alle Zeugnisse (der Schrift), die von Christus handeln. Deren sind aber unzählige, ja die ganze Schrift handelt von ihm. Wenn wir daher die Schrift zum Richter in der Sache machen, so werde ich auf alle Weise darin obsiegen, daß nicht ein Jota oder Strichlein übrig bleibt, welches nicht die Lehre vom freien Willen verdammt.] –

Jetzt zu den Philosophen. Die Alten sind hier nicht ernstlich in Betracht zu ziehn, da ihre Philosophie, gleichsam noch im Stande der Unschuld, die zwei tiefsten und bedenklichsten Probleme der neuern Philosophie noch nicht zum deutlichen Bewußtseyn gebracht hatte, nämlich die Frage nach der Freiheit des Willens und die nach der Realität der Außenwelt, oder dem Verhältniß des Idealen zum Realen. Wie weit übrigens das Problem von der Freiheit des Willens den Alten klar geworden, kann man ziemlich ersehn aus des Aristoteles *Ethica Nicom., III*, c. 1–8, wo man finden wird, daß sein Denken darüber im Wesentlichen bloß die physische und die intellektuelle Freiheit betrifft, daher er stets nur von ἑκουσιον και ἀκουσιον [willkürlich und unwillkürlich] redet, willkürlich und frei als einerlei nehmend. Das sehr viel schwerere Problem der m o r a l i s c h e n F r e i h e i t hat sich ihm noch nicht dargestellt, obgleich allerdings bisweilen seine Gedanken bis dahin reichen, besonders *Ethica Nicom., II*, 2, und *III*, 7, wo er aber in den Fehler verfällt, den Charakter aus den Thaten abzuleiten, statt umgekehrt. Eben so kritisirt er sehr fälschlich die oben von mir angeführte Überzeugung des Sokrates: an andern Stellen aber hat er diese wieder zu der seinigen gemacht, z. B. *Nicom., X*, 10: τὸ μὲν οὖν τῆς φύσεως δῆλον ὡς οὐκ ἐφ᾿ ἡμῖν ὑπάρχει, ἀλλὰ διά τινας θείας αἰτίας τοῖς ὡς ἀληθῶς εὐτυχέσιν ὑπάρχει *(quod igitur a natura tribuitur, id in nostra potestate non esse, sed, ab aliqua divina causa profectum, inesse in iis, qui revera sunt fortunati, perspicuum est)* [Was aber die Naturanlage betrifft, so ist klar, daß sie nicht in unserer Gewalt liegt, sondern vermöge göttlicher Ursachen den wahrhaft Glücklichen zu eigen ist]. – *Mox* [Bald darauf]: Δεῖ δὴ τὸ ἦθος προϋπάρχειν πως οἰκεῖον τῆς ἀρετῆς, στέργον τὸ καλὸν καὶ δυσχεραῖνον τὸ αἰσχρόν *(Mores igitur ante quodammodo insint oportet, ad virtutem accommodati, qui honestum amplectantur, turpitudineque offendantur)* [Es muß also der Charakter irgendwie vorher vorhanden sein, wie er, als der Tugend verwandt, das Gute liebt und das Böse verabscheut]; welches mit der oben von mir beigebrachten Stelle stimmt, wie auch mit *Eth. magna, I,* 11. Οὐκ ἔσται ὁ προαιρούμενος εἶναι σπουδαιότατος, ἂν μὴ καὶ ἡ φύσις ὑπάρξῃ, βελτίων μέντοι ἔσται *(non enim ut quisque voluerit, erit omnium optimus, nisi etiam natura exstiterit: melior quidem recte erit)* [Man kann nicht durch bloßen Vorsatz der Beste werden, wenn nicht die Naturanlage dazu vorhanden ist, wohl aber kann man besser werden]. In gleichem Sinn behandelt Aristoteles die Frage nach der Willensfreiheit in der *Ethica magna, I,* 9–18, und *Ethica Eudemia, II,* 6–10, wo er dem eigentlichen Problem noch etwas näher kommt: doch ist alles schwankend und oberflächlich. Es ist überall seine Methode, nicht direkt auf die Sachen einzugehn, analytisch verfahrend; sondern, synthetisch, aus äußern Merkmalen Schlüsse zu ziehn: statt einzudringen, um zum Kern der Dinge zu gelangen, hält er sich an äußere Kennzeichen, sogar an Worte. Diese Methode führt leicht irre und, bei tiefern Problemen, nie zum Ziele. Hier nun bleibt er vor dem vermeintlichen Gegensatz zwischen dem Nothwendigen und dem Willkürlichen, ἀναγκαιον και ἑκουσιον, stehn, wie vor einer Mauer: über diese hinaus aber liegt erst die Einsicht, daß das Willkürliche gerade als solches nothwendig ist, vermöge des Motivs, ohne welches ein Willensakt so wenig wie ohne ein wollendes Subjekt möglich ist, und welches Motiv eine Ursache ist, so gut wie die mechanische, von der es nur im Unwesentlichen sich unterscheidet; sagt er doch selbst *(Eth. Eudem., II, 10):* ἡ γὰρ οὗ ἕνεκα μία τῶν αἰτίων ἐστίν *(nam id, cujus gratia, una e causarum numero est* [denn der Zweck ist eine von den Arten der Ursachen]). Daher eben ist jener Gegensatz zwischen dem Willkürlichen und Nothwendigen ein grundfalscher; wenn es gleich vielen angeblichen Philosophen noch heute eben so geht wie dem Aristoteles.

Schon ziemlich deutlich legt das Problem der Willensfreiheit Cicero dar, im Buche *de fato, c. 10 & c. 17.* Der Gegenstand seiner Abhandlung führt allerdings sehr leicht und natürlich darauf hin. Er selbst hält es mit der Willensfreiheit: aber wir sehn, daß schon Chrysippos und Diodoros sich das Problem, mehr oder weniger deutlich, zum Bewußtseyn gebracht haben müssen. – Beachtenswerth ist auch das dreißigste Todtengespräch des L u k i a n o s , zwischen Minos und Sostratos, welches die Willensfreiheit und mit ihr die Verantwortlichkeit leugnet.

Aber gewissermaaßen ist bereits das vierte Buch der Mackabäer, in der Septuaginta (bei Luther fehlt es), eine Abhandlung über die Willensfreiheit; sofern es sich zur Aufgabe macht, den Beweis zu führen, daß die Vernunft (λογισμος) die Kraft besitzt, alle Leidenschaften und Affekte zu überwinden, und dies belegt durch die Jüdischen Märtyrer im zweiten Buch.

Die älteste mir bekannte, deutliche Erkenntniß unsers Problems zeigt sich bei K l e m e n s A l e x a n d r i n u s , indem er *(Strom. I, § 17)* sagt: οὔτε δε οἱ ἐπαινοι, οὔτε οἱ ψογοι, οὐϑ' αἱ τιμαι, οὐϑ' αἱ κολασεις, δικαιαι, μη της ψυχης ἐχουσης την ἐ ξ ο υ σ ι α ν τ η ς ὁ ρ μ η ς κ α ι ἀ φ ο ρ μ η ς , ἀλλ' ἀκουσιου της κακιας οὔσης *(nec laudes, nec vituperationes, nec honores, nec supplicia justa sunt, si anima non habeat liberam potestatem et appetendi et abstinendi, sed sit vitium involuntarium)* [Weder Lob noch Tadel, noch Ehrungen, noch Strafen sind gerechtfertigt, wenn die Seele das Vermögen des Strebens und des Widerstandes nicht besitzt, sondern die Schlechtigkeit unfreiwillig ist]: – dann, nach einem sich auf früher Gesagtes beziehenden Zwischensatz: ἱ ν ' ὁ τ ι μ α λ ι σ τ α ὁ ϑ ε ο ς μ ε ν ἡ μ ι ν κ α κ ι α ς ἀ ν α ι τ ι ο ς *(ut vel maxime quidem Deus nobis non sit causa vitii)* [so daß die Gottheit an unserer Schlechtigkeit ganz ohne Schuld ist]. Dieser höchst beachtenswerthe Nachsatz zeigt, in welchem Sinne die Kirche sogleich das Problem faßte, und welche Entscheidung sie, als ihrem Interesse gemäß, sofort anticipirte. – Beinahe 200 Jahre später finden wir die Lehre vom freien Willen bereits ausführlich behandelt von N e m e s i u s , in seinem Werke *De natura hominis,* Kap. 35 am Ende, und Kap. 39–41. Die Freiheit des Willens wird hier ohne Weiteres mit der Willkür, oder Wahlentscheidung, identificirt und demnach eifrigst behauptet und dargethan. Doch ist es immer schon eine Ventilation [Erörterung] der Sache.

Aber das völlig entwickelte Bewußtseyn unsers Problems, mit Allem, was daran hängt, finden wir zuerst beim Kirchenvater A u g u s t i n u s , der deshalb, obwohl weit mehr Theolog, als Philosoph, hier in Betracht kommt. Sogleich jedoch sehn wir ihn durch dasselbe in merkliche Verlegenheit und unsicheres Schwanken versetzt, welches ihn bis zu Inkonsequenzen und Widersprüchen führt, in seinen drei Büchern *de libero arbitrio.* Einerseits will er nicht, wie P e l a g i u s , der Freiheit des Willens so viel einräumen, daß dadurch die Erbsünde, die Nothwendigkeit der Erlösung und die freie Gnadenwahl aufgehoben würde, mithin der Mensch durch eigene Kräfte gerecht und der Säligkeit würdig werden könnte. Er giebt sogar in dem *Argumento in libros de lib. arb. ex Lib. I, c. 9, Retractationum desumto* zu verstehn, daß er für diese Seite der Kontroverse (die Luther später so heftig verfocht) noch mehr gesagt haben würde, wenn jene Bücher nicht vor dem Auftreten des Pelagius geschrieben wären, gegen dessen Meinung er alsdann das Buch *de natura et gratia* abfaßte. Inzwischen sagt er schon *de lib. arb. III*, 18 [§ 51]: *Nunc autem homo non est bonus, nec habet in potestate, ut bonus sit, sive non videndo qualis esse debeat, sive videndo et non volendo esse, qualem debere esse se videt. – Mox: vel ignorando non habet liberum arbitrium voluntatis ad eligendum quid recte faciat; vel resistente carnali consuetudine, quae violentia mortalis successionis quodammodo naturaliter inolevit, videat quid recte faciendum sit et velit, nec possit implere:* und im erwähnten *Argumento: Voluntas ergo ipsa, nisi gratia Dei liberatur a servitute, qua facta est serva peccati, et, ut vitia superet, adjuvetur, recte, pieque vivi non potest a mortalibus.* [Nun aber ist der Mensch nicht gut und hat es nicht in seiner Gewalt, gut zu sein, mag er nun nicht sehen, wie er sein sollte, oder mag er es sehen und nicht so sein wollen, wie er sieht, daß er sein müßte. – Weiter heißt es: Mag er nun aus Unkenntnis nicht die freie Willensentscheidung besitzen, das zu wählen, was er eigentlich tun sollte; oder mag er vermöge der fleischlichen Gewohnheit, die sich durch die Macht der todbringenden Erbsünde gewissermaßen naturgemäß noch gesteigert hat, zwar sehen, wie er richtig handeln sollte, und es auch wollen, aber es nicht durchführen können. – Wenn also der Wille selbst nicht durch die göttliche Gnade von der Knechtschaft, durch die er zum Knecht der Sünde geworden ist, befreit und in der Überwindung der Laster unterstützt wird, so kann von den Sterblichen nicht recht und fromm gelebt werden: *Argumentum de libero arbitrio,* Retract. 1, c. 9.]

Andererseits jedoch bewogen ihn folgende drei Gründe die Freiheit des Willens zu vertheidigen:

1) Seine Opposition gegen die Manichäer, gegen welche ausdrücklich die Bücher *de lib. arb.* gerichtet sind, weil sie den freien Willen leugneten und eine andere Urquelle des Bösen, wie

des Uebels, annahmen. Auf sie spielt er schon im letzten Kapitel des Buches *de animae quantitate* an: *datum est animae liberum arbitrium, quod qui nugatoriis ratiocinationibus labefactare conantur, usque adeo coeci sunt, ut ... caet* [der Seele ist die freie Willensentscheidung gegeben, und wer dies durch possenhafte Vernünfteleien zu erschüttern sucht, ist so blind, daß er ...]

2) Die natürliche, von mir aufgedeckte Täuschung, vermöge welcher das »ich kann thun was ich will« für die Freiheit des Willens angesehn und »willkürlich« als sofort identisch mit »frei« genommen wird: *de lib. arb. I, 12* [§ 26]. *Quid enim tam in voluntate, quam ipsa voluntas, situm est?* [Denn was liegt so sehr in der Macht des Willens wie der Wille selbst?]

3) Die Nothwendigkeit, die moralische Verantwortlichkeit des Menschen mit der Gerechtigkeit Gottes in Einklang zu bringen. Nämlich dem Scharfsinn des Augustinus ist eine höchst ernstliche Bedenklichkeit nicht entgangen, deren Beseitigung so schwierig ist, daß, soviel mir bekannt, alle späteren Philosophen, mit Ausnahme dreier, die wir deshalb sogleich näher betrachten werden, sie lieber fein leise umschlichen haben, als wäre sie nicht vorhanden. Augustinus hingegen spricht sie, mit edler Offenheit, ganz unumwunden aus, gleich in den Eingangsworten [I, c. 1, § 1] der Bücher *de lib. arb.: Dic mihi, quaeso, utrum Deus non sit auctor mali?* [Sage mir, ich bitte dich, ob Gott nicht der Urheber des Bösen ist!] – Und dann ausführlicher gleich im zweiten Kapitel [§ 4]: *Movet autem animum, si peccata ex his animabus sunt, quas Deus creavit, illae autem animae ex Deo; quomodo non, parvo intervallo, peccata referantur in Deum.* [Folgende Frage bewegt mein Gemüt: Wenn die Sünden aus den Seelen kommen, die Gott geschaffen hat, jene Seelen aber aus Gott kommen: Wieso fallen dann die Sünden nicht mittelbar auf Gott zurück?] Worauf der Interlokutor [Gesprächspartner] versetzt: *Id nunc plane abs te dictum est, quod me cogitantem satis excruciat.* [Jetzt hast du geradezu das gesagt, was mich beim Nachdenken nicht wenig quält. § 5.] – Diese höchst bedenkliche Betrachtung hat Luther wieder aufgenommen und mit der ganzen Heftigkeit seiner Beredsamkeit hervorgehoben, *De servo arbitrio*, S. 144. *At talem oportere esse Deum, qui libertate sua necessitatem imponat nobis, ipsa ratio naturalis cogitur confiteri. – Concessa praescientia et omnipotentia, sequitur naturaliter, irrefragabili consequentia, nos per nos ipsos non esse factos, nec*

vivere, nec agere quidquam, sed per illius omnipotentiam. – – Pugnat ex diametro praescientia et omnipotentia Dei cum nostro libero arbitrio. – Omnes homines coguntur inevitabili consequentia admittere, nos non fieri nostra voluntate, sed necessitate; ita nos non facere quod libet, pro jure liberi arbitrii, sed prout Deus praescivit et agit *consilio et virtute infallibili et immutabili* [Aber daß Gott ein solcher sein muß, welcher vermöge seiner Freiheit uns der Notwendigkeit unterwirft, das muß schon die natürliche Vernunft zugeben. – Wenn man die Allwissenheit und Allmacht zugibt, so folgt naturgemäß und unwidersprechlich, daß wir nicht durch uns selbst gemacht sind oder leben oder irgend etwas tun, sondern nur durch seine Allmacht. – – Die Allwissenheit und Allmacht Gottes steht in diametralem Widerspruch zu der Freiheit unseres Willens. – Alle Menschen werden mit unvermeidlicher Konsequenz gezwungen, anzuerkennen, daß wir nicht durch unseren Willen, sondern durch die Notwendigkeit zu dem werden, was wir sind, daß wir mithin nicht tun können, was uns beliebt, vermöge einer Freiheit des Willens, sondern vielmehr je nachdem Gott es vorhergesehen hat und durch unfehlbaren und unwandelbaren Ratschluß und Willen ausführt.]: u. s. w.

Ganz erfüllt von dieser Erkenntniß finden wir, am Anfang des 17. Jahrhunderts, den Vanini. Sie ist der Kern und die Seele seiner beharrlichen, wiewohl, unter dem Druck der Zeit, möglichst schlau verhehlten Auflehnung gegen den Theismus. Bei jeder Gelegenheit kommt er darauf zurück und wird nicht müde, sie von den verschiedensten Gesichtspunkten aus darzulegen. Z. B. in seinem *Amphitheatro aeternae providentiae, exercitatio 16*, sagt er: *Si Deus vult peccata, igitur facit: scriptum est enim »omnia quaecunque voluit fecit«. Si non vult, tamen committuntur: erit ergo dicendus improvidus, vel impotens, vel crudelis; cum voti sui compos fieri aut nesciat, aut nequeat, aut negligat. – – – – Philosophi inquiunt: si nollet Deus pessimas ac nefarias in orbe vigere actiones, procul dubio uno nutu extra mundi limites omnia flagitia exterminaret, profligaretque: quis enim nostrum divinae potest resistere voluntati? Quomodo invito Deo patrantur scelera, si in actu quoque peccandi scelestis vires subministrat? Ad haec, si contra Dei voluntatem homo labitur, Deus erit inferior homine, qui ei adversatur, et praevalet. Hinc deducunt: Deus ita desiderat hunc mundum, qualis est: si meliorem vellet, meliorem haberet.* [Wenn Gott die Sünden will, so wird er sie folglich bewirken, denn es steht geschrieben: »alles, was er will, bewirkt er.« Wenn er sie nicht will und sie trotzdem begangen werden, so müssen wir ihn entweder für nicht voraussehend oder für nicht allmächtig oder für grausam erklären; da er dann seinen Ratschluß nicht durchführt, sei es durch Unwissenheit oder Ohnmacht oder Nachlässigkeit. – – – – Die Philosophen sagen: wenn Gott nicht wollte, daß die schändlichen und niederträchtigen Handlungen in der Welt bestünden, so würde er ohne Zweifel mit einem Winke alle Schandtaten aus der Welt verbannen und vernichten. Denn wer von uns wäre imstande, dem göttlichen Willen zu widerstehen? Wie sollten die Verbrechen gegen Gottes Willen vollbracht werden, wenn er doch bei jeder sündigen Handlung dem Verbrecher die Kraft dazu verleiht? Ferner, wenn der Mensch entgegen dem Willen Gottes strauchelt, so ist also Gott schwächer als der Mensch, der sich ihm widersetzt und obsiegt. Hieraus ergibt sich, daß Gott die Welt so will, wie sie ist, und daß, wenn er eine bessere Welt haben wollte, er eine bessere haben würde.] – Und exercitatio 44 heißt es: *Instrumentum movetur prout a suo principali dirigitur: sed nostra voluntas in suis operationibus se habet tanquam instrumentum, Deus vero ut agens principale: ergo si haec male operatur, Deo imputandum est. – – – Voluntas nostra non solum quoad motum, sed quoad substantiam quoque tota a Deo dependet: quare nihil est, quod eidem imputari vere possit, neque ex parte substantiae, neque operationis, sed totum Deo, qui voluntatem sic formavit, et ita movet. – – – – Cum essentia et motus voluntatis sit a Deo, adscribi eidem debent vel bonae, vel malae voluntatis operationes, si haec ad illum se habet velut instrumentum.* [Das Werkzeug wird so bewegt, wie es von seinem Besitzer gelenkt wird; aber unser Wille verhält sich bei seinen Verrichtungen wie ein Werkzeug, Gott hingegen wie das eigentliche Handelnde; wenn folglich der Wille schlecht handelt, so trägt Gott daran die Schuld. – – – Unser Wille hängt nicht nur nach seinem Wirken, sondern auch nach seinem Wesen ganz von Gott ab. Es gibt also nichts, was man in Wahrheit dem Willen schuld geben könnte, sei es nach seinem Wesen oder seinem Wirken, sondern man muß alles nur Gott schuld geben, welcher den Willen so geschaffen hat und in Bewegung setzt. – – – – Da das Wesen und die Betätigung des Willens von Gott herrühren, so müssen diesem die guten wie die bösen Wirkungen des Willens zugerechnet werden, wenn nämlich der Wille sich zu ihm verhält wie ein Werkzeug.] Man muß aber bei Vanini im Auge behalten, daß er durchgängig das Strategem [die Kriegslist] gebraucht, in der Person eines Gegners, seine wirkliche Meinung als die, welche er perhorrescirt [verabscheut] und widerlegen will, aufzustellen und sie überzeugend und gründlich darzuthun; um ihr sodann, in eigener Person, mit seichten Gründen und lahmen Argumenten entgegenzutreten und darauf, *tanquam re bene gesta* [als hätte er seine Sache gut gemacht], triumphirend abzugehn, – sich auf die Malignität seines Lesers verlassend. Durch diese Verschmitztheit hat er sogar die hochgelehrte Sorbonne getäuscht, welche, jenes Alles für baare Münze nehmend, vor seine gottlosesten Schriften treuherzig ihr Imprimatur gesetzt hat. Mit desto herzlicherer Freude sah sie ihn, drei Jahre darauf, lebendig verbrannt werden, nachdem ihm zuvor die gotteslästerliche Zunge ausgeschnitten worden. Dies nämlich ist doch das eigentlich kräftige Argument der Theologen, und seitdem es ihnen benommen ist, gehn die Sachen sehr rückwärts.

Unter den Philosophen im engern Sinn ist, wenn ich nicht irre, Hume der erste, welcher nicht um die zuerst von Augustinus angeregte, schwere Bedenklichkeit herumgeschlichen ist, sondern sie, ohne jedoch des Augustinus, oder Luthers, geschweige Vanini's zu gedenken, unverhohlen darlegt, in seinem *Essay on liberty and necessity*, wo es, gegen das Ende, heißt: *The ultimate author of all our volitions is the creator of the world, who first bestowed motion on this immense machine, and placed all beings in that particular position, whence every subsequent event, by an inevitable necessity, must result. Human actions therefore either can have not turpitude at all, as proceeding from so good a cause, or, if they have any turpitude, they must involve* our creator *in the same guilt, while he is acknowledged to be their ultimate cause and author. For as a man, who fired a mine, is answerable for all the consequences, whether the train employed be long or short; so wherever a continued chain of necessary causes is fixed, that Being, either finite or infinite, who produces the first, is likewise the author of all the rest.** Er

* Manchen Deutschen Lesern wird eine Uebersetzung dieser und der übrigen Englischen Stellen willkommen seyn:

macht einen Versuch, diese Bedenklichkeit zu lösen, gesteht aber am Schluß, daß er sie für unlösbar hält.

Auch *Kant* geräth, unabhängig von seinen Vorgängern, an den nämlichen Stein des Anstoßes, in der Kritik der praktischen Vernunft, S. 180 ff. der vierten Auflage, und S. 232 der Rosenkranzischen: »Es scheint doch, man müsse, sobald man annimmt, Gott, als allgemeines Urwesen, sei die *Ursache* auch *der Existenz der Substanz*, auch einräumen, die Handlungen des Menschen haben in demjenigen ihren bestimmenden Grund, was gänzlich außer seiner Gewalt ist, nämlich in der Kausalität eines von ihm unterschiedenen höchsten Wesens, von welchem das Daseyn des ersteren und die ganze Bestimmung seiner Kausalität ganz und gar abhängt. – – Der Mensch wäre ein Vaucançonsches Automat, gezimmert und aufgezogen vom obersten Meister aller Kunstwerke, und das Selbstbewußtseyn würde es zwar zu einem denkenden Automat machen, in welchem aber das Bewußtseyn seiner Spontaneität, wenn sie für Freiheit gehalten wird, bloße Täuschung wäre, indem sie nur komparativ so genannt zu werden verdient, weil die nächsten bestimmenden Ursachen seiner Bewegung und eine lange Reihe derselben zu ihren bestimmenden Ursachen hinauf, zwar innerlich sind, die letzte und höchste aber doch gänzlich in einer fremden Hand angetroffen wird.« – Er sucht nun diese große Bedenklichkeit durch die Unterscheidung zwischen Ding an sich und Erscheinung zu heben: durch diese aber wird so offenbar im Wesentlichen der Sache nichts geändert, daß ich überzeugt bin, es sei ihm damit gar nicht Ernst gewesen. Auch gesteht er selbst das Unzulängliche seiner Auflösung ein, S. 184, wo er hinzufügt: »Allein ist denn jede andere, die man versucht hat, oder versuchen mag, leichter und faßlicher? Eher möchte man sagen, die dogmatischen Lehrer der Metaphysik hätten mehr ihre *Ver-*

»Der letzte Urheber aller unserer Willensakte ist der Schöpfer der Welt, als welcher diese unermeßliche Maschine zuerst in Bewegung gesetzt und alle Wesen in die besondere Lage gebracht hat, aus welcher jede nachmalige Begebenheit mit unvermeidlicher Nothwendigkeit erfolgen mußte. Dieserhalb sind menschliche Handlungen entweder gar keiner Schlechtigkeit fähig, weil sie von einer so guten Ursache ausgehn; oder aber, wenn sie irgend schlecht seyn können, so verwickeln sie unsern Schöpfer in die selbe Schuld, indem er anerkanntermaaßen ihre letzte Ursache, ihr Urheber ist. Denn wie ein Mann, der eine Mine anzündet, für alle Folgen hievon verantwortlich ist, der Schwefelfaden mag lang oder kurz gewesen seyn; eben so ist überall, wo eine ununterbrochene Verkettung nothwendig wirkender Ursachen fest steht, das Wesen, es sei endlich oder unendlich, welches die erste bewirkt, auch der Urheber aller übrigen.«

schmitztheit als Aufrichtigkeit darin bewiesen, daß sie diesen schwierigen Punkt so weit wie möglich aus den Augen brachten, in der Hoffnung, daß, wenn sie davon gar nicht sprächen, auch wohl Niemand leichtlich an ihn denken würde.«

Ich kehre, nach dieser sehr beachtenswerthen Zusammenstellung höchst heterogener Stimmen, die alle das Selbe sagen, zu unserm Kirchenvater zurück. Die Gründe, mit welchen er die schon von ihm in ihrer ganzen Schwere gefühlte Bedenklichkeit zu beseitigen hofft, sind theologische, nicht philosophische, also nicht von unbedingter Gültigkeit. Die Unterstützung derselben ist, wie gesagt, der dritte Grund, zu den zwei oben angeführten, warum er ein dem Menschen von Gott verliehenes *liberum arbitrium* zu vertheidigen sucht. Ein solches, da es sich zwischen den Schöpfer und die Sünden seines Geschöpfes trennend in die Mitte stellte, wäre auch wirklich zur Beseitigung der ganzen Bedenklichkeit hinreichend; wenn es nur, wie es leicht mit Worten gesagt ist und allenfalls dem nicht viel weiter als diese gehenden Denken genügen mag, auch bei der ernstlichen und tiefern Betrachtung wenigstens denkbar bliebe. Allein wie soll man sich vorstellig machen, daß ein Wesen, welches seiner ganzen *Existentia* und *Essentia* nach, das Werk eines andern ist, doch sich selbst uranfänglich und von Grund aus bestimmen und demnach für sein Thun verantwortlich seyn könne? Der Satz *Operari sequitur esse*, d. h. die Wirkungen jedes Wesens folgen aus seiner Beschaffenheit, stößt jene Annahme um, ist aber selbst unumstößlich. Handelt ein Mensch schlecht, so kommt es daher, daß er schlecht ist. An jenen Satz aber knüpft sich sein *Corollarium: ergo unde esse, inde operari* [Schluß: folglich, von woher das Sein, von daher auch das Wirken]. Was würde man von dem Uhrmacher sagen, der seiner Uhr zürnte, weil sie unrichtig gienge? Wenn man auch noch so gern den Willen zu einer *tabula rasa* machen möchte; so wird man doch nicht umhin können einzugestehn, daß wenn z. B. von zwei Menschen der eine, in moralischer Hinsicht, eine der des andern ganz entgegengesetzte Handlungsweise befolgt, diese Verschiedenheit, die doch irgend woraus entspringen muß, ihren Grund entweder in den äußern Umständen hat, wo dann die Schuld offenbar nicht die Menschen trifft, oder aber in einer ursprünglichen Verschiedenheit ihres Willens selbst, wo dann Schuld und Verdienst abermals nicht sie trifft, wenn ihr ganzes Seyn und Wesen das Werk eines

Andern ist. Nachdem die angeführten großen Männer sich vergeblich angestrengt haben, aus diesem Labyrinth einen Ausgang zu finden, gestehe ich willig ein, daß die moralische Verantwortlichkeit des menschlichen Willens ohne Aseïtät [Durchsichselbstsein] desselben zu denken, auch meine Fassungskraft übersteigt. Das selbe Unvermögen ist es ohne Zweifel gewesen, was die siebente der acht Definitionen, mit welchen Spinoza seine Ethik eröffnet, diktirt hat: *ea res libera dicetur, quae ex sola naturae suae necessitate existit, et a se sola ad agendum determinatur; necessaria autem, vel potius coacta, quae ab alio determinatur ad existendum et operandum.* [Diejenige Sache muß frei genannt werden, die allein aus der Notwendigkeit ihrer Natur existiert und nur durch sich allein zum Handeln bestimmt wird; diejenige aber heißt notwendig oder vielmehr gezwungen, die von einem andern zur Existenz und zum Handeln bestimmt wird.]

Wenn nämlich eine schlechte Handlung aus der Natur, d. i. der angeborenen Beschaffenheit, des Menschen entspringt, so liegt die Schuld offenbar am Urheber dieser Natur. Deshalb hat man den freien Willen erfunden. Aber woraus nun, unter Annahme desselben, sie entspringen soll, ist schlechterdings nicht einzusehn; weil er im Grunde eine bloß negative Eigenschaft ist und nur besagt, daß nichts den Menschen nöthigt, oder hindert, so oder so zu handeln. Dadurch aber wird nimmermehr klar, woraus denn zuletzt die Handlung entspringt, da sie nicht aus der angeborenen, oder angeschaffenen Beschaffenheit des Menschen hervorgehn soll, indem sie alsdann seinem Schöpfer zur Last fiele; noch aus den äußern Umständen allein, indem sie alsdann dem Zufall zuzuschreiben wäre; der Mensch also jedenfalls schuldlos bliebe, – während er doch dafür verantwortlich gemacht wird. Das natürliche Bild eines freien Willens ist eine unbeschwerte Waage: sie hängt ruhig da, und wird nie aus ihrem Gleichgewicht kommen, wenn nicht in eine ihrer Schaalen etwas gelegt wird. So wenig wie sie aus sich selbst die Bewegung, kann der freie Wille aus sich selbst eine Handlung hervorbringen; weil eben aus Nichts nichts wird. Soll die Waage sich nach einer Seite senken; so muß ein fremder Körper ihr aufgelegt werden, der dann die Quelle der Bewegung ist. Eben so muß die menschliche Handlung durch etwas hervorgebracht werden, welches positiv wirkt und etwas mehr ist, als eine bloß negative Freiheit. Dies aber kann nur zweierlei seyn: entweder thun es die Motive an und für sich, d. h. die äußern Umstände: dann ist offenbar der Mensch unverantwortlich für die Handlung; auch müßten alsdann alle Menschen unter gleichen Umständen ganz gleich handeln: oder aber es entspringt aus seiner Empfänglichkeit für solche Motive, also aus dem angeborenen Charakter, d. h. aus den dem Menschen ursprünglich einwohnenden Neigungen, welche in den Individuen verschieden seyn können und Kraft deren die Motive wirken. Dann aber ist der Wille kein freier mehr: denn diese Neigungen sind das auf die Schaale der Waage gelegte Gewicht. Die Verantwortlichkeit fällt auf Den zurück, der sie hineingelegt hat, d. h. dessen Werk der Mensch mit solchen Neigungen ist. Daher ist er nur in dem Fall, daß er selbst sein eigenes Werk sei, d. h. Aseïtät habe, für sein Thun verantwortlich.

Der ganze hier dargelegte Gesichtspunkt der Sache läßt ermessen, was Alles an der Freiheit des Willens hängt, als welche eine unerläßliche Kluft bildet, zwischen dem Schöpfer und den Sünden seines Geschöpfs; woraus begreiflich wird, warum die Theologen sie so beharrlich festhalten, und ihre Schildknappen, die Philosophieprofessoren, sie pflichtschuldigst dabei so eifrig unterstützen, daß sie, für die bündigsten Gegenbeweise großer Denker taub und blind, den freien Willen festhalten und dafür kämpfen, wie *pro ara et focis* [für Altar und Herd].

Um aber endlich meinen oben unterbrochenen Bericht über den Augustinus zu beschließen; so geht seine Meinung im Ganzen dahin, daß der Mensch eigentlich nur vor dem Sündenfall einen ganz freien Willen gehabt habe, nach demselben aber, der Erbsünde anheimgefallen, von der Gnadenwahl und Erlösung sein Heil zu hoffen habe: – welches gesprochen heißt wie ein Kirchenvater.

Inzwischen ist durch den Augustinus und seinen Streit mit Manichäern und Pelagianern die Philosophie zum Bewußtseyn unsers Problems erwacht. Von nun an wurde es ihr, durch die Scholastiker, allmälig deutlicher, wovon Buridan's Sophisma und die oben angeführte Stelle Dante's Zeugniß ablegen. – Wer aber zuerst der Sache auf den Grund gekommen, ist, allem Anschein nach, Thomas Hobbes, dessen diesem Gegenstand eigens gewidmete Schrift: *Quaestiones de libertate et necessitate, contra Doctorem Branhallum, 1656* erschien: sie ist jetzt selten. In Englischer Sprache findet sie sich in *Th. Hobbes moral and political works,* ein Band in Folio, London 1750, S. 469 ff., woraus ich folgende Hauptstelle hersetze. S. 483:

6) Nothing takes a beginning from itself; but from the action of some other immediate agent, without itself. Therefore, when first a man has an appetite or will to something, to which immediately before he had no appetite nor will; the cause of his will is not the will itself, but something else not in his own disposing. So that, whereas it is out of controversy, that of voluntary actions the will is the necessary cause, and by this which is said, the will is also necessarily caused *by other things, whereof it disposes not, it follows that voluntary actions have all of them necessary causes, and therefore are* necessitated.

7) I hold that *to be a* sufficient *cause, to which nothing is wanting that is needfull to the producing of the* effect. *The same is also a* necessary *cause: for, if it be possible that a* sufficient *cause shall not bring forth the* effect, *then there wanteth somewhat, which was needfull to the producing of it; and so the cause was not* sufficient. *But if it be impossible that a* sufficient *cause should not produce the effect; then is a* sufficient *cause a* necessary *cause. Hence it is manifest, that whatever is produced, is produced* necessarily. *For whatsoever is produced has had a* sufficient *cause to produce it, or else it had not been: and therefore also* voluntary *actions are* necessitated.

8) That ordinary definition of a free agent (namely that a free agent is that, which, when all things are present, which are needfull to produce the effect, can nevertheless not produce it) implies a contradiction and is Nonsense; being as much as to say, the cause may be sufficient, *that is to say* necessary, *and yet the effect shall not follow.* –

S. 485. Every accident, how contingent soever it seem, or how voluntary *soever it be, is produced* necessarily.*

---

* 6) »Nichts fängt von selbst an, sondern Jedes durch die Einwirkung irgend einer andern, außer ihm gelegenen unmittelbaren Ursache. Daher wenn jetzt ein Mensch etwas wünscht oder will, was er unmittelbar vorher nicht wünschte, noch wollte; so ist die Ursache seines Wollens nicht dies Wollen selbst, sondern etwas Anderes, nicht von ihm Abhängendes. Demnach, da der Wille unstreitig die nothwendige Ursache der willkürlichen Handlungen ist, und, dem eben Gesagten zufolge, der Wille nothwendig verursacht wird, durch andere von ihm unabhängige Dinge; so folgt, daß alle willkürlichen Handlungen *nothwendige* Ursachen haben, also *necessitirt* sind.

In seinem berühmten Buche *de cive, c. 1, § 7,* sagt er: *Fertur unusquisque ad appetitionem ejus, quod sibi bonum, et ad fugam ejus, quod sibi malum est, maxime autem maximi malorum naturalium, quae est mors; idque necessitate quadam naturae non minore, quam qua fertur lapis deorsum.* [Jedermann wird getrieben, zu begehren, was für ihn gut, und zu meiden, was für ihn schlecht ist, am meisten aber das, was das größte der natürlichen Uebel ist: den Tod; und das geschieht aus einer Naturnotwendigkeit, die nicht geringer ist als die, vermöge deren der Stein nach unten fällt.]

Gleich nach Hobbes sehn wir den Spinoza von der selben Überzeugung durchdrungen. Seine Lehre in diesem Punkte zu charakterisiren, werden ein Paar Stellen hinreichen: *Eth., P. I, prop. 32. Voluntas non potest vocari causa libera, sed tantum necessaria. – Coroll. 2. Nam voluntas, ut reliqua omnia, causa indiget, a qua ad operandum certo modo determinatur.*

Ibid., P. II, scholium ultimum. Quod denique ad quartam objectionem (de Buridani asina) attinet, dico, me omnino concedere, quod homo in tali aequilibrio positus (nempe qui nihil aliud percipit quam sitim et famem, talem cibum et talem potum, qui aeque ab eo distant) fame et siti peribit.

Ibid., P. III, prop. 2. Schol. Mentis decreta eadem necessitate in mente oriuntur, ac ideae rerum actu existentium. Qui igitur credunt, se ex libero mentis decreto loqui vel tacere, vel quid-

---

7) Als eine zureichende Ursache erkenne ich die an, welcher nichts abgeht von dem, was zur Hervorbringung der Wirkung nöthig ist. Eine solche aber ist zugleich eine nothwendige Ursache. Denn wenn es möglich wäre, daß eine zureichende Ursache ihre Wirkung nicht hervorbrächte; so müßte ihr etwas zur Hervorbringung dieser Nöthiges gefehlt haben: dann aber war die Ursache nicht zureichend. Wenn es aber unmöglich ist, daß eine zureichende Ursache ihre Wirkung nicht hervorbrächte; dann ist eine zureichende Ursache auch eine nothwendige Ursache. Hieraus folgt offenbar, daß Alles, was hervorgebracht wird, nothwendig hervorgebracht wird. Denn Alles, was hervorgebracht ist, hat eine zureichende Ursache gehabt, die es hervorbrachte; sonst wäre es nie entstanden: also sind auch die willkürlichen Handlungen necessitirt.

8) Jene gewöhnliche Definition eines frei Handelnden (daß es nämlich ein solches wäre, welches, wenn alles zur Hervorbringung der Wirkung Nöthige beisammen wäre, diese dennoch auch nicht hervorbringen könnte) enthält einen Widerspruch und ist Unsinn; da sie besagt, daß eine Ursache zureichend, d. i. nothwendig seyn und die Wirkung doch ausbleiben könne.

S. 485. Jede Begebenheit, so zufällig sie scheinen, oder so willkürlich sie seyn mag, erfolgt nothwendig.«

quam agere, oculis apertis somniant. – Epist. 62. Unaquaeque res necessario a causa externa aliqua determinatur ad existendum et operandum certa ac determinata ratione. Ex. gr. lapis a causa externa, ipsum impellente, certam motus quantitatem accipit, qua postea moveri necessario perget. Concipe jam lapidem, dum moveri pergit, cogitare et scire, se, quantum potest, conari, ut moveri pergat. Hic sane lapis, quandoquidem sui tantummodo conatus est conscius et minime indifferens, se liberrimum esse et nulla alia de causa in motu perseverare credet, quam quia vult. Atque haec humana illa libertas est, quam omnes habere jactant, et quae in hoc solo consistit, quod homines sui appetitus sint conscii, et causarum, a quibus determinantur, ignari. – – His, quaenam mea de libera et coacta necessitate, deque ficta humana libertate sit sententia, satis explicui.

[Der Wille kann nicht eine freie, sondern nur eine notwendige Ursache genannt werden. – Denn der Wille bedarf ebenso wie alles andere einer Ursache, von welcher er zum Handeln in bestimmter Weise gezwungen wird. –

Was endlich die vierte Einwendung (von der Eselin des Buridan) betrifft, so erkläre ich, ganz und gar zuzugeben, daß ein Mensch, wenn er sich in solch einer Gleichgewichtslage befände (nämlich daß er nichts anderes wahrnähme als Durst und Hunger, und dabei Speise und Trank in gleicher Entfernung sähe), vor Hunger und Durst sterben müßte. –

Die Beschlüsse des Geistes entstehen in dem Geiste mit derselben Notwendigkeit, wie die Ideen der in Wirklichkeit existierenden Dinge. Wer also glaubt, daß er aus freiem Entschluß des Geistes redet oder schweigt oder sonst etwas tut, der träumt mit offenen Augen. – Jedes Ding wird mit Notwendigkeit von irgendeiner äußeren Ursache bestimmt, in gewisser und determinierter Weise zu existieren und zu wirken. Z. B. der Stein empfängt von einer äußeren Ursache, die ihn antreibt, ein bestimmtes Quantum von Bewegung, kraft dessen er sich weiterhin mit Notwendigkeit bewegen muß. Nun nimm an, der Stein, der sich weiterhin bewegt, denke und sei sich dessen bewußt, daß er nach Kräften bestrebt ist, in der Bewegung fortzufahren. Dann wird dieser Stein, da er nur seiner Bestrebung sich bewußt und keineswegs dagegen gleichgültig ist, glauben, ganz frei zu sein und aus keiner anderen Ursache in seiner Bewegung zu beharren, als weil er es will. Und so ist es auch mit jener menschlichen

Freiheit, die zu haben alle sich rühmen und die nur darin besteht, daß die Menschen sich ihres Wollens bewußt sind, aber die Ursachen, durch welche sie bestimmt werden, nicht kennen. – – Damit habe ich zur Genüge erklärt, wie ich über die freie und erzwungene Notwendigkeit und die eingebildete Freiheit des Menschen denke.]

Ein beachtenswerther Umstand aber ist es, daß Spinoza zu dieser Einsicht erst in seinen letzten (d. i. vierziger) Jahren gelangt ist, nachdem er früher, im Jahr 1665, als er noch Cartesianer war, in seinen *Cogitatis metaphysicis, c. 12,* die entgegengesetzte Meinung entschieden und lebhaft vertheidigt und sogar im geraden Widerspruch mit dem soeben angeführten *Scholio ultimo Partis II,* hinsichtlich des Buridan'schen Sophismus gesagt hatte: *Si enim hominem loco asiane ponamus in tali aequilibrio positum, homo, non pro re cogitante, sed pro turpissimo asino erit habendus, si fame et siti pereat.* [Denn wenn wir uns einen Menschen statt einer Eselin in solcher Gleichgewichtshaltung vorstellen, und er stürbe vor Hunger und Durst, so müßten wir ihn nicht für ein denkendes Wesen, sondern für den dümmsten aller Esel halten.]

Die selbe Meinungsveränderung und Bekehrung werde ich weiter unten von zwei andern großen Männern zu berichten haben. Dies beweist, wie schwierig und tief liegend die rechte Einsicht in unser Problem ist.

Hume, in seinem *Essay on liberty and necessity,* aus welchem ich bereits oben eine Stelle beizubringen hatte, schreibt mit der klarsten Überzeugung von der Nothwendigkeit der einzelnen Willensakte, bei gegebenen Motiven, und trägt sie in seiner allgemeinfaßlichen Weise höchst deutlich vor. Er sagt: *Thus it appears that the conjunction between motives and voluntary actions is as regular and uniform as that between the cause and effect in any part of nature.* Und weiterhin: *It seems almost impossible, therefore, to engage either in science or action of any kind, without acknowledging the doctrine of necessity and this inference from motives to voluntary actions, from character to conduct.**

* »So ergiebt sich, daß die Verbindung zwischen Motiven und willkürlichen Handlungen so regelmäßig und gleichförmig ist, wie die zwischen Ursache und Wirkung in irgend einem Theile der Natur nur seyn kann.« – – – »Es scheint demnach fast unmög-

Aber kein Schriftsteller hat die Nothwendigkeit der Willensakte so ausführlich und überzeugend dargethan, wie Priestley, in seinem diesem Gegenstand ausschließlich gewidmeten Werke: *The Doctrine of philosophical necessity.* Wen dieses überaus klar und faßlich geschriebene Buch nicht überzeugt, dessen Verstand muß durch Vorurtheile wirklich paralysirt seyn. Zur Charakterisirung seiner Resultate setze ich einige Stellen her, welche ich nach der zweiten Ausgabe, Birmingham 1782, citire.

Vorrede S. XX. *There is no absurdity more glaring to my understanding, than the notion of philosophical liberty.* – S. 26. *Without a miracle, or the intervention of some foreign cause, no volition or action of any man could have been otherwise, than it has been.* – S. 37. *Though an inclination or affection of mind be not gravity, it influences me and acts upon me as certainly and necessarily, as this power does upon a stone.* – S. 43. *Saying that the will is* self-determined, *gives no idea at all, or rather implies an absurdity, viz: that a* determination, *which is an* effect, *takes place, without any cause at all. For exclusive of every thing that comes under the denomination of* motive, *there is really nothing at all left, to produce the determination. Let a man use what* words *he pleases, he can have no more* conception *how we can sometimes be determined by motives, and sometimes without any motive, than he can have of a scale being sometimes weighed down by weights, and sometimes by a kind of substance that has no weight at all, which, whatever it be in itself, must, with respect to the scale be* nothing. – S. 66. *In proper philosophical language, the motive ought to be call'd the* proper cause *of the action. It is as much so as any thing in nature is the cause of any thing else.* – S. 84. *It will never be in our power to choose two things, when all the previous circumstances are the very same.* – S. 90. *A man indeed, when he reproaches himself for any particular action in his passed conduct, may fancy that, if he was in the same situation again, he would have acted differently. But this is a mere* deception; *and if he examines himself strictly, and takes in all circumstances,*

---

lich, weder in der Wissenschaft, noch auch in Handlungen irgend einer Art, etwas zu unternehmen, ohne die Lehre von der Nothwendigkeit und jenen Schluß von Motiven auf Willensakte, vom Charakter auf die Handlungsweise, anzuerkennen.«

he may be satisfied that, with the same inward disposition of mind, and with precisely the same view of things, that he had then, and exclusive of all others, that he has acquired by reflection since, *he could not have acted otherwise than he did.* – S. 287. *In short, there is no choice in the case, but of the doctrine of necessity or absolute nonsense.* –*

Nun ist zu bemerken, daß es dem Priestley gerade so gegangen ist, wie dem Spinoza und noch einem sogleich anzuführenden sehr großen Manne. Priestley sagt nämlich in der Vorrede zur ersten Ausgabe, S. XXVII: *I was not however a ready convert to the doctrine of necessity. Like Dr. Hartley himself, I gave up my liberty with great reluctance, and in a long correspondence, which I once had on the subject, I maintained very strenuously the doctrine of liberty, and did not at all yield to the arguments then proposed to me.***

Der dritte große Mann, dem es eben so ergangen ist Voltaire, welcher es mit der ihm eigenen Liebenswürdigkeit und Naivetät berichtet. Nämlich in seinem *Traité de métaphysique, chap.* 7, hatte er die sogenannte Willensfreiheit ausführlich und lebhaft vertheidigt. Allein in seinem, mehr als vierzig Jahre später geschriebenen Buche: *Le philosophe ignorant*, lehrt er die strenge Necessitation der Willensakte, im 13. Kapitel, welches er so beschließt: *Archimède est également nécessité de rester dans sa chambre, quand on l'y enferme, et quand il est si fortement occupé d'un problème, qu'il ne reçoit pas l'idée de sortir:*

Ducunt volentem fata, nolentem trahunt.

---

* S. xx. »Für meinen Verstand giebt es keine handgreiflichere Absurdität, als den Begriff der moralischen Freiheit.« – S. 26. »Ohne ein Wunder, oder die Dazwischenkunft irgend einer äußern Ursache, hat kein Willensakt oder Handlung irgend eines Menschen anders ausfallen können, als sie ausgefallen ist.« – S. 37. »Obwohl eine Neigung oder Bestimmung meines Gemüthes nicht die Schwerkraft ist; so hat sie doch einen eben so sichern und nothwendigen Einfluß und Wirkung auf mich, wie jene Kraft auf einen Stein.« – S. 43. »Der Ausdruck, daß der Wille ein Sichselbstbestimmendes sei, giebt gar keinen Begriff, oder vielmehr enthält eine Absurdität, nämlich diese, daß eine Bestimmung, welche eine Wirkung ist, eintritt ohne irgend eine Ursache. Denn ausschließlich von Allem, was unter der Benennung Motiv verstanden wird, bleibt in der That gar nichts übrig, was jene Bestimmung hervorbringen könnte. Gebrauche Einer was für Worte er will; einen Begriff davon, daß wir bisweilen durch Motive, bisweilen aber ohne alle Motive zu etwas bestimmt würden, kann er doch nicht mehr haben, als davon, daß eine Waagschaale bisweilen durch Gewichte herabgezogen würde, bisweilen aber durch eine Art Substanz, die gar kein Gewicht hätte und die, was immer sie auch an sich selbst seyn möchte, in Hinsicht auf die Waagschaale nichts wäre.« – S. 66. »Im angemessenen philosophischen Ausdruck sollte das Motiv die eigentliche Ursache der

L'ignorant qui pense ainsi n'a pas toujours pensé de même, mais il est enfin contraint de se rendre. Im darauf folgenden Buche: *Le principe d'action*, sagt er chap. 13: *Une boule, qui en pousse une autre, un chien de chasse, qui court nécessairement et volontairement après un cerf, ce cerf, qui franchit un fossé immense avec non moins de nécessité et de volonté: tout cela n'est pas plus invinciblement déterminé que nous le sommes à tout ce que nous fesons.*

[Archimedes ist mit gleicher Notwendigkeit gezwungen, in seinem Zimmer zu bleiben, wenn man ihn darin einschließt, wie wenn er so sehr in ein Problem vertieft ist, daß er nicht daran denkt, hinauszugehen:

Den Willigen führt das Geschick, den Nichtwilligen schleift es mit.

Der Tor, der so denkt, hat nicht immer so gedacht, aber er wurde schließlich gezwungen, sich zu ergeben. Eine Kugel, die auf eine andere stößt, ein Jagdhund, der notwendig und mit Willen einen Hirsch verfolgt, dieser Hirsch, der einen breiten Graben mit nicht weniger Notwendigkeit und Willen überspringt, all dieses ist nicht unwiderstehlicher determiniert als wir es sind bei allem, was wir tun.]

Diese gleichmäßige Bekehrung dreier so höchst eminenter Köpfe zu unserer Einsicht muß denn doch wohl Jeden stutzig machen, der mit dem gar nicht zur Sache redenden »aber ich kann doch thun was ich will« seines einfältigen Selbstbewußtseyns wohlgegründete Wahrheiten anzufechten unternimmt.

Handlung genannt werden: denn die ist es so sehr, wie irgend etwas in der Natur die Ursache eines andern ist.« – S. 84. »Nie wird es in unserer Macht stehn, zwei verschiedene Wahlen zu treffen, wenn alle vorhergängigen Umstände genau die selben sind.« – S. 90. »Allerdings kann ein Mensch, der sich über irgend eine bestimmte Handlung in seinem vergangenen Lebenslaufe Vorwürfe macht, sich einbilden, daß wenn er wieder in der selben Lage wäre, er anders handeln würde. Allein dies ist bloße Täuschung: wenn er sich strenge prüft und alle Umstände in Anschlag bringt; so kann er sich überzeugen, daß, bei der selben innern Stimmung und genau der selben Ansicht der Dinge, die er damals hatte, mit Ausschluß aller andern seitdem durch Ueberlegung erlangten Ansichten, er nicht anders handeln konnte, als wie er gehandelt hat.« – S. 287. »Kurzum, es liegt hier keine andere Wahl vor, als die zwischen der Lehre von der Nothwendigkeit, oder absolutem Unsinn.«

** »Ich bin jedoch nicht leicht zu der Lehre von der Nothwendigkeit zu bekehren gewesen. Wie *Dr.* Hartley selbst habe ich meine Freiheit nur mit großem Widerstreben aufgegeben: in einem langen Briefwechsel, den ich einst über diesen Gegenstand geführt habe, behauptete ich sehr eifrig die Lehre von der Freiheit und gab keineswegs den Gründen nach, die man mir entgegensetzte.«

Nach diesen seinen nächsten Vorgängern darf es uns nicht wundern, daß Kant die Nothwendigkeit, mit welcher der empirische Charakter durch die Motive zu Handlungen bestimmt wird, als eine, wie bei ihm, so auch bei Andern bereits ausgemachte Sache nahm und sich nicht damit aufhielt, sie von Neuem zu beweisen. Seine »Ideen zu einer allgemeinen Geschichte« hebt er so an: »Was man sich auch in metaphysischer Absicht für einen Begriff von der Freiheit des Willens machen möge; so sind doch die Erscheinungen desselben, die menschlichen Handlungen, eben so wohl, als jede andere Naturbegebenheit, nach allgemeinen Natur-Gesetzen bestimmt.« – In der Kritik der reinen Vernunft (S. 548 der ersten, oder S. 577 der fünften Auflage) sagt er: »Weil der empirische Charakter selbst aus den Erscheinungen als Wirkung, und aus der Regel derselben, welche Erfahrung an die Hand giebt, gezogen werden muß; so sind alle Handlungen des Menschen, in der Erscheinung, aus seinem empirischen Charakter und den mitwirkenden andern Ursachen nach der Ordnung der Natur bestimmt: und wenn wir alle Erscheinungen seiner Willkür bis auf den Grund erforschen könnten; so würde es keine einzige menschliche Handlung geben, die wir nicht mit Gewißheit vorhersagen und aus ihren vorhergehenden Bedingungen als nothwendig erkennen könnten. In Ansehung dieses empirischen Charakters giebt es also keine Freiheit, und nach diesem können wir doch allein den Menschen betrachten, wenn wir lediglich beobachten und, wie es in der Anthropologie geschieht, von seinen Handlungen die bewegenden Ursachen physiologisch erforschen wollen.« – Eben daselbst S. 798 der ersten, oder S. 826 der fünften Auflage heißt es: »Der Wille mag auch frei seyn, so kann dies doch nur die intelligible Ursache unsers Wollens angehn. Denn, was die Phänomene der Aeußerungen desselben, d. i. die Handlungen betrifft, so müssen wir, nach einer unverletzlichen Grundmaxime, ohne welche wir keine Vernunft im empirischen Gebrauch ausüben können, sie niemals anders, als alle übrigen Erscheinungen der Natur, nämlich nach unwandelbaren Gesetzen derselben erklären.« – Ferner in der Kritik der praktischen Vernunft, S. 177 der vierten Auflage, oder S. 230 der Rosenkranzischen: »Man kann also einräumen, daß, wenn es für uns möglich wäre, in eines Menschen Denkungsart, so wie sie sich durch innere sowohl, als äußere Handlungen zeigt, so tiefe Einsicht zu haben, daß jede, auch die mindeste Triebfeder dazu uns bekannt würde, imgleichen alle auf diese wirkenden äußeren Veranlassungen, man eines Menschen Verhalten auf die Zukunft, mit Gewißheit, so wie eine Mond- oder Sonnenfinsterniß ausrechnen könnte.«

Hieran aber knüpft er seine Lehre vom Zusammenbestehn der Freiheit mit der Nothwendigkeit, vermöge der Unterscheidung des intelligibeln Charakters vom empirischen, auf welche Ansicht, da ich mich gänzlich zu ihr bekenne, ich weiter unten zurückkommen werde. Kant hat sie zwei Mal vorgetragen, nämlich in der Kritik der reinen Vernunft, S. 532–554 der ersten, oder S. 560–582 der fünften Auflage, noch deutlicher aber in der Kritik der praktischen Vernunft, S. 169–179 der vierten Auflage, oder S. 224–231 der Rosenkranzischen: diese überaus tief gedachten Stellen muß Jeder lesen, der eine gründliche Erkenntniß von der Vereinbarkeit der menschlichen Freiheit mit der Nothwendigkeit der Handlungen erlangen will. –

Von den Leistungen aller dieser edeln und ehrwürdigen Vorgänger unterscheidet gegenwärtige Abhandlung des Gegenstandes sich bis hieher hauptsächlich in zwei Punkten: erstlich dadurch, daß ich, auf Anleitung der Preisfrage, die innere Wahrnehmung des Willens im Selbstbewußtseyn, von der äußern streng gesondert und jede von beiden für sich betrachtet habe, wodurch die Aufdeckung der Quelle der auf die meisten Menschen so unwiderstehlich wirkenden Täuschung allererst möglich geworden; zweitens dadurch, daß ich den Willen im Zusammenhange mit der gesammten übrigen Natur in Betracht gezogen habe, was Keiner vor mir gethan, und wodurch allererst der Gegenstand mit derjenigen Gründlichkeit, methodischen Einsicht und Ganzheit, deren er fähig ist, abgehandelt werden konnte.

Jetzt noch ein Paar Worte über einige Schriftsteller, die nach Kant geschrieben haben, welche ich jedoch nicht als meine Vorgänger betrachte.

Von der soeben belobten, höchst wichtigen Lehre Kants, über den intelligibeln und empirischen Charakter, hat eine erläuternde Paraphrase Schelling geliefert, in seiner »Untersuchung über die menschliche Freiheit«, S. 465–471. Diese Paraphrase kann, durch die Lebhaftigkeit ihres Kolorits, dienen,

Manchem die Sache faßlicher zu machen, als die gründliche, aber trockene Kantische Darstellung es vermag. Inzwischen darf ich derselben nicht erwähnen, ohne zur Ehre der Wahrheit und Kants zu rügen, daß Schelling hier, wo er eine der wichtigsten und bewunderungswürdigsten, ja, meines Erachtens, die tiefsinnigste aller Kantischen Lehren vorträgt, nicht deutlich ausspricht, daß, was er jetzt darlegt, dem Inhalte nach, Kanten angehört, vielmehr sich so ausdrückt, daß die allermeisten Leser, als welchen der Inhalt der weitläuftigen und schwierigen Werke des großen Mannes nicht genau gegenwärtig ist, wähnen müssen, hier Schellings eigene Gedanken zu lesen. Wie sehr hierin der Erfolg der Absicht entsprochen hat, will ich nur durch einen Beleg aus vielen zeigen. Noch heutigen Tages sagt ein junger Professor der Philosophie in Halle, Hr. Erdmann, in seinem Buche von 1837, betitelt »Leib und Seele«, S. 101: »Wenn auch Leibnitz, ähnlich wie Schelling in seiner Abhandlung über die Freiheit, die Seele vor aller Zeit sich bestimmen läßt« u. s. w. Schelling steht also hier zu Kant in der glücklichen Lage des Amerigo zum Kolumbus: mit seinem Namen wird die fremde Entdeckung gestämpelt. Er hat es aber auch seiner Klugheit und nicht dem Zufall zu danken. Denn er hebt, S. 465, an: Überhaupt hat erst der Idealismus die Lehre von der Freiheit in dasjenige Gebiet erhoben« u. s. w., und nun folgen unmittelbar die Kantischen Gedanken. Also statt hier, der Redlichkeit gemäß, zu sagen Kant, sagt er klüglich der Idealismus: unter diesem vieldeutigen Ausdruck wird jedoch hier Jeder Fichtes, und Schellings erste, Fichtianische Philosophie verstehn, nicht aber Kants Lehre; da dieser gegen die Benennung Idealismus für seine Philosophie protestirt (z. B. Prolegomena, S. 51, und S. 155, Rosenkr.), und sogar seiner zweiten Auflage der Kritik der reinen Vernunft, S. 274, eine »Widerlegung des Idealismus« eingefügt hatte. Auf der folgenden Seite erwähnt nun Schelling sehr klüglich, in einer beiläufigen Phrase, den »Kantischen Begriff«, um nämlich Die zu beschwichtigen, welche schon wissen, daß es Kantischer Reichthum ist, den man hier so pomphaft als eigene Waare auskramt. Dann aber wird noch gar S. 472, aller Wahrheit und Gerechtigkeit zum Trotz, gesagt, Kant hätte sich nicht zu derjenigen Ansicht in der Theorie erhoben, u. s. w.; während aus den beiden oben von mir zum Nachlesen empfohlenen, unsterblichen Stellen Kants Jeder deutlich sehn kann, daß gerade diese Ansicht ihm allein ursprünglich angehört, welche ohne ihn noch tausend solche Köpfe, wie die Herren Fichte und Schelling nimmermehr zu fassen fähig gewesen wären. Da ich hier von der Abhandlung Schellings zu sprechen hatte, durfte ich über diesen Punkt nicht schweigen, sondern habe nur meine Pflicht erfüllt gegen jenen großen Lehrer der Menschheit, der ganz allein neben Goethe der gerechte Stolz der Deutschen Nation ist, indem ich was unwidersprechlich ihm allein angehört ihm vindicire [zuspreche]; – zumal in einer Zeit, von der ganz eigentlich Goethes Wort gilt: »Das Knabenvolk ist Herr der Bahn« [»Parabolisch«, 7, 8]. – Übrigens hat Schelling, in der selben Abhandlung, eben so wenig Anstand genommen, die Gedanken, ja, die Worte Jakob Böhmes sich zuzueignen, ohne seine Quelle zu verrathen.

Außer dieser Paraphrase Kantischer Gedanken enthalten jene »Untersuchungen über die Freiheit« nichts, was dienen könnte, uns neue oder gründliche Aufklärungen über dieselbe zu verschaffen. Dies kündigt sich auch schon gleich Anfangs durch die Definition an: die Freiheit sei »ein Vermögen des Guten und Bösen«. Für den Katechismus mag eine solche Definition tauglich seyn: in der Philosophie aber ist damit nichts gesagt und folglich auch nichts anzufangen. Denn Gutes und Böses sind weit davon entfernt, einfache Begriffe *(notiones simplices)* zu seyn, die, an sich selbst klar, keiner Erklärung, Feststellung und Begründung bedürften. Ueberhaupt handelt nur ein kleiner Theil jener Abhandlung von der Freiheit: ihr Hauptinhalt ist vielmehr ein ausführlicher Bericht über einen Gott, mit welchem der Herr Verfasser intime Bekanntschaft verräth, da er uns sogar dessen Entstehung beschreibt; nur ist zu bedauern, daß er mit keinem Worte erwähnt, wie er denn zu dieser Bekanntschaft gekommen sei. Den Anfang der Abhandlung macht ein Gewebe von Sophismen, deren Seichtigkeit Jeder erkennen wird, der sich durch die Dreistigkeit des Tons nicht einschüchtern läßt.

Seitdem und in Folge dieses und ähnlicher Erzeugnisse ist nun in der Deutschen Philosophie an die Stelle deutlicher Begriffe und redlichen Forschens »intellektuale Anschauung« und »absolutes Denken« getreten: Imponiren, Verdutzen, Mystificiren, dem Leser durch allerlei Kunstgriffe Sand in die Augen streuen, ist die Methode geworden, und durchgängig leitet statt der Einsicht die Absicht den Vortrag. Durch welches Alles denn die Philosophie, wenn man sie noch so nennen will, mehr und mehr und immer tiefer hat sinken müssen, bis sie zuletzt die tiefste Stufe der Erniedrigung erreichte in der Minister-Kreatur Hegel: dieser, um die durch Kant errungene Freiheit des Denkens wieder zu ersticken, machte nunmehr die Philosophie, die Tochter der Vernunft und künftige Mutter der Wahrheit, zum Werkzeug der Staatszwecke, des Obskurantismus und protestantischen Jesuitismus: um aber die Schmach zu verhüllen und zugleich die größtmögliche Verdummung der Köpfe herbeizuführen, zog er den Deckmantel des hohlsten Wortkrams und des unsinnigsten Gallimathias, der jemals, wenigstens außer dem Tollhause, gehört worden, darüber.

In England und Frankreich steht die Philosophie, im Ganzen genommen, fast noch da, wo Locke und Condillac sie gelassen haben. Maine de Biran, von seinem Herausgeber, Hrn. Cousin, *le premier métaphysicien Français de mon temps* [der erste französische Metaphysiker meiner Zeit] genannt, ist, in seinen 1834 erschienenen *Nouvelles considérations du physique et moral,* ein fanatischer Bekenner des *liberi arbitrii indifferentiae,* und nimmt es als eine Sache, die sich ganz und gar von selbst versteht. Nicht anders machen es manche der deutschen neueren, philosophischen Skribenten: das *liberum arbitrium indifferentiae,* unter dem Namen »sittliche Freiheit«, tritt als eine ausgemachte Sache bei ihnen auf, gerade als ob alle die oben angeführten großen Männer nie dagewesen wären. Sie erklären die Freiheit des Willens für unmittelbar im Selbstbewußtseyn gegeben und dadurch so unerschütterlich festgestellt, daß alle Argumente dagegen nichts Anderes, als Sophismen seyn können. Diese erhabene Zuversicht entspringt bloß daraus, daß die Guten gar nicht wissen, was Freiheit des Willens ist und bedeutet; sondern, in ihrer Unschuld, nichts Anderes darunter verstehn, als die in unserm zweiten Abschnitt analysirte Herrschaft des Willens über die Glieder des Leibes, an welcher doch wohl nie ein vernünftiger Mensch gezweifelt hat und deren Ausdruck eben jenes »ich kann thun was ich will« ist. Dies, meinen sie ganz ehrlich, sei die Freiheit des Willens, und pochen darauf, daß sie über allen Zweifel erhaben ist. Es ist eben der Stand der Unschuld, in welchen, nach so vielen großen Vorgängern, die

Hegelsche Philosophie den deutschen denkenden Geist zurückversetzt hat. Leuten dieses Schlages könnte man freilich zurufen:

»Seid ihr nicht wie die Weiber, die beständig
Zurück nur kommen auf ihr erstes Wort,
Wenn man Vernunft gesprochen stundenlang?«
[Schiller, *Wallensteins Tod*, II, 3.]

Jedoch mögen, bei Manchen unter ihnen, die oben angedeuteten theologischen Motive im Stillen wirksam seyn.

Und dann wieder die medicinischen, zoologischen, historischen, politischen und belletristischen Schriftsteller unserer Tage, wie äußerst gern ergreifen sie jede Gelegenheit, um die »Freiheit des Menschen«, die »sittliche Freiheit« zu erwähnen! Sie dünken sich etwas damit. Auf eine Erklärung derselben lassen sie sich freilich nicht ein: aber wenn man sie examiniren dürfte, würde man finden, daß sie dabei entweder gar nichts, oder aber unser altes, ehrliches, wohlbekanntes *liberum arbitrium indifferentiae* denken, in so vornehme Redensarten sie es auch kleiden möchten, also einen Begriff, von dessen Unstatthaftigkeit den großen Haufen zu überzeugen, wohl nimmer gelingen wird, von welchem jedoch Gelehrte sich hüten sollten, mit so viel Unschuld zu reden. Daher eben giebt es auch einige Verzagte unter ihnen, welche sehr belustigend sind, indem sie nicht mehr sich unterstehn, von der Freiheit des Willens zu reden, sondern, um es fein zu machen, statt dessen sagen »Freiheit des Geistes« und damit durchzuschleichen hoffen. Was sie sich dabei denken, weiß ich glücklicherweise dem mich fragend ansehenden Leser anzugeben: Nichts, rein gar nichts, – als daß es eben, nach guter deutscher Art und Kunst, ein unentschiedener, ja eigentlich nichtssagender Ausdruck ist, welcher einen, ihrer Leerheit und Feigheit erwünschten Hinterhalt gewährt, zum Entwischen. Das Wort »Geist«, eigentlich ein tropischer [bildlicher] Ausdruck, bezeichnet überall die intellektuellen Fähigkeiten, im Gegensatz des Willens: diese aber sollen in ihrem Wirken durchaus nicht frei seyn, sondern sich zunächst den Regeln der Logik, sodann aber dem jedesmaligen Objekt ihres Erkennens anpassen, fügen und unterwerfen, damit sie rein, d. h. objektiv auffassen, und es nie heiße *stat pro ratione voluntas* [statt des Grundes gilt der Wille: Juvenal, *sat.*, VI, 223].

Ueberhaupt ist dieser »Geist«, der in jetziger deutscher Litteratur sich überall herumtreibt, ein durchaus verdächtiger Geselle, den man daher, wo er sich betreffen läßt, nach seinem Paß fragen soll. Der mit Feigheit verbundenen Gedankenarmuth als Maske zu dienen, ist sein häufigstes Gewerbe. Uebrigens ist das Wort Geist bekanntlich mit dem Worte Gas verwandt, welches, aus dem Arabischen und der Alchimie stammend, Dunst oder Luft bedeutet, eben wie auch spiritus, πνευμα, *animus*, verwandt mit ἀνεμος.

Besagtermaaßen also steht es hinsichtlich unsers Themas, in der philosophischen und in der weitern gelehrten Welt, nach Allem, was die angeführten großen Geister darüber gelehrt haben; woran sich abermals bestätigt, daß nicht allein die Natur, zu allen Zeiten, nur höchst wenige wirkliche Denker, als seltene Ausnahmen, hervorgebracht hat; sondern diese Wenigen selbst stets auch nur für sehr Wenige dagewesen sind. Daher eben behaupten Wahn und Irrthum fortwährend die Herrschaft. –

Bei einem moralischen Gegenstande ist auch das Zeugniß der großen Dichter von Gewicht. Sie reden nicht nach systematischer Untersuchung, aber ihrem Tiefblick liegt die menschliche Natur offen: daher treffen ihre Aussagen unmittelbar die Wahrheit. – Im Shakespeare, *Measure for measure, A. 2, Sc. 2,* bittet Isabella den Reichsverweser Angelo um Gnade für ihren zum Tode verurtheilten Bruder:

Angelo. *I will not do it.*
Isab. *But can you if you would?*
Ang. *Look, what I* will *not, that I* cannot *do.**

In *Twelfth night, A. 1,* heißt es:

Fate show thy force, ourselves we do not owe,
*What is decree'd must be, and be this so.***

Auch Walter Scott, dieser große Kenner und Maler des menschlichen Herzens und seiner geheimsten Regungen, hat jene tief liegende Wahrheit rein zu Tage gefördert, in seinem *St. Ronan's Well, Vol. 3, chap. 6.* Er stellt eine sterbende reuige Sünderin dar, die auf dem Sterbebette ihr geängstetes Gewissen

* Angelo. Ich will es nicht thun.
Isabella. Aber könntet Ihr's, wenn Ihr wolltet?
Angelo. Seht, was ich nicht will, das kann ich nicht.

** Jetzt kannst du deine Macht, o Schicksal, zeigen:
Was seyn soll muß geschehn, und Keiner ist sein eigen.

durch Geständnisse zu erleichtern sucht, und mitten unter diesen läßt er sie sagen:

*Go, and leave me to my fate; I am the most detestable wretch, that ever liv'd, – detestable to myself, worst of all; because even in my penitence there is a secret whisper that tells me, that were I as I have been, I would again act over all the wickedness I have done, and much worse. Oh! for Heavens assistance, to crush the wicked thought!**

Einen Beleg zu d i e s e r dichterischen Darstellung liefert folgende ihr parallele Thatsache, welche zugleich die Lehre von der Konstanz des Charakters auf das Stärkeste bestätigt. Sie ist, 1845, aus der französischen Zeitung *La Presse* in die *Times*, vom 2. Juli 1845, übergegangen, woraus ich sie übersetze. Die Ueberschrift lautet: Militärische Hinrichtung zu Oran. »Am 24. März war der Spanier Aguilar, *alias* Gomez, zum Tode verurtheilt worden. Am Tage vor der Hinrichtung sagte er, im Gespräch mit seinem Kerkermeister: Ich bin nicht so schuldig, wie man mich dargestellt hat: ich bin angeklagt, 30 Mordthaten begangen zu haben; während ich doch nur 26 begangen habe. Von Kindheit auf durstete ich nach Blut: als ich 7$^1/_2$ Jahr alt war, erstach ich ein Kind. Ich habe eine schwangere Frau gemordet, und in späterer Zeit einen Spanischen Offizier, in Folge wovon ich mich genöthigt sah, aus Spanien zu entfliehn. Ich flüchtete nach Frankreich, woselbst ich zwei Verbrechen begangen habe, ehe ich in die Fremdenlegion trat. Unter allen meinen Verbrechen bereue ich am meisten Folgendes: Im Jahr 1841 nahm ich, an der Spitze meiner Kompagnie, einen deputirten General-Commissair, der von einem Sergeanten, einem Korporal und 7 Mann eskortirt war, gefangen: ich ließ sie alle enthaupten. Der Tod dieser Leute lastet schwer auf mir: ich sehe sie in meinen Träumen, und morgen werde ich sie erblicken in den mich zu erschießen beorderten Soldaten. N i c h t s d e s t o w e n i g e r w ü r d e i c h, w e n n i c h m e i n e F r e i h e i t w i e d e r e r h i e l t e, n o c h A n d e r e m o r d e n.«

---

* »Geht und überlaßt mich meinem Schicksale. Ich bin das elendeste und abscheulichste Geschöpf, das je gelebt hat, – mir selber am abscheulichsten. Denn mitten in meiner Reue flüstert etwas mir heimlich zu, daß, wenn ich wieder wäre, wie ich gewesen bin, ich alle Schlechtigkeiten, die ich begangen habe, abermals begehn würde, ja noch schlimmere dazu. O, um des Himmels Beistand, den nichtswürdigen Gedanken zu ersticken.«

Auch folgende Stelle in Goethes Iphigenia (A. 4, Sc. 2) gehört hieher:

> Arkas. Denn du hast nicht der Treue Rath geachtet.
> Iphigenia. Was ich vermochte, hab' ich gern gethan.
> Arkas. Noch änderst du den Sinn zur rechten Zeit.
> Iphigenia. Das steht nun ein Mal nicht in unserer Macht.

Auch eine berühmte Stelle in Schillers Wallenstein spricht unsere Grundwahrheit aus:

> »Des Menschen Thaten und Gedanken, wißt!
> Sind nicht wie Meeres blind bewegte Wellen.
> Die inn're Welt, sein Mikrokosmus, ist
> Der tiefe Schacht, aus dem sie ewig quellen.
> Sie sind nothwendig, wie des Baumes Frucht,
> Sie kann der Zufall gaukelnd nicht verwandeln.
> Hab' ich des Menschen Kern erst untersucht,
> So weiß ich auch sein Wollen und sein Handeln.«
>
> [*Wallensteins Tod*, II, 3, Ende.]

V.
Schluß und höhere Ansicht.

Alle jene sowohl poetischen, als philosophischen, glorreichen Vorgänger in der von mir verfochtenen Wahrheit habe ich hier gern in Erinnerung gebracht. Inzwischen sind nicht Auktoritäten, sondern Gründe die Waffe des Philosophen; daher ich nur mit diesen meine Sache geführt habe, und doch hoffe, ihr eine solche Evidenz gegeben zu haben, daß ich jetzt wohl berechtigt bin, die Folgerung *a non posse ad non esse* [von der Unmöglichkeit auf die Unwirklichkeit] zu ziehn; wodurch die oben, bei Untersuchung des Selbstbewußtseyns, direkt und thatsächlich, folglich *a posteriori* begründete Verneinung der von der Königlichen Societät aufgestellten Frage jetzt auch mittelbar und *a priori* begründet ist: indem was überhaupt nicht vorhanden ist, auch nicht im Selbstbewußtseyn Data haben kann, aus denen es sich beweisen ließe.

Wenn nun auch die hier verfochtene Wahrheit zu denen gehören mag, welche den vorgefaßten Meinungen der kurzsichtigen Menge entgegen, ja, dem Schwachen und Unwissenden anstößig seyn können; so hat mich dies nicht abhalten dürfen, sie ohne Umschweife und ohne Rückhalt darzulegen: angesehn, daß ich hier nicht zum Volke, sondern zu einer erleuchteten Akademie rede, welche ihre sehr zeitgemäße Frage nicht aufgestellt hat zur Befestigung des Vorurtheils, sondern zur Ehre der Wahrheit. – Ueberdies wird der redliche Wahrheitsforscher, so lange es sich noch darum handelt, eine Wahrheit festzustellen und zu beglaubigen, stets ganz allein auf ihre Gründe und nicht auf ihre Folgen sehn, als wozu die Zeit dann seyn wird, wann sie selbst feststeht. Unbekümmert um die Folgen, allein die Gründe prüfen und nicht erst fragen, ob eine erkannte Wahrheit auch mit dem System unserer übrigen Ueberzeugungen in Einklang stehe oder nicht, – dies ist es, was schon Kant empfiehlt, dessen Worte ich hier zu wiederholen mich nicht entbrechen kann: »Dies bestärkt die schon von Andern erkannte und gepriesene Maxime, in jeder wissenschaftlichen Untersuchung mit aller möglichen Genauigkeit und Offenheit seinen Gang ungestört fortzusetzen, ohne sich an das zu kehren, wowider sie außer ihrem Felde etwan verstoßen möchte, sondern sie für sich allein, so viel man kann, wahr und vollständig zu vollführen. Oeftere Beobachtung hat mich überzeugt, daß, wenn man dieses Geschäft zu Ende gebracht hat, das, was in der Hälfte desselben, in Betracht anderer Lehren außerhalb, mir bisweilen sehr bedenklich schien, wenn ich diese Bedenklichkeit nur so lange aus den Augen ließ und bloß auf mein Geschäft Acht hatte, bis es vollendet sei, endlich auf unerwartete Weise mit demjenigen vollkommen zusammenstimmte, was sich ohne die mindeste Rücksicht auf jene Lehren, ohne Parteilichkeit und Vorliebe für dieselben, von selbst gefunden hatte. Schriftsteller würden sich manche Irrthümer, manche verlorene Mühe (weil sie auf Blendwerk gestellt war) ersparen, wenn sie sich nur entschließen könnten, mit etwas mehr Offenheit zu Werke zu gehn.« (Kritik der praktischen Vernunft, S. 190 der vierten Auflage, oder S. 239 der Rosenkranzischen.)

Unsere metaphysischen Kenntnisse überhaupt sind doch wohl noch himmelweit davon entfernt, eine solche Gewißheit zu haben, daß man irgend eine gründlich erwiesene Wahrheit darum verwerfen sollte, weil ihre Folgen nicht zu jenen passen. Vielmehr ist jede errungene und festgestellte Wahrheit ein eroberter Theil des Gebiets der Probleme des Wissens überhaupt und ein fester Punkt, die Hebel anzulegen, welche andere Lasten bewegen werden, ja, von welchem aus man sich, in günstigen Fällen, mit einem Male zu einer höhern Ansicht des Ganzen, als man bisher gehabt, emporschwingt. Denn die Verkettung der Wahrheiten ist in jedem Gebiete des Wissens so groß, daß wer sich in den ganz sichern Besitz einer einzigen gesetzt hat, allenfalls hoffen darf, von da aus das Ganze zu erobern. Wie bei einer schwierigen algebraischen Aufgabe eine einzige positiv gegebene Größe von unschätzbarem Werth ist, weil sie die Lösung möglich macht; so ist, in der schwierigsten aller menschlichen Aufgaben, welches die Metaphysik ist, die sichere, *a priori* und *a posteriori* bewiesene Erkenntniß der strengen Nothwendigkeit, mit der aus gegebenem Charakter und gegebenen Motiven die Thaten erfolgen, ein solches unschätzbares Datum, von welchem ganz allein ausgehend man zur Lösung der gesammten Aufgabe gelangen kann. Daher muß Alles, was nicht eine feste, wissenschaftliche Beglaubigung aufzuweisen hat, einer solchen wohlbegründeten Wahrheit, wo es ihr im Wege steht, weichen, nicht aber diese jenem: und keineswegs darf sie sich zu Ackommodationen [Anpassungen] und Beschränkungen verstehn, um sich mit unbewiesenen und vielleicht irrigen Behauptungen in Einklang zu setzen.

Noch eine allgemeine Bemerkung sei mir hier erlaubt. Ein Rückblick auf unser Resultat giebt zu der Betrachtung Anlaß, daß in Hinsicht der zwei Probleme, welche schon im vorigen Abschnitt als die tiefsten der Philosophie der Neueren, hingegen den Alten nicht deutlich bewußt, bezeichnet wurden, – nämlich das Problem von der Willensfreiheit und das vom Verhältniß zwischen Idealem und Realem, – der gesunde, aber rohe Verstand nicht nur inkompetent ist; sondern sogar einen entschiedenen natürlichen Hang zum Irrthum hat, von welchem ihn zurückzubringen, es einer schon weit gediehenen Philosophie bedarf. Es ist ihm nämlich wirklich natürlich, hinsichtlich auf das Erkennen viel zu viel dem Objekt beizumessen; daher es Locke's und Kants bedurfte, um zu zeigen, wie sehr viel davon aus dem Subjekt entspringt. Hinsichtlich auf das Wollen hingegen hat er umgekehrt den Hang, viel zu wenig dem Objekt und viel zu viel dem Subjekt beizulegen, indem er dasselbe ganz und gar von diesem ausgehn läßt, ohne den im Objekt gelegenen Faktor, die Motive, gehörig in Anschlag zu bringen, welche eigentlich die ganze individuelle Beschaffenheit der Handlungen bestimmen, während nur ihr Allgemeines und Wesentliches, nämlich ihr moralischer Grundcharakter, vom Subjekt ausgeht. Eine solche dem Verstande natürliche Verkehrtheit in spekulativen Forschungen darf uns jedoch nicht wundern; da er ursprünglich allein zu praktischen und keineswegs zu spekulativen Zwecken bestimmt ist. –

Wenn wir nun, in Folge unserer bisherigen Darstellung, alle Freiheit des menschlichen Handelns völlig aufgehoben und dasselbe als durchweg der strengsten Nothwendigkeit unterworfen erkannt haben; so sind wir eben dadurch auf den Punkt geführt, auf welchem wir die wahre moralische Freiheit, welche höherer Art ist, werden begreifen können.

Es giebt nämlich noch eine Thatsache des Bewußtseyns, von welcher ich bisher, um den Gang der Untersuchung nicht zu stören, gänzlich abgesehn habe. Diese ist das völlig deutliche und sichere Gefühl der Verantwortlichkeit für Das was wir thun, der Zurechnungsfähigkeit für unsere Handlungen, beruhend auf der unerschütterlichen Gewißheit, daß wir selbst die Thäter unserer Thaten sind. Vermöge dieses Bewußtseyns kommt es Keinem, auch dem nicht, der von der im Bisherigen dargelegten Nothwendigkeit, mit welcher unsere Handlungen eintreten, völlig überzeugt ist, jemals in den Sinn, sich für ein Vergehn durch diese Nothwendigkeit zu entschuldigen und die Schuld von sich auf die Motive zu wälzen, da ja bei deren Eintritt die That unausbleiblich war. Denn er sieht sehr wohl ein, daß diese Nothwendigkeit eine subjektive Bedingung hat, und daß hier *objective* [den Tatsachen nach], d. h. unter den vorhandenen Umständen, also unter der Einwirkung der Motive, die ihn bestimmt haben, doch eine ganz andere Handlung, ja, die der seinigen gerade entgegengesetzte, sehr wohl möglich war und hätte geschehn können, wenn nur Er ein Anderer gewesen wäre: hieran allein hat es gelegen. Ihm, weil er dieser und kein Anderer ist, weil er einen solchen und solchen Charakter hat, war freilich keine andere Handlung möglich; aber an sich selbst, also *objective,* war sie möglich. Die Verantwortlichkeit, deren er sich bewußt ist, trifft daher bloß zunächst und ostensibel [augenscheinlich] die That, im Grunde aber seinen Charakter: für diesen fühlt er sich verantwortlich. Und für diesen machen ihn auch die Andern verantwortlich, indem ihr Urtheil sogleich die That verläßt, um die Eigenschaften des Thäters festzustellen: »er ist ein schlechter Mensch, ein Bösewicht«, – oder »er ist ein Spitzbube« – oder »er ist eine kleine, falsche, niederträchtige Seele«, – so lautet ihr Urtheil, und auf seinen Charakter laufen ihre Vorwürfe zurück. Die That, nebst dem Motiv, kommt dabei bloß als Zeugniß von dem Charakter des Thäters in Betracht, gilt aber als sicheres Symptom desselben, wodurch er unwiderruflich und auf immer festgestellt ist. Ueberaus richtig sagt daher Aristoteles: Ἐγκωμιάζομεν πράξαντας· τὰ δ'ἔργα σημεῖα τῆς ἕξεώς ἐστι, ἐπεὶ ἐπαινοῖμεν ἂν καὶ μὴ πεπραγότα, εἰ πιστεύοιμεν εἶναι τοιοῦτον. – *Rhetorica, I, 9. (Encomio celebramus eos, qui ege-*

runt: opera autem signa habitus sunt; quoniam laudaremus etiam qui non egisset, si crederemus esse talem.) [Wir loben die, welche eine Tat vollbracht haben; Taten aber sind Anzeichen für den Charakter; so würden wir denn auch jemanden loben, der die Tat nicht vollbracht hat, wofern wir nur glaubten, daß er ihrer fähig wäre.] Also nicht auf die vorübergehende That, sondern auf die bleibenden Eigenschaften des Thäters, d. h. des Charakters, aus welchem sie hervorgegangen, wirft sich der Haß, der Abscheu und die Verachtung. Daher sind in allen Sprachen die Epitheta moralischer Schlechtigkeit, die Schimpfnamen, welche sie bezeichnen, vielmehr Prädikate des Menschen als der Handlungen. Dem Charakter werden sie angehängt: denn dieser hat die Schuld zu tragen, deren er auf Anlaß der Thaten bloß überführt worden.

Da, wo die Schuld liegt, muß auch die Verantwortlichkeit liegen: und da diese das alleinige Datum ist, welches auf moralische Freiheit zu schließen berechtigt; so muß auch die Freiheit eben daselbst liegen, also im Charakter des Menschen; um so mehr, als wir uns hinlänglich überzeugt haben, daß sie unmittelbar in den einzelnen Handlungen nicht anzutreffen ist, als welche, unter Voraussetzung des Charakters, streng necessitirt eintreten. Der Charakter aber ist, wie im dritten Abschnitt gezeigt worden, angeboren und unveränderlich.

Die Freiheit in diesem Sinn also, dem alleinigen, zu welchem die Data vorliegen, wollen wir jetzt noch etwas näher betrachten, um, nachdem wir sie aus einer Thatsache des Bewußtseyns erschlossen und ihren Ort gefunden haben, sie auch, so weit es möglich seyn möchte, philosophisch zu begreifen.

Im dritten Abschnitte hatte sich ergeben, daß jede Handlung eines Menschen das Produkt zweier Faktoren sei: seines Charakters mit dem Motiv. Dies bedeutet keineswegs, daß sie ein Mittleres, gleichsam ein Kompromiß zwischen dem Motiv und dem Charakter sei; sondern sie thut beiden volles Genüge, indem sie, ihrer ganzen Möglichkeit nach, auf beiden zugleich beruht, nämlich darauf, daß das wirkende Motiv auf diesen Charakter treffe und dieser Charakter durch ein solches Motiv bestimmbar sei. Der Charakter ist die empirisch erkannte, beharrliche und unveränderliche Beschaffenheit eines individuellen Willens. Da nun dieser Charakter ein eben so nothwendiger Faktor jeder Handlung ist, wie das Motiv; so erklärt sich hiedurch das Gefühl, daß unsere Thaten von uns selbst ausgehn, oder jenes »Ich will«, welches alle unsere Handlungen begleitet und vermöge dessen Jeder sie als seine Thaten anerkennen muß, für welche er sich daher moralisch verantwortlich fühlt. Dieses ist nun wieder eben jenes oben bei Untersuchung des Selbstbewußtseyns gefundene »Ich will, und will stets nur was ich will«, – welches den rohen Verstand verleitet, eine absolute Freiheit des Thuns und Lassens, ein *liberum arbitrium indifferentiae*, hartnäckig zu behaupten. Allein es ist nichts weiter, als das Bewußtseyn des zweiten Faktors der Handlung, welcher für sich allein ganz unfähig wäre, sie hervorzubringen, hingegen beim Eintritt des Motivs eben so unfähig ist, sie zu unterlassen. Aber erst indem er auf diese Weise in Thätigkeit versetzt wird, giebt er seine eigene Beschaffenheit dem Erkenntnißvermögen kund, als welches, wesentlich nach außen, nicht nach innen gerichtet, sogar die Beschaffenheit des eigenen Willens erst aus seinen Handlungen empirisch kennen lernt. Diese nähere und immer intimer werdende Bekanntschaft ist es eigentlich, was man das Gewissen nennt, welches auch eben deshalb direkt erst nach der Handlung laut wird; vorher höchstens nur indirekt, indem es etwan mittelst der Reflexion und Rückblick auf ähnliche Fälle, über die es sich schon erklärt hat, als ein künftig Eintretendes bei der Ueberlegung in Anschlag gebracht wird.

Hier ist nun der Ort, an die schon im vorigen Abschnitt erwähnte Darstellung zu erinnern, welche Kant von dem Verhältniß zwischen empirischem und intelligiblem Charakter und dadurch von der Vereinbarkeit der Freiheit mit der Nothwendigkeit gegeben hat, und welche zum Schönsten und Tiefgedachtesten gehört, was dieser große Geist, ja, was Menschen jemals hervorgebracht haben. Ich habe mich nur darauf zu berufen, da es eine überflüssige Weitläuftigkeit wäre, es hier zu wiederholen. Aber nur daraus läßt sich, so weit menschliche Kräfte es vermögen, begreifen, wie die strenge Nothwendigkeit unserer Handlungen doch zusammenbesteht mit derjenigen Freiheit, von welcher das Gefühl der Verantwortlichkeit Zeugniß ablegt, und vermöge welcher wir die Thäter unserer Thaten und diese uns moralisch zuzurechnen sind. – Jenes von Kant dargelegte Verhältniß des empirischen zum intelligiblen Charakter beruht ganz und gar auf dem, was den Grundzug seiner gesammten Philosophie ausmacht, nämlich auf der Unterscheidung zwischen Erscheinung und Ding an sich: und wie bei ihm die vollkommene empirische Realität der Erfahrungswelt zusammenbesteht mit ihrer transscendentalen Idealität; eben so die strenge empirische Nothwendigkeit des Handelns mit dessen transscendentaler Freiheit. Der empirische Charakter nämlich ist, wie der ganze Mensch, als Gegenstand der Erfahrung eine bloße Erscheinung, daher an die Formen aller Erscheinung, Zeit, Raum und Kausalität gebunden und deren Gesetzen unterworfen: hingegen ist die als Ding an sich von diesen Formen unabhängige und deshalb keinem Zeitunterschied unterworfene, mithin beharrende und unveränderliche Bedingung und Grundlage dieser ganzen Erscheinung sein intelligibler Charakter, d. h. sein Wille als Ding an sich, welchem, in solcher Eigenschaft, allerdings auch absolute Freiheit, d. h. Unabhängigkeit vom Gesetze der Kausalität (als einer bloßen Form der Erscheinungen) zukommt. Diese Freiheit aber ist eine transscendentale, d. h. nicht in der Erscheinung hervortretende, sondern nur insofern vorhandene, als wir von der Erscheinung und allen ihren Formen abstrahiren, um zu dem zu gelangen, was, außer aller Zeit, als das innere Wesen des Menschen an sich selbst zu denken ist. Vermöge dieser Freiheit sind alle Thaten des Menschen sein eigenes Werk; so nothwendig sie auch aus dem empirischen Charakter, bei seinem Zusammentreffen mit den Motiven, hervorgehn; weil dieser empirische Charakter bloß die Erscheinung des intelligibeln, in unserm an Zeit, Raum und Kausalität gebundenen Erkenntnißvermögen, d. h. die Art und Weise ist, wie diesem das Wesen an sich unsers eigenen Selbst sich darstellt. Demzufolge ist zwar der Wille frei, aber nur an sich selbst und außerhalb der Erscheinung: in dieser hingegen stellt er sich schon mit einem bestimmten Charakter dar, welchem alle seine Thaten gemäß seyn und daher, wenn durch die hinzugetretenen Motive näher bestimmt, nothwendig so und nicht anders ausfallen müssen.

Dieser Weg führt, wie leicht abzusehn, dahin, daß wir das Werk unserer Freiheit nicht mehr, wie es die gemeine Ansicht thut, in unsern einzelnen Handlungen, sondern im ganzen Seyn und Wesen *(existentia et essentia)* des Menschen selbst zu suchen haben, welches gedacht werden muß als seine freie That, die bloß für das an Zeit, Raum und Kausalität geknüpfte

Erkenntnißvermögen in einer Vielheit und Verschiedenheit von Handlungen sich darstellt, welche aber, eben wegen der ursprünglichen Einheit des in ihnen sich Darstellenden, alle genau den selben Charakter tragen müssen und daher als von den jedesmaligen Motiven, von denen sie hervorgerufen und im Einzelnen bestimmt werden, streng necessitirt erscheinen. Demnach steht für die Welt der Erfahrung das *Operari sequitur esse* [Handeln folgt aus dem Sein] ohne Ausnahme fest. Jedes Ding wirkt gemäß seiner Beschaffenheit, und sein auf Ursachen erfolgendes Wirken giebt diese Beschaffenheit kund. Jeder Mensch handelt nach dem wie er ist, und die demgemäß jedesmal nothwendige Handlung wird, im individuellen Fall, allein durch die Motive bestimmt. Die Freiheit, welche daher im *Operari* [Handeln] nicht anzutreffen seyn kann, muß im *Esse* [Sein] liegen. Es ist ein Grundirrthum, ein ὑστερον προτερον [eine Verwechslung von Grund und Folge] aller Zeiten gewesen, die Nothwendigkeit dem *Esse* und die Freiheit dem *Operari* beizulegen. Umgekehrt, im *Esse* allein liegt die Freiheit; aber aus ihm und den Motiven folgt das *Operari* mit Nothwendigkeit: und an dem was wir thun, erkennen wir was wir sind. Hierauf, und nicht auf dem vermeinten *libero arbitrio indifferentiae*, beruht das Bewußtseyn der Verantwortlichkeit und die moralische Tendenz des Lebens. Es kommt Alles darauf an, was Einer ist; was er thut, wird sich daraus von selbst ergeben, als ein nothwendiges Korollarium. Das alle unsere Thaten, trotz ihrer Abhängigkeit von den Motiven, unleugbar begleitende Bewußtseyn der Eigenmächtigkeit und Ursprünglichkeit, vermöge dessen sie unsere Thaten sind, trügt demnach nicht: aber sein wahrer Inhalt reicht weiter als die Thaten und fängt höher oben an, indem unser Seyn und Wesen selbst, von welchem alle Thaten (auf Anlaß der Motive) nothwendig ausgehn, in Wahrheit mit darin begriffen ist. In diesem Sinne kann man jenes Bewußtseyn der Eigenmächtigkeit und Ursprünglichkeit, wie auch das der Verantwortlichkeit, welches unser Handeln begleitet, mit einem Zeiger vergleichen, der auf einen entfernteren Gegenstand hinweist, als der in der selben Richtung näher liegende ist, auf den er zu weisen scheint.

Mit Einem Wort: Der Mensch thut allezeit nur was er will, und thut es doch nothwendig. Das liegt aber daran, daß er schon ist was er will: denn aus dem, was er ist, folgt nothwendig

Alles, was er jedesmal thut. Betrachtet man sein Thun *objective*, also von außen; so erkennt man apodiktisch, daß es, wie das Wirken jedes Naturwesens, dem Kausalitätsgesetze in seiner ganzen Strenge unterworfen seyn muß: *subjective* [zuinnerst] hingegen fühlt Jeder, daß er stets nur thut was er will. Dies besagt aber bloß, daß sein Wirken die reine Aeußerung seines selbsteigenen Wesens ist. Das Selbe würde daher jedes, selbst das niedrigste Naturwesen fühlen, wenn es fühlen könnte.

Die Freiheit ist also durch meine Darstellung nicht aufgehoben, sondern bloß hinausgerückt, nämlich aus dem Gebiete der einzelnen Handlungen, wo sie erweislich nicht anzutreffen ist, hinauf in eine höhere, aber unserer Erkenntniß nicht so leicht zugängliche Region: d. h. sie ist transscendental. Und dies ist denn auch der Sinn, in welchem ich jenen Ausspruch des Malebranche, *la liberté est un mystère* [s. S. 41], verstanden wissen möchte, unter dessen Aegide gegenwärtige Abhandlung die von der Königlichen Societät gestellte Aufgabe zu lösen versucht hat.

Anhang,
zur Ergänzung des ersten Abschnittes.

In Folge der gleich Anfangs aufgestellten Eintheilung der Freiheit in physische, intellektuelle und moralische, habe ich, nachdem die erstere und letztere abgehandelt sind, jetzt noch die zweite zu erörtern, welches bloß der Vollständigkeit wegen und daher in der Kürze geschehn soll.

Der Intellekt, oder das Erkenntnißvermögen, ist das Medium der Motive, durch welches nämlich hindurch sie auf den Willen, welcher der eigentliche Kern des Menschen ist, wirken. Nur sofern dieses Medium der Motive sich in einem normalen Zustande befindet, seine Funktionen regelrecht vollzieht und daher die Motive unverfälscht, wie sie in der realen Außenwelt vorliegen, dem Willen zur Wahl darstellt, kann dieser sich seiner Natur, d. h. dem individuellen Charakter des Menschen gemäß, entscheiden, also ungehindert, nach seinem selbsteigenen Wesen sich äußern: dann ist der Mensch intellektuell frei, d. h. seine Handlungen sind das reine Resultat der Reaktion seines Willens auf Motive, die in der Außenwelt ihm eben so wie allen Andern vorliegen. Demzufolge sind sie ihm alsdann moralisch und auch juridisch zuzurechnen.

Diese intellektuelle Freiheit wird aufgehoben entweder dadurch, daß das Medium der Motive, das Erkenntnißvermögen, auf die Dauer oder nur vorübergehend, zerrüttet ist, oder dadurch, daß äußere Umstände, im einzelnen Fall, die Auffassung der Motive verfälschen. Ersteres ist der Fall im Wahnsinn, Delirium, Paroxysmus [Anfall] und Schlaftrunkenheit; letzteres bei einem entschiedenen und unverschuldeten Irrthum, z. B. wenn man Gift statt Arznei eingießt, oder den nächtlich eintretenden Diener für einen Räuber hält und erschießt, u. dgl. m. Denn in beiden Fällen sind die Motive verfälscht, weshalb der Wille sich nicht so entscheiden kann, wie er unter den vorliegenden Umständen es würde, wenn der Intellekt sie ihm richtig überlieferte. Die unter solchen Umständen begangenen Verbrechen sind daher auch nicht gesetzlich strafbar. Denn die Gesetze gehn aus von der richtigen Voraussetzung, daß der Wille nicht moralisch frei sei, in welchem Fall man ihn nicht lenken könnte; sondern daß er der Nöthigung durch Motive unterworfen sei: demgemäß wollen sie allen etwanigen Motiven zu Verbrechen stärkere Gegenmotive, in den angedrohten Strafen, entgegenstellen, und ein Kriminalcodex ist nichts Anderes, als ein Verzeichniß von Gegenmotiven zu verbrecherischen Handlungen. Ergiebt sich aber, daß der Intellekt, durch den diese Gegenmotive zu wirken hatten, unfähig war, sie aufzunehmen und dem Willen vorzuhalten; so war ihre Wirkung unmöglich: sie waren für ihn nicht vorhanden. Es ist wie wenn man findet, daß einer der Fäden, die eine Maschine zu bewegen hatten, gerissen sei. Die Schuld geht daher in solchem Fall vom Willen auf den Intellekt über: dieser aber ist keiner Strafe unterworfen; sondern mit dem Willen allein haben es die Gesetze, wie die Moral, zu thun. Er allein ist der eigentliche Mensch: der Intellekt ist bloß sein Organ, seine Fühlhörner nach außen, d. i. das Medium der Wirkung auf ihn durch Motive.

Eben so wenig sind dergleichen Thaten moralisch zuzurechnen. Denn sie sind kein Zug des Charakters des Menschen: er hat entweder etwas Anderes gethan, als er zu thun wähnte, oder war unfähig an Das zu denken, was ihn davon hätte abhalten sollen, d. h. die Gegenmotive zuzulassen. Es ist damit, wie wenn ein chemisch zu untersuchender Stoff der Einwirkung mehrerer

Reagenzien ausgesetzt wird, damit man sehe, zu welchem er die stärkste Verwandtschaft hat: findet sich, nach gemachtem Experiment, daß, durch ein zufälliges Hinderniß, das eine Reagens gar nicht hat einwirken können; so ist das Experiment ungültig.

Die intellektuelle Freiheit, welche wir hier als ganz aufgehoben betrachteten, kann ferner auch bloß vermindert, oder partiell aufgehoben werden. Dies geschieht besonders durch den Affekt und durch den Rausch. Der Affekt ist die plötzliche, heftige Erregung des Willens durch eine von außen eindringende, zum Motiv werdende Vorstellung, die eine solche Lebhaftigkeit hat, daß sie alle andern, welche ihr als Gegenmotive entgegenwirken könnten, verdunkelt und nicht deutlich ins Bewußtseyn kommen läßt. Diese letzteren, welche meistens nur abstrakter Natur, bloße Gedanken, sind, während jene erstere ein Anschauliches, Gegenwärtiges ist, kommen dabei gleichsam nicht zum Schuß und haben also nicht was man auf Englisch *fair play* [ehrliches Spiel] nennt: die That ist schon geschehn, ehe sie kontragiren [dagegenwirken] konnten. Es ist wie wenn im Duell der Eine vor dem Kommandowort losschießt. Auch hier ist demnach sowohl die juridische, als die moralische Verantwortlichkeit, nach Beschaffenheit der Umstände, mehr oder weniger, doch immer zum Theil, aufgehoben. In England wird ein in vollkommener Uebereilung und ohne die geringste Ueberlegung, im heftigsten, plötzlich erregten Zorn begangener Mord *manslaughter* [Totschlag] genannt und leicht, ja, bisweilen gar nicht bestraft. – Der Rausch ist ein Zustand, der zu Affekten disponirt, indem er die Lebhaftigkeit der anschaulichen Vorstellungen erhöht, das Denken *in abstracto* dagegen schwächt und dabei noch die Energie des Willens steigert. An die Stelle der Verantwortlichkeit für die Thaten tritt hier die für den Rausch selbst: daher er juridisch nicht entschuldigt, obgleich hier die intellektuelle Freiheit zum Theil aufgehoben ist.

Von dieser intellektuellen Freiheit, το ἑκούσιον καὶ ἀκούσιον κατὰ διάνοιαν [der Freiwilligkeit und Unfreiwilligkeit in Hinsicht auf das Denken] redet schon, wiewohl sehr kurz und ungenügend, Aristoteles in der *Ethic. Eudem., II, c. 7 et 9*, und etwas ausführlicher in der *Ethic. Nicom., III, c. 2*. – Sie ist gemeint, wenn die *Medicina forensis* [Gerichtsmedizin] und die Kriminaljustiz frägt, ob ein Verbrecher im Zustande der Freiheit und folglich zurechnungsfähig gewesen sei.

Im Allgemeinen also sind als unter Abwesenheit der intellektuellen Freiheit begangen alle die Verbrechen anzusehn, bei denen der Mensch entweder nicht wußte, was er that, oder schlechterdings nicht fähig war, zu bedenken, was ihn davon hätte abhalten sollen, nämlich die Folgen der That. In solchen Fällen ist er demnach nicht zu strafen.

Die hingegen, welche meinen, daß schon wegen der Nichtexistenz der moralischen Freiheit und daraus folgender Unausbleiblichkeit aller Handlungen eines gegebenen Menschen, kein Verbrecher gestraft werden dürfte, gehn von der falschen Ansicht der Strafe aus, daß sie eine Heimsuchung der Verbrechen, ihrer selbst wegen, ein Vergelten des Bösen mit Bösem, aus moralischen Gründen, sei. Ein solches aber, wenn gleich Kant es gelehrt hat, wäre absurd, zwecklos und durchaus unberechtigt. Denn wie wäre doch ein Mensch befugt, sich zum absoluten Richter des andern, in moralischer Hinsicht, aufzuwerfen und als solcher, seiner Sünden wegen, ihn zu peinigen! Vielmehr hat das Gesetz, d. i. die Androhung der Strafe, den Zweck, das Gegenmotiv zu den noch nicht begangenen Verbrechen zu seyn. Verfehlt es, im einzelnen Fall, diese seine Wirkung; so muß es vollzogen werden; weil es sonst sie auch in allen zukünftigen Fällen verfehlen würde. Der Verbrecher seinerseits erleidet, in diesem Fall, die Strafe eigentlich doch in Folge seiner moralischen Beschaffenheit, als welche, im Verein mit den Umständen, welche die Motive waren, und seinem Intellekt, der ihm die Hoffnung der Strafe zu entgehn vorspiegelte, die That unausbleiblich herbeigeführt hat. Hierin könnte ihm nur dann Unrecht geschehn, wenn sein moralischer Charakter nicht sein eigenes Werk, seine intelligible That, sondern das Werk eines Andern wäre. Das selbe Verhältniß der That zu ihrer Folge findet Statt, wenn die Folgen seines lasterhaften Thuns nicht nach menschlichen, sondern nach Natur-Gesetzen eintreten, z. B. wenn liederliche Ausschweifungen schreckliche Krankheiten herbeiführen, oder auch wenn er beim Versuch eines Einbruchs, durch einen Zufall, verunglückt, z. B. in dem Schweinestall, in den er bei Nacht einbricht, um dessen gewöhnlichen Bewohner abzuführen, statt seiner den Bären, dessen Führer am Abend in diesem Wirthshause eingekehrt ist, vorfindet, welcher ihm mit offenen Armen entgegenkommt.

Preisschrift
über die Grundlage der Moral,

n i c h t gekrönt
von der Königlich Dänischen Societät
der Wissenschaften,
zu Kopenhagen, am 30. Januar 1840.

M o t t o :
Moral predigen ist leicht, Moral begründen schwer.
(Schopenhauer, Ueber den Willen in der Natur, S. 128.)
[Bd. V uns. Ausg., S. 336].

Die von der Königl. Societät aufgestellte Frage, nebst vorangeschickter Einleitung, lautet:

Quum primitiva moralitatis idea, sive de summa lege morali principalis notio, sua quadam propria eaque minime logica necessitate, tum in ea disciplina appareat, cui propositum est cognitionem τοῦ ἠθικοῦ *explicare, tum in vita, partim in conscientiae judicio de nostris actionibus, partim in censura morali de actionibus aliorum hominum; quumque complures, quae ab illa idea inseparabiles sunt, eamque tanquam originem respiciunt, notiones principales ad* το ἠθικον *spectantes, velut officii notio et imputationis, eadem necessitate eodemque ambitu vim suam exserant, – et tamen inter eos cursus viasque, quas nostrae aetatis meditatio philosophica persequitur, magni momenti esse videatur, hoc argumentum ad disputationem revocare, – cupit Societas, ut accurate haec quaestio perpendatur et pertractetur:*

Philosophiae moralis fons et fundamentum *utrum in idea moralitatis, quae immediate conscientia contineatur, et ceteris notionibus fundamentalibus, quae ex illa prodeant, explicandis* **quaerenda sunt,** *an in alio cognoscendi principio?*

Verdeutscht:

Da die ursprüngliche Idee der Moralität, oder der Hauptbegriff vom obersten Moralgesetze, mit einer ihr eigenthümlichen, jedoch keineswegs logischen Nothwendigkeit, sowohl in derjenigen Wissenschaft hervortritt, deren Zweck ist, die Erkenntniß des Sittlichen darzulegen, als auch im wirklichen Leben, woselbst sie sich theils im Urtheil des Gewissens über unsere eigenen Handlungen, theils in unserer moralischen Beurtheilung der Handlungen Anderer zeigt; und da ferner mehrere, von jener Idee unzertrennliche und aus ihr entsprungene moralische

Hauptbegriffe, wie z. B. der Begriff der Pflicht und der der Zurechnung, mit gleicher Nothwendigkeit und in gleichem Umfang sich geltend machen; – und da es doch bei den Wegen, welche die philosophische Forschung unserer Zeit verfolgt, sehr wichtig scheint, diesen Gegenstand wieder zur Untersuchung zu bringen; – so wünscht die Societät, daß folgende Frage sorgfältig überlegt und abgehandelt werde:

Ist die Quelle und Grundlage der Moral zu suchen in einer unmittelbar im Bewußtseyn (oder Gewissen) liegenden Idee der Moralität und in der Analyse der übrigen, aus dieser entspringenden, moralischen Grundbegriffe, oder aber in einem andern Erkenntnißgrunde?

I.
Einleitung.

§ 1.
Ueber das Problem.

Eine von der Königlich Holländischen Societät zu Harlem 1810 aufgestellte und von J. C. F. Meister erledigte Preisfrage: »Warum die Philosophen in den ersten Grundsätzen der Moral so sehr abweichen, aber in den Folgerungen und den Pflichten, die sie aus ihren Grundsätzen ableiten, übereinstimmen?« – war eine gar leichte Aufgabe, im Vergleich mit der vorliegenden. Denn:

1) Die gegenwärtige Frage der Königlichen Societät ist auf nichts Geringeres gerichtet, als auf das objektiv wahre Fundament der Moral und folglich auch der Moralität. Eine Akademie ist es, welche die Frage aufwirft: sie will, als solche, keine auf praktische Zwecke gerichtete Ermahnung zur Rechtlichkeit und Tugend, gestützt auf Gründe, deren Scheinbarkeit man hervorhebt und deren Schwäche man verschleiert, wie dies bei Vorträgen für das Volk geschieht: sondern, da sie als Akademie nur theoretische und nicht praktische Zwecke kennt, will sie die rein philosophische, d. h. von allen positiven Satzungen, allen unbewiesenen Voraussetzungen und sonach von allen metaphysischen, oder auch mythischen Hypostasen unabhängige, objektive, unverschleierte und nackte Darlegung des letzten Grundes zu allem moralischen Wohlverhalten. – Dies aber ist ein Problem, dessen überschwängliche Schwierigkeit dadurch bezeugt wird, daß nicht nur die Philosophen aller Zeiten und Länder sich daran die Zähne stumpf gebissen haben, sondern sogar alle Götter des Orients und Occidents demselben ihr Daseyn verdanken. Wird es daher bei dieser Gelegenheit gelöst; so wird fürwahr die Königliche Societät ihr Gold nicht übel angelegt haben.

2) Ueberdies unterliegt die theoretische Untersuchung des Fundaments der Moral dem ganz eigenen Nachtheil, daß sie leicht für ein Unterwühlen desselben, welches den Sturz des Gebäudes selbst nach sich ziehn könnte, gehalten wird. Denn das praktische Interesse liegt hier dem theoretischen so nahe, daß sein wohlgemeinter Eifer schwer zurückzuhalten ist von unzeitiger Einmischung. Nicht Jeder vermag das rein theoretische, allem Interesse, selbst dem moralisch-praktischen, entfremdete Forschen nach objektiver Wahrheit deutlich zu unterscheiden vom frevelhaften Angriff auf geheiligte Herzensüberzeugung. Daher muß, wer hier Hand ans Werk legt, zu seiner Ermuthigung, sich allezeit gegenwärtig erhalten, daß vom Thun und Treiben der Menschen, wie vom Gewühl und Lerm des Marktes, nichts weiter abliegt, als das in tiefe Stille zurückgezogene Heiligthum der Akademie, wohin kein Laut von außen dringen darf, und wo keine andere Götter ein Standbild haben, als ganz allein die hehre, nackte Wahrheit.

Die Konklusion aus diesen beiden Prämissen ist, daß mir eine völlige Parrhesia [Redefreiheit], nebst dem Recht Alles zu bezweifeln, gestattet seyn muß; und daß, wenn ich, selbst so, nur irgend etwas in dieser Sache w i r k l i c h leiste, – es viel geleistet seyn wird.

Aber noch andere Schwierigkeiten stehn mir entgegen. Es kommt hinzu, daß die Königliche Societät das Fundament der Ethik allein für sich, abgesondert, in einer kurzen Monographie dargelegt, folglich außer seinem Zusammenhange mit dem gesammten System irgend einer Philosophie, d. h. der eigentlichen Metaphysik, verlangt. Dies muß die Leistung nicht nur erschweren, sondern sogar nothwendig unvollkommen machen. Schon C h r i s t i a n W o l f sagt: *»Tenebrae in philosophia practica non dispelluntur, nisi luce metaphysica affulgente«* [Die Finsternis in der praktischen Philosophie wird nur vertrieben, wenn das Licht der Metaphysik sie erhellt] *(Phil. pract. P. II, § 28),* und K a n t : »Die Metaphysik muß vorangehn, und ohne sie kann es überall keine Moralphilosophie geben.« (Grundlegung zur Metaphysik der Sitten. Vorrede.) Denn, wie jede Religion auf Erden, indem sie Moralität vorschreibt, solche nicht auf sich beruhen läßt, sondern ihr eine Stütze giebt an der Dogmatik, deren Hauptzweck gerade dies ist; so muß in der Philosophie das ethische Fundament, welches es auch sei, selbst wieder seinen Anhaltspunkt und seine Stütze haben an irgend einer Metaphysik, d. h. an der gegebenen Erklärung der Welt und des Daseyns überhaupt; indem der letzte und wahre Aufschluß über das innere Wesen des Ganzen der Dinge nothwendig eng zusammenhangen muß mit dem über die ethische Bedeutung des menschlichen Handelns, und jedenfalls Dasjenige, was als Fundament der Moralität aufgestellt wird, wenn es nicht ein bloßer abstrakter Satz, der, ohne Anhalt in der realen Welt, frei in der Luft schwebt, seyn darf, irgend eine, entweder in der objektiven Welt, oder im menschlichen Bewußtseyn gelegene Thatsache seyn muß, die, als solche, selbst wieder nur Phänomen seyn kann und folglich, wie alle Phänomene der Welt, einer ferneren Erklärung bedarf, welche dann von der Metaphysik gefordert wird. Ueberhaupt ist die Philosophie so sehr ein zusammenhängendes Ganzes, daß es unmöglich ist, irgend einen Theil derselben erschöpfend darzulegen, ohne alles Uebrige mitzugeben. Daher sagt Plato ganz richtig: Ψυχης οὐν φυσιν ἀξιως λογου κατανοησαι οἰει δυνατον εἰναι, ἀνευ της του ὁλου φυσεως; *(Animae vero naturam absque totius natura sufficienter cognosci posse existimas?* [Hältst du es für möglich, die Natur der Seele richtig zu erkennen, ohne die Natur des Weltganzen zu kennen?] – *Phaedr.*, [p. 270 C] *p. 371, Bip.)* Metaphysik der Natur, Metaphysik der Sitten und Metaphysik des Schönen setzen sich wechselseitig voraus und vollenden erst in ihrem Zusammenhange die Erklärung des Wesens der Dinge und des Daseyns überhaupt. Daher, wer e i n e von diesen dreien bis auf ihren letzten Grund durchgeführt hätte, zugleich die andern in seine Erklärung mit hineingezogen haben müßte; gleichwie, wer von irgend e i n e m Dinge in der Welt ein erschöpfendes, bis auf den letzten Grund klares Verständniß hätte, auch die ganze übrige Welt vollkommen verstanden haben würde.

Von einer gegebenen und als wahr angenommenen Metaphysik aus, würde man auf s y n t h e t i s c h e m Wege zum Fundament der Ethik gelangen; wodurch dieses selbst von unten aufgebaut seyn würde, folglich die Ethik fest gestützt aufträte. Hingegen bei der durch die Aufgabe nothwendig gemachten Sonderung der Ethik von aller Metaphysik, bleibt nichts übrig, als das a n a l y t i s c h e Verfahren, welches von Thatsachen, entweder der äußern Erfahrung, oder des Bewußtseyns ausgeht. Diese letztern kann es zwar auf ihre letzte Wurzel im Gemüthe des Menschen zurückführen, welche dann aber als Grundfaktum, als Urphänomen, stehn bleiben muß, ohne weiter auf irgend etwas zurückgeführt zu werden; wodurch denn die ganze Erklärung eine bloß psychologische bleibt. Höchstens kann noch accessorisch [beiläufig] ihr Zusammenhang mit irgend einer allgemeinen metaphysischen Grundansicht angedeutet werden. Hingegen würde jenes Grundfaktum, jenes ethische Urphänomen, selbst wieder begründet werden können, wenn man, die Metaphysik zuerst abhandelnd, aus ihr, synthetisch verfahrend, die Ethik ableiten dürfte. Dies hieße aber ein vollständiges System der Philosophie aufstellen; wodurch die Gränze der gestellten Frage weit überschritten würde. Ich bin also genöthigt, die Frage innerhalb der Gränzen zu beantworten, welche sie, durch ihre Vereinzelung, selbst gezogen hat.

Und nun endlich noch wird das Fundament, auf welches ich die Ethik zu stellen beabsichtige, sehr schmal ausfallen: wodurch von dem Vielen, was an den Handlungen der Menschen legal, billigungs- und lobenswerth ist, nur der kleinere Theil als aus rein moralischen Bewegungsgründen entsprungen sich ergeben, der größere Theil aber anderartigen Motiven anheimfallen wird. Dies befriedigt weniger und fällt nicht so glänzend in die Augen, wie etwan ein kategorischer Imperativ, der stets zu Befehl steht, um selbst wieder zu befehlen, was gethan und was gelassen werden soll; anderer, materieller Moralbegründungen gar zu geschweigen. Da bleibt mir nichts übrig, als an den Spruch des Koheleth (4,6) zu erinnern: »Es ist besser eine Hand voll mit Ruhe, denn beide Fäuste voll mit Mühe und Eitelkeit.« Des Aechten, Probehaltigen und Unzerstörbaren ist in aller Erkenntniß stets wenig; wie die Erzstufe wenige Unzen Gold in einem Centner Stein verlarvt [verborgen] enthält. Aber ob man nun wirklich mit mir den sichern Besitz dem großen, das wenige Gold, welches im Tiegel zurückbleibt, der ausgedehnten Masse, die herangeschleppt wurde, vorziehn, – oder ob man vielmehr mich beschuldigen werde, der Moral ihr Fundament mehr entzogen als gegeben zu haben, sofern ich nachweise, daß die legalen und lobenswerthen Handlungen der Menschen oft gar keinen und meistens nur einen kleinen Theil rein moralischen Gehalts besitzen, im Uebrigen aber auf Motiven beruhen, deren Wirksamkeit zuletzt auf den Egoismus des Handelnden zurückzuführen ist; – dies Alles muß ich dahingestellt seyn lassen, nicht ohne Besorgniß, ja, mit Resignation; da ich schon längst dem Ritter von Zimmermann beistimme, wenn er sagt: »Denke im Herzen, bis in den Tod, nichts sei in der Welt so selten, wie ein guter Richter.« (Ueber die Einsamkeit, Th. 1, Cap. 3, S. 93.) Ja, ich sehe schon im Geiste meine Darstellung, welche für alles ächte, freiwillige Rechtthun, für alle Menschenliebe, allen Edelmuth, wo sie je gefunden seyn mögen, nur eine so schmale Basis aufzuweisen hat, neben denen der Kompetitoren, welche breite, jeder beliebigen Last gewachsene und dabei jedem Zweifler, mit einem drohenden Seitenblick auf seine eigene Moralität, ins Gewissen zu schiebende Fundamente der Moral zuversichlich hinstellen, – so arm und kleinlaut dastehn, wie vor dem König Lear die Kordelia, mit der wortarmen Versicherung ihrer pflichtmäßigen Gesinnung, neben den überschwänglichen Betheuerungen ihrer beredteren Schwestern. – Da bedarf es wohl einer Herzstärkung durch einen gelehrten Waidspruch, wie: *magna est vis veritatis, et praevalebit* [Groß ist die Macht der Wahrheit, und sie wird den Sieg davontragen: 3. Esra, 4, 41], – der doch den, der gelebt und geleistet hat, nicht sehr mehr ermuthigt. Inzwischen will ich es ein Mal mit der Wahrheit wagen: denn was mir begegnet, wird ihr mit begegnet seyn.

§ 2.

Allgemeiner Rückblick.

Dem Volke wird die Moral durch die Theologie begründet, als ausgesprochener Wille Gottes. Die Philosophen hingegen, mit wenigen Ausnahmen, sehn wir sorgfältig bemüht, diese Art der Begründung ganz auszuschließen, ja, um nur sie zu vermeiden, lieber zu sophistischen Gründen ihre Zuflucht nehmen. Woher dieser Gegensatz? Gewiß läßt sich keine wirksamere Begründung der Moral denken, als die theologische: denn wer würde so vermessen seyn, sich dem Willen des Allmächtigen und Allwissenden zu widersetzen? Gewiß Niemand; wenn nur derselbe auf eine ganz authentische, keinem Zweifel Raum gestattende, so zu sagen offizielle Weise verkündigt wäre. Aber diese Bedingung ist es, die sich nicht erfüllen läßt. Vielmehr sucht man, umgekehrt, das als Wille Gottes verkündete Gesetz dadurch als solches zu beglaubigen, daß man dessen Uebereinstimmung mit unsern anderweitigen, also natürlichen, moralischen Einsichten nachweist, appellirt mithin an diese als das Unmittelbarere und Gewissere. Hiezu kommt noch die Erkenntniß, daß ein bloß durch angedrohte Strafe und verheißene Belohnung zu Wege gebrachtes moralisches Handeln, mehr dem Scheine, als der Wahrheit nach ein solches seyn würde; weil es ja im Grunde auf Egoismus beruhte, und was dabei in letzter Instanz den Ausschlag gäbe, die größere oder geringere Leichtigkeit wäre, mit der Einer vor dem Andern aus unzureichenden Gründen glaubte. Seitdem nun aber gar Kant die bis dahin für fest geltenden Fundamente der spekulativen Theologie zerstört hat, und dann diese, welche bisher die Trägerin der Ethik gewesen war, jetzt, umgekehrt, auf die Ethik stützen wollte, um ihr so eine, wenn auch nur ideelle Existenz zu verschaffen; da ist weniger, als jemals, an eine Begründung der Ethik durch die Theologie zu denken, indem man nun nicht mehr weiß, welche von Beiden die Last und welche die Stütze seyn soll, und am Ende in einen *circulus vitiosus* [Zirkelschluß] geriethe.

Eben durch den Einfluß der Kantischen Philosophie, sodann durch die gleichzeitige Einwirkung der beispiellosen Fortschritte sämmtlicher Naturwissenschaften, in Hinsicht auf welche jedes frühere Zeitalter gegen unseres als das der Kindheit erscheint, und endlich durch die Bekanntschaft mit der Sanskritlitteratur, mit dem Brahmanismus und Buddhaismus, diesen ältesten und am weitesten verbreiteten, also der Zeit und dem Raume nach vornehmsten Religionen der Menschheit, welche ja auch die heimathliche Urreligion unsers eigenen, bekanntlich Asiatischen Stammes sind, der jetzt, in seiner fremden Heimath, wieder eine späte Kunde von ihnen erhält; – durch alles dieses, sage ich, haben im Laufe der letzten funfzig Jahre die philosophischen Grundüberzeugungen der Gelehrten Europas eine Umwandlung erlitten, welche vielleicht Mancher sich nur zögernd eingesteht, die aber doch nicht abzuleugnen ist. In Folge derselben sind auch die alten Stützen der Ethik morsch geworden: doch ist die Zuversicht geblieben, daß diese selbst nie sinken kann; woraus die Ueberzeugung hervorgeht, daß es für sie noch andere Stützen, als die bisherigen, geben müsse, welche den vorgeschrittenen Einsichten des Zeitalters angemessen wären. Ohne Zweifel ist es die Erkenntniß dieses mehr und mehr fühlbar werdenden Bedürfnisses, welche die Königliche Societät zu der vorliegenden, bedeutsamen Preisfrage veranlaßt hat. –

Zu allen Zeiten ist viele und gute Moral gepredigt worden; aber die Begründung derselben hat stets im Argen gelegen. Im Ganzen ist bei dieser das Bestreben sichtbar, irgend eine objektive Wahrheit zu finden, aus welcher die ethischen Vorschriften sich logisch ableiten ließen: man hat dieselbe in der Natur der Dinge, oder in der des Menschen gesucht; aber vergebens. Immer ergab sich, daß der Wille des Menschen nur auf sein eigenes Wohlseyn, dessen Summe man unter dem Begriff Glücksäligkeit denkt, gerichtet sei; welches Streben ihn auf einen ganz andern Weg leitet, als den die Moral ihm vorzeichnen möchte. Nun versuchte man die Glücksäligkeit bald als identisch mit der Tugend, bald aber als eine Folge und Wirkung derselben darzustellen: Beides ist allezeit mißlungen; obwohl man die Sophismen dabei nicht gespart hat. Man versuchte es sodann mit rein objektiven, abstrakten, bald *a posteriori*, bald *a priori* gefundenen Sätzen, aus denen das ethische Wohlverhalten sich allenfalls folgern ließe: aber diesen gebrach es an einem Anhaltspunkt in der Natur des Menschen, vermöge dessen sie die Macht gehabt hätten, seinem egoistischen Hange entgegen, seine Bestrebungen zu leiten. Alles dieses durch Aufzählung und Kritik aller bisherigen Grundlagen der Moral hier zu erhärten, scheint mir überflüssig; nicht nur weil ich die Meinung des Augustinus theile *non est pro magno habendum quid homines senserint, sed quae sit rei veritas* [Man soll nicht für wichtig halten, was die Menschen meinen, sondern was die Wahrheit der Dinge ist: nach *de civitate Dei*, L. 19, c. 3]; sondern auch weil es hieße γλαυκας εἰς Αθηνας κομιζειν [Eulen nach Athen tragen], indem der Königlichen Societät die früheren Versuche die Ethik zu begründen, genugsam bekannt sind, und sie durch die Preisfrage selbst zu erkennen giebt, daß sie auch von der Unzulänglichkeit derselben überzeugt ist. Der weniger gelehrte Leser findet eine zwar nicht vollständige, aber doch in der Hauptsache genügende Zusammenstellung der bisherigen Versuche in Garve's »Uebersicht der vornehmsten Principien der Sittenlehre«, ferner in Stäudlin's »Geschichte der Moralphilosophie« und ähnlichen Büchern. – Niederschlagend ist freilich die Betrachtung, daß es der Ethik, dieser das Leben unmittelbar betreffenden Wissenschaft, nicht besser gegangen ist, als der abstrusen Metaphysik, und sie, seit Sokrates sie gründete, stets betrieben, doch noch ihren ersten Grundatz sucht. Aber dagegen ist auch in der Ethik weit mehr, als in irgend einer andern Wissenschaft, das Wesentliche in den ersten Grundsätzen enthalten; indem die Ableitungen hier so leicht sind, daß sie sich von selbst machen. Denn zu schließen sind Alle, zu urtheilen Wenige fähig. Daher eben sind lange Lehrbücher und Vorträge der Moral so überflüssig, wie langweilig. Daß ich inzwischen alle die früheren Grundlagen der Ethik als bekannt voraussetzen darf, ist mir eine Erleichterung. Denn wer überblickt, wie sowohl die Philosophen des Alterthums, als die der neuern Zeit (dem Mittelalter genügte der Kirchenglaube) zu den verschiedensten, mitunter wunderlichsten Argumenten gegriffen haben, um für die so allgemein anerkannten Forderungen der Moral ein nachweisbares Fundament zu liefern, und dies dennoch mit offenbar schlechtem Erfolg; der wird die Schwierigkeit des Problems ermessen und danach meine Leistung beurtheilen. Und wer gesehn hat, wie alle bisher eingeschlagenen Wege nicht zum Ziele führten, wird williger mit mir einen davon sehr verschiedenen betreten, den man bisher entweder nicht gesehn hat, oder aber verächtlich liegen ließ; vielleicht weil er der natürlichste war.* In der That wird meine Lösung des Problems Manchen an das Ei des Kolumbus erinnern.

Ganz allein dem neuesten Versuche die Ethik zu begründen, dem Kantischen, werde ich eine kritische Untersuchung und zwar eine desto ausführlichere widmen; theils weil die große Moralreform Kants dieser Wissenschaft eine Grundlage gab, die wirkliche Vorzüge vor den früheren hatte; theils weil sie noch immer das letzte Bedeutende ist, das in der Ethik geschehn; daher Kants Begründung derselben noch heut zu Tage in allgemeiner Geltung steht und durchgängig

---

* *Io dir non vi saprei per qual sventura,*
O piuttosto per qual fatalità,
Da noi credito ottien più l'impostura,
Che la semplice e nuda verità. –

(Ich weiß es nicht zu sagen, durch welchen Unfall, oder vielmehr durch welches Mißgeschick, bei uns der Trug leichter Glauben findet, als die einfache und nackte Wahrheit.)

Casti.

gelehrt wird, wenn auch durch einige Aenderungen in der Darstellung und den Ausdrücken anders aufgeputzt. Sie ist die Ethik der letzten sechzig Jahre, welche weggeräumt werden muß, ehe wir einen andern Weg einschlagen. Hiezu kommt, daß die Prüfung derselben mir Anlaß geben wird, die meisten ethischen Grundbegriffe zu untersuchen und zu erörtern, um das Ergebniß hieraus später voraussetzen zu können. Besonders aber wird, weil die Gegensätze sich erläutern, die Kritik der Kantischen Moralbegründung die beste Vorbereitung und Anleitung, ja, der gerade Weg zu der meinigen seyn, als welche, in den wesentlichsten Punkten der Kantischen diametral entgegengesetzt ist. Dieserwegen würde es das verkehrteste Beginnen seyn, wenn man die jetzt folgende Kritik überspringen wollte, um gleich an den positiven Theil meiner Darstellung zu gehn, als welcher dann nur halb verständlich seyn würde.

Ueberhaupt ist es jetzt wirklich an der Zeit, daß die Ethik ein Mal ernstlich ins Verhör genommen werde. Seit mehr als einem halben Jahrhundert liegt sie auf dem bequemen Ruhepolster, welches Kant ihr untergebreitet hatte: dem kategorischen Imperativ der praktischen Vernunft. In unsern Tagen jedoch wird dieser meistens unter dem weniger prunkenden, aber glatteren und kurrenteren Titel »das Sittengesetz« eingeführt, unter welchem er, nach einer leichten Verbeugung vor Vernunft und Erfahrung, unbesehn durchschlüpft: ist er aber ein Mal im Hause, dann wird des Befehlens und Kommandirens kein Ende; ohne daß er je weiter Rede stände. – Daß Kant, als der Erfinder der Sache, und nachdem er gröbere Irrthümer dadurch verdrängt hatte, sich dabei beruhigte, war recht und nothwendig. Aber nun sehn zu müssen, wie auf dem von ihm gelegten und seitdem immer breiter getretenen Ruhepolster jetzt sogar die Esel sich wälzen, – das ist hart: ich meine die täglichen Kompendienschreiber, die, mit der gelassenen Zuversicht des Unverstandes, vermeinen, die Ethik begründet zu haben, wenn sie nur sich auf jenes unserer Vernunft angeblich einwohnende »Sittengesetz« berufen, und dann getrost jenes weitschweifige und konfuse Phrasengewebe darauf setzen, mit dem sie die klärsten und einfachsten Verhältnisse des Lebens unverständlich zu machen verstehn; – ohne bei solchem Unternehmen jemals sich ernstlich gefragt zu haben, ob denn auch wirklich so ein »Sittengesetz«, als bequemer Kodex der Moral, in unserm

Kopf, Brust oder Herzen geschrieben stehe. Daher bekenne ich das besondere Vergnügen, mit dem ich jetzt daran gehe, der Moral das breite Ruhepolster wegzuziehn, und spreche unverhohlen mein Vorhaben aus, die praktische Vernunft und den kategorischen Imperativ Kants als völlig unberechtigte, grundlose und erdichtete Annahmen nachzuweisen, darzuthun, daß auch Kants Ethik eines soliden Fundaments ermangelt, und somit die Moral wieder ihrer alten, gänzlichen Rathlosigkeit zu überantworten, in welcher sie dastehn muß, ehe ich darangehe, das wahre, in unserm Wesen gegründete und ungezweifelt wirksame, moralische Princip der menschlichen Natur darzulegen. Denn da dieses kein so breites Fundament darbietet, wie jenes Ruhepolster; so werden Die, welche die Sache bequemer gewohnt sind, ihren alten Ruheplatz nicht eher verlassen, als bis sie die tiefe Höhlung des Bodens, auf dem er steht, deutlich wahrgenommen haben.

II.

Kritik des von Kant der Ethik gegebenen Fundaments.

§ 3.

Uebersicht.

Kant hat in der Ethik das große Verdienst, sie von allem Eudämonismus gereinigt zu haben. Die Ethik der Alten war Eudämonik; die der Neueren meistens Heilslehre. Die Alten wollten Tugend und Glücksäligkeit als identisch nachweisen: aber diese waren wie zwei Figuren, die sich nie decken, wie man sie auch legen mag. Die Neueren wollten nicht nach dem Satze der Identität, sondern nach dem des Grundes Beide in Verbindung setzen, also die Glücksäligkeit zur Folge der Tugend machen; wobei sie aber entweder eine andere, als die möglicherweise erkennbare Welt, oder Sophismen zu Hülfe nehmen mußten. Unter den Alten macht Plato allein eine Ausnahme: seine Ethik ist nicht eudämonistisch; dafür aber wird sie mystisch. Hingegen ist sogar die Ethik der Kyniker und Stoiker nur ein Eudämonismus besonderer Art; welches zu beweisen es mir nicht an Gründen und Belegen, wohl aber, bei meinem jetzigen Vorhaben, an Raum gebricht.* – Bei den Alten und Neueren also, Plato allein ausgenommen, war die Tugend nur Mittel zum Zweck. Freilich, wenn man es streng nehmen wollte; so hätte auch Kant den Eudämonismus mehr scheinbar, als wirklich aus der Ethik verbannt. Denn er läßt zwischen Tugend und Glücksäligkeit doch noch eine geheime Verbindung übrig, in seiner Lehre vom höchsten Gut, wo sie in einem entlegenen und dunkeln Kapitel zusammenkommen,

* Die ausführliche Darlegung findet man in der »Welt als Wille und Vorstellung«, Bd. 1, § 16, S. 103 ff., und Bd. 2, Kap. 16, S. 166 ff., der dritten Auflage [Bd. I uns. Ausg., S. 128 ff.; Bd. III, S. 172 ff.].

während öffentlich die Tugend gegen die Glücksäligkeit ganz fremd thut. Davon abgesehn, tritt bei Kant das ethische Princip als ein von der Erfahrung und ihrer Belehrung ganz unabhängiges, ein transscendentales, oder metaphysisches auf. Er erkennt an, daß die menschliche Handlungsweise eine Bedeutung habe, die über alle Möglichkeit der Erfahrung hinausgeht und eben deshalb die eigentliche Brücke zu dem ist, was er die intelligible Welt, *mundus noumenon,* die Welt der Dinge an sich nennt.

Den Ruhm, welchen die Kantische Ethik erlangt hat, verdankt sie, neben ihren soeben berührten Vorzügen, der moralischen Reinigkeit und Erhabenheit ihrer Resultate. An diese hielten sich die Meisten, ohne sich sonderlich mit der Begründung derselben zu befassen, als welche sehr komplex, abstrakt und in einer überaus künstlichen Form dargestellt ist, auf welche Kant seinen ganzen Scharfsinn und Kombinationsgabe verwenden mußte, um ihr ein haltbares Ansehn zu geben. Glücklicherweise hat er der Darstellung des Fundaments seiner Ethik, abgesondert von dieser selbst, ein eigenes Werk gewidmet, die »Grundlegung zur Metaphysik der Sitten«, deren Thema also genau das Selbe ist mit dem Gegenstande unserer Preisfrage. Denn er sagt daselbst, S. XIII der Vorrede: »Gegenwärtige Grundlegung ist nichts mehr, als die Aufsuchung und Festsetzung des obersten Princips der Moralität, welche allein ein, in seiner Absicht, ganzes und von aller andern sittlichen Untersuchung abzusonderndes Geschäft ausmacht.« Wir finden in diesem Buche die Grundlage, also das Wesentliche seiner Ethik streng systematisch, bündig und scharf dargestellt, wie sonst in keinem andern. Außerdem hat dasselbe noch den bedeutenden Vorzug, das älteste seiner moralischen Werke, nur vier Jahre jünger als die Kritik der reinen Vernunft, und mithin aus der Zeit zu seyn, wo, obwohl er schon 61 Jahre zählte, der nachtheilige Einfluß des Alters auf seinen Geist doch noch nicht merklich war. Dieser ist hingegen schon deutlich zu spüren in der Kritik der praktischen Vernunft, welche 1788, also ein Jahr später fällt, als die unglückliche Umarbeitung der Kritik der reinen Vernunft in der zweiten Auflage, durch welche er dieses sein unsterbliches Hauptwerk offenbar verdorben hat; worüber wir in der Vorrede zur neuen von Rosenkranz besorgten Ausgabe eine

Auseinandersetzung erhalten haben, der ich, nach eigener Prüfung der Sache, nicht anders als beistimmen kann.* Die Kritik der praktischen Vernunft enthält im Wesentlichen das Selbe, was die oben erwähnte »Grundlegung«; nur daß diese es in konciser und strengerer Form giebt, jene hingegen mit großer Breite der Ausführung und durch Abschweifungen unterbrochen, auch, zur Erhöhung des Eindrucks, durch einige moralische Deklamationen unterstützt. Kant hatte, als er dies schrieb, endlich und spät, seinen wohlverdienten Ruhm erlangt: dadurch einer gränzenlosen Aufmerksamkeit gewiß, ließ er der Redseligkeit des Alters schon mehr Spielraum. Als der Kritik der praktischen Vernunft hingegen eigenthümlich ist anzuführen erstlich die über alles Lob erhabene und gewiß früher abgefaßte Darstellung des Verhältnisses zwischen Freiheit und Nothwendigkeit (S. 169–179 der vierten Auflage, und S. 224–231 bei Rosenkranz), welche indessen gänzlich mit der übereinstimmt, die er in der Kritik der reinen Vernunft (S. 560–586; R., S. 438 ff.) giebt; und zweitens die Moraltheologie, welche man mehr und mehr für Das erkennen wird, was Kant eigentlich damit gewollt hat. Endlich in den »Metaphysischen Anfangsgründen der Tugendlehre«, diesem Seitenstück zu seiner deplorablen »Rechtslehre« und abgefaßt im Jahre 1797, ist der Einfluß der Altersschwäche überwiegend. Aus allen diesen Gründen nehme ich in gegenwärtiger Kritik die zuerst genannte »Grundlegung zur Metaphysik der Sitten« zu meinem Leitfaden, und auf diese beziehn sich alle ohne weitern Beisatz von mir angeführten Seitenzahlen; welches ich zu merken bitte. Die beiden andern Werke aber werde ich nur accessorisch und sekundär in Betracht nehmen. Dem Verständniß gegenwärtiger, die Kantische Ethik im tiefsten Grunde unterwühlenden Kritik wird es überaus förderlich seyn, wenn der Leser jene »Grundlegung« Kants, auf die sie sich zunächst bezieht, zumal da diese nur 128 und XIV Seiten (bei Rosenkranz in Allem nur 100 Seiten) füllt, zuvor mit Aufmerksamkeit nochmals durchlesen will, um sich den Inhalt derselben wieder ganz zu vergegenwärtigen. Ich citire sie nach der dritten Auflage von 1792, und füge die Sei-

* Sie rührt von mir selbst her; aber hier spreche ich inkognito.

tenzahl der neuen Gesammtausgabe von Rosenkranz mit vorgesetztem R. hinzu.

§ 4.

Von der imperativen Form der Kantischen Ethik.

Kants πρωτον ψευδος [erster falscher Schritt] liegt in seinem Begriff von der Ethik selbst, den wir am deutlichsten ausgesprochen finden S. 62 (R., S. 54): »In einer praktischen Philosophie ist es nicht darum zu thun, Gründe anzugeben von dem was geschieht, sondern Gesetze von dem was geschehn soll, ob es gleich niemals geschieht.« – Dies ist schon eine entschiedene *Petitio principii* [Erschleichung des Beweisgrundes]. Wer sagt euch, daß es Gesetze giebt, denen unser Handeln sich unterwerfen soll? Wer sagt euch, daß geschehn soll, was nie geschieht? – Was berechtigt euch, dies vorweg anzunehmen und demnächst eine Ethik in legislatorisch-imperativer Form, als die allein mögliche, uns sofort aufzudringen? Ich sage, im Gegensatz zu Kant, daß der Ethiker, wie der Philosoph überhaupt, sich begnügen muß mit der Erklärung und Deutung des Gegebenen, also des wirklich Seienden oder Geschehenden, um zu einem Verständniß desselben zu gelangen, und daß er hieran vollauf zu thun hat, viel mehr, als bis heute, nach abgelaufenen Jahrtausenden, gethan ist. Obiger Kantischen *petitio principii* gemäß wird gleich in der, durchaus zur Sache gehörenden, Vorrede, vor aller Untersuchung angenommen, daß es rein moralische Gesetze gebe; welche Annahme nachher stehn bleibt und die tiefste Grundlage des ganzen Systems ist. Wir wollen aber doch zuvor den Begriff eines Gesetzes untersuchen. Die eigentliche und ursprüngliche Bedeutung desselben beschränkt sich auf das bürgerliche Gesetz, *lex*, νομος, eine menschliche Einrichtung, auf menschlicher Willkür beruhend. Eine zweite, abgeleitete, tropische, metaphorische Bedeutung hat der Begriff Gesetz in seiner Anwendung auf die Natur, deren theils *a priori* erkannte, theils ihr empirisch abgemerkte, sich stets gleichbleibende Verfahrungsweisen wir, metaphorisch, Naturgesetze nennen. Nur ein sehr kleiner Theil dieser Naturgesetze ist es, der sich *a priori* einsehn läßt und Das ausmacht, was

Kant scharfsinnig und vortrefflich ausgesondert und unter dem Namen Metaphysik der Natur zusammengestellt hat. Für den menschlichen Willen giebt es allerdings auch ein Gesetz, sofern der Mensch zur Natur gehört, und zwar ein streng nachweisbares, ein unverbrüchliches, ausnahmsloses, felsenfeststehendes, welches nicht, wie der kategorische Imperativ, *vel quasi* [nur gewissermaßen], sondern wirklich Nothwendigkeit mit sich führt: es ist das Gesetz der Motivation, eine Form des Kausalitätsgesetzes, nämlich die durch das Erkennen vermittelte Kausalität. Dies ist das einzige nachweisbare Gesetz für den menschlichen Willen, dem dieser als solcher unterworfen ist. Es besagt, daß jede Handlung nur in Folge eines zureichenden Motivs eintreten kann. Es ist, wie das Gesetz der Kausalität überhaupt, ein Naturgesetz. Hingegen moralische Gesetze, unabhängig von menschlicher Satzung, Staatseinrichtung, oder Religionslehre, dürfen ohne Beweis nicht als vorhanden angenommen werden: Kant begeht also durch diese Vorausnahme eine *Petitio principii.* Sie erscheint um so dreister, als er sogleich, S. VI der Vorrede, hinzufügt, daß ein moralisches Gesetz »absolute Nothwendigkeit« bei sich führen soll. Eine solche aber hat überall zum Merkmal die Unausbleiblichkeit des Erfolgs: wie kann nun von absoluter Nothwendigkeit die Rede seyn bei diesen angeblichen moralischen Gesetzen; als ein Beispiel von welchen er »du sollt *(sic)* nicht lügen« anführt; da sie bekanntlich und wie er selbst eingesteht, meistens, ja, in der Regel, erfolglos bleiben? Um in der wissenschaftlichen Ethik, außer dem Gesetze der Motivation, noch andere, ursprüngliche und von aller Menschensatzung unabhängige Gesetze für den Willen anzunehmen, hat man sie ihrer ganzen Existenz nach zu beweisen und abzuleiten; wenn man darauf bedacht ist, in der Ethik die Redlichkeit nicht bloß anzuempfehlen, sondern auch zu üben. Bis jener Beweis geführt worden, erkenne ich für die Einführung des Begriffes Gesetz, Vorschrift, Soll in die Ethik keinen andern Ursprung an, als einen der Philosophie fremden, den Mosaischen Dekalog [Zehn Gebote]. Diesen Ursprung verräth sogar naiv, auch im obigen, dem ersten von Kant aufgestellten Beispiel eines moralischen Gesetzes, die Orthographie »du sollt«. Ein Begriff, der keinen andern, als solchen Ursprung aufzuweisen hat, darf aber nicht so ohne Weiteres sich in die philosophische Ethik drängen, sondern wird hinausgewiesen, bis er durch rechtmäßigen Beweis beglaubigt und eingeführt ist. Bei Kant haben wir an ihm die erste *Petitio principii,* und sie ist groß.

Wie nun, mittelst derselben, Kant, in der Vorrede, den Begriff des Moralgesetzes ohne Weiteres als gegeben und unbezweifelt vorhanden genommen hatte; eben so macht er es S. 8 (R., S. 16) mit dem jenem eng verwandten Begriff der Pflicht, welcher, ohne weitere Prüfung zu bestehn, als in die Ethik gehörig hineingelassen wird. Allein ich bin genöthigt, hier abermals Protest einzulegen. Dieser Begriff, sammt seinen Anverwandten, also dem des Gesetzes, Gebotes, Sollens u. dergl. hat, in diesem unbedingten Sinn genommen, seinen Ursprung in der theologischen Moral, und bleibt in der philosophischen so lange ein Fremdling, bis er eine gültige Beglaubigung aus dem Wesen der menschlichen Natur, oder dem der objektiven Welt beigebracht hat. Bis dahin erkenne ich für ihn und seine Anverwandten keinen andern Ursprung als den Dekalog. Ueberhaupt hat, in den christlichen Jahrhunderten, die philosophische Ethik ihre Form unbewußt von der theologischen genommen: da nun diese wesentlich eine gebietende ist; so ist auch die philosophische in der Form von Vorschrift und Pflichtenlehre aufgetreten, in aller Unschuld und ohne zu ahnden, daß hiezu erst eine anderweitige Befugniß nöthig sei; vielmehr vermeinend, dies sei eben ihre eigene und natürliche Gestalt. So unleugbar und von allen Völkern, Zeiten und Glaubenslehren, auch von allen Philosophen (mit Ausnahme der eigentlichen Materialisten) anerkannt, die metaphysische d. h. über dieses erscheinende Daseyn hinaus sich erstreckende und die Ewigkeit berührende ethische Bedeutsamkeit des menschlichen Handelns ist; so wenig ist es dieser wesentlich, in der Form des Gebietens und Gehorchens, des Gesetzes und der Pflicht aufgefaßt zu werden. Getrennt von den theologischen Voraussetzungen, aus denen sie hervorgegangen, verlieren überdem diese Begriffe eigentlich alle Bedeutung, und wenn man, wie Kant, jene dadurch zu ersetzen vermeint, daß man von absolutem Sollen und unbedingter Pflicht redet; so speist man den Leser mit Worten ab, ja, giebt ihm eigentlich eine *Contradictio in adjecto* [eine Widersinnigkeit] zu verdauen. Jedes Soll hat allen Sinn und Bedeutung schlechterdings nur in

Beziehung auf angedrohte Strafe, oder verheißene Belohnung. Daher sagt auch, lange ehe an Kant gedacht wurde, schon Locke: *For since it would be utterly in vain, to suppose a rule set to the free actions of man, without annexing to it some enforcement of good and evil to determine his will; we must, where-ever we suppose a law, suppose also some reward or punishment annexed to that law. (On Understanding. Bk. II, c. 33, § 6.)** Jedes Sollen ist also nothwendig durch Strafe, oder Belohnung bedingt, mithin, in Kants Sprache zu reden, wesentlich und unausweichbar hypothetisch und niemals, wie er behauptet, kategorisch. Werden aber jene Bedingungen weggedacht, so bleibt der Begriff des Sollens sinnleer: daher absolutes Sollen allerdings eine *Contradictio in adjecto* ist. Eine gebietende Stimme, sie mag nun von innen, oder von außen kommen, ist es schlechterdings unmöglich, sich anders, als drohend, oder versprechend zu denken: dann aber wird der Gehorsam gegen sie zwar, nach Umständen, klug oder dumm, jedoch stets eigennützig, mithin ohne moralischen Werth seyn. Die völlige Undenkbarkeit und Widersinnigkeit dieses der Ethik Kants zum Grunde liegenden Begriffs eines unbedingten Sollens tritt in seinem System selbst später, nämlich in der Kritik der praktischen Vernunft, hervor; wie ein verlarvtes Gift im Organismus nicht bleiben kann, sondern endlich hervorbrechen und sich Luft machen muß. Nämlich jenes so unbedingte Soll postulirt sich hinterher doch eine Bedingung, und sogar mehr als eine, nämlich eine Belohnung, dazu die Unsterblichkeit des zu Belohnenden und einen Belohner. Das ist freilich nothwendig, wenn man ein Mal Pflicht und Soll zum Grundbegriff der Ethik gemacht hat; da diese Begriffe wesentlich relativ sind und alle Bedeutung nur haben durch angedrohte Strafe, oder verheißene Belohnung. Dieser Lohn, der für die Tugend, welche also nur scheinbar unentgeltlich arbeitete, hinterdrein postulirt wird, tritt aber anständig verschleiert auf, unter dem Namen des höchsten Guts, welches die Ver-

* »Denn da es durchaus vergeblich seyn würde, eine den freien Handlungen des Menschen gezogene Richtschnur anzunehmen, ohne derselben etwas anzuhängen, was ihr Nachdruck ertheilte, indem es mittelst Wohl und Wehe seinen Willen bestimmte; so müssen wir überall, wo wir ein Gesetz annehmen, auch irgend eine diesem Gesetz anhängende Belohnung, oder Strafe annehmen.« (Ueber den Verstand, Bd. II, *c. 33, § 6.*)

einigung der Tugend und Glücksäligkeit ist. Dieses ist aber im Grunde nichts Anderes, als die auf Glücksäligkeit ausgehende, folglich auf Eigennutz gestützte Moral, oder Eudämonismus, welche Kant als heteronomisch feierlich zur Hauptthüre seines Systems hinausgeworfen hatte, und die sich nun unter dem Namen höchstes Gut zur Hinterthüre wieder hereinschleicht. So rächt sich die einen Widerspruch verbergende Annahme des unbedingten, absoluten Sollens. Das bedingte Sollen andererseits kann freilich kein ethischer Grundbegriff seyn, weil Alles, was mit Hinsicht auf Lohn oder Strafe geschieht, nothwendig egoistisches Thun und als solches ohne rein moralischen Werth ist. – Aus allem Diesem wird ersichtlich, daß es einer großartigern und unbefangenern Auffassung der Ethik bedarf, wenn es Ernst damit ist, die sich über die Erscheinung hinaus erstreckende, ewige Bedeutsamkeit des menschlichen Handelns wirklich ergründen zu wollen.

Wie alles Sollen schlechterdings an eine Bedingung gebunden ist, so auch alle Pflicht. Denn beide Begriffe sind sich sehr nahe verwandt und beinahe identisch. Der einzige Unterschied zwischen ihnen möchte seyn, daß Sollen überhaupt auch auf bloßem Zwange beruhen kann, Pflicht hingegen Verpflichtung, d. h. Uebernahme der Pflicht, voraussetzt: eine solche hat Statt zwischen Herrn und Diener, Vorgesetztem und Untergebenen, Regierung und Unterthanen. Eben weil Keiner eine Pflicht unentgeltlich übernimmt, giebt jede Pflicht auch ein Recht. Der Sklave hat keine Pflicht, weil er kein Recht hat; aber es giebt ein Soll für ihn, welches auf bloßem Zwange beruht. Im folgenden Theile werde ich die alleinige Bedeutung, welche der Begriff Pflicht in der Ethik hat, aufstellen.

Die Fassung der Ethik in einer imperativen Form, als Pflichtenlehre, und das Denken des moralischen Werthes oder Unwerthes menschlicher Handlungen als Erfüllung oder Verletzung von Pflichten, stammt, mit sammt dem Sollen, unleugbar nur aus der theologischen Moral und demnächst aus dem Dekalog. Demgemäß beruht sie wesentlich auf der Voraussetzung der Abhängigkeit des Menschen von einem andern, ihm gebietenden und Belohnung oder Strafe ankündigenden Willen, und ist davon nicht zu trennen. So ausgemacht die Voraussetzung eines solchen in der Theologie ist; so wenig darf sie stillschweigend und ohne Weiteres in die philosophische Moral gezogen werden. Dann aber darf man auch nicht vorweg annehmen, daß in dieser die imperative Form, das Aufstellen von Geboten, Gesetzen und Pflichten, sich von selbst verstehe und ihr wesentlich sei; wobei es ein schlechter Nothbehelf ist, die solchen Begriffen, ihrer Natur nach, wesentlich anhängende äußere Bedingung durch das Wort »absolut« oder »kategorisch« zu ersetzen, als wodurch, wie gesagt, eine *Contradictio in adjecto* entsteht.

Nachdem nun aber Kant diese imperative Form der Ethik, stillschweigend und unbesehns, von der theologischen Moral entlehnt hatte, deren Voraussetzungen, also die Theologie, derselben eigentlich zum Grunde liegen und in der That als Das, wodurch allein sie Bedeutung und Sinn hat, unzertrennlich von ihr, ja, *implicite* darin enthalten sind; da hatte er nachher leichtes Spiel, am Ende seiner Darstellung, aus seiner Moral wieder eine Theologie zu entwickeln, die bekannte Moraltheologie. Denn da brauchte er nur die Begriffe, welche *implicite* durch das Soll gesetzt, seiner Moral versteckt zum Grunde lagen, ausdrücklich hervorzuholen und jetzt sie *explicite* als Postulate der praktischen Vernunft aufzustellen. So erschien denn, zur großen Erbauung der Welt, eine Theologie, die bloß auf Moral gestützt, ja, aus dieser hervorgegangen war. Das kam aber daher, daß diese Moral selbst auf versteckten theologischen Voraussetzungen beruht. Ich beabsichtige kein spöttisches Gleichniß: aber in der Form hat die Sache Analogie mit der Ueberraschung, die ein Künstler in der natürlichen Magie uns bereitet, indem er eine Sache uns da finden läßt, wohin er sie zuvor weislich prakticirt hatte. – *In abstracto* ausgesprochen ist Kants Verfahren dieses, daß er zum Resultat machte, was das Princip oder die Voraussetzung hätte seyn müssen (die Theologie), und zur Voraussetzung nahm, was als Resultat hätte abgeleitet werden sollen (das Gebot). Nachdem er nun aber so das Ding auf den Kopf gestellt hatte, erkannte es Niemand, ja er selbst nicht, für Das was es war, nämlich die alte, wohlbekannte theologische Moral. Die Ausführung dieses Kunststücks werden wir in dem sechsten und siebenten Paragraphen betrachten.

Allerdings war schon vor Kant die Fassung der Moral in der imperativen Form und als Pflichtenlehre auch in der Philosophie in häufigem Gebrauch: nur gründete man dann auch die

Moral selbst auf den Willen eines schon anderweitig bewiesenen Gottes, und blieb konsequent. Sobald man aber, wie Kant, eine hievon unabhängige Begründung unternahm und die Ethik ohne metaphysische Voraussetzungen feststellen wollte, war man auch nicht mehr berechtigt, jene imperative Form, jenes »du sollst« und »es ist deine Pflicht« ohne anderweitige Ableitung zum Grunde zu legen.

§ 5.

Von der Annahme der Pflichten gegen uns selbst, insbesondere.

Kant ließ aber diese ihm so sehr willkommene Form der Pflichtenlehre auch in der Ausführung insofern unangetastet, als er, wie seine Vorgänger, neben den Pflichten gegen Andere, auch Pflichten gegen uns selbst aufstellte. Da ich diese Annahme geradezu verwerfe; so will ich hier, wo der Zusammenhang es am besten verträgt, meine Erklärung darüber episodisch einschalten.

Pflichten gegen uns selbst müssen, wie alle Pflichten, entweder Rechts- oder Liebespflichten seyn. Rechtspflichten gegen uns selbst sind unmöglich, wegen des selbst-evidenten Grundsatzes *volenti non fit injuria* [Dem, der es so will, geschieht kein Unrecht: nach Aristoteles, *Eth. Nicom.*, v, cap. 15, p. 1138a]: da nämlich Das, was ich thue, allemal Das ist, was ich will; so geschieht mir von mir selbst auch stets nur was ich will, folglich nie Unrecht. Was aber die Liebespflichten gegen uns selbst betrifft, so findet hier die Moral ihre Arbeit bereits gethan und kommt zu spät. Die Unmöglichkeit der Verletzung der Pflicht der Selbstliebe wird schon vom obersten Gebot der Christlichen Moral vorausgesetzt: »Liebe deinen Nächsten wie dich selbst«; wonach die Liebe, die Jeder zu sich selbst hegt, als das Maximum und die Bedingung jeder andern Liebe vorweg angenommen, keineswegs aber hinzugesetzt wird: »Liebe dich selbst wie deinen Nächsten«; als wobei Jeder fühlen würde, daß es zu wenig gefordert sei: auch würde dieses die einzige Pflicht seyn, bei der ein *Opus supererogationis* [eine Leistung über die Forderung hinaus] an der Tagesordnung wäre. Selbst Kant sagt, in den »Metaphysischen Anfangsgründen zur Tugendlehre«, S. 13 (R., S. 230): »Was Jeder unvermeidlich schon von selbst will, das gehört nicht unter den Begriff der Pflicht.« Dieser Begriff von Pflichten gegen uns selbst hat sich indessen noch immer in Ansehn erhalten und steht allgemein in besonderer Gunst; worüber man sich nicht zu wundern hat. Aber eine belustigende Wirkung thut er in Fällen, wo die Leute anfangen, um ihre Person besorgt zu werden, und nun ganz ernsthaft von der Pflicht der Selbsterhaltung reden; während man genugsam merkt, daß die Furcht ihnen schon Beine machen wird und es keines Pflichtgebots bedarf, um nachzuschieben.

Was man gewöhnlich als Pflichten gegen uns selbst aufstellt, ist zuvörderst ein in Vorurtheilen stark befangenes und aus den seichtesten Gründen geführtes Räsonnement gegen den Selbstmord. Dem Menschen allein, der nicht, wie das Thier, bloß den körperlichen, auf die Gegenwart beschränkten, sondern auch den ungleich größeren, von Zukunft und Vergangenheit borgenden, geistigen Leiden Preis gegeben ist, hat die Natur, als Kompensation, das Vorrecht verliehn, sein Leben, auch ehe sie selbst ihm ein Ziel setzt, beliebig enden zu können und demnach nicht wie das Thier, nothwendig so lange er kann, sondern auch nur so lange er will zu leben. Ob er nun, aus ethischen Gründen, dieses Vorrechts sich wieder zu begeben habe, ist eine schwierige Frage, die wenigstens nicht durch die gebräuchlichen, seichten Argumente entschieden werden kann. Auch die Gründe gegen den Selbstmord, welche Kant, S. 53 (R., S. 48) und S. 67 (R., S. 57) anzuführen nicht verschmäht, kann ich gewissenhafterweise nicht anders betiteln, als Armsäligkeiten, die nicht ein Mal eine Antwort verdienen. Man muß lachen, wenn man bedenkt, daß dergleichen Reflexionen dem Kato, der Kleopatra, dem Koccejus Nerva *(Tac. Ann., VI, 26)*, oder der Arria des Pätus *(Plin. Ep., III, 16)* den Dolch hätten aus den Händen winden sollen. Wenn es wirklich ächte moralische Motive gegen den Selbstmord giebt, so liegen diese jedenfalls sehr tief und sind nicht mit dem Senkblei der gewöhnlichen Ethik zu erreichen; sondern gehören einer höhern Betrachtungsweise an, als sogar dem Standpunkt gegenwärtiger Abhandlung angemessen ist.*

* Es sind asketische Gründe: man findet sie im vierten Buche meines Hauptwerks, Bd. 1, § 69.

Was nun noch außerdem unter der Rubrik von Selbstpflichten vorgetragen zu werden pflegt, sind theils Klugheitsregeln, theils diätetische Vorschriften, welche alle beide nicht in die eigentliche Moral gehören. Endlich noch zieht man hieher das Verbot widernatürlicher Wollust, also der Onanie, Päderastie und Bestialität [Unzucht mit Tieren]. Von diesen nun ist erstlich die Onanie hauptsächlich ein Laster der Kindheit, und sie zu bekämpfen ist viel mehr Sache der Diätetik, als der Ethik; daher eben auch die Bücher gegen sie von Medicinern (wie Tissot u. A.) verfaßt sind, nicht von Moralisten. Wenn, nachdem Diätetik und Hygiene das ihrige in dieser Sache gethan und mit unabweisbaren Gründen sie niedergeschmettert haben, jetzt noch die Moral sie in die Hand nehmen will, findet sie so sehr schon gethane Arbeit, daß ihr wenig übrig bleibt. – Die Bestialität nun wieder ist ein völlig abnormales, sehr selten vorkommendes Vergehn, also wirklich etwas Exceptionelles, und dabei in so hohem Grade empörend und der menschlichen Natur entgegen, daß es selbst mehr, als irgend welche Vernunftgründe vermöchten, gegen sich selbst spricht und abschreckt. Uebrigens ist es, als Degradation der menschlichen Natur, ganz eigentlich ein Vergehn gegen die Species als solche und *in abstracto;* nicht gegen menschliche Individuen. – Von den drei in Rede stehenden Geschlechtsvergehn fällt demnach bloß die Päderastie der Ethik anheim, und wird daselbst ungezwungen ihre Stelle finden, bei Abhandlung der Gerechtigkeit: diese nämlich wird durch sie verletzt, und kann hiegegen das *volenti non fit injuria* nicht geltend gemacht werden: denn das Unrecht besteht in der Verführung des jüngeren und unerfahrenen Theils, welcher physisch und moralisch dadurch verdorben wird.

§ 6.

Vom **Fundament** *der Kantischen Ethik.*

An die im § 4 als *petitio principii* nachgewiesene imperative Form der Ethik knüpft sich unmittelbar eine Lieblingsvorstellung Kants, die zwar zu entschuldigen, aber nicht anzunehmen ist. – Wir sehn bisweilen einen Arzt, der ein Mittel mit glänzendem Erfolge angewandt hat, dasselbe fortan in fast allen Krankheiten geben: ihm vergleiche ich Kanten. Er hat, durch die Scheidung des *a priori* von dem *a posteriori* in der menschlichen Erkenntniß, die glänzendeste und folgenreichste Entdeckung gemacht, deren die Metaphysik sich rühmen kann. Was Wunder, daß er nun diese Methode und Sonderung überall anzuwenden sucht? Auch die Ethik soll daher aus einem reinen, d.h. *a priori* erkennbaren und aus einem empirischen Theile bestehn. Letztern weist er, als für die Begründung der Ethik unzulässig, ab. Erstern aber herauszufinden und gesondert darzustellen, ist sein Vorhaben in der »Grundlegung der Metaphysik der Sitten«, welche demgemäß eine Wissenschaft rein *a priori* seyn soll, in dem Sinne, wie die von ihm aufgestellten »Metaphysischen Anfangsgründe der Naturwissenschaft«. Sonach soll nun jenes, ohne Berechtigung und ohne Ableitung oder Beweis, als vorhanden zum voraus angenommene moralische Gesetz noch dazu ein *a priori* erkennbares, von aller innern wie äußern Erfahrung unabhängiges, »lediglich auf Begriffen der reinen Vernunft beruhendes, es soll ein synthetischer Satz *a priori* seyn« (Kritik der praktischen Vernunft, S. 56 der vierten Auflage; – R., S. 142): hiemit hängt genau zusammen, daß dasselbe bloß formal seyn muß, wie alles *a priori* Erkannte, mithin bloß auf die Form, nicht auf den Inhalt der Handlungen sich beziehn muß. – Man denke, was das sagen will! – Er fügt (S. VI. der Vorrede zur Grundlegung; – R., S. 5) ausdrücklich hinzu, daß es »nicht in der Natur des Menschen (dem Subjektiven), noch in den Umständen in der Welt (dem Objektiven) gesucht werden dürfe« und (eben daselbst S. VII; R., S. 6), daß »nicht das Mindeste dabei entlehnt werden dürfe aus der Kenntniß des Menschen, d. i. der Anthropologie«. Er wiederholt noch (S. 59; – R., S. 52), »daß man sich ja nicht in den Sinn kommen lassen dürfe, die Realität seines Moralprincips aus der besondern Beschaffenheit der menschlichen Natur ableiten zu wollen«; desgleichen (S. 60; – R., S. 52): daß »Alles, was aus einer besondern Naturanlage der Menschheit, aus gewissen Gefühlen und Hange, ja sogar, wo möglich, aus einer besondern Richtung, die der menschlichen Natur eigen wäre und nicht nothwendig für den Willen jedes vernünftigen Wesens gelten müßte, abgeleitet wird«, keine Grundlage für das moralische Gesetz abgeben könne. Dies bezeugt unwidersprechlich, daß er das angebliche Moralgesetz nicht als eine Thatsache des Bewußtseyns, ein empirisch Nachweisbares, aufstellt; wofür die Philosophaster neuerer Zeit, sammt und sonders, es ausgeben möchten. – Wie alle innere, so weist er noch entschiedener alle äußere Erfahrung ab, indem er jede empirische Grundlage der Moral verwirft. Er gründet also, welches ich wohl zu merken bitte, sein Moralprincip nicht auf irgend eine nachweisbare Thatsache des Bewußtseyns, etwan eine innere Anlage; – so wenig wie auf irgend ein objektives Verhältniß der Dinge in der Außenwelt. Nein! Das wäre eine empirische Grundlage. Sondern reine Begriffe *a priori*, d. h. Begriffe, die noch gar keinen Inhalt, aus der äußern oder innern Erfahrung, haben, also pure Schaale ohne Kern sind, sollen die Grundlage der Moral seyn. Man erwäge, wie Viel das sagen will: das menschliche Bewußtseyn sowohl, als die ganze Außenwelt, sammt aller Erfahrung und Thatsachen in ihnen, ist unter unsern Füßen weggezogen. Wir haben nichts, worauf wir stehn. Woran aber sollen wir uns halten? An ein Paar ganz abstrakter, noch völlig stoffloser Begriffe, die ebenfalls gänzlich in der Luft schweben. Aus diesen, ja, eigentlich aus der bloßen Form ihrer Verbindung zu Urtheilen, soll ein Gesetz hervorgehn, welches mit sogenannter absoluter Nothwendigkeit gelten und die Kraft haben soll, dem Drange der Begierden, dem Sturm der Leidenschaft, der Riesengröße des Egoismus Zaum und Gebiß anzulegen. Das wollen wir denn doch sehn.

Mit diesem vorgefaßten Begriff von der unumgänglich nöthigen Apriorität und Reinheit von allem Empirischen für die Grundlage der Moral, ist eine zweite Lieblingsvorstellung Kants eng verknüpft: nämlich, das aufzustellende Moralprincip, da es ein synthetischer Satz *a priori*, von bloß formellem Inhalt, mithin ganz Sache der reinen Vernunft seyn muß, soll als solches auch nicht für Menschen allein, sondern für alle möglichen vernünftigen Wesen und »allein darum«, also nebenbei und *per accidens* [zufällig], auch für die Menschen gelten. Denn dafür ist es auf reine Vernunft (die nichts, als sich selbst und den Satz vom Widerspruch kennt) und nicht auf irgend ein Gefühl basirt. Diese reine Vernunft wird also hier nicht als eine Erkenntnißkraft des Menschen, was sie doch allein ist, genommen; sondern als etwas für sich Bestehendes hypostasirt, ohne alle Befugniß und zu perniciosestem [verderblichstem] Beispiel und Vorgang; welches zu belegen unsere jetzige erbärmliche philosophische Zeitperiode dienen kann. Inzwischen ist diese Aufstellung der Moral nicht für Menschen als Menschen, sondern für alle vernünftige Wesen als solche, Kanten eine so angelegene Hauptsache und Lieblingsvorstellung, daß er nicht müde wird, sie bei jeder Gelegenheit zu wiederholen. Ich sage dagegen, daß man nie zur Aufstellung eines *Genus* [Gattung] befugt ist, welches uns nur in einer einzigen Species [Art] gegeben ist, in dessen Begriff man daher schlechterdings nichts bringen könnte, als was man dieser einen Species entnommen hätte, daher was man vom *Genus* aussagte, doch immer nur von der einen Species zu verstehn seyn würde; während, indem man, um das *Genus* zu bilden, unbefugt weggedacht hätte, was dieser Species zukommt, man vielleicht gerade die Bedingung der Möglichkeit der übrig gelassenen und als *Genus* hypostasirten Eigenschaften aufgehoben hätte. Wie wir die Intelligenz überhaupt schlechterdings nur als eine Eigenschaft animalischer Wesen kennen und deshalb nimmermehr berechtigt sind, sie als außerdem und unabhängig von der animalischen Natur existirend zu denken; so kennen wir die Vernunft allein als Eigenschaft des menschlichen Geschlechts und sind schlechterdings nicht befugt, sie als außer diesem existirend zu denken und ein Genus »Vernünftige Wesen« aufzustellen, welches von seiner alleinigen Species »Mensch« verschieden wäre, noch weniger aber, für solche imaginäre vernünftige Wesen *in abstracto* Gesetze aufzustellen. Von vernünftigen Wesen außer dem Menschen zu reden, ist nicht anders, als wenn man von schweren Wesen außer den Körpern reden wollte. Man kann sich des Verdachts nicht erwehren, daß Kant dabei ein wenig an die lieben Engelein gedacht, oder doch auf deren Beistand in der Ueberzeugung des Lesers gezählt habe. Jedenfalls liegt darin eine stille Voraussetzung der *anima rationalis* [des vernünftigen Seelenteils], welche, von der *anima sensitiva* und *anima vegetativa* [vom wahrnehmenden und vegetativen Seelenteil] ganz verschieden, nach dem Tode übrig bliebe und dann weiter nichts wäre, als eben *rationalis.* Aber dieser völlig transscendenten

Hypostase hat er doch selbst, in der Kritik der reinen Vernunft, ausdrücklich und ausführlich ein Ende gemacht. Inzwischen sieht man in der Kantischen Ethik, zumal in der Kritik der praktischen Vernunft, stets im Hintergrunde den Gedanken schweben, daß das innere und ewige Wesen des Menschen in der Vernunft bestände. Ich muß hier, wo die Sache nur beiläufig zur Sprache kommt, es bei der bloßen Assertion des Gegentheils bewenden lassen, daß nämlich die Vernunft, wie das Erkenntnißvermögen überhaupt, ein Sekundäres, ein der Erscheinung Angehöriges, ja durch den Organismus Bedingtes, hingegen der eigentliche Kern, das allein Metaphysische und daher Unzerstörbare im Menschen sein Wille ist.

Indem also Kant die Methode, welche er mit so vielem Glück in der theoretischen Philosophie angewandt hatte, auf die praktische übertragen und demnach auch hier die reine Erkenntniß *a priori* von der empirischen *a posteriori* trennen wollte, nahm er an, daß, wie wir die Gesetze des Raums, der Zeit und der Kausalität *a priori* erkennen; so auch, oder doch auf analoge Weise, die moralische Richtschnur für unser Thun vor aller Erfahrung uns gegeben sei und sich äußere als kategorischer Imperativ, als absolutes Soll. Aber wie himmelweit ist der Unterschied zwischen jenen theoretischen Erkenntnissen *a priori,* welche darauf beruhen, daß sie die bloßen Formen, d. h. Funktionen, unsers Intellekts ausdrücken, mittelst deren allein wir eine objektive Welt aufzufassen fähig sind, in denen diese sich also darstellen muß, daher eben für dieselbe jene Formen absolut gesetzgebend sind, so daß alle Erfahrung jedesmal ihnen genau entsprechen muß, wie Alles, was ich durch ein blaues Glas sehe, sich blau darstellen muß, – und jenem angeblichen Moralgesetz *a priori,* dem die Erfahrung bei jedem Schritte Hohn spricht, ja, nach Kanten selbst, es zweifelhaft läßt, ob sie sich auch nur ein einziges Mal wirklich nach demselben gerichtet habe. Welche ganz disparate Dinge werden hier unter den Begriff der Apriorität zusammengestellt! Zudem übersah Kant, daß, seiner eigenen Lehre zufolge, in der theoretischen Philosophie, gerade die Apriorität der erwähnten, von der Erfahrung unabhängigen Erkenntnisse sie auf die bloße Erscheinung, d. h. die Vorstellung der Welt in unserm Kopfe, beschränkt und ihnen alle Gültigkeit hinsichtlich auf das Wesen an sich der Dinge, d. h. das unabhängig von unserer

Auffassung Vorhandene, völlig benimmt. Diesem entsprechend müßte, auch in der praktischen Philosophie, sein angebliches Moralgesetz, wenn es *a priori* in unserm Kopfe entsteht, gleichfalls nur eine Form der Erscheinung seyn und das Wesen an sich der Dinge unberührt lassen. Allein diese Konsequenz würde im größten Widerspruche sowohl mit der Sache selbst, als mit Kants Ansichten derselben stehn; da er durchgängig (z. B. Kritik der praktischen Vernunft, S. 175; – R., S. 228) gerade das Moralische in uns als in der engsten Verbindung mit dem wahren Wesen an sich der Dinge, ja, als unmittelbar dieses treffend, darstellt; auch in der Kritik der reinen Vernunft, überall wo das geheimnißvolle Ding an sich irgend deutlicher hervortritt, es sich zu erkennen giebt als das Moralische in uns, als Wille. – Aber darüber hat er sich hinweggesetzt.

Ich habe § 4 gezeigt, daß Kant die imperative Form der Ethik, also den Begriff des Sollens, des Gesetzes und der Pflicht, ohne Weiteres aus der theologischen Moral herübergenommen, während er Das, was diesen Begriffen dort allein Kraft und Bedeutung verleiht, doch zurücklassen mußte. Um nun aber doch jene Begriffe zu begründen, geht er so weit, zu verlangen, daß der Begriff der Pflicht selbst auch der Grund der Erfüllung dieser, also das Verpflichtende sei. Eine Handlung, sagt er (S. 11; – R., S. 18), habe erst dann ächten moralischen Werth, wann sie lediglich aus Pflicht, und bloß um der Pflicht Willen geschehe, ohne irgend eine Neigung zu ihr. Der Werth des Charakters hebe erst da an, wenn Jemand, ohne Sympathie des Herzens, kalt und gleichgültig gegen die Leiden Anderer, und nicht eigentlich zum Menschenfreunde geboren, doch bloß der leidigen Pflicht halber Wohlthaten erzeigte. Diese, das ächte moralische Gefühl empörende Behauptung, diese, der Christlichen Sittenlehre, welche die Liebe über Alles setzt und ohne sie nichts gelten läßt (1. Korinther, 13, 3), gerade entgegengesetzte Apotheose der Lieblosigkeit, diesen taktlosen, moralischen Pedantismus hat Schiller in zwei treffenden Epigrammen persiflirt, überschrieben »Gewissensskrupel und Entscheidung«. Die nächste Veranlassung zu diesen scheinen einige ganz hieher gehörige Stellen der Kritik der praktischen Vernunft gegeben zu haben, so z. B. S. 150; – R., S. 211: »Die

Gesinnung, die dem Menschen, das moralische Gesetz zu befolgen, obliegt, ist, es aus Pflicht, nicht aus freiwilliger Zuneigung und auch allenfalls unbefohlener, von selbst gern unternommener Bestrebung zu befolgen.« – Befohlen muß es seyn! Welche Sklavenmoral! Und eben daselbst S. 213; – R., S. 257, wo es heißt: »daß Gefühle des Mitleids und der weichherzigen Theilnahme wohldenkenden Personen selbst lästig wären, weil sie ihre überlegten Maximen in Verwirrung brächten und daher den Wunsch bewirkten, ihrer entledigt und allein der gesetzgebenden Vernunft unterworfen zu seyn«. Ich behaupte zuversichtlich, daß was dem obigen (S. 11; – R., S. 18, geschilderten), lieblosen, gegen fremde Leiden gleichgültigen Wohlthäter die Hand öffnet (wenn er nicht Nebenabsichten hat), nimmermehr etwas Anderes seyn kann, als sklavische Deisidämonie [Dämonenfurcht], gleichviel ob er seinen Fetisch »kategorischen Imperativ« betitelt oder Fitzlipuzli.* Was Anderes könnte denn ein hartes Herz bewegen, als nur die Furcht?

Obigen Ansichten entsprechend soll, nach S. 13; – R., S. 19, der moralische Werth einer Handlung durchaus nicht in der Absicht liegen, in der sie geschah, sondern in der Maxime, die man befolgte. Wogegen ich zu bedenken gebe, daß die Absicht allein über moralischen Werth, oder Unwerth einer That entscheidet, weshalb die selbe That, je nach ihrer Absicht, verwerflich, oder lobenswerth seyn kann. Daher auch, so oft unter Menschen eine Handlung von irgend moralischem Belange diskutirt wird, Jeder nach der Absicht forscht und nach dieser allein die Handlung beurtheilt; wie auch andererseits mit der Absicht allein Jeder sich rechtfertigt, wenn er seine Handlung mißdeutet sieht, oder sich entschuldigt, wenn sie einen nachtheiligen Erfolg gehabt.

Seite 14; – R., S. 20, erhalten wir endlich die Definition des Grundbegriffes der ganzen Kantischen Ethik, der Pflicht: sie sei »die Nothwendigkeit einer Handlung, aus Achtung vor dem Gesetz«. – Aber was nothwendig ist, das geschieht und ist unausbleiblich; hingegen die Handlungen aus reiner Pflicht bleiben nicht nur meistens aus; sondern sogar gesteht Kant selbst, S. 25; – R., S. 28, daß man

* Richtiger Huitzilopochtli, Mexikanische Gottheit.

von der Gesinnung, aus reiner Pflicht zu handeln, gar keine sichere Beispiele habe; – und S. 26; – R., S. 29, »es sei schlechterdings unmöglich, durch Erfahrung einen einzigen Fall mit Gewißheit auszumachen, wo eine pflichtmäßige Handlung lediglich auf der Vorstellung der Pflicht beruht habe«, und eben so S. 28; – R., S. 30, und S. 49; – R., S. 50. In welchem Sinn kann denn einer solchen Handlung Nothwendigkeit beigelegt werden? Da es billig ist, einen Autor stets auf das günstigste auszulegen, wollen wir sagen, daß seine Meinung dahin geht, eine pflichtmäßige Handlung sei objektiv nothwendig, aber subjektiv zufällig. Allein gerade das ist nicht so leicht gedacht, wie gesagt: wo ist denn das Objekt dieser objektiven Nothwendigkeit, deren Erfolg in der objektiven Realität meistens und vielleicht immer ausbleibt? Bei aller Billigkeit der Auslegung kann ich doch nicht umhin zu sagen, daß der Ausdruck der Definition »Nothwendigkeit einer Handlung« nichts Anderes ist, als eine künstlich versteckte, sehr gezwungene Umschreibung des Wortes Soll. Diese Absicht wird uns noch deutlicher, wenn wir bemerken, daß in der selben Definition das Wort Achtung gebraucht ist, wo Gehorsam gemeint war. Nämlich in der Anmerkung, S. 16; – R., S. 21, heißt es: »Achtung bedeutet bloß die Unterordnung meines Willens unter einem Gesetz. Die unmittelbare Bestimmung durchs Gesetz und das Bewußtseyn derselben heißt Achtung.« – In welcher Sprache? Was hier angegeben ist, heißt auf Deutsch Gehorsam. Da aber das Wort Achtung nicht ohne Grund so unpassend an die Stelle des Wortes Gehorsam gesetzt seyn kann; so muß es wohl irgend einer Absicht dienen, und diese ist offenbar keine andere, als die Abstammung der imperativen Form und des Pflichtbegriffs aus der theologischen Moral zu verschleiern; wie wir vorhin sahen, daß der Ausdruck Nothwendigkeit einer Handlung, der so sehr gezwungen und ungeschickt die Stelle des Soll vertritt, nur deshalb gewählt war, weil das Soll gerade die Sprache des Dekalogs ist. Obige Definition: »Pflicht ist die Nothwendigkeit einer Handlung aus Achtung vor dem Gesetz«, würde also in ungezwungener und unverdeckter Sprache, d. h. ohne Maske, lauten: »Pflicht bedeutet eine Handlung, die aus Gehorsam gegen ein Gesetz geschehn soll.« – Dies ist »des Pudels Kern«.

Nun aber das Gesetz, dieser letzte Grundstein der Kantischen Ethik! Was ist sein Inhalt? Und wo steht es geschrieben? Dies ist die Hauptfrage. Ich bemerke zunächst, daß es zwei Fragen sind: Die eine geht auf das Princip, die andere auf das Fundament der Ethik, zwei ganz verschiedene Dinge, obwohl sie meistens und bisweilen wohl absichtlich vermischt werden.

Das Princip oder der oberste Grundsatz einer Ethik ist der kürzeste und bündigste Ausdruck für die Handlungsweise, die sie vorschreibt, oder, wenn sie keine imperative Form hätte, die Handlungsweise, welcher sie eigentlichen moralischen Werth zuerkennt. Es ist mithin ihre, durch einen Satz ausgedrückte Anweisung zur Tugend überhaupt, also das ὅ,τι [Daß] der Tugend. – Das Fundament einer Ethik hingegen ist das διότι [Deshalb] der Tugend, der Grund jener Verpflichtung oder Anempfehlung oder Belobung, er mag nun in der Natur des Menschen, oder in äußeren Weltverhältnissen, oder worin sonst gesucht werden. Wie in allen Wissenschaften sollte man auch in der Ethik das ὅ,τι vom διότι deutlich unterscheiden. Die meisten Ethiker verwischen hingegen geflissentlich diesen Unterschied: wahrscheinlich weil das ὅ,τι so leicht, das διότι hingegen so entsetzlich schwer anzugeben ist; daher man gern die Armuth auf der einen Seite durch den Reichthum auf der andern zu kompensiren und, mittelst Zusammenfassung Beider in einen Satz, eine glückliche Vermählung der Πενια [Armut] mit dem Πορος [Überfluß] zu Stande zu bringen sucht. Meistens geschieht dies dadurch, daß man das Jedem wohlbekannte ὅ,τι nicht in seiner Einfachheit ausspricht, sondern es in eine künstliche Formel zwängt, aus der es erst als Konklusion gegebener Prämissen geschlossen werden muß; wobei dann dem Leser zu Muthe wird, als hätte er nicht bloß die Sache, sondern auch den Grund der Sache erfahren. Hievon kann man sich an den meisten allbekannten Moralprincipien leicht überzeugen. Da nun aber ich, im folgenden Theil, dergleichen Kunststücke nicht auch vorhabe, sondern ehrlich zu verfahren und nicht das Princip der Ethik zugleich als ihr Fundament geltend zu machen, vielmehr Beide ganz deutlich zu sondern gedenke; so will ich jenes ὅ,τι, also das Princip, den Grundsatz, über dessen Inhalt alle Ethiker eigentlich einig sind, in so verschiedene Formen sie ihn auch kleiden, gleich hier auf den Ausdruck zurückführen, den ich für den allereinfachsten und reinsten halte: *Neminem laede; imo omnes, quantum potes, juva* [Verletze niemanden; vielmehr hilf allen, soweit du kannst]. Dies ist eigentlich der Satz, welchen zu begründen alle Sittenlehrer sich abmühen, das gemeinsame Resultat ihrer so verschiedenartigen Deduktionen: es ist das ὅ,τι zu welchem das διότι noch immer gesucht wird, die Folge, zu der man den Grund verlangt, folglich selbst erst das *Datum* [Gegebene], zu welchem das *Quaesitum* [Gefragte] das Problem jeder Ethik, wie auch der vorliegenden Preisfrage ist. Die Lösung dieses Problems wird das eigentliche Fundament der Ethik liefern, welches man, wie den Stein der Weisen, seit Jahrtausenden sucht. Daß aber das *Datum*, das ὅ,τι, das Princip, wirklich seinen reinsten Ausdruck an obiger Formel hat, ist daraus ersichtlich, daß diese zu jedem andern Moralprincip sich als Konklusion zu den Prämissen, also als das, wohin man eigentlich will, verhält; so daß jedes andere Moralprincip als eine Umschreibung, ein indirekter oder verblümter Ausdruck, jenes einfachen Satzes anzusehn ist. Dies gilt z. B. selbst von dem für einfach gehaltenen, trivialen Grundsatz: *Quod tibi fieri non vis, alteri ne feceris** [Was du nicht willst, daß man dir tu, das füge keinem andern zu], dessen Mangel, daß er bloß die Rechts- und nicht die Tugendpflichten ausdrückt, durch eine Wiederholung ohne *non* und *ne* leicht abzuhelfen ist. Denn auch er will alsdann eigentlich sagen: *Neminem laede, imo omnes, quantum potes, juva;* führt aber auf einem Umweg dahin, und gewinnt dadurch das Ansehn, als hätte er auch den Realgrund, das διότι jener Vorschrift gegeben; was doch nicht der Fall ist, da daraus, daß ich nicht will, daß mir etwas geschehe, keineswegs folgt, daß ich es Andern nicht thun solle. Das Selbe gilt von jedem bisher aufgestellten Princip oder obersten Grundsatz der Moral.

Wenn wir jetzt zurückkehren zu unserer obigen Frage: wie lautet denn das Gesetz, in dessen Befolgung, nach Kant, die Pflicht besteht; und worauf ist es gegründet? – so werden wir finden, daß auch Kant das Princip der Moral mit dem Fundament derselben auf eine sehr künstliche Weise eng verknüpft hat. Ich erinnere nunmehr an die schon anfangs

* Hugo Grotius führt ihn auf Kaiser Severus zurück.

in Erwägung genommene Forderung Kants, daß das Moralprincip rein *a priori* und rein formal, ja, ein synthetischer Satz *a priori* seyn soll, und daher keinen materialen Inhalt haben und auf gar nichts Empirischem, d. h. weder auf etwas Objektivem in der Außenwelt, noch auf etwas Subjektivem im Bewußtseyn, dergleichen irgend ein Gefühl, Neigung, Trieb wäre, beruhen darf. Kant war sich der Schwierigkeit dieser Aufgabe deutlich bewußt; da er S. 60; – R., S. 53, sagt: »Hier sehn wir nun die Philosophie in der That auf einen mißlichen Standpunkt gestellt, der fest seyn soll, unerachtet er weder im Himmel noch auf Erden an Etwas hängt, oder woran gestützt wird.« Um so mehr müssen wir mit Spannung der Lösung der Aufgabe, die er sich selbst gestellt hat, entgegen sehn und begierig erwarten, wie nun Etwas aus Nichts werden, d. h. aus rein apriorischen Begriffen, ohne allen empirischen und materialen Inhalt, die Gesetze des materialen, menschlichen Handelns konkresciren [zusammenwachsen] sollen; – ein Proceß, als dessen Symbol wir jenen chemischen betrachten können, vermöge dessen aus drei unsichtbaren Gasen (Azot [Stickstoff], Hydrogen [Wasserstoff], Chlor) also im scheinbar leeren Raum, vor unsern Augen fester Salmiak entsteht. – Ich will aber den Proceß, durch welchen Kant diese schwierige Aufgabe löst, deutlicher, als er selbst gewollt oder gekonnt hat, darlegen. Dies möchte um so nöthiger seyn, als derselbe selten recht verstanden zu seyn scheint. Denn fast alle Kantianer sind in den Irrthum gerathen, daß Kant den kategorischen Imperativ unmittelbar als eine Thatsache des Bewußtseyns aufstelle: dann wäre er aber anthropologisch, durch Erfahrung, wenn gleich innere, also empirisch begründet; welches der Ansicht Kants schnurstracks entgegen läuft und von ihm wiederholentlich abgewiesen wird. Daher sagt er S. 48; – R., S. 44: »es sei nicht empirisch auszumachen, ob es überall irgend einen solchen kategorischen Imperativ gebe«; wie auch S. 49; – R., S. 45: »die Möglichkeit des kategorischen Imperativs sei ganz *a priori* zu untersuchen; da uns hier nicht der Vortheil zu Statten komme, daß dessen Wirklichkeit in der Erfahrung gegeben sei«. Aber schon sein erster Schüler, Reinhold, ist in jenem Irrthum befangen, da er in seinen »Beiträgen zur Uebersicht der Philosophie am Anfange des 19. Jahrhunderts«, Heft 2, S. 21, sagt: »Kant nimmt das Moralgesetz als ein unmittelbar gewisses Faktum, als ursprüngliche Thatsache des moralischen Bewußtseyns an.« Hätte aber Kant den kategorischen Imperativ als Thatsache des Bewußtseyns, mithin empirisch begründen wollen; so würde er nicht ermangelt haben, ihn wenigstens als solche nachzuweisen. Aber nirgends findet sich dergleichen. Meines Wissens geschieht das erste Auftreten des kategorischen Imperativs in der Kritik der reinen Vernunft (S. 802 der ersten und S. 830 der fünften Auflage), wo derselbe unangemeldet und mit dem vorhergegangenen Satze nur durch ein völlig unberechtigtes »Daher« zusammenhängend, ganz *ex nunc* [aus dem Augenblick heraus] auftritt. Förmlich eingeführt wird er zuerst in der hier von uns in besondere Betrachtung genommenen »Grundlage zur Metaphysik der Sitten«, und zwar ganz auf apriorischem Wege, durch eine Deduktion aus Begriffen. Hingegen eine im fünften Heft der eben genannten, für die kritische Philosophie so wichtigen Zeitschrift Reinholds befindliche »*Formula concordiae* des Kriticismus« stellt S. 122 sogar folgenden Satz auf: »Wir unterscheiden das moralische Selbstbewußtseyn von der Erfahrung, mit welcher dasselbe, als eine ursprüngliche Thatsache, über welche kein Wissen hinausgehn kann, im menschlichen Bewußtseyn verbunden ist, und wir verstehn unter jenem Selbstbewußtseyn das unmittelbare Bewußtseyn der Pflicht, d.h. der Nothwendigkeit, die von Lust und Unlust unabhängige Gesetzmäßigkeit des Willens zur Triebfeder und Richtschnur der Willenshandlungen anzunehmen.« – Da hätten wir freilich »einen erklecklichen Satz, ja, und der auch was setzt.« (Schiller [»Die Philosophen«]). Aber im Ernst: zu welcher unverschämten *petitio principii* [Beweiserschleichung] sehn wir hier Kants Moralgesetz angewachsen! Wenn Das wahr wäre, so hätte freilich die Ethik ein Fundament von unvergleichlicher Solidität, und es bedürfte keiner Preisfragen, um zum Aufsuchen desselben zu ermuntern. Dann wäre aber auch das größte Wunder, daß man eine solche Thatsache des Bewußtseyns so spät entdeckt hätte; während man Jahrtausende hindurch eifrig und mühsam nach einer Grundlage für die Moral suchte. Wodurch aber Kant selbst zu dem gerügten Irrthum Anlaß gegeben, werde ich weiter unten beibringen. Dennoch könnte man sich über das unangefochtene Herrschen eines solchen Grundirrthums unter den Kantianern wundern: aber haben sie, während sie zahllose Bücher über

Kants Philosophie schrieben, doch nicht ein Mal die Verunstaltung bemerkt, welche die Kritik der reinen Vernunft in der zweiten Auflage erfuhr und vermöge der sie ein inkohärentes, sich selber widersprechendes Buch wurde; was erst jetzt an den Tag gekommen, und, wie mir dünkt, ganz richtig auseinandergesetzt ist in Rosenkranzens Vorrede zum zweiten Band der Gesammtausgabe der Kantischen Werke. Man muß bedenken, daß vielen Gelehrten das unablässige Lehren vom Katheder und in Schriften zum gründlichen Lernen nur wenig Zeit läßt. Das *docendo disco* [durch Lehren lerne ich: nach Seneca, *epist.* 7] ist nicht unbedingt wahr, vielmehr möchte man bisweilen es parodiren: *semper docendo nihil disco* [durch fortwährendes Lehren komme ich nicht zum Lernen]; und sogar ist nicht ganz ohne Grund, was Diderot dem Neffen Rameau's in den Mund legt: »Und diese Lehrer, glaubt ihr denn, daß sie die Wissenschaften verstehn werden, worin sie Unterricht geben? Possen, lieber Herr, Possen. Besäßen sie die Kenntnisse hinlänglich, um sie zu lehren, so lehrten sie sie nicht.« – »Und warum« – – »Sie hätten ihr Leben verwendet, sie zu studiren.« (Goethes Uebersetzung, S. 104 [im 2. Viertel des Dialogs; gekürzt].) – Auch Lichtenberg sagt: »Ich habe das schon mehr bemerkt, die Leute von Profession wissen oft das Beste nicht« [*Vermischte Schriften,* 1844, Bd. I, S. 169]. Was aber (zur Kantischen Moral zurückzukehren) das Publikum betrifft; so setzen die Meisten, wenn nur das Resultat zu ihren moralischen Gefühlen stimmt, sofort voraus, es werde mit der Ableitung desselben schon seine Richtigkeit haben, und werden sich mit dieser, wenn sie schwierig aussieht, nicht tief einlassen; sondern sich hierin auf die Leute »vom Fach« verlassen.

Kants Begründung seines Moralgesetzes ist also keineswegs die empirische Nachweisung desselben als einer Thatsache des Bewußtseyns, noch eine Appellation an das moralische Gefühl, noch eine *petitio principii* unter dem vornehmen modernen Namen eines »absoluten Postulats«; sondern es ist ein sehr subtiler Gedankenproceß, welchen er uns zwei Mal, S. 17 und 51; – R., S. 22 und 46, vorführt, und von dem Folgendes die verdeutlichte Darstellung ist.

Da Kant, indem er alle empirische Triebfedern des Willens verschmähete, alles Objektive und alles Subjektive, darauf ein Gesetz für denselben zu gründen wäre, als empirisch, zum voraus weggenommen hat; so bleibt ihm zum Stoff dieses Gesetzes nichts übrig, als dessen eigene Form. Diese nun ist eben nur die Gesetzmäßigkeit. Die Gesetzmäßigkeit aber besteht im Gelten für Alle, also in der Allgemeingültigkeit. Diese demnach wird zum Stoff. Folglich ist der Inhalt des Gesetzes nichts Anderes, als seine Allgemeingültigkeit selbst. Demzufolge wird es lauten: »Handle nur nach der Maxime, von der du zugleich wollen kannst, daß sie allgemeines Gesetz für alle vernünftige Wesen werde.« – Dieses also ist die so allgemein verkannte, eigentliche Begründung des Moralprincips Kants, mithin das Fundament seiner ganzen Ethik. – Man vergleiche noch Kritik der praktischen Vernunft, S. 61; – R., S. 147, das Ende der Anmerkung 1. – Dem großen Scharfsinn, womit Kant das Kunststück ausgeführt hat, zolle ich meine aufrichtige Bewunderung, fahre aber in meiner ernsten Prüfung nach dem Maaßstabe der Wahrheit fort. Ich bemerke nur noch, zum Behuf nachheriger Wiederaufnahme, daß die Vernunft, indem und insofern sie das eben dargelegte specielle Räsonnement vollzieht, den Namen der praktischen Vernunft erhält. Der kategorische Imperativ der praktischen Vernunft ist aber das aus dem dargelegten Gedankenproceß sich als Resultat ergebende Gesetz: also ist die praktische Vernunft keineswegs, wie die Meisten, und auch schon Fichte, es ansahen, ein nicht weiter zurückzuführendes besonderes Vermögen, eine *qualitas occulta* [verborgene Eigenschaft], eine Art Moralitäts-Instinkt, dem *moral sense* [sittlichen Sinn] des *Hutcheson* ähnlich; sondern ist (wie auch Kant in der Vorrede, S. XII; – R., S. 8, und oft genug außerdem sagt) Eins und dasselbe mit der theoretischen Vernunft, ist nämlich diese selbst, sofern sie den dargelegten Gedankenproceß vollzieht. Fichte nämlich nennt den kategorischen Imperativ Kants ein absolutes Postulat (Grundlage der gesammten Wissenschaftslehre, Tübingen 1802, S. 240, Anmerkung). Dies ist der moderne, beschönigende Ausdruck für *petitio principii,* und so auch hat er selbst den kategorischen Imperativ durchgängig genommen, ist also im oben gerügten Irrthum mitbegriffen.

Der Einwand nun, welchem jene von Kant der Moral gegebene Grundlage zunächst und unmittelbar unterliegt, ist, daß dieser Ursprung eines Moralgesetzes in uns darum unmöglich ist, weil er voraussetzt, daß der Mensch ganz von selbst auf den Einfall käme, sich nach einem Gesetz für seinen Willen, dem dieser sich zu unterwerfen und zu fügen hätte, umzusehn und zu erkundigen. Dies aber kann ihm unmöglich von selbst in den Sinn kommen, sondern höchstens nur, nachdem schon eine andere, positiv wirksame, reale und als solche sich von selbst ankündigende, ungerufen auf ihn einwirkende, ja eindringende, moralische Triebfeder den ersten Anstoß und Anlaß dazu gegeben hätte. So etwas aber würde der Annahme Kants widerstreiten, welcher zufolge der obige Gedankenproceß selbst der Ursprung aller moralischen Begriffe, das *punctum saliens* [der springende Punkt] der Moralität seyn soll. So lange nun also Jenes nicht der Fall ist, indem es, *ex hypothesi* [der Annahme zufolge], keine andere moralische Triebfeder, als den dargelegten Gedankenproceß giebt; so lange bleibt die Richtschnur des menschlichen Handelns allein der Egoismus, am Leitfaden des Gesetzes der Motivation, d. h. die jedesmaligen, ganz empirischen und egoistischen Motive bestimmen, in jedem einzelnen Fall, das Handeln des Menschen, allein und ungestört; da unter dieser Voraussetzung keine Aufforderung für ihn und gar kein Grund vorhanden ist, weswegen es ihm einfallen sollte, nach einem Gesetz zu fragen, welches sein Wollen beschränkte und dem er dieses zu unterwerfen hätte, geschweige nach einem solchen zu forschen und zu grübeln, wodurch es allererst möglich würde, daß er auf den sonderbaren Gedankengang der obigen Reflexion geriethe. Hiebei ist es einerlei, welchen Grad der Deutlichkeit man dem Kantischen Reflexionsprocesse geben will, ob man ihn etwan herabstimmen möchte zu einer nur dunkel gefühlten Ueberlegung. Denn keine Aenderung hierin ficht die Grundwahrheiten an, daß aus Nichts nichts wird, und daß eine Wirkung eine Ursache verlangt. Die moralische Triebfeder muß schlechterdings, wie jedes den Willen bewegende Motiv, eine sich von selbst ankündigende, deshalb positiv wirkende, folglich reale seyn: und da für den Menschen nur das Empirische, oder doch als möglicherweise empirisch vorhanden Vorausgesetzte, Realität hat; so muß die moralische Triebfeder in der That eine empirische seyn und als solche ungerufen sich ankündigen, an uns kommen, ohne auf unser Fragen danach zu warten, von selbst auf uns eindringen, und dies mit solcher Gewalt, daß sie die entgegenstehenden, riesenstarken, egoistischen Motive wenigstens möglicherweise überwinden kann. Denn die Moral hat es mit dem wirklichen Handeln des Menschen und nicht mit apriorischem Kartenhäuserbau zu thun, an dessen Ergebnisse sich im Ernste und Drange des Lebens kein Mensch kehren würde, deren Wirkung daher, dem Sturm der Leidenschaften gegenüber, so viel seyn würde, wie die einer Klystierspritze bei einer Feuersbrunst. Ich habe schon oben erwähnt, daß Kant es als ein großes Verdienst seines Moralgesetzes betrachtet, daß es bloß auf abstrakte, reine Begriffe *a priori*, folglich auf reine Vernunft gegründet ist, als wodurch es nicht bloß für Menschen, sondern für alle vernünftige Wesen als solche gültig sei. Wir müssen um so mehr bedauern, daß reine, abstrakte Begriffe *a priori*, ohne realen Gehalt und ohne alle irgendwie empirische Grundlage, wenigstens Menschen nie in Bewegung setzen können: von andern vernünftigen Wesen kann ich nicht mitreden. Daher ist der zweite Fehler der Kantischen Grundlage der Moralität Mangel an realem Gehalt. Dieser ist bisher nicht bemerkt worden, weil das oben deutlich dargelegte eigentliche Fundament der Kantischen Moral wahrscheinlich den allerwenigsten von Denen, die es celebrirt und propagirt haben, von Grund aus deutlich gewesen ist. Der zweite Fehler also ist gänzlicher Mangel an Realität und dadurch an möglicher Wirksamkeit. Es schwebt in der Luft, als ein Spinnengewebe der subtilsten, inhaltsleersten Begriffe, ist auf nichts basirt, kann daher nichts tragen und nichts bewegen. Und dennoch hat Kant demselben eine Last von unendlicher Schwere aufgebürdet, nämlich die Voraussetzung der Freiheit des Willens. Trotz seiner wiederholt ausgesprochenen Ueberzeugung, daß Freiheit in den Handlungen des Menschen schlechterdings nicht Statt haben kann, daß sie theoretisch nicht ein Mal ihrer Möglichkeit nach eingesehn werden kann (Kritik der praktischen Vernunft, S. 168; – R., S. 223), daß, wenn genaue Kenntniß des Charakters eines Menschen und aller auf ihn einwirkenden Motive gegeben wäre, das Handeln desselben sich so sicher und genau wie eine Mondfinsterniß würde ausrechnen lassen (eben daselbst, S. 177; R., S. 230), wird dennoch, bloß auf den Kredit jenes so in der Luft schwebenden Fundaments der Moral, die Freiheit, wenn auch nur *idealiter* [als Idee] und als ein Postulat, angenommen, durch den berühmten Schluß: »Du kannst: denn Du sollst« [Schiller: *Xenien:* »Die Philosophen«]. Aber wenn man ein Mal deutlich erkannt hat, daß eine Sache nicht ist und nicht seyn kann, was hilft da alles Postuliren? Da wäre vielmehr Das, worauf das Postulat sich gründet, zu verwerfen, weil es eine unmögliche Voraussetzung ist, nach der Regel *a non posse ad non esse valet consequentia* [Was nicht möglich ist, das ist auch nicht wirklich], und mittelst eines apagogischen Beweises, der also hier den kategorischen Imperativ umstieße. Statt Dessen aber wird hier eine falsche Lehre auf die andere gebauet.

Der Unzulänglichkeit eines allein aus einem Paar ganz abstrakter und inhaltsleerer Begriffe bestehenden Fundaments der Moral muß Kant selbst im Stillen sich bewußt gewesen seyn. Denn in der Kritik der praktischen Vernunft, wo er, wie gesagt, überhaupt schon weniger strenge und methodisch zu Werke geht, auch durch seinen nunmehr errungenen Ruhm kühner geworden ist, verändert ganz allmälig das Fundament der Ethik seine Natur, vergißt beinah, daß es ein bloßes Gewebe abstrakter Begriffskombinationen ist, und scheint substantieller werden zu wollen. So z. B. ist daselbst S. 81; – R., S. 163, »das moralische Gesetz gleichsam ein Faktum der reinen Vernunft«. Was soll man bei diesem seltsamen Ausdruck sich denken? Das Faktische wird sonst überall dem aus reiner Vernunft Erkennbaren entgegengesetzt. – Imgleichen ist eben daselbst, S. 83; – R., S. 164, die Rede von »einer den Willen unmittelbar bestimmenden Vernunft« u. s. f. – Dabei nun sei man eingedenk, daß er jede anthropologische Begründung, jede Nachweisung des kategorischen Imperativs als einer Thatsache des Bewußtseyns in der Grundlegung ausdrücklich und wiederholt ablehnt, weil sie empirisch seyn würde. – Jedoch durch solche beiläufige Aeußerungen dreist gemacht, giengen die Nachfolger Kants sehr viel weiter auf jenem Wege fort. Fichte (System der Sittenlehre, S. 49) warnt geradezu, »daß man sich nicht verleiten lasse, das Bewußtseyn, daß wir Pflichten haben, weiter zu erklären und aus Gründen außer ihm ableiten zu wollen, weil dies der Würde und Absolutheit des Gesetzes Eintrag thue.« Schöne Exküse! – Und dann eben daselbst S. 66 sagt er, »das Princip der Sittlichkeit sei ein Gedanke, der sich auf die intellektuelle Anschauung der absoluten Thätigkeit der Intelligenz gründe und der unmittelbare Begriff der reinen Intelligenz von sich selbst sei«. Hinter welche Floskeln doch so ein Windbeutel seine Rathlosigkeit versteckt! – Wer sich überzeugen will, wie gänzlich die Kantianer Kants ursprüngliche Begründung und Ableitung des Moralgesetzes allmälig vergaßen oder ignorirten, sehe einen sehr lesenswerthen Aufsatz nach, in Reinholds Beiträgen zur Uebersicht der Philosophie im Anfang des 19. Jahrhunderts, Heft 2, 1801. Daselbst S. 105 und 106 wird behauptet, »daß in der Kantischen Philosophie die Autonomie (welche Eins ist mit dem kategorischen Imperativ) eine Thatsache des Bewußtseyns und auf nichts weiter zurückzuführen sei, indem sie sich durch ein unmittelbares Bewußtseyn ankündige«. – Dann wäre sie anthropologisch, mithin empirisch begründet, was Kants ausdrücklichen und wiederholten Erklärungen zuwiderläuft. – Dennoch wird eben daselbst S. 108 gesagt: »Sowohl in der praktischen Philosophie des Kriticismus, als auch in der gesammten gereinigten oder höhern Transscendentalphilosophie ist die Autonomie das durch sich selbst Begründete und Begründende, und keiner weitern Begründung Fähige und Bedürftige, das schlechthin Ursprüngliche, durch sich selbst Wahre und Gewisse, das Urwahre, das *prius* κατ' ἐξοχην [schlechthin Frühere], das absolute Princip. – Wer daher von dieser Autonomie einen Grund außer ihr selber vermuthet, fordert oder sucht, von dem muß die Kantische Schule glauben, daß es ihm entweder an moralischem Bewußtseyn fehle*, oder daß er dasselbe in der Spekulation durch falsche Grundbegriffe verkenne. Die Fichte-Schellingische Schule erklärt ihn mit derjenigen Geistlosigkeit behaftet, welche zum Philosophiren unfähig macht und den Charakter des unheiligen Pöbels und trägen Viehes, oder, wie Schelling sich schonender ausdrückt, des *profanum vulgus* [ungebildeten Volks, nach Horaz, *carmina,* III, 1] und *ignavum pecus* [schlappen Gesindels: nach Horaz, *epist.*, I, 19] ausmacht.« Wie es um die Wahrheit einer Lehre stehn müsse, die man mit solchen Trümpfen zu ertrotzen sucht, fühlt Jeder. Inzwischen müssen wir doch aus dem Respekt, den diese einflößten, die wahrhaft kindliche Gläubigkeit erklären, mit der die Kantianer den kategorischen Imperativ annah-

---

* Dacht' ich's doch! Wissen sie nichts Vernünftiges mehr zu erwidern,
Schieben sie's Einem geschwind in das Gewissen hinein.
Schiller [*Xenien:* »Die Philosophen«].

men und fortan als ausgemachte Sache behandelten. Denn da hier das Bestreiten einer theoretischen Behauptung leicht verwechselt werden konnte mit moralischer Ruchlosigkeit; so ließ Jeder, wenn er auch von dem kategorischen Imperativ in seinem eigenen Bewußtseyn nicht viel gewahr wurde, doch lieber hievon nichts laut werden, weil er im Stillen glaubte, daß bei Andern derselbe wohl stärkere Entwickelung haben und deutlicher hervortreten würde. Denn das Innere seines Gewissens kehrt Keiner gern nach außen.

Mehr und mehr also erscheint in der Kantischen Schule die praktische Vernunft mit ihrem kategorischen Imperativ als eine hyperphysische Thatsache, als ein Delphischer Tempel im menschlichen Gemüth, aus dessen finsterem Heiligthum Orakelsprüche, zwar leider nicht was geschehn wird, aber doch was geschehn soll, untrüglich verkündigen. Diese ein Mal angenommene, oder vielmehr erschlichene und ertrotzte Unmittelbarkeit der praktischen Vernunft wurde späterhin leider auch auf die theoretische übertragen; zumal da Kant selbst oft gesagt hatte, daß beide doch nur Eine und die selbe Vernunft seien (z. B. Vorrede, S. XII; – R., S. 8). Denn nachdem ein Mal zugestanden war, daß es in Hinsicht auf das Praktische eine *ex tripode* [vom Dreifuß der Seherin aus] diktirende Vernunft gebe, so lag der Schritt sehr nahe, ihrer Schwester, ja, eigentlich sogar Konsubstanzialin [Wesensgleichen], der theoretischen Vernunft, den selben Vorzug einzuräumen, und sie für eben so reichsunmittelbar wie jene zu erklären, wovon der Vortheil so unermeßlich wie augenfällig war. Nun ströhmten alle Philosophaster und Phantasten, den Atheistendenunzianten F. H. Jacobi an der Spitze, nach diesem ihnen unerwartet aufgegangenen Pförtlein hin, um ihre Sächelchen zu Markte zu bringen, oder um von den alten Erbstücken, welche Kants Lehre zu zermalmen drohte, wenigstens das Liebste zu retten. – Wie im Leben des Einzelnen ein Fehltritt der Jugend oft den ganzen Lebenslauf verdirbt, so hatte jene einzige von Kant gemachte falsche Annahme einer mit völlig transscendenten Kreditiven [Beglaubigungen] ausgestatteten und, wie die höchsten Appellationshöfe, »ohne Gründe« entscheidenden, praktischen Vernunft zur Folge, daß aus der strengen, nüchternen kritischen Philosophie die ihr heterogensten Lehren entsprangen, die Lehren von einer das »Uebersinnliche« erst bloß leise »ahndenden«, dann schon deutlich »vernehmenden«, endlich gar leibhaftig »intellektual anschauenden« Vernunft, für deren »absolute«, d. h. *ex tripode* gegebene, Aussprüche und Offenbarungen jetzt jeder Phantast seine Träumereien ausgeben konnte. Dies neue Privilegium ist redlich benutzt worden. Hier also liegt der Ursprung jener unmittelbar nach Kants Lehre auftretenden philosophischen Methode, die im Mystificiren, Imponiren, Täuschen, Sand in die Augen streuen und Windbeuteln besteht, deren Zeitraum die Geschichte der Philosophie einst unter dem Titel »Periode der Unredlichkeit« anführen wird. Denn der Charakter der Redlichkeit, des gemeinschaftlichen Forschens mit dem Leser, welchen die Schriften aller früheren Philosophen tragen, ist hier verschwunden: nicht belehren, sondern bethören will der Philosophaster dieser Zeit seinen Leser: davon zeugt jede Seite. Als Heroen dieser Periode glänzen Fichte und Schelling, zuletzt aber auch der selbst ihrer ganz unwürdige und sehr viel tiefer als diese Talent-Männer stehende, plumpe, geistlose Charlatan Hegel. Den Chorus machten allerlei Philosophieprofessoren, welche, mit ernsthafter Miene, vom Unendlichen, vom Absoluten und vielen andern Dingen, von denen sie schlechterdings nichts wissen konnten, ihrem Publiko vorerzählten.

Als Stufe zu jenem Prophetenthum der Vernunft mußte sogar der armsälige Witz dienen, daß, weil das Wort Vernunft von Vernehmen kommt, dasselbe besage, daß die Vernunft ein Vermögen sei, jenes sogenannte »Uebersinnliche« (νεφελοκοκκυγια, Wolkenkukuksheim) zu vernehmen. Der Einfall fand ungemessenen Beifall, wurde in Deutschland 30 Jahre hindurch, mit unsäglichem Genügen, unablässig wiederholt, ja, zum Grundstein philosophischer Lehrgebäude gemacht; – während es am Tage liegt, daß freilich Vernunft von Vernehmen kommt, aber nur weil sie dem Menschen den Vorzug vor dem Thiere giebt, nicht bloß zu hören, sondern auch zu vernehmen, jedoch nicht was im Wolkenkukuksheim vorgeht, sondern was ein vernünftiger Mensch dem Andern sagt: das wird von diesem vernommen, und die Fähigkeit dazu heißt Vernunft. So haben alle Völker, alle Zeiten, alle Sprachen den Begriff der Vernunft gefaßt, nämlich als das Vermögen allgemeiner, abstrakter, nicht anschaulicher Vorstellungen, genannt Begriffe, welche bezeichnet und fixirt werden durch Worte: dies Vermögen allein ist es, welches der Mensch vor dem Thiere wirklich voraus hat. Denn diese abstrakten Vorstellungen, Begriffe, d. h. Inbegriffe vieler Einzeldinge, bedingen die Sprache, mittelst ihrer das eigentliche Denken, mittelst dieses das Bewußtseyn nicht bloß der Gegenwart, welches auch die Thiere haben, sondern der Vergangenheit und der Zukunft als solcher, und hiedurch wieder die deutliche Erinnerung, die Besonnenheit, die Vorsorge, die Absicht, das planvolle Zusammenwirken Vieler, den Staat, die Gewerbe, Künste, Wissenschaften, Religionen und Philosophien, kurz, Alles das, was das Leben des Menschen von dem des Thieres so auffallend unterscheidet. Für das Thier giebt es bloß anschauliche Vorstellungen und daher auch nur anschauliche Motive: die Abhängigkeit seiner Willensakte von den Motiven ist deshalb augenfällig. Beim Menschen hat diese nicht weniger Statt, und auch ihn bewegen (unter Voraussetzung seines individuellen Charakters) die Motive mit strengster Nothwendigkeit: allein diese sind meistens nicht anschauliche, sondern abstrakte Vorstellungen, d. h. Begriffe, Gedanken, die jedoch das Resultat früherer Anschauungen, also der Einwirkungen von außen auf ihn sind. Dies aber giebt ihm eine relative Freiheit, nämlich im Vergleich mit dem Thiere. Denn ihn bestimmt nicht, wie das Thier, die anschauliche, gegenwärtige Umgebung, sondern seine aus früheren Erfahrungen abgezogenen, oder durch Belehrung überkommenen Gedanken. Daher liegt das Motiv, welches auch ihn nothwendig bewegt, dem Zuschauer nicht zugleich mit der That vor Augen; sondern er trägt es in seinem Kopfe herum. Dies giebt nicht nur seinem Thun und Treiben im Ganzen, sondern schon allen seinen Bewegungen einen von denen des Thieres augenfällig verschiedenen Charakter: er wird gleichsam von feineren, nicht sichtbaren, Fäden gezogen: daher tragen alle seine Bewegungen das Gepräge des Vorsätzlichen und Absichtlichen, welches ihnen einen Anschein von Unabhängigkeit giebt, der sie augenfällig von denen des Thieres unterscheidet. Alle diese großen Verschiedenheiten hängen aber ganz und gar ab von der Fähigkeit abstrakter Vorstellungen, Begriffe. Diese Fähigkeit daher ist das Wesentliche der Vernunft, d. h. des den Menschen auszeichnenden Vermögens, genannt το λογιμον, το λογιστικον, *ratio, la ragione, il discorso, raison, reason, discourse of reason.* – Frägt man mich aber, was zum Unterschiede davon der Verstand, νους, *intellectus, entendement, understanding,* sei; so sage ich: er ist dasjenige Erkenntnißvermögen, welches auch die Thiere haben, nur in verschiedenem Grade, und wir im höchsten, nämlich das unmittelbare, aller Erfahrung vorhergängige Bewußtseyn des Kausalitätsgesetzes, als welches die Form des Verstandes selbst ausmacht und worin sein ganzes Wesen besteht. Von ihm hängt zuvörderst die Anschauung der Außenwelt ab: denn die Sinne für sich allein sind bloß der Empfindung fähig, die noch lange keine Anschauung ist, sondern allererst deren Material: νοῦς ὁρᾷ καὶ νοῦς ἀκούει, τ' ἄλλα κωφὰ καὶ τυφλά *(mens videt, mens audit, cetera surda et coeca)* [Der Verstand sieht und der Verstand hört, alles andere ist taub und blind: Epicharmos, bei Plutarch, *de sollertia animi,* cap. 3]. Die Anschauung entsteht dadurch, daß wir die Empfindung der Sinnesorgane unmittelbar beziehn auf deren Ursache, die sich, eben durch diesen Akt der Intelligenz, als äußeres Objekt in unserer Anschauungsform Raum darstellt. Dies eben beweist, daß das Kausalitätsgesetz uns *a priori* bewußt ist und nicht aus der Erfahrung stammt, indem diese selbst, da sie die Anschauung voraussetzt, erst durch dasselbe möglich wird. In der Vollkommenheit dieser ganz unmittelbaren Auffassung der Kausalitätsverhältnisse besteht alle Ueberlegenheit des Verstandes, alle Klugheit, Sagacität [Geistesschärfe], Penetration [Einsicht], Scharfsinn: denn jene liegt aller Kenntniß des Zusammenhanges der Dinge, im weitesten Sinn des Worts, zum Grunde. Ihre Schärfe und Richtigkeit macht den Einen verständiger, klüger, schlauer als den Andern. Vernünftig hingegen hat man zu allen Zeiten den Menschen genannt, der sich nicht durch die anschaulichen Eindrücke, sondern durch Gedanken und Begriffe leiten läßt, und daher stets überlegt, konsequent und besonnen zu Werke geht. Ein solches Handeln heißt überall ein vernünftiges Handeln. Keineswegs aber implicirt dieses Rechtschaffenheit und Menschenliebe. Vielmehr kann man höchst vernünftig, also überlegt, besonnen, konsequent, planvoll und methodisch zu Werke gehn, dabei aber doch die eigennützigsten, ungerechtesten, sogar ruchlosesten Maximen befolgen.

Daher ist es vor Kant keinem Menschen je eingefallen, das gerechte, tugendhafte und edle Handeln mit dem vernünftigen Handeln zu identificiren: sondern man hat beide vollkommen unterschieden und aus einander gehalten. Das Eine beruht auf der Art der Motivation, das Andere auf der Verschiedenheit der Grundmaximen. Bloß nach Kant, da die Tugend aus reiner Vernunft entspringen sollte, ist Tugendhaft und Vernünftig Eines und das Selbe; dem Sprachgebrauch aller Völker, der nicht zufällig, sondern das Werk der allgemeinen menschlichen und daher übereinstimmenden Erkenntniß ist, zum Trotz. Vernünftig und Lasterhaft lassen sich sehr wohl vereinigen, ja, erst durch ihre Vereinigung sind große, weitgreifende Verbrechen möglich. Eben so besteht Unvernünftig und Edelmüthig sehr wohl zusammen: z. B. wenn ich heute dem Dürftigen gebe, was ich selbst morgen noch dringender, als er, bedürfen werde; wenn ich mich hinreißen lasse, einem Nothleidenden die Summe zu schenken, auf die mein Gläubiger wartet; und so in sehr vielen Fällen.

Aber, wie gesagt, diese Erhebung der Vernunft zur Quelle aller Tugend, beruhend auf der Behauptung, daß sie als praktische Vernunft unbedingte Imperative, rein *a priori*, orakularisch von sich gebe, und zusammengefaßt mit der in der Kritik der reinen Vernunft aufgestellten falschen Erklärung der theoretischen Vernunft, daß sie ein wesentlich auf das zu drei angeblichen Ideen sich gestaltende Unbedingte (dessen Unmöglichkeit zugleich der Verstand *a priori* erkenne) gerichtetes Vermögen sei, führte, als *exemplar vitiis imitabile* [Vorbild, das zur Nachahmung seiner Fehler verleitet; Horaz, *Epistulae* 1, 19, 17], die Fasel-Philosophen, Jacobi an der Spitze, auf jene das »Uebersinnliche« unmittelbar vernehmende Vernunft und auf die absurde Behauptung, die Vernunft sei ein wesentlich auf Dinge jenseit aller Erfahrung, also auf Metaphysik angelegtes Vermögen und erkenne unmittelbar und intuitiv die letzten Gründe aller Dinge und alles Daseyns, das Uebersinnliche, das Absolute, die Gottheit u. dergl. m. – Solchen Behauptungen hätte längst, wenn man seine Vernunft, statt sie zu vergöttern, hätte brauchen wollen, die einfache Bemerkung sich entgegenstellen müssen, daß, wenn der Mensch, vermöge eines eigenthümlichen Organs zur Lösung des Räthsels der Welt, welches seine Vernunft ausmache, eine angeborene, nur der Entwickelung bedürftige Metaphysik in sich trüge; alsdann über die Gegenstände der Metaphysik eben so vollkommene Uebereinstimmung unter den Menschen herrschen müßte, wie über die Wahrheiten der Arithmetik und Geometrie; wodurch es ganz unmöglich würde, daß auf der Erde eine große Anzahl grundverschiedener Religionen und eine noch größere grundverschiedener philosophischer Systeme sich vorfände; vielmehr alsdann Jeder, der in religiösen oder philosophischen Ansichten von den Uebrigen abwiche, sogleich angesehn werden müßte, wie Einer, bei dem es nicht recht richtig ist. – Nicht weniger hätte folgende einfache Bemerkung sich aufdringen müssen. Wenn wir eine Affenspecies entdeckten, welche sich Werkzeuge, zum Kampf oder zum Bauen oder sonst einem Gebrauch, absichtlich verfertigte; so würden wir sofort ihr Vernunft zugestehn: finden wir hingegen wilde Völker, ohne alle Metaphysik oder Religion, wie es deren giebt; so fällt uns nicht ein, ihnen deshalb die Vernunft abzusprechen. Die ihre vorgeblichen übersinnlichen Kenntnisse beweisende Vernunft hat Kant durch seine Kritik in ihre Schranken zurückgewiesen; aber jene Jacobische, das Uebersinnliche unmittelbar vernehmende Vernunft müßte er wahrlich unter aller Kritik befunden haben. Inzwischen wird eine dergleichen reichsunmittelbare Vernunft noch immer, auf den Universitäten, den unschuldigen Jünglingen aufgebunden.

Anmerkung.

Wenn wir der Annahme der praktischen Vernunft ganz auf den Grund kommen wollen, müssen wir ihren Stammbaum etwas höher hinauf verfolgen. Da finden wir, daß sie von einer Lehre stammt, die Kant selbst gründlich widerlegt hat, welche aber dennoch hier, als Reminiscenz früherer Denkungsart, seiner Annahme einer praktischen Vernunft, mit ihren Imperativen und ihrer Autonomie, heimlich, ja, ihm selbst unbewußt, zum Grunde liegt. Es ist die rationale Psychologie, welcher zufolge der Mensch aus zwei völlig heterogenen Substanzen zusammengesetzt ist, dem materiellen Leibe und der immateriellen Seele. Plato ist der Erste, der dieses Dogma förmlich aufgestellt und als objektive Wahrheit zu beweisen gesucht hat. Cartesius aber führte es auf den Gipfel der Vollendung und stellte es auf die Spitze, indem er ihm die genaueste Ausführung und wissenschaftliche Strenge verlieh. Aber eben dadurch kam die Falschheit desselben zu Tage und wurde successive von Spinoza, Locke und Kant dargethan. Von Spinoza (dessen Philosophie hauptsächlich im Widerlegen des zwiefachen Dualismus seines Lehrers besteht), indem er, den zwei Substanzen des Cartesius geradezu und ausdrücklich entgegen, zu seinem Hauptsatz machte: *Substantia cogitans et substantia extensa una eademque est substantia, quae jam sub hoc, jam sub illo attributo comprehenditur* [Die denkende Substanz und die ausgedehnte Substanz sind eine und dieselbe Substanz, die bald unter dem einen, bald unter dem anderen Merkmal aufgefaßt wird: *Ethica* II, prop. 7, schol.]. Von Locke, indem er die angeborenen Ideen bestritt, alle Erkenntniß aus der sinnlichen ableitete und lehrte, es sei nicht unmöglich, daß die Materie denken könne. Von Kant, durch die Kritik der rationalen Psychologie, wie sie in der ersten Ausgabe steht. Wogegen andererseits Leibnitz und Wolf die schlechte Partei verfochten: dies hat Leibnitzen die unverdiente Ehre verschafft, mit dem ihm so heterogenen, großen Plato verglichen zu werden. Dies Alles auszuführen ist hier nicht der Ort. Dieser rationalen Psychologie nun zufolge war die Seele ein ursprünglich und wesentlich erkennendes und erst in Folge davon auch ein wollendes Wesen. Je nachdem sie nun, in diesen ihren Grundthätigkeiten, rein für sich und unvermischt mit dem Leibe, oder aber in Verbindung mit diesem zu Werke gieng, hatte sie ein höheres und niederes Erkenntniß- und eben so ein dergleichen Willensvermögen. Im höhern Vermögen war die immaterielle Seele ganz für sich und ohne Mitwirkung des Leibes thätig; da war sie *intellectus purus* [reiner Verstand] und hatte es mit lauter ihr allein angehörigen, daher gar nicht sinnlichen, sondern rein geistigen Vorstellungen und eben dergleichen Willensakten zu thun, welche sämmtlich nichts Sinnliches, als welches vom Leibe herrührte, an sich trügen.* Da erkannte sie nun lauter reine Abstrakta, Universalia [Allgemeinbegriffe], angeborene Begriffe,

* *Intellectio pura est intellectio, quae circa nullas imagines corporeas versatur.* [Die reine Erkenntnis ist die, welche es mit keinen körperlichen Bildern zu tun hat.] *Cart[esius], Medit., p. 188* [= VI, alinea 2, zusammengezogen].

aeternae veritates [ewige Wahrheiten] u. dgl. Und demgemäß stand auch ihr Wollen allein unter dem Einfluß solcher rein geistigen Vorstellungen. Dagegen war das niedere Erkenntniß- und Willensvermögen das Werk der mit dem Leibe und dessen Organen im Verein wirkenden und eng verknüpften, dadurch aber in ihrer rein geistigen Wirksamkeit beeinträchtigten Seele. Hieher sollte nun gehören jedes anschauende Erkennen, welches demgemäß das undeutliche und verworrene, das abstrakte hingegen, aus abgezogenen Begriffen bestehende, das deutliche seyn sollte! Der nun durch solche sinnlich bedingte Erkenntniß bestimmte Wille war der niedrige und meistens schlechte: denn sein war das durch Sinnenreiz geleitete Wollen; während jenes andere das lautere, von reiner Vernunft geleitete und der immateriellen Seele allein angehörige Wollen war. Am deutlichsten ausgeführt hat diese Lehre der Cartesianer De la Forge, in seinem *Tractatus de mente humana:* daselbst c. 23 heißt es: *Non nisi eadem voluntas est, quae appellatur appetitus sensitivus, quando excitatur per judicia, quae formantur consequenter ad perceptiones sensuum; et quae appetitus rationalis nominatur, cum mens judicia format de propriis suis ideis, independenter a cogitationibus sensum confusis, quae inclinationum ejus sunt causae. – – – Id, quod occasionem dedit, ut duae istae diversae voluntatis propensiones pro duobus diversis appetitibus sumerentur, est, quod saepissime unus alteri opponatur, quia propositum, quod mens superaedificat propriis suis perceptionibus, non semper consentit cum cogitationibus, quae menti a corporis dispositione suggeruntur, per quam saepe obligatur ad aliquid volendum, dum ratio ejus eam aliud optare facit.* [Es ist nur ein und derselbe Wille, der einerseits das sinnliche Begehren genannt wird, wenn er durch Urteile, die im Gefolge der Sinneswahrnehmungen entstehen, erregt wird; der andererseits vernünftiges Begehren genannt wird, wenn der Geist über seine eigenen Ideen Urteile bildet, unabhängig von den verworrenen Vorstellungen der Sinne, welche die Ursachen seiner Neigungen sind. – – – Was aber Veranlassung war, daß man jene beiden verschiedenen Neigungen des Willens für zwei verschiedene Begehrungsvermögen hielt, das war der Umstand, daß sehr häufig das eine Begehrungsvermögen sich dem andern entgegensetzt, weil die Vorsätze, welche der Geist auf seinen eigenen Wahrnehmungen aufbaut, nicht immer übereinstimmen mit den Gedanken, die ihm von den körperlichen Zuständen eingegeben werden, durch die er oft bestimmt wird, etwas zu wollen, während seine Vernunft ihn bestimmen möchte, etwas anderes zu wollen.] – Aus der undeutlich bewußten Reminiscenz solcher Ansichten stammt zuletzt Kants Lehre von der Autonomie des Willens, welche als Stimme der reinen, praktischen Vernunft, für alle vernünftige Wesen als solche gesetzgebend ist und bloß formelle Bestimmungsgründe kennt, im Gegensatz der materiellen, als welche allein das niedere Begehrungsvermögen bestimmen, dem jenes obere entgegenwirkt.

Uebrigens ist jene ganze, erst von Cartesius recht systematisch dargestellte Ansicht doch schon beim Aristoteles zu finden, welcher sie deutlich genug vorträgt *de anima, I, 1*. Vorbereitet und angedeutet hat sie sogar schon Plato, im Phädon (S. 188 und 189, *Bip.*). – Hingegen in Folge der Cartesischen Systematisirung und Konsolidation derselben finden wir sie hundert Jahre später ganz dreist geworden, auf die Spitze gestellt und gerade dadurch der Enttäuschung entgegengeführt. Nämlich als ein *résumé* der damals geltenden Ansicht bietet sich uns der *Muratori, Della forza della fantasia, cap. 1–4 et 13*. Da ist die Phantasie, deren Funktion die ganze Anschauung der Außenwelt, auf Data der Sinne, ist, ein rein materielles, körperliches, cerebrales Organ (das niedere Erkenntnißvermögen), und der immateriellen Seele bleibt bloß das Denken, Reflektiren und Beschließen. – Dadurch aber wird die Sache offenbar bedenklich, und Dies mußte man fühlen. Denn, ist die Materie der anschauenden, so komplicirten Auffassung der Welt fähig; so ist nicht zu begreifen, warum sie nicht auch der Abstraktion aus dieser Anschauung und dadurch alles Uebrigen fähig seyn sollte. Offenbar ist die Abstraktion nichts weiter, als ein Fallenlassen der zum jedesmaligen Zweck nicht nöthigen Bestimmungen, also der Individual- und Special-Differenzen, z. B. wenn ich von Dem, was dem Schaaf, dem Ochsen, dem Hirsch, dem Kameel u. s. w. eigenthümlich ist, absehe und so zu dem Begriff Wiederkäuer gelange; bei welcher Operation die Vorstellungen die Anschaulichkeit einbüßen und eben als bloß abstrakte, nichtanschauliche Vorstellungen, Begriffe, nunmehr des Wortes bedürfen, um im Bewußtseyn fixirt und gehandhabt werden zu können. – Bei dem Allen jedoch sehn wir Kanten noch unter dem Einfluß der Nachwirkung jener alten Lehre stehn, bei Aufstellung seiner praktischen Vernunft mit ihren Imperativen.

§ 7.

Vom **obersten Grundsatz** *der Kantischen Ethik.*

Nachdem ich im vorigen Paragraph die eigentliche Grundlage der Kantischen Ethik geprüft habe, gehe ich jetzt zu dem auf diesem Fundament ruhenden, mit ihm aber genau verbundenen, ja, verwachsenen obersten Grundsatz der Moral. Wir erinnern uns, daß er lautete: »Handle nur nach der Maxime, von der du zugleich wollen kannst, daß sie als allgemeines Gesetz für alle vernünftige Wesen gelte« [*Grundlegung zur Metaphysik der Sitten*, Rosenkranz VIII, 47]. – Sehn wir darüber hinweg, daß es ein sonderbares Verfahren ist, Dem, der angenommenermaaßen ein Gesetz für sein Thun und Lassen sucht, den Bescheid zu ertheilen, er solle gar erst eins für das Thun und Lassen aller möglichen vernünftigen Wesen suchen; und bleiben wir bei der Thatsache stehn, daß jene von Kant aufgestellte Grundregel offenbar noch nicht das Moralprincip selbst ist, sondern erst eine heuristische Regel dazu, d. h. eine Anweisung, wo es zu suchen sei; also gleichsam zwar noch nicht baares Geld, aber eine sichere Anweisung. Wer nun ist es eigentlich, der diese realisiren soll? Die Wahrheit gleich heraus zu sagen: ein hier sehr unerwarteter Zahlmeister: – Niemand anders als der Egoismus; wie ich sogleich deutlich zeigen werde.

Also die Maxime selbst, von der ich wollen kann, daß nach ihr Alle handelten, wäre erst das wirkliche Moralprincip. Mein Wollen können ist die Angel, um welche die gegebene Weisung sich dreht. Aber was kann ich denn eigentlich wollen, und was nicht? Offenbar bedarf ich, um zu bestimmen, was ich in der besagten Hinsicht wollen kann, wieder eines Regulativs: und an diesem hätte ich allererst den Schlüssel zu der, gleich einem versiegelten Befehl gegebenen Weisung. Wo ist nun dieses Regulativ zu suchen? – Unmöglich irgendwo anders, als in meinem Egoismus, dieser nächsten, stets bereiten, ursprünglichen und lebendigen Norm aller Willensakte, die vor jedem Moralprincip wenigstens das *jus primi occupantis* [Recht der ersten Besitzergreifung] voraus hat. – Die in Kants oberster Regel enthaltene Anweisung zur Auffindung des eigentlichen Moralprincips beruht nämlich auf der stillschweigenden Voraussetzung, daß ich nur Das wollen kann, wobei ich mich am besten stehe. Da ich nun, bei der Feststellung einer allgemein zu befolgenden Maxime, nothwendig mich nicht bloß als den allemal aktiven, sondern auch als den *eventualiter* und zu Zeiten passiven Theil betrachten muß; so entscheidet, von diesem Standpunkt aus, mein Egoismus sich für Gerechtigkeit und Menschenliebe; nicht weil er sie zu üben, sondern weil er sie zu erfahren Lust hat, und im Sinne jenes Geizhalses, der, nach angehörter Predigt über Wohlthätigkeit, ausruft:

»Wie herrlich ausgeführt, wie schön! –
– Fast möcht' ich betteln gehn.«

Diesen unentbehrlichen Schlüssel zu der Weisung, in welcher Kants oberster Grundsatz der Moral besteht, kann er nicht umhin, auch selbst hinzuzufügen: jedoch thut er dies nicht sogleich, bei Aufstellung desselben, als welches Anstoß geben könnte; sondern in anständiger Entfernung davon und tiefer im Text, damit es nicht in die Augen springe, daß hier, trotz den erhabenen Anstalten *a priori*, eigentlich der Egoismus auf dem Richterstuhl sitzt und den Ausschlag giebt, und nachdem er, vom Gesichtspunkt der *eventualiter* passiven Seite aus, entschieden hat, dies für die aktive geltend gemacht wird. Also S. 19; – R., S. 24, heißt es: »daß ich ein allgemeines Gesetz, zu lügen, nicht wollen könne, weil man mir dann nicht mehr glauben, oder mich mit gleicher Münze bezahlen würde«. – S. 55; – R., S. 49: »Die Allgemeinheit eines Gesetzes, daß Jeder, was ihm einfällt, versprechen könne, mit dem Vorsatz, es nicht zu halten, würde das Versprechen und den Zweck, den man damit haben mag, selbst unmöglich machen; indem Niemand glauben würde.« – S. 56; – R., S. 50, heißt es in Beziehung auf die Maxime der Lieblosigkeit: »Ein Wille, der dieses beschlösse, würde sich selbst widersprechen, indem doch Fälle sich ereignen können, wo er Anderer Liebe und Theilnahme bedarf und wo er durch ein solches aus seinem eigenen Willen entsprungenes Naturgesetz, sich selbst alle Hoffnung des Beistandes, den er sich wünscht, rauben würde.« – Ebenfalls in der Kritik der praktischen Vernunft, Th. I, B. 1, Hauptst. 2, S. 123; – R., S. 192: »Wenn Jeder Anderer Noth mit völliger Gleichgültigkeit ansähe, und Du gehörtest mit zu einer solchen Ordnung der Dinge; würdest Du darin wohl mit Einstimmung Deines Willens seyn?« – *Quam temere in nosmet legem sancimus iniquam!* [Wie leichtfertig erkennen wir an, was gegen uns selbst spricht! Horaz, *serm.*, 1, 3, 67] wäre die Antwort. Diese Stellen erklären genugsam, in welchem Sinn das »Wollen können« in Kants Moralprincip zu verstehn sei. Aber am allerdeutlichsten ist diese wahre Bewandtniß des Kantischen Moralprincips ausgesprochen in den »Metaphysischen Anfangsgründen der Tugendlehre«, § 30: »Denn Jeder wünscht, daß ihm geholfen werde. Wenn er aber seine Maxime, Andern nicht helfen zu wollen, laut werden ließe; so würde Jeder befugt seyn, ihm Beistand zu versagen. Also widerstreitet die eigennützige Maxime sich selbst.« Befugt seyn, heißt es, Befugt seyn! Also ist hier so deutlich, wie nur immer möglich, ausgesprochen, daß die moralische Verpflichtung ganz und gar auf vorausgesetzter Reciprocität beruhe, folglich schlechthin egoistisch ist und vom Egoismus ihre Auslegung erhält, als welcher, unter der Bedingung der Reciprocität, sich klüglich zu einem Kompromiß versteht. Zur Begründung des Princips des Staatsvereins wäre das tauglich, aber nicht zu der des Moralprincips. Wenn daher in der »Grundlegung«, S. 81; – R., S. 67, gesagt wird: »Das Princip: Handle jederzeit nach der Maxime, deren Allgemeinheit als Gesetzes Du zugleich wollen kannst, – ist die einzige Bedingung, unter der ein Wille niemals mit sich selbst in Widerstreit seyn kann;« – so ist die wahre Auslegung des Wortes Widerstreit diese, daß wenn ein Wille die Maxime der Ungerechtigkeit und Lieblosigkeit sanktionirt hätte, er nachmals, wenn er *eventualiter* der leidende Theil würde, sie revociren [widerrufen] und dadurch sich widersprechen würde.

Aus dieser Erklärung ist vollkommen klar, daß jene Kantische Grundregel nicht, wie er unablässig behauptet, ein kategorischer, sondern in der That ein hypothetischer Imperativ ist, indem demselben stillschweigend die Bedingung zum Grunde liegt, daß das für mein Handeln aufzustellende Gesetz, indem ich es zum allgemeinen erhebe, auch

Gesetz für mein Leiden wird, und ich unter dieser Bedingung, als der *eventualiter* passive Theil, Ungerechtigkeit und Lieblosigkeit allerdings nicht wollen kann. Hebe ich aber diese Bedingung auf und denke mich, etwan im Vertrauen auf meine überlegenen Geistes- und Leibeskräfte, stets nur als den aktiven und nie als den passiven Theil, bei der zu erwählenden allgemein gültigen Maxime; so kann ich, vorausgesetzt daß es kein anderes Fundament der Moral, als das Kantische, gebe, sehr wohl Ungerechtigkeit und Lieblosigkeit als allgemeine Maxime wollen, und demnach die Welt regeln.

upon the simple plan,
That they should take, who have the power,
*And they should keep, who can.**
Wordsworth [»Robert Roy's Grave«].

Also zu dem im vorigen Paragraph dargelegten Mangel an realer Begründung des Kantischen obersten Grundsatzes der Moral gesellt sich, Kants ausdrücklicher Versicherung zuwider, die versteckte hypothetische Beschaffenheit desselben, vermöge deren er sogar auf bloßen Egoismus basirt ist, als welcher der geheime Ausleger der in demselben gegebenen Weisung ist. Hiezu kommt nun ferner, daß er, bloß als Formel betrachtet, nur eine Umschreibung, Einkleidung, verblümter Ausdruck der allbekannten Regel *quod tibi fieri non vis, alteri ne feceris* [Was du nicht willst, daß man dir tu, das füge keinem andern zu] ist, wenn man nämlich diese, indem man sie ohne *non* und *ne* wiederholt, von dem Makel befreit, allein die Rechts- und nicht die Liebespflichten zu enthalten. Denn offenbar ist dieses die Maxime, nach der ich (versteht sich mit Rücksicht auf meine möglicherweise passive Rolle, mithin auf meinen Egoismus) allein wollen kann, daß Alle handeln. Diese Regel *quod tibi fieri* [Was du willst, daß man dir tu] *etc.* ist aber selbst wieder nur eine Umschreibung, oder, wenn man will, Prämisse, des von mir, als der einfachste und reinste Ausdruck der von allen Moralsystemen einstimmig geforderten Hand-

* »Nach diesem simpeln Plan,
Daß nehmen soll, wer es vermag,
Behalten soll, wer kann.«

lungsweise, aufgestellten Satzes: *Neminem laede, imo omnes, quantum potes, juva* [Verletze niemanden, vielmehr hilf allen, soweit du kannst]. Dieser ist und bleibt der wahre reine Inhalt aller Moral. Aber worauf er sich gründe? was es sei, das dieser Forderung Kraft ertheilt? Dies ist das alte, schwere Problem, welches auch heute uns wieder vorliegt. Denn von der andern Seite schreiet mit lauter Stimme der Egoismus: *Neminem juva, imo omnes, si forte conducit, laede* [Hilf niemandem, sondern vielmehr verletze alle, wenn es dir gerade nützt]: ja, die Bosheit giebt die Variante: *Imo omnes, quantum potes, laede* [Vielmehr verletze alle, so sehr du kannst]. Diesem Egoismus, und der Bosheit dazu, einen ihnen gewachsenen und sogar überlegenen Kämpen entgegen zu stellen, – das ist das Problem aller Ethik. *Heic Rhodus, heic salta!* [Hier ist Rhodus, hier springe!] –

Kant gedenkt, S. 57; – R., S. 60, sein aufgestelltes Moralprincip noch dadurch zu bewähren, daß er die längst erkannte und allerdings im Wesen der Moralität gegründete Eintheilung der Pflichten in Rechtspflichten (auch genannt vollkommene, unerläßliche, engere Pflichten) und in Tugendpflichten (auch genannt unvollkommene, weitere, verdienstliche, am besten aber Liebespflichten) daraus abzuleiten unternimmt. Allein der Versuch fällt so gezwungen und offenbar schlecht aus, daß er stark wider das aufgestellte oberste Princip zeugt. Da sollen nämlich die Rechtspflichten auf einer Maxime beruhen, deren Gegentheil, als allgemeines Naturgesetz genommen, gar nicht ein Mal ohne Widerspruch gedacht werden könne; die Tugendpflichten aber auf einer Maxime, deren Gegentheil man zwar als allgemeines Naturgesetz denken; aber unmöglich wollen könne. – Nun bitte ich den Leser zu bedenken, daß die Maxime der Ungerechtigkeit, das Herrschen der Gewalt statt des Rechts, welches demnach als Naturgesetz auch nur zu denken unmöglich seyn soll, eigentlich das wirklich und faktisch in der Natur herrschende Gesetz ist, nicht etwan nur in der Thierwelt, sondern auch in der Menschenwelt: seinen nachtheiligen Folgen hat man bei den civilisirten Völkern durch die Staatseinrichtung vorzubeugen gesucht: sobald aber diese, wo und wie es sei, aufgehoben oder eludirt [umgangen] wird, tritt jenes Naturgesetz gleich wieder ein. Fortwährend aber herrscht es zwischen Volk und Volk: der zwischen diesen übliche Gerechtigkeits-Jargon ist bekanntlich ein bloßer Kanzleistyl der Diplomatik: die rohe

Gewalt entscheidet. Hingegen ächte, d. i. unerzwungene Gerechtigkeit kommt zwar ganz gewiß, jedoch stets nur als Ausnahme von jenem Naturgesetze vor. Obendrein belegt Kant, in den Beispielen, die er jener Eintheilung vorangeschickt hat, die Rechtspflichten zuerst (S. 53; – R., S. 48) durch die sogenannte Pflicht gegen sich selbst, sein Leben nicht freiwillig zu enden, wenn die Uebel die Annehmlichkeiten überwiegen. Diese Maxime also soll als allgemeines Naturgesetz auch nur zu denken unmöglich seyn. Ich sage daß, da hier die Staatsgewalt nicht ins Mittel treten kann, gerade jene Maxime sich ungehindert als wirklich bestehendes Naturgesetz erweist. Denn ganz gewiß ist es allgemeine Regel, daß der Mensch wirklich zum Selbstmord greift, sobald der angeborene riesenstarke Trieb zur Erhaltung des Lebens von der Größe der Leiden entschieden überwältigt wird: dies zeigt die tägliche Erfahrung. Daß es aber überhaupt irgend einen Gedanken gebe, der ihn davon abhalten könne, nachdem die mit der Natur jedes Lebenden innig verknüpfte, so mächtige Todesfurcht sich hiezu machtlos erwiesen, also einen Gedanken, der noch stärker wäre, als diese, – ist eine gewagte Voraussetzung, um so mehr, wenn man sieht, daß dieser Gedanke so schwer herauszufinden ist, daß die Moralisten ihn noch nicht bestimmt anzugeben wissen. Wenigstens haben Argumente der Art, wie Kant sie bei dieser Gelegenheit S. 53; – R., S. 48, und auch S. 67; – R., S. 57, gegen den Selbstmord aufstellt, zuverlässig noch keinen Lebensmüden auch nur einen Augenblick zurückgehalten. Also ein unstreitig faktisch bestehendes und täglich wirkendes Naturgesetz wird, zu Gunsten der Pflichteneintheilung aus dem Kantischen Moralprincip, für ohne Widerspruch auch nur zu denken unmöglich erklärt! – Ich gestehe, daß ich nicht ohne Befriedigung von hier einen Blick vorwärts werfe auf die im folgenden Theile von mir aufzustellende Begründung der Moral, aus welcher die Eintheilung in Rechts- und Liebespflichten (richtiger in Gerechtigkeit und Menschenliebe) sich völlig ungezwungen ergiebt, durch ein aus der Natur der Sache hervorgehendes Trennungsprincip, welches ganz von selbst eine scharfe Gränzlinie zieht; so daß meine Begründung der Moral jene Bewährung in der That aufzuweisen hat, auf welche hier Kant für die seinige ganz unbegründete Ansprüche macht.

§ 8.

Von den **abgeleiteten Formen** *des obersten Grundsatzes der Kantischen Ethik.*

Bekanntlich hat Kant den obersten Grundsatz seiner Ethik noch in einem zweiten, ganz andern Ausdruck aufgestellt, in welchem er nicht, wie im ersten, bloß indirekt, als Anweisung wie er zu suchen sei, sondern direkt ausgesprochen wird. Zu diesem bahnt er sich den Weg von S. 63; – R., S. 55 an, und zwar durch höchst seltsame, geschrobene [geschraubte], ja, verschrobene Definitionen der Begriffe Zweck und Mittel, welche sich doch viel einfacher und richtiger so definiren lassen: Zweck ist das direkte Motiv eines Willensaktes, Mittel das indirekte *(simplex sigillum veri* [das Einfache ist Kennzeichen des Wahren]). Er aber schleicht durch seine wunderlichen Definitionen zu dem Satz: »Der Mensch, und überhaupt jedes vernünftige Wesen, existirt als Zweck an sich selbst.« Allein ich muß geradezu sagen, daß »als Zweck an sich selbst existiren« ein Ungedanke, eine *contradictio in adjecto* [Widersinnigkeit] ist. Zweck seyn, bedeutet gewollt werden. Jeder Zweck ist es nur in Beziehung auf einen Willen, dessen Zweck, d. h., wie gesagt, dessen direktes Motiv er ist. Nur in dieser Relation hat der Begriff Zweck einen Sinn, und verliert diesen, sobald er aus ihr herausgerissen wird. Diese ihm wesentliche Relation schließt aber nothwendig alles »An sich« aus. »Zweck an sich« ist gerade wie »Freund an sich, – Feind an sich, – Oheim an sich, – Nord oder Ost an sich, – Oben oder Unten an sich« u. dgl. m. Im Grunde aber hat es mit dem »Zweck an sich« die selbe Bewandtniß wie mit dem »absoluten Soll«: Beiden liegt heimlich, sogar unbewußt, der selbe Gedanke als Bedingung zum Grunde: der theologische. – Nicht besser steht es mit dem »absoluten Werth«, der solchem angeblichen, aber undenkbaren Zweck an sich zukommen soll. Denn auch diesen muß ich, ohne Gnade, als *contradictio in adjecto* stämpeln. Jeder Werth ist eine Vergleichungsgröße, und sogar steht er nothwendig in doppelter Relation: denn erstlich ist er relativ, indem er für Jemanden ist, und zweitens ist er komparativ, indem er im Vergleich mit etwas Anderm, wonach er geschätzt wird, ist. Aus diesen zwei

Relationen hinausgesetzt, verliert der Begriff Werth allen Sinn und Bedeutung. Dies ist zu klar, als daß es noch einer weitern Auseinandersetzung bedürfte. – Wie nun jene zwei Definitionen die Logik beleidigen, so beleidigt die ächte Moral der Satz (S. 65; – R., S. 56), daß die vernunftlosen Wesen (also die Thiere) Sachen wären und daher auch bloß als Mittel, die nicht zugleich Zweck sind, behandelt werden dürften. In Uebereinstimmung hiemit wird, in den »Metaphysischen Anfangsgründen der Tugendlehre«, § 16, ausdrücklich gesagt: »Der Mensch kann keine Pflicht gegen irgend ein Wesen haben, als bloß gegen den Menschen«; und dann heißt es § 17: »Die grausame Behandlung der Thiere ist der Pflicht des Menschen gegen sich selbst entgegen; weil sie das Mitgefühl an ihrem Leiden im Menschen abstumpft, wodurch eine der Moralität im Verhältniß zu andern Menschen sehr diensame, natürliche Anlage geschwächt wird.« – Also bloß zur Uebung soll man mit Thieren Mitleid haben, und sie sind gleichsam das pathologische Phantom zur Uebung des Mitleids mit Menschen. Ich finde, mit dem ganzen nicht-islamisirten (d. h. nicht-judaisirten) Asien, solche Sätze empörend und abscheulich. Zugleich zeigt sich hier abermals, wie gänzlich diese philosophische Moral, die, wie oben dargelegt, nur eine verkleidete theologische ist, eigentlich von der biblischen abhängt. Weil nämlich (wovon weiterhin) die christliche Moral die Thiere nicht berücksichtigt; so sind diese sofort auch in der philosophischen Moral vogelfrei, sind bloße »Sachen«, bloße Mittel zu beliebigen Zwecken, also etwan zu Vivisektionen, Parforcejagden, Stiergefechten, Wettrennen, zu Tode peitschen vor dem unbeweglichen Steinkarren u. dgl. – Pfui! über eine solche Parias-, Tschandalas- und Mletschas-Moral, – die das ewige Wesen verkennt, welches in Allem, was Leben hat, daist, und aus allen Augen, die das Sonnenlicht sehn, mit unergründlicher Bedeutsamkeit hervorleuchtet. Aber jene Moral kennt und berücksichtigt allein die eigene werthe Species, deren Merkmal Vernunft ihr die Bedingung ist, unter welcher ein Wesen Gegenstand moralischer Berücksichtigung seyn kann.

Auf so holperichtem Wege, ja, *per fas et nefas* [mit erlaubten und unerlaubten Mitteln], gelangt dann Kant zum zweiten Ausdruck des Grundprincips seiner Ethik: »Handle so, daß Du die Menschheit, sowohl in deiner Person, als in der Person eines jeden Andern, jederzeit zugleich als Zweck, niemals bloß als Mittel brauchest.« Auf sehr künstliche Weise und durch einen weiten Umweg ist hiemit gesagt: »Berücksichtige nicht Dich allein, sondern auch die Andern:« und dieses wiederum ist eine Umschreibung des Satzes *Quod tibi fieri non vis, alteri ne feceris,* welcher, wie gesagt, selbst wieder nur die Prämissen enthält zu der Konklusion, die der letzte wahre Zielpunkt aller Moral und alles Moralisirens ist: *Neminem laede, imo omnes, quantum potes, juva:* welcher Satz, wie alles Schöne, sich nackt am besten ausnimmt. – Nur sind in jene zweite Moralformel Kants die angeblichen Selbstpflichten, absichtlich und schwerfällig genug, mit hineingezogen. Ueber diese habe ich mich oben erklärt.

Einzuwenden wäre übrigens gegen jene Formel, daß der hinzurichtende Verbrecher, und zwar mit Recht und Fug, allein als Mittel und nicht als Zweck behandelt wird, nämlich als unerläßliches Mittel, dem Gesetz, durch seine Erfüllung, die Kraft abzuschrecken zu erhalten, als worin dessen Zweck besteht.

Wenn nun gleich diese zweite Formel Kants weder für die Begründung der Moral etwas leistet, noch auch für den adäquaten und unmittelbaren Ausdruck ihrer Vorschriften – oberstes Princip – gelten kann; so hat sie andererseits das Verdienst, ein feines psychologisch-moralisches *aperçu* zu enthalten, indem sie den Egoismus durch ein höchst charakteristisches Merkmal bezeichnet, welches wohl verdient, hier näher entwickelt zu werden. Dieser Egoismus nämlich, von dem wir alle strotzen, und welchen als unsere *partie honteuse* [Schandfleck] zu verstecken, wir die Höflichkeit erfunden haben, guckt aus allen ihm übergeworfenen Schleiern meistens dadurch hervor, daß wir in Jedem, der uns vorkommt, wie instinktmäßig, zunächst nur ein mögliches Mittel zu irgend einem unserer stets zahlreichen Zwecke suchen. Bei jeder neuen Bekanntschaft ist meistens unser erster Gedanke, ob der Mann uns nicht zu irgend etwas nützlich werden könnte: wenn er dies nun nicht kann; so ist er den Meisten, sobald sie sich hievon überzeugt haben, auch selbst nichts. In jedem Andern ein mögliches Mittel zu unsern Zwecken, also ein Werkzeug zu suchen, liegt beinahe schon in der Natur des menschlichen Blicks: ob nun aber etwan das Werkzeug beim Gebrauche mehr oder weniger zu leiden haben werde, ist ein Gedanke, der viel später und oft gar nicht nachkommt. Daß wir diese Sinnesart bei

Andern voraussetzen, zeigt sich an Mancherlei, z. B. daran, daß wenn wir von Jemanden Auskunft oder Rath verlangen, wir alles Vertrauen zu seinen Aussagen verlieren, sobald wir entdecken, daß er irgend ein, wenn auch nur kleines oder entferntes Interesse bei der Sache haben könnte. Denn da setzen wir sogleich voraus, er werde uns zum Mittel seiner Zwecke machen, und seinen Rath daher nicht seiner Einsicht, sondern seiner Absicht gemäß ertheilen; selbst wenn jene auch noch so groß und diese noch so klein seyn sollte. Denn wir wissen nur zu wohl, daß eine Kubiklinie Absicht mehr wiegt, als eine Kubikruthe Einsicht. Andererseits wird in solchem Falle, bei unserer Frage: »Was soll ich thun?« dem Andern oft gar nichts Anderes einfallen, als was wir seinen Zwecken gemäß zu thun hätten: dieses also wird er alsdann, ohne an unsere Zwecke auch nur zu denken, sogleich und wie mechanisch antworten, indem sein Wille unmittelbar die Antwort diktirt, ehe nur die Frage zum Forum seines wirklichen Urtheils gelangen konnte, und er also uns seinen Zwecken gemäß zu lenken sucht, ohne sich dessen auch nur bewußt zu werden, sondern selbst vermeinend aus Einsicht zu reden, während aus ihm nur die Absicht redet; ja, er kann hierin so weit gehn, ganz eigentlich zu lügen, ohne es selbst zu merken. So überwiegend ist der Einfluß des Willens über den der Erkenntniß. Demzufolge ist darüber, ob Einer aus Einsicht oder aus Absicht redet, nicht ein Mal das Zeugniß seines eigenen Bewußtseyns gültig, meistens aber das seines Interesses. Einen andern Fall zu nehmen: wer von Feinden verfolgt, in Todesangst, einen ihm begegnenden Tabuletkrämer [Wanderkrämer] nach einem Seitenwege frägt, kann erleben, daß dieser ihm die Frage entgegnet: »Ob er von seiner Waare nichts brauchen könne?« – Damit soll nicht gesagt seyn, daß es sich stets so verhalte: vielmehr wird allerdings mancher Mensch am Wohl und Wehe des Andern unmittelbar wirklichen Antheil nehmen, oder, in Kants Sprache, ihn als Zweck und nicht als Mittel ansehn. Wie nahe oder fern nun aber jedem Einzelnen der Gedanke liegt, den Andern, statt wie gewöhnlich als Mittel ein Mal als Zweck zu betrachten, – dies ist das Maaß der großen ethischen Verschiedenheit der Charaktere: und worauf es hiebei in letzter Instanz ankomme, – das wird eben das wahre Fundament der Ethik seyn, zu welchem ich erst im folgenden Theile schreite.

Kant hat also, in seiner zweiten Formel, den Egoismus und dessen Gegentheil durch ein höchst charakteristisches Merkmal bezeichnet; welchen Glanzpunkt ich um so lieber hervorgehoben und durch Erläuterung in helles Licht gestellt habe, als ich im Uebrigen von der Grundlage seiner Ethik leider nur wenig gelten lassen kann.

Die dritte und letzte Form, in der Kant sein Moralprincip aufgestellt, ist die Autonomie des Willens: »Der Wille jedes vernünftigen Wesens ist allgemein gesetzgebend für alle vernünftige Wesen.« Dies folgt freilich aus der ersten Form. Aus der gegenwärtigen soll nun aber (laut S. 71; – R., S. 60) hervorgehn, daß das specifische Unterscheidungszeichen des kategorischen Imperativs dieses sei, daß beim Wollen aus Pflicht der Wille sich von allem Interesse lossage. Alle früheren Moralprincipien wären deshalb verunglückt, »weil sie den Handlungen immer, sei es als Zwang oder Reiz, ein Interesse zum Grunde legten, dies mochte nun ein eigenes, oder ein fremdes Interesse seyn« (S. 73; – R., S. 62) (auch ein fremdes, welches wohl zu merken bitte). »Hingegen ein allgemein gesetzgebender Wille schreibe Handlungen aus Pflicht vor, die sich auf gar kein Interesse gründen.« Jetzt aber bitte ich zu bedenken, was das eigentlich sagen will: in der That nichts Geringeres, als ein Wollen ohne Motiv, also eine Wirkung ohne Ursache. Interesse und Motiv sind Wechselbegriffe: heißt nicht Interesse *quod mea interest*, woran mir gelegen ist? Und ist dies nicht überhaupt Alles, was meinen Willen anregt und bewegt? Was ist folglich ein Interesse Anderes, als die Einwirkung eines Motivs auf den Willen? Wo also ein Motiv den Willen bewegt, da hat er ein Interesse: wo ihn aber kein Motiv bewegt, da kann er wahrlich so wenig handeln, als ein Stein ohne Stoß oder Zug von der Stelle kann. Dies werde ich gelehrten Lesern doch nicht erst zu demonstriren brauchen. Hieraus aber folgt, daß jede Handlung, da sie nothwendig ein Motiv haben muß, auch nothwendig ein Interesse voraussetzt. Kant aber stellt eine zweite, ganz neue Art von Handlungen auf, welche ohne alles Interesse, d. h. ohne Motiv vor sich gehn. Und dies sollten die Handlungen der Gerechtigkeit und Menschenliebe seyn! Zur Widerlegung dieser monstrosen Annahme bedurfte es nur der Zurückführung derselben auf ihren eigentlichen Sinn, der durch das Spiel mit dem Worte Interesse versteckt war. – Inzwischen feiert Kant (S. 74 ff.; – R., S. 62) den Triumph seiner Autonomie des Willens, in der Aufstellung eines moralischen Utopiens, unter dem Namen eines Reiches der Zwecke, welches bevölkert ist von lauter vernünftigen Wesen *in abstracto,* die sammt und sonders beständig wollen, ohne irgend etwas zu wollen (d. i. ohne Interesse): nur dieses Eine wollen sie: daß Alle stets nach einer Maxime wollen (d. i. Autonomie). *Difficile est, satiram non scribere* [Schwer ist's, keine Satire zu schreiben: Juvenal, *sat.,* 1, 30].

Aber noch auf etwas Anderes, von beschwerlicheren Folgen, als dieses kleine unschuldige Reich der Zwecke, welches man, als vollkommen harmlos, ruhig liegen lassen kann, leitet Kanten seine Autonomie des Willens, nämlich auf den Begriff der Würde des Menschen. Diese nämlich beruht bloß auf dessen Autonomie, und besteht darin, daß das Gesetz, dem er folgen soll, von ihm selbst gegeben ist, – also er zu demselben in dem Verhältniß steht, wie die konstitutionellen Unterthanen zu dem ihrigen. – Das möchte als Ausschmückung des Kantischen Moralsystems immerhin dastehn. Allein dieser Ausdruck »Würde des Menschen«, ein Mal von Kant ausgesprochen, wurde nachher das Schiboleth aller rath- und gedankenlosen Moralisten, die ihren Mangel an einer wirklichen, oder wenigstens doch irgend etwas sagenden Grundlage der Moral hinter jenen imponirenden Ausdruck »Würde des Menschen« versteckten, klug darauf rechnend, daß auch ihr Leser sich gern mit einer solchen Würde angethan sehn und demnach damit zufrieden gestellt seyn würde.* Wir wollen jedoch auch diesen Begriff etwas näher untersuchen und auf Realität prüfen. – Kant (S. 79; – R., S. 66) definirt Würde als »einen unbedingten, unvergleichbaren Werth«. Dies ist eine Erklärung, die durch ihren erhabenen Klang dermaaßen imponirt, daß nicht leicht Einer sich untersteht, heranzutreten, um sie in der Nähe zu untersuchen, wo er dann finden würde, daß eben auch sie nur eine hohle Hyperbel ist, in deren Innerem, als nagender Wurm, die *contradictio in adjecto* nistet. Jeder

* Der Erste, der den Begriff der »Würde des Menschen« ausdrücklich und ausschließlich zum Grundstein der Ethik gemacht und diese demnach ausgeführt hat, scheint gewesen zu seyn G. W. Block, in seiner »Neuen Grundlegung zur Philosophie der Sitten«, 1802.

Werth ist die Schätzung einer Sache im Vergleich mit einer andern, also ein Vergleichungsbegriff, mithin relativ, und diese Relativität macht eben das Wesen des Begriffes Werth aus. Schon die Stoiker haben (nach Diog. Laert., *L. VII, c. 106* [= c. 1, § 105]) richtig gelehrt: τὴν δὲ ἀξίαν εἶναι ἀμοιβὴν δοκιμαστοῦ, ἣν ἂν ὁ ἔμπειρος τῶν πραγμάτων τάξῃ· ὅμοιον εἰπεῖν, ἀμείβεσθαι πυροὺς πρὸς τὰς σὺν ἡμιόνῳ κριθάς *(existimationem esse probati remunerationem, quamcunque statuerit peritus rerum; quod hujusmodi est, ac si dicas, commutare cum hordeo, adjecto mulo, triticum)* [Der Wert ist das Entgelt für ein Abgeschätztes, nach der Schätzung eines Experten; wie wenn man sagt, man tauscht Weizen gegen Gerste mitsamt dem Esel]. Ein unvergleichbarer, unbedingter, absoluter Werth, dergleichen die Würde seyn soll, ist demnach, wie so Vieles in der Philosophie, die mit Worten gestellte Aufgabe zu einem Gedanken, der sich gar nicht denken läßt, so wenig wie die höchste Zahl, oder der größte Raum.

»Doch eben wo Begriffe fehlen,
Da stellt ein Wort zu rechter Zeit sich ein.«
[*Faust* I, 1995–96.]

So war denn auch hier an der »Würde des Menschen« ein höchst willkommenes Wort auf die Bahn geworfen, an welchem nunmehr jede, durch alle Klassen der Pflichten und alle Fälle der Kasuistik ausgesponnene Moral ein breites Fundament fand, von welchem herab sie mit Behagen weiter predigen konnte.

Am Schlusse seiner Darstellung (S. 124; – R., S. 97) sagt Kant: »Wie nun aber reine Vernunft, ohne andere Triebfedern, die irgend woher sonst genommen seyn mögen, für sich selbst praktisch seyn, d. i. wie das bloße Princip der Allgemeingültigkeit aller ihrer Maximen als Gesetze, ohne allen Gegenstand des Willens, woran man zum voraus irgend ein Interesse nehmen dürfte, für sich selbst eine Triebfeder abgeben und ein Interesse, welches rein moralisch heißen würde, bewirken, oder, mit andern Worten, wie reine Vernunft praktisch seyn könne? – Das zu erklären, ist alle menschliche Vernunft unvermögend und alle Mühe und Arbeit verloren.« – Nun sollte man denken, daß wenn etwas, dessen Daseyn behauptet wird, nicht ein Mal seiner

Möglichkeit nach begriffen werden kann, es doch faktisch in seiner Wirklichkeit nachgewiesen seyn müsse: allein der kategorische Imperativ der praktischen Vernunft wird ausdrücklich nicht als eine Thatsache des Bewußtseyns aufgestellt, oder sonst durch Erfahrung begründet. Vielmehr werden wir oft genug verwarnt, daß er nicht auf solchem anthropologisch-empirischen Wege zu suchen sei (z. B. S. VI der Vorrede; – R., S. 5, und S. 59, 60; – R., S. 52). Dazu noch wird uns wiederholt (z. B. S. 48; – R., S. 44) versichert, »daß durch kein Beispiel, mithin empirisch auszumachen sei, ob es überall einen dergleichen Imperativ gebe«. Und S. 49; – R., S. 45, »daß die Wirklichkeit des kategorischen Imperativs nicht in der Erfahrung gegeben sei«. – Wenn man das zusammenfaßt, so könnte man wirklich auf den Verdacht gerathen, Kant habe seine Leser zum Besten. Wenn nun gleich dieses, dem heutigen Deutschen philosophischen Publiko gegenüber, wohl erlaubt und recht seyn möchte; so hatte doch dasselbe sich zu Kants Zeiten noch nicht so, wie seitdem, signalisirt: und außerdem war gerade die Ethik das am wenigsten zum Scherze geeignete Thema. Wir müssen also bei der Ueberzeugung stehn bleiben, daß, was weder als möglich begriffen, noch als wirklich nachgewiesen werden kann, keine Beglaubigung seines Daseyns hat. – Wenn wir nun aber auch nur versuchen, es bloß mittelst der Phantasie zu erfassen und uns einen Menschen vorzustellen, dessen Gemüth von einem in lauter kategorischen Imperativen redenden absoluten Soll, wie von einem Dämon besessen wäre, der, den Neigungen und Wünschen desselben entgegen, dessen Handlungen beständig zu lenken verlangte; – so erblicken wir hierin kein richtiges Bild der Natur des Menschen, oder der Vorgänge unsers Innern: wohl aber erkennen wir ein erkünsteltes Substitut der theologischen Moral, zu welcher es sich verhält, wie ein hölzernes Bein zu einem lebendigen.

Unser Resultat ist also, daß die Kantische Ethik, so gut wie alle früheren, jedes sichern Fundaments entbehrt. Sie ist, wie ich durch die gleich Anfangs angestellte Prüfung ihrer imperativen Form gezeigt habe, im Grunde nur eine Umkehrung der theologischen Moral und eine Vermummung derselben in sehr abstrakte und scheinbar *a priori* gefundene Formeln. Diese Vermummung mußte um so künstlicher und unkenntlicher seyn, als Kant dabei zuverlässig sogar sich selber täuschte, und wirklich vermeinte, die offenbar nur in der theologischen Moral einen Sinn habenden Begriffe des Pflichtgebots und des Gesetzes unabhängig von aller Theologie feststellen und auf reine Erkenntniß *a priori* gründen zu können: wogegen ich genugsam nachgewiesen habe, daß jene Begriffe bei ihm, jedes realen Fundaments entbehrend, frei in der Luft schweben. Unter seinen eigenen Händen entschleiert sich denn auch gegen das Ende die verlarvte theologische Moral, in der Lehre vom höchsten Gut, in den Postulaten der praktischen Vernunft und endlich in der Moraltheologie. Doch hat Alles dieses weder ihn noch das Publikum über den wahren Zusammenhang der Sache enttäuscht: vielmehr freueten Beide sich, alle diese Glaubensartikel jetzt durch die Ethik (wenn gleich nur *idealiter* und zum praktischen Behuf) begründet zu sehn. Denn sie nahmen treuherzig die Folge für den Grund und den Grund für die Folge, indem sie nicht sahen, daß jener Ethik alle diese angeblichen Folgerungen aus ihr schon als stillschweigende und versteckte, aber unumgänglich nöthige Voraussetzungen zum Grunde lagen.

Wenn mir jetzt, am Schlusse dieser scharfen und selbst den Leser anstrengenden Untersuchung, zur Aufheiterung, ein scherzhaftes, ja, frivoles Gleichniß gestattet seyn sollte; so würde ich Kanten, in jener Selbstmystifikation, mit einem Manne vergleichen, der, auf einem Maskenball, den ganzen Abend mit einer maskirten Schönen buhlt, im Wahn, eine Eroberung zu machen; bis sie am Ende sich entlarvt und zu erkennen giebt – als seine Frau.

§ 9.

Kants Lehre vom Gewissen.

Die angebliche praktische Vernunft mit ihrem kategorischen Imperativ ist offenbar am nächsten verwandt mit dem Gewissen, wiewohl von diesem erstlich darin wesentlich verschieden, daß der kategorische Imperativ, als gebietend, nothwendig vor der That spricht, das Gewissen aber eigentlich erst hinterher. Vor der That kann es höchstens indirekt sprechen, nämlich mittelst der Reflexion, welche ihm die Erinnerung früherer Fälle vorhält, wo ähnliche Thaten hinterher die

Mißbilligung des Gewissens erfahren haben. Hierauf scheint mir sogar die Etymologie des Wortes Gewissen zu beruhen, indem nur das bereits Geschehene gewiß ist. Nämlich in jedem, auch dem besten Menschen steigen, auf äußern Anlaß, erregten Affekt, oder aus innerer Verstimmung, unreine, niedrige, boshafte Gedanken und Wünsche auf: für diese aber ist er moralisch nicht verantwortlich und dürfen sie sein Gewissen nicht belasten. Denn sie zeigen nur an, was der Mensch überhaupt, nicht aber was er, der sie denkt, zu thun fähig wäre. Denn andere Motive, die nur nicht augenblicklich und mit jenen zugleich ins Bewußtseyn treten, stehn ihnen, bei ihm, entgegen; so daß sie nie zu Thaten werden können: daher sie der überstimmten Minorität einer beschließenden Versammlung gleichen. An den Thaten allein lernt ein Jeder sich selbst, so wie die Andern, empirisch kennen, und nur sie belasten das Gewissen. Denn sie allein sind nicht problematisch, wie die Gedanken, sondern, im Gegensatz hievon, gewiß, stehn unveränderlich da, werden nicht bloß gedacht, sondern gewußt. Mit dem Lateinischen *conscientia* [Gewissen, Bewußtsein] verhält es sich eben so; es ist das Horazische *conscire sibi, pallescere culpa* [sich einer Schuld bewußt sein, vor der Schuld erblassen: nach *epist.*, I, I, 61]. Eben so mit συνειδησις [Gewissen, Bewußtsein]. Es ist das Wissen des Menschen um Das, was er gethan hat. Zweitens, nimmt das Gewissen seinen Stoff stets aus der Erfahrung, welches der angebliche kategorische Imperativ nicht kann, da er rein *a priori* ist. – Inzwischen dürfen wir voraussetzen, daß Kants Lehre vom Gewissen auch auf jenen von ihm neu eingeführten Begriff Licht zurückwerfen werde. Die Hauptdarstellung desselben findet sich in den »Metaphysischen Anfangsgründen zur Tugendlehre«, § 13, welche wenigen Seiten ich bei der jetzt folgenden Kritik derselben als vorliegend voraussetze.

Diese Kantische Darstellung des Gewissens macht einen höchst imposanten Eindruck, vor welchem man mit ehrfurchtsvoller Scheu stehn blieb und sich um so weniger getraute, dagegen etwas einzuwenden, als man befürchten mußte, seine theoretische Einrede mit einer praktischen verwechselt zu sehn und, wenn man die Richtigkeit der Kantischen Darstellung leugnete, für gewissenlos zu gelten. Mich kann das nicht irre machen, da es sich hier um Theorie, nicht um Praxis handelt und nicht abgesehn ist auf Moral-Predigen, sondern auf strenge Prüfung der letzten Gründe der Ethik.

Zuvörderst bedient Kant sich durchweg lateinischer, juristischer Ausdrücke, die doch wenig geeignet scheinen, die geheimsten Regungen des menschlichen Herzens wiederzugeben. Aber diese Sprache und die juridische Darstellung behält er von Anfang bis zu Ende bei: sie scheint also der Sache wesentlich und eigen. Es wird uns da im Innern des Gemüthes ein vollständiger Gerichtshof vorgeführt, mit Proceß, Richter, Ankläger, Vertheidiger, Urtheilsspruch. Verhielte sich nun wirklich der innere Vorgang so, wie Kant ihn darstellt; so müßte man sich wundern, daß noch irgend ein Mensch, ich will nicht sagen so schlecht, aber so dumm seyn könnte, gegen das Gewissen zu handeln. Denn eine solche übernatürliche Anstalt ganz eigener Art in unserm Selbstbewußtseyn, ein solches vermummtes Vehmgericht im geheimnißvollen Dunkel unsers Innern, müßte Jedem ein Grausen und eine Deisidämonie einjagen, die ihn wahrlich abhielte, kurze, flüchtige Vortheile zu ergreifen, gegen das Verbot und unter den Drohungen übernatürlicher, sich so deutlich und so nahe ankündigender, furchtbarer Mächte. – In der Wirklichkeit hingegen sehn wir umgekehrt die Wirksamkeit des Gewissens allgemein für so schwach gelten, daß alle Völker darauf bedacht gewesen sind, ihr durch positive Religion zu Hülfe zu kommen, oder gar sie dadurch völlig zu ersetzen. Auch hätte, bei einer solchen Beschaffenheit des Gewissens, die gegenwärtige Preisfrage der Königlichen Societät gar nie in den Sinn kommen können.

Bei näherer Betrachtung der Kantischen Darstellung finden wir jedoch, daß der imposante Effekt derselben hauptsächlich dadurch erreicht wird, daß Kant der moralischen Selbstbeurtheilung eine Form als eigen und wesentlich beilegt, die dies ganz und gar nicht ist, sondern ihr nur eben so angepaßt werden kann, wie jeder andern, dem eigentlich Moralischen ganz fremden Rumination [reiflichen Überlegung] dessen, was wir gethan haben und hätten anders thun können. Denn nicht nur wird ebenfalls das offenbar unächte, erkünstelte, auf bloßen Aberglauben gegründete Gewissen, z. B. wenn ein Hindu sich vorwirft, zum Morde einer Kuh Anlaß gegeben zu haben, oder ein Jude sich erinnert, am Sabbath eine Pfeife im Hause geraucht zu haben, – die selbe Form des Anklagens, Vertheidigens und Richtens gelegentlich annehmen; sondern sogar auch diejenige Selbstprüfung, welche von gar keinem ethischen Gesichtspunkte ausgeht, ja eher unmoralischer als moralischer Art ist, wird ebenfalls oft in solcher Form auftreten. So z. B. wenn ich für einen Freund, gutmüthiger aber unüberlegter Weise, mich verbürgt habe, und nun am Abend mir deutlich wird, welche schwere Verantwortlichkeit ich da auf mich genommen habe, und wie es leicht kommen könne, daß ich dadurch in großen Schaden gerathe, den die alte Weisheitsstimme ἐγγύα, πάρα δ' ἄτα! [Übernimm eine Bürgschaft, und schon ist Unheil da! Delphische Inschrift, vgl. Platon, *Charm.* 165 A] mir prophezeit; da tritt ebenfalls in meinem Innern der Ankläger auf und auch ihm gegenüber der Advokat, welcher meine übereilte Verbürgung durch den Drang der Umstände, der Verbindlichkeiten, durch die Unverfänglichkeit der Sache, ja durch Belobung meiner Gutmüthigkeit zu beschönigen sucht, und zuletzt auch der Richter, der unerbittlich das Urtheil »Dummer Streich!« fällt, unter welchem ich zusammensinke.

Und wie mit der von Kant beliebten Gerichtsform, so steht es auch mit dem größten Theil seiner übrigen Schilderung. Z. B. was er, gleich Anfangs des Paragraphs, vom Gewissen als diesem eigenthümlich sagt, gilt auch von jedem Skrupel ganz anderer Art: es kann ganz wörtlich verstanden werden vom heimlichen Bewußtseyn eines Rentenirs [Mannes, der von Kapitalzinsen lebt], daß seine Ausgaben die Zinsen weit übersteigen, das Kapital angegriffen werde und allmälig dahinschmelzen müsse: »Es folgt ihm wie sein Schatten, wenn er zu entfliehn gedenkt: er kann sich zwar durch Lüste und Zerstreuungen betäuben, oder in Schlaf bringen, aber nicht vermeiden, dann und wann zu sich selbst zu kommen, oder zu erwachen, wo er alsbald die furchtbare Stimme desselben vernimmt« u. s. w. – Nachdem er nun jene Gerichtsform als der Sache wesentlich geschildert und daher vom Anfang bis zum Ende beibehalten hat, benutzt er sie zu folgendem fein angelegten Sophisma. Er sagt: »Daß aber der durch sein Gewissen Angeklagte mit dem Richter als Eine und dieselbe Person vorgestellt werde, ist eine ungereimte Vorstellungsart von einem Gerichtshofe: denn da würde ja der Ankläger jederzeit verlieren«, welches er noch durch eine sehr geschrobene und unklare Anmerkung erläutert. Daraus nun folgert er, daß wir, um nicht in Widerspruch zu gerathen, uns den innern Richter (in jenem gerichtlichen Gewissensdrama) als von uns verschieden, als einen Andern denken müssen, und diesen als einen Herzenskündiger, einen Allwissenden, einen Allverpflichtenden, und, als exekutive Gewalt, einen Allmächtigen; so daß er jetzt, auf ganz ebener Bahn, seinen Leser vom Gewissen zur Deisidämonie, als einer ganz nothwendigen Konsequenz desselben führt, heimlich darauf vertrauend, daß dieser ihm dahin um so williger folgen wird, als die früheste Erziehung ihm solche Begriffe geläufig, ja, zur andern Natur gemacht hat. Daher denn Kant hier leichtes Spiel findet; welches er jedoch hätte verschmähen und darauf bedacht seyn sollen, Redlichkeit hier nicht nur zu predigen, sondern auch zu üben. – Ich leugne schlechthin den oben angeführten Satz, auf dem alle jene Folgerungen beruhen; ja, ich erkläre ihn für einen Winkelzug. Es ist nicht wahr, daß der Ankläger jederzeit verlieren müsse, wenn der Angeklagte mit dem Richter eine Person ist; wenigstens nicht beim innern Gerichtshofe: hat denn, in meinem obigen Beispiel von der Verbürgung, der Ankläger verloren? – Oder mußte man dabei, um nicht in Widerspruch zu gerathen, auch hier eine solche Prosopopoia [Vermenschlichung] vornehmen und sich nothwendig einen Andern objektiv als Denjenigen denken, dessen Urtheilsspruch jenes Donnerwort »Dummer Streich« gewesen wäre? Etwan einen leibhaftigen Merkur? Oder eine Personifikation der vom Homer *(Il., 23, 313 seq.)* empfohlenen Μῆτις [Klugheit] und dennoch auch hier den Weg der Deisidämonie einschlagen, wiewohl der heidnischen?

Daß Kant bei seiner Darstellung sich verwahrt, seiner schon hier kurz, aber doch im Wesentlichen angedeuteten Moraltheologie keine objektive Geltung beizulegen, sondern sie nur als subjektiv nothwendige Form hinzustellen; dies spricht ihn nicht los von der Willkürlichkeit, mit der er sie, wenn auch nur als subjektiv nothwendig, konstruirt; da solches mittelst ganz ungegründeter Annahmen geschieht.

So viel ist also gewiß, daß die ganze juridisch-dramatische Form, in der Kant das Gewissen darstellt und sie, als Eins mit der Sache selbst, durchweg und bis ans Ende beibehält, um endlich Folgerungen daraus zu ziehn, dem Gewissen völlig unwesentlich und keineswegs eigenthümlich ist. Vielmehr ist sie eine viel allgemeinere Form, welche die Ueberlegung jeder praktischen Angelegenheit leicht annimmt, und die hauptsächlich entspringt aus dem dabei meistens eintretenden Konflikt entgegengesetzter Motive, deren Gewicht die reflektirende Vernunft successive prüft; wobei es gleichviel ist, ob diese Motive moralischer, oder egoistischer Art sind, und ob es eine Deliberation des noch zu Thuenden, oder eine Rumination des schon Vollzogenen betrifft. Entkleiden wir nun aber Kants Darstellung von dieser ihr nur beliebig gegebenen dramatisch-juridischen Form; so verschwindet auch der sie umgebende Nimbus, nebst dem imposanten Effekt derselben, und bloß dies bleibt übrig, daß, beim Nachdenken über unsere Handlungen, uns bisweilen eine Unzufriedenheit mit uns selbst, von besonderer Art, anwandelt, welche das Eigene hat, nicht den Erfolg, sondern die Handlung selbst zu betreffen und nicht, wie jede andere, in der wir das Unkluge unsers Thuns bereuen, auf egoistischen Gründen zu beruhen; indem wir hier gerade damit unzufrieden sind, daß wir zu egoistisch gehandelt haben, zu sehr unser eigenes, zu wenig das Wohl Anderer berücksichtigt, oder wohl gar, ohne eigenen Vortheil, das Wehe Anderer, seiner selbst wegen, uns zum Zwecke gemacht haben. Daß wir darüber mit uns selbst unzufrieden seyn und uns betrüben können über Leiden, die wir nicht gelitten, sondern verursacht haben, dies ist die nackte Thatsache, und diese wird Niemand leugnen. Den Zusammenhang derselben mit der allein probehaltigen Basis der Ethik werden wir weiterhin untersuchen. Kant aber hat, wie ein kluger Sachwalter, aus dem ursprünglichen Faktum, durch Ausschmückung und Vergrößerung desselben, so viel als irgend möglich zu machen gesucht, um eine recht breite Basis für seine Moral und Moraltheologie vorweg zu haben.

§ 10.

Kants Lehre vom intelligibeln und empirischen Charakter. – Theorie der Freiheit.

Nachdem ich, im Dienste der Wahrheit, auf die Kantische Ethik Angriffe gethan habe, welche nicht, wie die bisherigen, nur die Oberfläche treffen, sondern sie in ihrem tiefsten Grund unterwühlen, scheint mir die Gerechtigkeit zu fordern, daß ich nicht von ihr scheide, ohne Kants größtes und glänzendes Verdienst um die Ethik in Erinnerung gebracht zu haben. Dieses besteht in der Lehre vom Zusammenbestehn der Freiheit mit der Nothwendigkeit, welche er zuerst in der Kritik der reinen Vernunft (S. 533–554 der ersten und S. 561–582 der fünften Auflage) vorträgt, jedoch eine noch deutlichere Darstellung davon in der Kritik der praktischen Vernunft (vierte Auflage, S. 169–179; – R., S. 224–231) giebt.

Hobbes zuerst, dann Spinoza, dann Hume, auch Holbach im *Syst. d. la nat.*, und endlich am ausführlichsten und gründlichsten Priestley, hatten die vollkommene und strenge Nothwendigkeit der Willensakte, bei eintretenden Motiven, so deutlich bewiesen, und außer Zweifel gestellt, daß sie den vollkommen demonstrirten Wahrheiten beizuzählen ist: daher nur Unwissenheit und Rohheit von einer Freiheit in den einzelnen Handlungen des Menschen, einem *libero arbitrio indifferentiae* [einer freien, nach keiner Seite beeinflußten Willensentscheidung], zu reden fortfahren konnte. Auch Kant nahm, in Folge der unwiderleglichen Gründe dieser Vorgänger, die vollkommene Nothwendigkeit der Willensakte als eine ausgemachte Sache, an welcher kein Zweifel mehr obwalten konnte; wie dies alle die Stellen beweisen, in welchen er allein vom theoretischen Gesichtspunkt aus von der Freiheit redet. Dabei bleibt es jedoch wahr, daß unsere Handlungen von einem Bewußtseyn der Eigenmächtigkeit und Ursprünglichkeit begleitet sind, vermöge dessen wir sie als unser Werk erkennen und Jeder, mit untrüglicher Gewißheit, sich als den wirklichen Thäter seiner Thaten und für dieselben moralisch verantwortlich fühlt. Da nun aber die Verantwortlichkeit eine Möglichkeit anders gehandelt zu haben, mithin Freiheit, auf irgend eine Weise, voraussetzt; so liegt im Bewußtseyn der Verantwortlichkeit mittelbar auch das der Freiheit. Zur Lösung dieses aus der Sache selbst hervorgehenden Widerspruchs ward nun Kants tiefsinnige Unterscheidung zwischen Erscheinung und Ding an sich, welche der innerste Kern seiner ganzen Philosophie und eben deren Hauptverdienst ist, der endlich gefundene Schlüssel.

Das Individuum, bei seinem unveränderlichen, angeborenen Charakter, in allen seinen Aeußerungen durch das Gesetz der Kausalität, die hier, als durch den Intellekt vermittelt, Motivation heißt, streng bestimmt, ist nur die Erscheinung. Das dieser zum Grunde liegende Ding an sich ist, als außer Raum und Zeit befindlich, frei von aller Succession und Vielheit der Akte, Eines und unveränderlich. Seine Beschaffenheit an sich ist der intelligible Charakter, welcher in allen Thaten des Individui gleichmäßig gegenwärtig und in ihnen allen, wie das Petschaft in tausend Siegeln, ausgeprägt, den in der Zeit und Succession der Akte sich darstellenden, empirischen Charakter dieser Erscheinung bestimmt, die daher in allen ihren Aeußerungen, welche von den Motiven hervorgerufen werden, die Konstanz eines Naturgesetzes zeigen muß; weshalb alle ihre Akte streng nothwendig erfolgen. Hiedurch war nun auch jene Unveränderlichkeit, jene unbiegsame Starrheit des empirischen Charakters jedes Menschen, welche denkende Köpfe von jeher wahrgenommen hatten (während die übrigen meinten, durch vernünftige Vorstellungen und moralische Vermahnungen sei der Charakter eines Menschen umzugestalten), auf einen rationellen Grund zurückgeführt, mithin auch für die Philosophie festgestellt und diese dadurch mit der Erfahrung in Einklang gebracht; so daß sie nicht länger beschämt wurde von der Volksweisheit, welche jene Wahrheit längst ausgesprochen hatte in dem Spanischen Sprichwort: *Lo que entra con el capillo, sale con la mortaja* (Das was mit der Kindermütze hineinkommt, geht mit dem Leichentuche wieder heraus), oder: *Lo que en la leche se mama, en la mortaja se derrama* (Was mit der Milch eingesogen wird, wird ins Leichentuch wieder ausgegossen).

Diese Lehre Kants vom Zusammenbestehn der Freiheit mit der Nothwendigkeit halte ich für die größte aller Leistungen des menschlichen Tiefsinns. Sie, nebst der transscendentalen Aesthetik, sind die zwei großen Diamanten in der Krone des Kantischen Ruhmes, der nie verhallen wird. – Bekanntlich hat Schelling, in seiner Abhandlung über die Freiheit, eine durch ihr lebhaftes Kolorit und anschauliche Darstellung für Viele faßlichere Paraphrase jener Lehre Kants gegeben, welche ich loben würde, wenn Schelling die Redlichkeit gehabt hätte, dabei zu sagen, daß er hier Kants Weisheit, nicht seine eigene, vorträgt, wofür ein Theil des philosophischen Publikums sie noch heute hält.

Nun kann man aber diese Kantische Lehre und das Wesen der Freiheit überhaupt auch dadurch sich faßlicher machen, daß man sie mit einer allgemeinen Wahrheit in Verbindung setzt, als deren bündigsten Ausdruck ich einen von den Scholastikern öfter ausgesprochenen Satz ansehe: *operari sequitur esse* [Was man tut, folgt aus dem, was man ist]; d. h. jedes Ding in der Welt wirkt nach dem wie es ist, nach seiner Beschaffenheit, in welcher daher alle seine Aeußerungen schon *potentiâ* [in der Möglichkeit] enthalten sind, *actu* [in der Wirklichkeit] aber eintreten, wann äußere Ursachen sie hervorrufen; wodurch denn eben jene Beschaffenheit selbst sich kund giebt. Diese ist der empirische Charakter, hingegen dessen innerer, der Erfahrung nicht zugängliche, letzte Grund ist der intelligible Charakter, d. h. das Wesen an sich dieses Dinges. Der Mensch macht hierin keine Ausnahme von der übrigen Natur: auch er hat seine feststehende Beschaffenheit, seinen unveränderlichen Charakter, der jedoch ganz individuell und bei Jedem ein anderer ist. Dieser ist eben empirisch für unsere Auffassung, aber eben deshalb nur Erscheinung: was er hingegen seinem Wesen an sich selbst nach seyn mag, heißt der intelligible Charakter. Seine sämmtlichen Handlungen, ihrer äußern Beschaffenheit nach durch die Motive bestimmt, können nie anders als diesem unveränderlichen individuellen Charakter gemäß ausfallen: wie Einer ist, so muß er handeln. Daher ist dem gegebenen Individuo, in jedem gegebenen einzelnen Fall, schlechterdings nur eine Handlung möglich: *operari sequitur esse.* Die Freiheit gehört nicht dem empirischen, sondern allein dem intelligibeln Charakter an. Das *operari* [Handeln] eines gegebenen Menschen ist von außen durch die Motive, von innen durch seinen Charakter nothwendig bestimmt: daher Alles, was er thut, nothwendig eintritt. Aber in seinem *Esse* [Sein], da liegt die Freiheit. Er hätte ein anderer seyn können: und in dem, was er ist, liegt Schuld und Verdienst. Denn Alles, was er thut, ergiebt sich daraus von selbst, als ein bloßes Korollarium. – Durch Kants Theorie werden wir eigentlich von dem Grundirrthum zurückgebracht, der die Nothwendigkeit ins *Esse* und die Freiheit ins *Operari* verlegte, und werden zu der Erkenntniß geführt, daß es sich gerade umgekehrt verhält. Deshalb betrifft die moralische Verantwortlichkeit des Menschen zwar zunächst und ostensibel Das, was er thut, im Grunde aber Das, was er ist; da, dieses vorausgesetzt, sein Thun, beim Eintritt der Motive, nie anders ausfallen konnte, als es ausgefallen ist. Aber so strenge auch die Nothwendigkeit ist, mit welcher, bei gegebenem Charakter, die Thaten von den Motiven hervorgerufen werden; so wird es dennoch Keinem, selbst dem nicht, der hievon überzeugt ist, je einfallen, sich dadurch diskulpiren [entlasten] und die Schuld auf die Motive wälzen zu wollen: denn er erkennt deutlich, daß hier, der Sache und den Anlässen nach, also *objective*, eine ganz andere, sogar eine entgegengesetzte Handlung sehr wohl möglich war, ja, eingetreten seyn würde, wenn nur Er ein Anderer gewesen wäre. Daß aber er, wie es sich aus der Handlung ergiebt, ein Solcher und kein Anderer ist, – das ist es, wofür er sich verantwortlich fühlt: hier, im *Esse* liegt die Stelle, welche der Stachel des Gewissens trifft. Denn das Gewissen ist eben nur die aus der eigenen Handlungsweise entstehende und immer intimer werdende Bekanntschaft mit dem eigenen Selbst. Daher wird vom Gewissen, zwar auf Anlaß des *Operari*, doch eigentlich das *Esse* angeschuldigt. Da wir uns der Freiheit nur mittelst der Verantwortlichkeit bewußt sind; so muß, wo diese liegt, auch jene liegen: also im *Esse*. Das *Operari* fällt der Nothwendigkeit anheim. Aber, wie die Andern, so lernen wir auch uns selbst nur empirisch kennen und haben von unserm Charakter keine Erkenntniß *a priori*. Vielmehr hegen wir von diesem ursprünglich eine sehr hohe Meinung, indem das *quisque praesumitur bonus, donec probetur contrarium* [Von jedem nimmt man im voraus an, daß er gut ist, solange nicht das Gegenteil sich erweist], auch vor dem innern *foro* [Gerichtshof] gilt.

Anmerkung.

Wer das Wesentliche eines Gedankens auch in ganz verschiedenen Einkleidungen desselben wiederzuerkennen fähig ist, wird mit mir einsehn, daß jene Kantische Lehre vom intelligibeln und empirischen Charakter eine zur abstrakten Deutlichkeit erhobene Einsicht ist, die schon Plato gehabt hat, welcher jedoch, weil er die Idealität der Zeit nicht erkannt hatte, sie nur in zeitlicher Form, mithin bloß mythisch und in Verbindung mit der Metempsychose [Seelenwanderung] darlegen konnte. Diese Erkenntniß der Identität beider Lehren wird nun aber sehr verdeutlicht durch die Erläuterung und Ausführung des Platonischen Mythos, welche Porphyrius mit so großer Klarheit und Bestimmtheit gegeben hat, daß die Uebereinstimmung mit der abstrakten Kantischen Lehre bei ihm unverkennbar hervortritt. Aus einer nicht mehr vorhandenen Schrift von ihm hat uns diese Erörterung, in welcher er den hier in Rede stehenden, von Plato, in der zweiten Hälfte des zehnten Buches der Republik gegebenen Mythos, genau und speciell kommentirt, Stobäos in *extenso* [vollständig] aufbehalten, im zweiten Buch seiner Eklogen, Kap. 8, §§ 37–40, welcher Abschnitt daher höchst lesenswerth ist. Zur Probe bringe ich daraus den kurzen § 39 hier bei, damit der theilnehmende Leser angereizt werde, den Stobäos selbst zur Hand zu nehmen. Er wird alsdann erkennen, daß jener Platonische Mythos angesehn werden kann als eine Allegorie der großen und tiefen Erkenntniß, welche Kant, in ihrer abstrakten Reinheit, als Lehre vom intelligibeln und empirischen Charakter aufgestellt hat, und daß folglich diese im Wesentlichen schon vor Jahrtausenden von Plato erlangt war, ja, noch viel höher hinaufreicht, da Porphyrius der Meinung ist, daß Plato sie von den Aegyptern überkommen habe. Nun aber liegt sie schon in der Metempsychosenlehre des Brahmanismus, von welchem, höchst wahrscheinlich, die Weisheit der Aegyptischen Priester abstammt. – Der besagte § 39 lautet:

Τὸ γὰρ ὅλον βούλημα τοιοῦτ' ἔοικεν εἶναι τὸ τοῦ Πλάτωνος· ἔχειν μὲν τὸ αὐτεξούσιον τὰς ψυχάς, πρὶν εἰς σώματα καὶ βίους διαφόρους ἐμπεσεῖν, εἰς τὸ ἢ τοῦτον τὸν βίον ἑλέσθαι, ἢ ἄλλον, ὅν, μετὰ ποιᾶς ζωῆς καὶ σώματος οἰκείου τῇ ζωῇ, ἐκτελέσειν μέλλει· (καὶ γὰρ λέοντος βίον ἐπ' αὐτῇ εἶναι ἑλέσθαι, καὶ ἀνδρός). Κᾆκεῖνο μέντοι τὸ αὐτεξούσιον, ἅμα τῇ πρός τινα τῶν τοιούτων βίων πτώσει, ἐμπεπόδισται. Κατελθοῦσαι γὰρ εἰς τὰ σώματα, καὶ ἀντὶ ψυχῶν ἀπολύτων γεγονυῖαι ψυχαὶ ζώων, τὸ αὐτεξούσιον φέρουσιν οἰκεῖον τῇ τοῦ ζώου κατασκευῇ, καὶ ἐφ' ὧν μὲν εἶναι πολύνουν καὶ πολυκίνητον, ὡς ἐπ' ἀνθρώπου, ἐφ' ὧν δὲ ὀλιγοκίνητον καὶ μονότροπον, ὡς ἐπὶ τῶν ἄλλων σχεδὸν πάντων ζώων. Ἠρθῆσθαι δὲ τὸ αὐτεξούσιον τοῦτο ἀπὸ τῆς κατασκευῆς, κινούμενον μὲν ἐξ αὐτοῦ, φερόμενον δὲ κατὰ τὰς ἐκ τῆς κατασκευῆς γιγνομένας προθυμίας. *(Omnino enim Platonis sententia haec videtur esse: habere quidem animas, priusquam in corpora vitaeque certa genera incidant, vel ejus vel alterius vitae eligendae potestatem, quam in corpore, vitae conveniente, degant [nam et leonis vitam et hominis ipsis licere eligere];*

simul vero, cum vita aliqua adepta, libertatem illam tolli. Cum vero in corpora descenderint, et ex liberis animabus factae sint animalium animae, libertatem, animalis organismo convenientem, nanciscuntur; esse autem eam alibi valde intelligentem et mobilem, ut in homine; alibi vero simplicem et parum mobilem, ut fere in omnibus ceteris animalibus. Pendere autem hanc libertatem sic ab animalis organismo, ut per se quidem moveatur, juxta illius autem appetitiones feratur.) [Denn alles, was Platon sagen will, scheint folgendes zu sein: Ehe sie in die Leiber und verschiedenen Lebensformen eingehen, haben die Seelen die Freiheit, die eine oder die andere Lebensform zu wählen, welche sie sodann durch das entsprechende Leben und den der Seele angemessenen Leib zur Ausführung bringen (denn er sagt, daß es bei ihr stehe, das Leben eines Löwen oder das eines Menschen zu erwählen). Jene Willensfreiheit aber ist aufgehoben, sobald die Seele irgendeine derartige Lebensform erlangt hat. Denn nachdem die Seelen in die Körper gelangt und aus freien Seelen zu Lebewesen geworden sind, haben sie nur diejenige Freiheit, die der Beschaffenheit des betreffenden Lebewesens eigen ist, sodaß sie manchmal sehr verständig und vielfach erregbar sind, wie in einem Menschen, manchmal hingegen wenig erregbar und einfältig, wie beinahe bei allen anderen Lebewesen. Die Art der Freiheit aber hängt von der jedesmaligen Beschaffenheit ab, indem sie zwar aus sich selbst heraus sich betätigt, aber geleitet wird gemäß der aus der jedesmaligen Beschaffenheit entspringenden Gesinnung.]

§ 11.

Die **Fichte**'*sche Ethik als Vergrößerungsspiegel der Fehler der Kantischen.*

Wie in der Anatomie und Zoologie dem Schüler manche Dinge nicht so augenfällig an Präparaten und Naturprodukten werden, wie an Kupferstichen, welche dieselben mit einiger Uebertreibung darstellen; so kann ich Dem, welchem, nach der in den obigen Paragraphen gegebenen Kritik, die Nichtigkeit der Kantischen Grundlage der Ethik noch nicht vollkommen eingeleuchtet hätte, als ein Mittel zur Verdeutlichung dieser Erkenntniß Fichtes »System der Sittenlehre« empfehlen.

Wie nämlich im alten deutschen Puppenspiel dem Kaiser, oder sonstigen Helden, allemal der Hanswurst beigegeben war, welcher Alles, was der Held gesagt oder gethan hatte, nachher in seiner Manier und mit Uebertreibung wiederholte; so steht hinter dem großen Kant der Urheber der Wissenschaftslehre, richtiger Wissenschaftsleere. Wie dieser Mann seinen, dem Deutschen philosophischen Publiko gegenüber ganz passenden und zu billigenden Plan, mittelst einer philosophischen Mystifikation Aufsehn zu erregen, um in Folge desselben seine und der Seinigen Wohlfahrt zu begründen, vorzüglich dadurch ausführte, daß er Kanten in allen Stücken überbot, als dessen lebendiger Superlativ auftrat und durch Vergrößerung der hervorstechenden Theile ganz eigentlich eine Karikatur der Kantischen Philosophie zu Stande brachte; so hat er dieses auch in der Ethik geleistet. In seinem »System der Sittenlehre« finden wir den kategorischen Imperativ herangewachsen zu einem despotischen Imperativ: das absolute Soll, die gesetzgebende Vernunft und das Pflichtgebot haben sich entwickelt zu einem moralischen Fatum, einer unergründlichen Nothwendigkeit, daß das Menschengeschlecht gewissen Maximen streng gemäß handle (S. 308–309), als woran, nach den moralischen Anstalten zu urtheilen, sehr viel gelegen seyn muß, obwohl man nirgends eigentlich erfährt was, sondern nur so viel sieht, daß wie den Bienen ein Trieb einwohnt, gemeinschaftlich Zellen und einen Stock zu bauen, so in den Menschen angeblich ein Trieb liegen soll, gemeinschaftlich eine große, streng moralische Weltkomödie aufzuführen, zu welcher wir die bloßen Drahtpuppen wären und nichts weiter; wiewohl mit dem bedeutenden Unterschiede, daß der Bienenstock denn doch wirklich zu Stande kommt, hingegen statt der moralischen Weltkomödie in der That eine höchst unmoralische aufgeführt wird. So sehn wir denn hier die imperative Form der Kantischen Ethik, das Sittengesetz und absolute Soll, weiter geführt, bis ein System des moralischen Fatalismus daraus geworden, dessen Ausführung bisweilen in das Komische übergeht.*

* Zum Beleg des Gesagten will ich hier nur einigen wenigen Stellen Raum gestatten. S. 196: »Der sittliche Trieb ist absolut«, er fordert »schlechthin, ohne allen Zweck außer ihm selbst.« – S. 232: »Nun soll, zufolge des Sittengesetzes, das empirische Zeitwesen ein genauer Abdruck des ursprünglichen Ich werden.« – S. 308: »Der ganze

Wenn in Kants Ethik ein gewisser moralischer Pedantismus zu spüren ist; so giebt, bei Fichte, die lächerlichste moralische Pedanterei reichen Stoff zur Satire. Man lese z. B., S. 407–409, die Entscheidung des bekannten kasuistischen Exempels, wo von zwei Menschenleben eines verloren werden muß. Eben so finden wir alle Fehler Kants in den Superlativ gesteigert: z. B. S. 199: »Den Trieben der Sympathie, des Mitleids, der Menschenliebe zufolge zu handeln ist schlechthin nicht moralisch, sondern insofern gegen die Moral.«! – S. 402: »Die Triebfeder der Dienstfertigkeit muß nie eine unbesonnene Gutherzigkeit seyn, sondern der deutlich gedachte Zweck, die Kausalität der Vernunft so viel als möglich zu befördern.« – Zwischen jenen Pedantereien guckt nun aber Fichtes eigentliche, philosophische Rohheit, – wie sie zu erwarten ist bei einem Mann, dem das Lehren nie Zeit zum Lernen gelassen hat, – augenfällig hervor, indem er das *liberum arbitrium indifferentiae* ernstlich aufstellt und mit den gemeinsten Gründen befestigt (S. 160, 173, 205, 208, 237, 259, 261). – Wer noch nicht vollkommen überzeugt ist, daß das Motiv, obgleich durch das Medium der Erkenntniß einwirkend, eine Ursache ist, wie jede andere, folglich die selbe Nothwendigkeit des Erfolgs, wie jede andere, mit sich führt, daher alle menschlichen Handlungen streng nothwendig erfolgen, – der ist noch philosophisch roh und nicht in den Elementen der philosophischen Erkenntniß unterrichtet. Die Einsicht in die strenge Nothwendigkeit der menschlichen Handlungen ist die Gränzlinie, welche die philosophischen

---

Mensch ist Vehikul des Sittengesetzes.« – S. 342: »Ich bin nur Instrument, bloßes Werkzeug des Sittengesetzes, schlechthin nicht Zweck.« – S. 343: »Jeder ist Zweck als Mittel, die Vernunft zu realisiren: dies ist der letzte Endzweck seines Daseyns: dazu allein ist er da, und wenn dies nicht geschehn sollte, so braucht er überhaupt nicht zu seyn.« – S. 347: »Ich bin Werkzeug des Sittengesetzes in der Sinnenwelt!« – S. 360: »Es ist Verordnung des Sittengesetzes, den Leib zu ernähren, die Gesundheit desselben zu befördern: es versteht sich, daß dies in keinem Sinne und zu keinem andern Zweck geschehn darf, als um ein tüchtiges Werkzeug zur Beförderung des Vernunftszwecks zu seyn.« – (Vergl. S. 371) S. 376: »Jeder menschliche Leib ist Werkzeug zur Beförderung des Vernunftzwecks: daher muß die höchstmögliche Tauglichkeit jedes Werkzeugs dazu mir Zweck seyn: ich muß sonach Sorgfalt für Jeden tragen.« – Dies ist seine Ableitung der Menschenliebe! – S. 377: »Ich kann und darf für mich selbst nur sorgen, lediglich weil und in wiefern ich ein Werkzeug des Sittengesetzes bin.« – S. 388: »Einen Verfolgten mit Gefahr des eigenen Lebens zu vertheidigen, ist absolute Schuldigkeit: – sobald Menschenleben in Gefahr ist, habt ihr nicht mehr das Recht, auf die Sicherheit eures eigenen zu denken.« – S. 420: »Es giebt gar keine Ansicht meines Nebenmenschen auf dem Gebiete des Sittengesetzes, als die, daß er sei ein Werkzeug der Vernunft.«

Köpfe von den andern scheidet: und an dieser angelangt zeigte Fichte deutlich, daß er zu den andern gehörte. Daß er dann wieder, Kants Spur nachgehend (S. 303), Dinge sagt, die mit obigen Stellen in geradem Widerspruch stehn, beweist, wie so viele andere Widersprüche in seinen Schriften, nur, daß er, als Einer, dem es mit Erforschung der Wahrheit nie Ernst war, gar keine feste Grundüberzeugung hatte; wie sie denn zu seinen Zwecken auch ganz und gar nicht nöthig war. Nichts ist lächerlicher, als daß man diesem Mann die strengste Konsequenz nachgerühmt hat, indem man seinen pedantischen, triviale Dinge breit demonstrirenden Ton richtig dafür annahm.

Die vollkommenste Entwickelung jenes Systems des moralischen Fatalismus Fichtes findet man in seiner letzten Schrift: »Die Wissenschaftslehre in ihrem allgemeinen Umrisse dargestellt«, Berlin 1810, – welche den Vorzug hat, nur 46 S. 12° stark zu seyn und doch seine ganze Philosophie *in nuce* [kurz gefaßt] zu enthalten, weshalb sie allen Denen zu empfehlen ist, welche ihre Zeit für zu kostbar halten, als daß sie mit den in Christian-Wolfischer Breite und Langweiligkeit abgefaßten und eigentlich auf Täuschung, nicht auf Belehrung des Lesers abgesehenen größeren Produktionen dieses Mannes vergeudet werden dürfte. In dieser kleinen Schrift also heißt es S. 32: »Die Anschauung einer Sinnenwelt war nur dazu da, daß an dieser Welt das Ich als absolut sollendes sich sichtbar würde.« – S. 33 kommt gar »das Soll der Sichtbarkeit des Soll«, und S. 36 »ein Soll des Ersehns, daß ich soll«. – Dahin also hat, als *exemplar vitiis imitabile* [Vorbild, das zur Nachahmung seiner Fehler verleitet], die imperative Form der Ethik Kants, mit ihrem unerwiesenen Soll, das sie als ein gar bequemes πoυ στω [Standort] sich erbat, gleich nach Kanten geführt.

Uebrigens stößt alles hier Gesagte Fichtes Verdienst nicht um, welches darin besteht, die Philosophie Kants, dieses späte Meisterstück des menschlichen Tiefsinns, bei der Nation, unter der es auftrat, verdunkelt, ja, verdrängt zu haben, durch windbeutelnde Superlative, durch Extravaganzen und den unter der Larve des Tiefsinns auftretenden Unsinn seiner »Grundlage der gesammten Wissenschaftslehre«, und hiedurch der Welt unwiderleglich gezeigt zu haben, welches die Kompetenz des Deutschen philosophischen Publikums sei; da er es die Rolle eines Kindes spielen ließ, dem man ein kostbares Kleinod aus den Händen lockt, indem man ihm ein Nürnberger Spielzeug dafür hinhält. Sein dadurch erlangter Ruhm lebt, auf Kredit, noch heute fort, und noch heute wird Fichte stets neben Kant genannt, als noch so Einer (Ἡρακλῆς καὶ πίθηκος! – *i. e. Hercules et simia!* [Herkules und der Affe!]), ja, oft über ihn gestellt.* Daher hat auch sein Beispiel jene von gleichem Geiste beseelten und mit gleichem Erfolge gekrönten Nachfolger in der Kunst philosophischer Mystifikation des Deutschen Publikums hervorgerufen, die Jeder kennt und von denen ausführlich zu reden, hier nicht der Ort ist; obwohl ihre respektiven Meinungen noch immer von den Philosophieprofessoren lang und breit dargelegt und ernsthaft diskutirt werden; als ob man es wirklich mit Philosophen zu thun hätte. Fichten also ist es zu verdanken, daß lukulente [erhellend] Akten dasind, um einst revidirt zu werden vor dem Richterstuhle der Nachwelt, diesem Kassationshofe der Urtheile der Mitwelt, welcher, zu fast allen Zeiten, für das ächte Verdienst Das hat seyn müssen, was das Jüngste Gericht für die Heiligen ist.

* Ich belege dieses durch eine Stelle aus der allerneuesten philosophischen Litteratur. Herr Feuerbach, ein Hegelianer (*c'est tout dire* [das sagt alles!]) läßt sich in seinem Buche »P. Bayle, Ein Beitrag zur Geschichte der Philosophie«, 1838, S. 80, also vernehmen: »Noch erhabener als Kants sind aber Fichtes Ideen, die er in seiner Sittenlehre und zerstreut in seinen übrigen Schriften aussprach. Das Christenthum hat an Erhabenheit nichts, was es den Ideen Fichtes an die Seite stellen könnte.«

III.

Begründung der Ethik.

§ 12.

Anforderungen.

Also auch Kants Begründung der Ethik, seit sechzig Jahren für ein festes Fundament derselben gehalten, versinkt vor unsern Augen in den tiefen, vielleicht unausfüllbaren Abgrund der philosophischen Irrthümer, indem sie sich als eine unstatthafte Annahme und als eine bloße Verkleidung der theologischen Moral erweist. – Daß die früheren Versuche, die Ethik zu begründen, noch weniger genügen können, darf ich, wie gesagt, als bekannt voraussetzen. Es sind meistens unerwiesene, aus der Luft gegriffene Behauptungen, und zugleich, wie eben auch Kants Begründung selbst, künstliche Subtilitäten, welche die feinsten Unterscheidungen verlangen und auf den abstraktesten Begriffen beruhen, schwierige Kombinationen, heuristische Regeln, Sätze, die auf einer Nadelspitze balanciren, und stelzbeinige Maximen, von deren Höhe herab man das wirkliche Leben und sein Gewühl nicht mehr sehn kann. Daher sind sie allerdings trefflich geeignet, in den Hörsälen widerzuhallen und eine Uebung des Scharfsinnes abzugeben: aber dergleichen kann es nicht seyn, was den in jedem Menschen dennoch wirklich vorhandenen Aufruf zum Rechtthun und Wohlthun hervorbringt, noch kann es den starken Antrieben zur Ungerechtigkeit und Härte das Gleichgewicht halten, noch auch den Vorwürfen des Gewissens zum Grunde liegen; welche auf die Verletzung solcher spitzfindigen Maximen zurückführen zu wollen, nur dienen kann, diese lächerlich zu machen. Künstliche Begriffs-Kombinationen jener Art können also, wenn wir die Sache ernstlich nehmen, nimmermehr den wahren Antrieb zur Gerechtigkeit und Menschenliebe enthalten. Dieser muß vielmehr etwas seyn, das wenig Nachdenken, noch weniger Abstraktion und Kombination erfordert, das, von der Verstandesbildung unabhängig, Jeden, auch den rohesten Menschen, anspreche, bloß auf anschaulicher Auffassung beruhe und unmittelbar aus der Realität der Dinge sich aufdringe. Solange die Ethik nicht ein Fundament dieser Art aufzuweisen hat, mag sie in den Hörsälen disputiren und paradiren: das wirkliche Leben wird ihr Hohn sprechen. Ich muß daher den Ethikern den paradoxen Rath ertheilen, sich erst ein wenig im Menschenleben umzusehn.

§ 13.

Skeptische Ansicht.

Oder aber gienge vielleicht aus dem Rückblicke auf die seit mehr als zwei Tausend Jahren vergeblich gemachten Versuche, eine sichere Grundlage für die Moral zu finden, hervor, daß es gar keine natürliche, von menschlicher Satzung unabhängige Moral gebe, sondern diese durch und durch ein Artefakt [künstliches Erzeugnis] sei, ein Mittel, erfunden zur bessern Bändigung des eigensüchtigen und boshaften Menschengeschlechts, und daß sie demnach, ohne die Stütze der positiven Religionen, dahin fallen würde, weil sie keine innere Beglaubigung und keine natürliche Grundlage hätte? Justiz und Polizei können nicht überall ausreichen: es giebt Vergehungen, deren Entdeckung zu schwer, ja einige, deren Bestrafung mißlich ist; wo uns also der öffentliche Schutz verläßt. Zudem kann das bürgerliche Gesetz höchstens Gerechtigkeit, nicht aber Menschenliebe und Wohlthun erzwingen, schon weil hiebei Jeder der passive, Keiner aber der aktive Theil würde seyn wollen. Dies hat die Hypothese veranlaßt, daß die Moral allein auf der Religion beruhe und Beide zum Zweck hätten, das Komplement zur nothwendigen Unzulänglichkeit der Staatseinrichtung und Gesetzgebung zu seyn. Eine natürliche, d. h. bloß auf die Natur der Dinge, oder des Menschen gegründete Moral könne es demnach nicht geben: woraus sich erkläre, daß die Philosophen umsonst bestrebt sind, ihr Fundament zu suchen. Diese Meinung ist nicht ohne Scheinbarkeit: schon die Pyrrhoniker stellten sie auf: οὔτε ἀγαθόν τί ἐστι φύσει, οὔτε κακόν, ἀλλὰ πρὸς ἀνθρώπων ταῦτα νόῳ κέκριται,

κατὰ τὸν Τίμωνα *(neque est aliquod bonum naturâ, neque malum, »sed haec ex arbitrio hominum dijudicantur«, – secundum Timonem).* [Von Natur gibt es weder Gutes noch Böses, sondern den Unterschied hat menschliche Meinung gemacht, wie Timon sagt.] *Sext. Emp. adv. Math. XI. 140,* und auch in neuerer Zeit haben ausgezeichnete Denker sich zu ihr bekannt. Sie verdient daher eine sorgfältige Prüfung, wenn es gleich bequemer wäre, sie durch einen inquisitoriellen Seitenblick auf das Gewissen Derer, in denen ein solcher Gedanke aufsteigen konnte, zu beseitigen.

Man würde sich in einem großen und sehr jugendlichen Irrthum befinden, wenn man glaubte, daß alle gerechte und legale Handlungen der Menschen moralischen Ursprungs wären. Vielmehr ist zwischen der Gerechtigkeit, welche die Menschen ausüben, und der ächten Redlichkeit des Herzens meistens ein analoges Verhältniß, wie zwischen den Aeußerungen der Höflichkeit und der ächten Liebe des Nächsten, welche nicht, wie jene, zum Schein, sondern wirklich den Egoismus überwindet. Die überall zur Schau getragene Rechtlichkeit der Gesinnung, welche über jeden Zweifel erhaben seyn will, nebst der hohen Indignation, welche durch die leiseste Andeutung eines Verdachts in dieser Hinsicht rege wird und bereit ist, in den feurigsten Zorn überzugehn, – dies Alles wird nur der Unerfahrene und Einfältige sofort für baare Münze und Wirkung eines zarten moralischen Gefühls oder Gewissens nehmen. In Wahrheit beruht die allgemeine, im menschlichen Verkehr ausgeübte und als felsenfeste Maxime behauptete Rechtlichkeit hauptsächlich auf zwei äußeren Nothwendigkeiten: erstlich auf der gesetzlichen Ordnung, mittelst welcher die öffentliche Gewalt die Rechte eines Jeden schützt, und zweitens auf der erkannten Nothwendigkeit des guten Namens, oder der bürgerlichen Ehre, zum Fortkommen in der Welt, mittelst welcher die Schritte eines Jeden unter der Aufsicht der öffentlichen Meinung stehn, welche, unerbittlich strenge, auch einen einzigen Fehltritt in diesem Stücke nie verzeiht, sondern ihn, als einen unauslöschlichen Makel, dem Schuldigen bis an den Tod nachträgt. Hierin ist sie wirklich weise: denn sie geht von dem Grundsatze *operari sequitur esse* und demnach von der Ueberzeugung aus, daß der Charakter unveränderlich sei und daher, was Einer e i n Mal gethan hat, er unter ganz gleichen Umständen, unausbleiblich wieder thun werde. Diese zwei Wächter also sind es, welche die öffentliche Rechtlichkeit bewachen und ohne welche wir, unverhohlen gesagt, übel daran wären, vorzüglich in Hinsicht auf den Besitz, diesen Hauptpunkt im menschlichen Leben, um welchen hauptsächlich dessen Thun und Treiben sich dreht. Denn die rein ethischen Motive zur Ehrlichkeit, angenommen daß sie vorhanden sind, können meistentheils nur nach einem weiten Umwege ihre Anwendung auf den bürgerlichen Besitz finden. Sie können nämlich sich zunächst und unmittelbar allein auf das natürliche Recht beziehn; auf das positive aber erst mittelbar, sofern nämlich jenes ihm zum Grunde liegt. Das natürliche Recht aber haftet an keinem andern Eigenthum, als an dem durch eigene Mühe erworbenen, durch dessen Angriff die darauf verwendeten Kräfte des Besitzers mit angegriffen, ihm also geraubt werden. – Die Präoccupationstheorie [Theorie des Rechts der ersten Besitzergreifung] verwerfe ich unbedingt, kann jedoch nicht hier auf ihre Widerlegung eingehn.* – Nun soll freilich jeder auf positives Recht gegründete Besitz, wenn auch durch noch so viele Mittelglieder, zuletzt und in erster Quelle auf dem natürlichen Eigenthumsrechte beruhen. Aber wie weit liegt nicht, in den meisten Fällen, unser bürgerlicher Besitz von jener Urquelle des natürlichen Eigenthumsrechtes ab! Meistens hat er mit diesem einen sehr schwer oder gar nicht nachweisbaren Zusammenhang: unser Eigenthum ist geerbt, erheirathet, in der Lotterie gewonnen, oder wenn auch das nicht, doch nicht durch eigentliche Arbeit im Schweiße des Angesichts, sondern durch kluge Gedanken und Einfälle erworben, z. B. im Spekulationshandel, ja, mitunter auch durch dumme Einfälle, welche, mittelst des Zufalls, der *Deus Eventus* [Gott Erfolg] gekrönt und verherrlicht hat. In den wenigsten Fällen ist es eigentlich die Frucht wirklicher Mühe und Arbeit, und selbst dann ist diese oft nur eine geistige, wie die der Advokaten, Aerzte, Beamten, Lehrer, welche, nach dem Blicke des rohen Menschen, wenig Anstrengung zu kosten scheint. Es bedarf schon bedeutender Bildung, um bei allem solchen Besitz das ethische Recht zu erkennen und es demnach aus rein moralischem Antriebe zu achten. –

---

* Siehe »Die Welt als Wille und Vorstellung«, Bd. 1, § 62, S. 396 ff. [Bd. II uns. Ausg., S. 418 ff.], und Bd. 2, Kap. 47, S. 682 [Bd. IV, S. 698 ff.].

Demzufolge betrachten Viele, im Stillen, das Eigenthum der Andern als allein nach positivem Rechte besessen. Finden sie daher Mittel, es ihnen mittelst Benutzung, ja auch nur Umgehung der Gesetze zu entreißen; so tragen sie kein Bedenken: denn ihnen scheint, daß Jene es auf dem selben Wege verlören, auf welchem sie es früher erlangt hatten, und sie sehn daher ihre eigenen Ansprüche als eben so gut begründet an, wie die des frühern Besitzers. Von ihrem Gesichtspunkt aus, ist in der bürgerlichen Gesellschaft an die Stelle des Rechtes des Stärkern das des Klügern getreten. – Inzwischen ist der Reiche oft wirklich von einer unverbrüchlichen Rechtlichkeit, weil er von ganzem Herzen einer Regel zugethan ist und eine Maxime aufrecht erhält, auf deren Befolgung sein ganzer Besitz, mit dem Vielen, was er dadurch vor Andern voraus hat, beruht; daher er zu dem Grundsatze *suum cuique* [Jedem das Seine] sich in vollem Ernst bekennt und nicht davon abweicht. Es giebt in der That eine solche objektive Anhänglichkeit an Treue und Glauben, mit dem Entschluß, sie heilig zu halten, die bloß darauf beruht, daß Treue und Glauben die Grundlage alles freien Verkehrs unter Menschen, der guten Ordnung und des sichern Besitzes sind, daher sie uns selbst gar oft zu Gute kommen und in dieser Hinsicht sogar mit Opfern aufrecht gehalten werden müssen; wie man ja an einen guten Acker auch etwas wendet. Doch wird man die so begründete Redlichkeit, in der Regel, nur bei wohlhabenden, oder wenigstens einem einträglichen Erwerb obliegenden Leuten finden, am allermeisten bei Kaufleuten, als welche die deutlichste Ueberzeugung haben, daß Handel und Wandel am gegenseitigen Vertrauen und Kredit ihre unentbehrliche Stütze haben; weshalb auch die kaufmännische Ehre eine ganz spezielle ist. – Hingegen der Arme, der bei der Sache zu kurz gekommen ist und, vermöge der Ungleichheit des Besitzes, sich zu Mangel und schwerer Arbeit verdammt sieht, während Andere, vor seinen Augen, im Ueberfluß und Müßiggange leben, der wird schwerlich erkennen, daß dieser Ungleichheit eine entsprechende der Verdienste und des redlichen Erwerbes zum Grunde liege. Wenn er aber dies nicht erkennt, woher soll er dann den rein ethischen Antrieb zur Ehrlichkeit nehmen, der ihn abhält, seine Hand nach dem fremden Ueberflusse auszustrecken? Meistens ist es die gesetzliche Ordnung, die ihn zurückhält. Aber wenn ein Mal die seltene Gelegenheit kommt, wo er, vor der Wirkung des Gesetzes gesichert, durch eine einzige That die drückende Last des Mangels, welche der Anblick des fremden Ueberflusses noch fühlbarer macht, von sich wälzen und auch s i c h in den Besitz der so oft beneideten Genüsse setzen könnte, was wird da seine Hand zurückhalten? Religiöse Dogmen? Selten ist der Glaube so fest. Ein rein moralisches Motiv zur Gerechtigkeit? Vielleicht in einzelnen Fällen: aber in den allermeisten wird es dann nur die auch dem geringen Manne sehr angelegene Sorge für seinen guten Namen, seine bürgerliche Ehre seyn, die augenscheinliche Gefahr, durch eine solche That auf immer ausgestoßen zu werden aus der großen Freimaurerloge der ehrlichen Leute, welche das Gesetz der Rechtlichkeit befolgen und danach auf der ganzen Erde das Eigenthum unter sich vertheilt haben und verwalten, die Gefahr, in Folge einer einzigen unehrlichen Handlung, Zeit Lebens ein Paria der bürgerlichen Gesellschaft zu seyn, Einer, dem Keiner mehr traut, dessen Gemeinschaft Jeder flieht und dem dadurch alles Fortkommen abgeschnitten ist, d. h. mit Einem Wort: »Ein Kerl, der gestohlen hat«, – und auf den das Sprichwort geht: »Wer Ein Mal stiehlt, ist Zeit Lebens ein Dieb.«

Dies also sind die Wächter der öffentlichen Rechtlichkeit: und wer gelebt und die Augen offen gehabt hat, wird eingestehn, daß bei weitem die allermeiste Ehrlichkeit im menschlichen Verkehr nur ihnen zu verdanken ist, ja, daß es nicht an Leuten fehlt, die auch i h r e r Wachsamkeit sich zu entziehn hoffen, und die daher Gerechtigkeit und Redlichkeit nur als ein Aushängeschild, als eine Flagge betrachten, unter deren Schutz man seine Kapereien [Raubzüge] mit desto besserm Erfolge ausführt. Wir haben also nicht sogleich in heiligem Eifer aufzufahren und in Harnisch zu gerathen, wenn ein Moralist ein Mal das Problem aufwirft, ob nicht vielleicht alle Redlichkeit und Gerechtigkeit im Grunde bloß konventionell wäre, und er demnächst, dieses Princip weiter verfolgend, auch die ganze übrige Moral auf entferntere, mittelbare, zuletzt aber doch egoistische Gründe zurückzuführen sich bemüht, wie Holbach, Helvetius, d'Alembert und Andere ihrer Zeit es scharfsinnig versucht haben. Von dem größten Theil der gerechten Handlungen ist dies sogar wirklich wahr und richtig, wie ich im Obigen gezeigt habe. Daß es auch von einem beträchtlichen Theil der Handlungen der Menschenliebe wahr sei, leidet keinen Zweifel; da sie oft aus Ostentation, sehr oft aus dem Glauben an eine dereinstige Retribution [Wiedererstattung], die wohl gar in der Quadrat- oder vollends Kubik-Zahl geleistet würde, hervorgehn, auch noch andere egoistische Gründe zulassen. Allein eben so gewiß ist es, daß es Handlungen uneigennütziger Menschenliebe und ganz freiwilliger Gerechtigkeit giebt. Beweise der letzteren sind, um mich nicht auf Thatsachen des Bewußtseyns, sondern nur der Erfahrung zu berufen, die einzelnen, aber unzweifelhaften Fälle, wo nicht nur die Gefahr gesetzlicher Verfolgung, sondern auch die der Entdeckung und selbst jedes Verdachtes ganz ausgeschlossen war, und dennoch selbst vom Armen dem Reichen das Seinige gegeben wurde: z. B., wo ein Verlorenes und Gefundenes, wo ein von einem Dritten und bereits Verstorbenen Deponirtes dem Eigenthümer gebracht wurde, wo ein im Geheimen von einem Landesflüchtigen bei einem armen Manne gemachtes Depositum treulich bewahrt und zurückgegeben wurde. Dergleichen Fälle giebt es, ohne Zweifel: allein die Ueberraschung, die Rührung, die Hochachtung, womit wir sie entgegennehmen, bezeugen deutlich, daß sie zu den unerwarteten Dingen, den seltenen Ausnahmen gehören. Es giebt in der That wahrhaft ehrliche Leute; – wie es auch wirklich vierblätterigen Klee giebt: aber Hamlet [II, 2] spricht ohne Hyperbel, wenn er sagt: *To be honest, as this world goes, is to be one man pick'd out of ten thousand.** – Gegen den Einwand, daß den oben erwähnten Handlungen zuletzt religiöse Dogmen, mithin Rücksicht auf Strafe und Belohnung in einer andern Welt, zum Grunde lagen, würden sich auch wohl Fälle nachweisen lassen, wo die Vollbringer derselben gar keinem Religionsglauben anhiengen; was lange nicht so selten ist, wie das öffentliche Bekenntniß der Sache.

Man beruft sich, der skeptischen Ansicht gegenüber, zunächst auf das Gewissen. Aber auch gegen dessen natürlichen Ursprung werden Zweifel erhoben. Wenigstens giebt es auch eine *conscientia spuria* [ein unechtes Gewissen], die oft mit demselben verwechselt wird. Die Reue und Beängstigung, welche Mancher über Das, was er gethan hat, empfindet, ist oft im Grunde nichts Anderes, als die Furcht vor Dem, was ihm dafür geschehn kann. Die Verletzung äußerlicher,

* Nach dem Laufe dieser Welt heißt ehrlich seyn: ein aus zehntausend Auserwählter seyn.

willkürlicher und sogar abgeschmackter Satzungen quält Manchen mit inneren Vorwürfen, ganz nach Art des Gewissens. So z. B. liegt es manchem bigotten Juden wirklich schwer auf dem Herzen, daß, obgleich es im zweiten Buch Mose, Kap. 35, 3, heißt: »Ihr sollt kein Feuer anzünden am Sabbathtage in allen euren Wohnungen«, er doch am Sonnabend zu Hause eine Pfeife geraucht hat. Manchen Edelmann, oder Offizier, nagt der heimliche Selbstvorwurf, daß er, bei irgend einem Vorwurf, den Gesetzen des Narrenkodex, den man ritterliche Ehre nennt, nicht gehörig nachgekommen sei: dies geht so weit, daß Mancher dieses Standes, wenn in die Unmöglichkeit versetzt, sein gegebenes Ehrenwort zu halten, oder auch nur besagtem Kodex bei Streitigkeiten Genüge zu leisten, sich todtschießen wird. (Ich habe Beides erlebt.) Hingegen wird der selbe Mann alle Tage leichten Herzens sein Wort brechen, sobald nur nicht das Schiboleth »Ehre« hinzugefügt war. – Ueberhaupt jede Inkonsequenz, jede Unbedachtsamkeit, jedes Handeln gegen unsere Vorsätze, Grundsätze, Ueberzeugungen, welcher Art sie auch seien, ja, jede Indiskretion, jeder Fehlgriff, jede Balourdise [Tölpelei] wurmt uns hinterher im Stillen und läßt einen Stachel im Herzen zurück. Mancher würde sich wundern, wenn er sähe, woraus sein Gewissen, das ihm ganz stattlich vorkommt, eigentlich zusammengesetzt ist: etwan aus 1/5 Menschenfurcht, 1/5 Deisidämonie, 1/5 Vorurtheil, 1/5 Eitelkeit und 1/5 Gewohnheit: so daß er im Grunde nicht besser ist, als jener Engländer, der geradezu sagte: *I cannot afford to keep a conscience* (ein Gewissen zu halten ist für mich zu kostspielig). – Religiöse Leute, jedes Glaubens, verstehn unter Gewissen sehr oft nichts Anderes, als die Dogmen und Vorschriften ihrer Religion und die in Beziehung auf diese vorgenommene Selbstprüfung: in diesem Sinne werden ja auch die Ausdrücke Gewissenszwang und Gewissensfreiheit genommen. Die Theologen, Scholastiker und Kasuistiker der mittlern und spätern Zeit nahmen es eben so: Alles was Einer von Satzungen und Vorschriften der Kirche wußte, nebst dem Vorsatz es zu glauben und zu befolgen, machte sein Gewissen aus. Demgemäß gab es ein zweifelndes, ein meinendes, ein irrendes Gewissen u. dgl. m., zu deren Berichtigung man sich einen Gewissensrath hielt. Wie wenig der Begriff des Gewissens, gleich andern Begriffen, durch sein Objekt selbst festgestellt ist, wie verschieden er von Verschiedenen gefaßt worden, wie schwankend und unsicher er bei den Schriftstellern erscheint, kann man in der Kürze ersehn aus Stäudlins »Geschichte der Lehre vom Gewissen«. Alles dieses ist nicht geeignet, die Realität des Begriffes zu beglaubigen, und hat daher die Frage veranlaßt, ob es denn auch wirklich ein eigentliches, angeborenes Gewissen gebe? Ich bin bereits § 10, bei der Lehre von der Freiheit, veranlaßt worden, meinen Begriff vom Gewissen kurz anzugeben, und werde weiter unten darauf zurückkommen.

Diese sämmtlichen skeptischen Bedenklichkeiten reichen zwar keineswegs hin, das Daseyn aller ächten Moralität abzuleugnen, wohl aber unsere Erwartungen von der moralischen Anlage im Menschen und mithin vom natürlichen Fundament der Ethik zu mäßigen; da so Vieles, was diesem zugeschrieben wird, nachweislich von andern Triebfedern herrührt, und die Betrachtung der moralischen Verderbniß der Welt genugsam beweist, daß die Triebfeder zum Guten keine sehr mächtige seyn kann, zumal weil sie oft selbst da nicht wirkt, wo die ihr entgegenstehenden Motive nicht stark sind; wiewohl hiebei der individuelle Unterschied der Charaktere seine volle Gültigkeit behauptet. Inzwischen wird die Erkenntniß jener moralischen Verderbniß dadurch erschwert, daß die Aeußerungen derselben gehemmt und verdeckt werden durch die gesetzliche Ordnung, durch die Nothwendigkeit der Ehre, ja, auch noch durch die Höflichkeit. Endlich kommt noch hinzu, daß man bei der Erziehung die Moralität der Zöglinge dadurch zu befördern vermeint, daß man ihnen Rechtlichkeit und Tugend als die in der Welt allgemein befolgten Maximen darstellt: wenn nun später die Erfahrung sie, und oft zu ihrem großen Schaden, eines Andern belehrt; so kann die Entdeckung, daß ihre Jugendlehrer die Ersten waren, welche sie betrogen, nachtheiliger auf ihre eigene Moralität wirken, als wenn diese Lehrer ihnen das erste Beispiel der Offenherzigkeit und Redlichkeit selbst gegeben und unverhohlen gesagt hätten: »Die Welt liegt im Argen, die Menschen sind nicht, wie sie seyn sollten; aber laß' es Dich nicht irren und sei Du besser«. – Alles dieses, wie gesagt, erschwert unsere Erkenntniß der wirklichen Immoralität des Menschengeschlechts. Der Staat, dieses Meisterstück des sich selbst verstehenden, vernünftigen, aufsummirten Egoismus Aller, hat den Schutz der Rechte eines Jeden in die Hände einer Gewalt gegeben, welche, der Macht jedes Einzelnen unendlich überlegen, ihn zwingt, die

Rechte aller Andern zu achten. Da kann der gränzenlose Egoismus fast Aller, die Bosheit Vieler, die Grausamkeit Mancher sich nicht hervorthun: der Zwang hat Alle gebändigt. Die hieraus entspringende Täuschung ist so groß, daß, wenn wir in einzelnen Fällen, wo die Staatsgewalt nicht schützen kann, oder eludirt wird, die unersättliche Habsucht, die niederträchtige Geldgier, die tief versteckte Falschheit, die tückische Bosheit der Menschen hervortreten sehn, wir oft zurückschrecken und ein Zetergeschrei erheben, vermeinend, ein noch nie gesehnes Monstrum sei uns aufgestoßen: allein ohne den Zwang der Gesetze und die Nothwendigkeit der bürgerlichen Ehre würden dergleichen Vorgänge ganz an der Tagesordnung seyn. Kriminalgeschichten und Beschreibungen anarchischer Zustände muß man lesen, um zu erkennen, was, in moralischer Hinsicht, der Mensch eigentlich ist. Diese Tausende, die da, vor unsern Augen, im friedlichen Verkehr sich durch einander drängen, sind anzusehn als eben so viele Tiger und Wölfe, deren Gebiß durch einen starken Maulkorb gesichert ist. Daher, wenn man sich die Staatsgewalt ein Mal aufgehoben, d. h. jenen Maulkorb abgeworfen denkt, jeder Einsichtige zurückbebt vor dem Schauspiele, das dann zu erwarten stände; wodurch er zu erkennen giebt, wie wenig Wirkung er der Religion, dem Gewissen, oder dem natürlichen Fundament der Moral, welches es auch immer seyn möge, im Grunde zutraut. Aber gerade alsdann würde, jenen freigelassenen unmoralischen Potenzen gegenüber, auch die wahre moralische Triebfeder im Menschen ihre Wirksamkeit unverdeckt zeigen, folglich am leichtesten erkannt werden können; wobei zugleich die unglaublich große moralische Verschiedenheit der Charaktere unverschleiert hervortreten und eben so groß befunden werden würde, wie die intellektuelle der Köpfe; womit gewiß viel gesagt ist.

Man wird mir vielleicht entgegensetzen wollen, daß die Ethik es nicht damit zu thun habe, wie die Menschen wirklich handeln, sondern die Wissenschaft sei, welche angiebt, wie sie handeln *sollen*. Dies ist aber gerade der Grundsatz, den ich leugne, nachdem ich im kritischen Theile dieser Abhandlung genugsam dargethan habe, daß der Begriff des *Sollens*, die *imperative Form* der Ethik, allein in der theologischen Moral gilt, außerhalb derselben aber allen Sinn und Bedeutung verliert. Ich setze hingegen der Ethik den Zweck, die in moralischer

Hinsicht höchst verschiedene Handlungsweise der Menschen zu deuten, zu erklären und auf ihren letzten Grund zurückzuführen. Daher bleibt zur Auffindung des Fundaments der Ethik kein anderer Weg, als der empirische, nämlich zu untersuchen, ob es überhaupt Handlungen giebt, denen wir ächten moralischen Werth zuerkennen müssen, – welches die Handlungen freiwilliger Gerechtigkeit, reiner Menschenliebe und wirklichen Edelmuths seyn werden. Diese sind sodann als ein gegebenes Phänomen zu betrachten, welches wir richtig zu erklären, d. h. auf seine wahren Gründe zurückzuführen, mithin die jedenfalls eigenthümliche Triebfeder nachzuweisen haben, welche den Menschen zu Handlungen dieser, von jeder andern specifisch verschiedenen Art bewegt. Diese Triebfeder, nebst der Empfänglichkeit für sie, wird der letzte Grund der Moralität und die Kenntniß derselben das Fundament der Moral seyn. Dies ist der bescheidene Weg, auf welchen ich die Ethik hinweise. Wem er, als keine Konstruktion *a priori*, keine absolute Gesetzgebung für alle vernünftige Wesen *in abstracto* enthaltend, nicht vornehm, kathedralisch [unfehlbar] und akademisch genug dünkt, der mag zurückkehren zu den kategorischen Imperativen, zum Schiboleth der »Würde des Menschen«; zu den hohlen Redensarten, den Hirngespinsten und Seifenblasen der Schulen, zu Principien, denen die Erfahrung bei jedem Schritte Hohn spricht und von welchen außerhalb der Hörsäle kein Mensch etwas weiß, noch jemals empfunden hat. Dem auf meinem Wege sich ergebenden Fundament der Moral hingegen steht die Erfahrung zur Seite und legt täglich und stündlich ihr stilles Zeugniß für dasselbe ab.

§ 14.

Antimoralische Triebfedern.*

Die Haupt- und Grundtriebfeder im Menschen, wie im Thiere, ist der Egoismus, d. h. der Drang zum Daseyn und Wohlseyn. – Das Deutsche Wort Selbstsucht führt einen fal-

* Ich erlaube mir die regelwidrige Zusammensetzung des Wortes, da »antiethisch« hier nicht bezeichnend seyn würde. Das jetzt in Mode gekommene »sittlich und unsittlich« aber ist ein schlechtes Substitut für »moralisch und unmoralisch«: erstlich, weil »moralisch« ein wissenschaftlicher Begriff ist, dem als solchem eine Griechische

schen Nebenbegriff von Krankheit mit sich. Das Wort Eigennutz aber bezeichnet den Egoismus, sofern er unter Leitung der Vernunft steht, welche ihn befähigt, vermöge der Reflexion, seine Zwecke planmäßig zu verfolgen; daher man die Thiere wohl egoistisch, aber nicht eigennützig nennen kann. Ich will also für den allgemeinern Begriff das Wort Egoismus beibehalten. – Dieser Egoismus ist, im Thiere, wie im Menschen, mit dem innersten Kern und Wesen desselben aufs genaueste verknüpft, ja, eigentlich identisch. Daher entspringen, in der Regel, alle seine Handlungen aus dem Egoismus, und aus diesem zunächst ist allemal die Erklärung einer gegebenen Handlung zu versuchen; wie denn auch auf denselben die Berechnung aller Mittel, dadurch man den Menschen nach irgend einem Ziele hinzulenken sucht, durchgängig gegründet ist. Der Egoismus ist, seiner Natur nach, gränzenlos: der Mensch will unbedingt sein Daseyn erhalten, will es von Schmerzen, zu denen auch aller Mangel und Entbehrung gehört, unbedingt frei, will die größtmögliche Summe von Wohlseyn, und will jeden Genuß, zu dem er fähig ist, ja, sucht wo möglich noch neue Fähigkeiten zum Genusse in sich zu entwickeln. Alles, was sich dem Streben seines Egoismus entgegenstellt, erregt seinen Unwillen, Zorn, Haß: er wird es als seinen Feind zu vernichten suchen. Er will wo möglich Alles genießen, Alles haben; da aber dies unmöglich ist, wenigstens Alles beherrschen: »Alles für mich, und nichts für die Andern«, ist sein Wahlspruch. Der Egoismus ist kolossal: er überragt die Welt. Denn, wenn jedem Einzelnen die Wahl gegeben würde zwischen seiner eigenen und der übrigen Welt Vernichtung; so brauche ich nicht zu sagen, wohin sie, bei den Allermeisten, ausschlagen würde. Demgemäß macht Jeder sich zum Mittelpunkte der Welt, bezieht Alles auf sich und wird was nur vorgeht, z. B. die größten Veränderungen im Schicksale der Völker, zunächst auf sein Interesse dabei beziehn und, sei dieses auch noch so klein und mittelbar, vor Allem daran denken. Keinen größern Kontrast giebt es, als den zwischen dem hohen und exklusiven Antheil, den Jeder an sei-

oder Lateinische Bezeichnung gebührt, aus Gründen, welche man findet in meinem Hauptwerke, Bd. 2, Kap. 12, S. 134 ff. [Bd. III, S. 143 ff.]; und zweitens, weil »sittlich« ein schwacher und zahmer Ausdruck ist, schwer zu unterscheiden von »sittsam«, dessen populäre Benennung »zimperlich« ist. Der Deutschthümelei muß man keine Koncessionen machen.

nem eigenen Selbst nimmt, und der Gleichgültigkeit, mit der in der Regel alle Andern eben jenes Selbst betrachten; wie er ihres. Es hat sogar seine komische Seite, die zahllosen Individuen zu sehn, deren jedes, wenigstens in praktischer Hinsicht, sich allein für r e a l hält und die andern gewissermaaßen als bloße Phantome betrachtet. Dies beruht zuletzt darauf, daß Jeder sich selber u n m i t t e l b a r gegeben ist, die Andern aber ihm nur m i t t e l b a r, durch die Vorstellung von ihnen in seinem Kopfe: und die Unmittelbarkeit behauptet ihr Recht. Nämlich in Folge der jedem Bewußtseyn wesentlichen Subjektivität, ist Jeder sich selber die ganze Welt: denn alles Objektive existirt nur mittelbar, als bloße Vorstellung des Subjekts; so daß stets Alles am Selbstbewußtseyn hängt. Die einzige Welt, welche Jeder wirklich kennt und von der er weiß, trägt er in sich, als seine Vorstellung, und ist daher das Centrum derselben. Deshalb eben ist Jeder sich Alles in Allem: er findet sich als den Inhaber aller Realität und kann ihm nichts wichtiger seyn, als er selbst. Während nun in seiner subjektiven Ansicht sein Selbst sich in dieser kolossalen Größe darstellt, schrumpft es in der objektiven beinahe zu Nichts ein, nämlich zu ungefähr $^{1}/_{1\,000\,000\,000}$ der jetzt lebenden Menschheit. Dabei nun weiß er völlig gewiß, daß eben jenes über Alles wichtige Selbst, dieser Mikrokosmos, als dessen bloße Modifikation oder Accidenz, der Makrokosmos auftritt, also seine ganze Welt, untergehn muß im Tode, der daher für ihn gleichbedeutend ist mit dem Weltuntergange. Dieses also sind die Elemente, woraus, auf der Basis des Willens zum Leben, der Egoismus erwächst, welcher zwischen Mensch und Mensch stets wie ein breiter Graben liegt. Springt wirklich ein Mal Einer darüber, dem Andern zu Hülfe, so ist es wie ein Wunder, welches Staunen erregt und Beifall einärntet. Oben, § 8, bei Erläuterung des Kantischen Moralprincips, habe ich Gelegenheit gehabt, auszuführen, wie der Egoismus sich im Alltagsleben zeigt, wo er, trotz der Höflichkeit, die man ihm als Feigenblatt vorsteckt, doch stets aus irgend einer Ecke hervorguckt. Die Höflichkeit nämlich ist die konventionelle und systematische Verleugnung des Egoismus in den Kleinigkeiten des täglichen Verkehrs und ist freilich anerkannte Heuchelei: dennoch wird sie gefordert und gelobt; weil was sie verbirgt, der Egoismus, so garstig ist, daß man es nicht sehn will, obschon man weiß, daß es da ist: wie man widerliche Gegenstände wenigstens durch einen

Vorhang bedeckt wissen will. – Da der Egoismus, wo ihm nicht entweder äußere Gewalt, welcher auch jede Furcht, sei sie vor irdischen oder überirdischen Mächten, beizuzählen ist, oder aber die ächte moralische Triebfeder entgegenwirkt, seine Zwecke unbedingt verfolgt; so würde, bei der zahllosen Menge egoistischer Individuen, das *bellum omnium contra omnes* [der Krieg aller gegen alle; Hobbes, *Leviathan*, I, 13] an der Tagesordnung seyn, zum Unheil Aller. Daher die reflektirende Vernunft sehr bald die Staatseinrichtung erfindet, welche, aus gegenseitiger Furcht vor gegenseitiger Gewalt entspringend, den nachtheiligen Folgen des allgemeinen Egoismus so weit vorbeugt, als es auf dem negativen Wege geschehn kann. Wo hingegen jene zwei ihm entgegenstehenden Potenzen nicht zur Wirksamkeit gelangen, wird er sich sofort in seiner ganzen furchtbaren Größe zeigen, und das Phänomen wird kein schönes seyn. Indem ich, um ohne Weitläuftigkeit die Stärke dieser antimoralischen Potenz auszudrücken, darauf bedacht war, die Größe des Egoismus mit Einem Zuge zu bezeichnen und deshalb nach irgend einer recht emphatischen Hyperbel suchte, bin ich zuletzt auf diese gerathen: mancher Mensch wäre im Stande, einen andern todtzuschlagen, bloß um mit dessen Fette sich die Stiefel zu schmieren. Aber dabei blieb mir doch der Skrupel, ob es auch wirklich eine Hyperbel sei. – Der Egoismus also ist die erste und hauptsächlichste, wiewohl nicht die einzige Macht, welche die moralische Triebfeder zu bekämpfen hat. Man sieht schon hier, daß diese, um wider einen solchen Gegner aufzutreten, etwas Realeres seyn muß, als eine spitzfindige Klügelei, oder eine aprioristische Seifenblase. – Inzwischen ist im Kriege das Erste, daß man den Feind rekognoscirt. In dem bevorstehenden Kampfe wird der Egoismus, als die Hauptmacht seiner Seite, vorzüglich sich der Tugend der Gerechtigkeit entgegenstellen, welche nach meiner Ansicht, die erste und recht eigentliche Kardinaltugend ist.

Hingegen wird der Tugend der Menschenliebe öfter das Uebelwollen oder die Gehässigkeit gegenübertreten. Daher wollen wir den Ursprung und die Gradationen dieser zunächst betrachten. Das Uebelwollen in den niederen Graden ist sehr häufig, ja, fast gewöhnlich, und es erreicht leicht die höheren. Goethe hat wohl Recht zu sagen, daß in dieser Welt Gleichgültigkeit und Abneigung recht eigentlich zu Hause sind. (Wahlverwandtschaften, Th. 1, C. 3.) Es ist sehr glücklich für uns, daß Klugheit und Höflichkeit ihren Mantel darüber decken und uns nicht sehn lassen, wie allgemein das gegenseitige Uebelwollen ist und wie das *bellum omnium contra omnes* wenigstens in Gedanken fortgesetzt wird. Aber gelegentlich kommt es doch zum Vorschein, z. B. bei der so häufigen und so schonungslosen übeln Nachrede: ganz sichtbar aber wird es bei den Ausbrüchen des Zorns, welche meistens ihren Anlaß um ein Vielfaches übersteigen und so stark nicht ausfallen könnten, wenn sie nicht, wie das Schießpulver in der Flinte, komprimirt gewesen wären, als lange gehegter im Innern brütender Haß. – Großentheils entsteht das Uebelwollen aus den unvermeidlichen und bei jedem Schritt eintretenden Kollisionen des Egoismus. Sodann wird es auch objektiv erregt, durch den Anblick der Laster, Fehler, Schwächen, Thorheiten, Mängel und Unvollkommenheiten aller Art, welchen, mehr oder weniger, Jeder den Andern, wenigstens gelegentlich, darbietet. Es kann hiemit so weit kommen, daß vielleicht Manchem, zumal in Augenblicken hypochondrischer Verstimmung, die Welt, von der ästhetischen Seite betrachtet, als ein Karikaturenkabinet, von der intellektuellen, als ein Narrenhaus, und von der moralischen, als eine Gaunerherberge erscheint. Wird solche Verstimmung bleibend; so entsteht Misanthropie. – Endlich ist eine Hauptquelle des Uebelwollens der N e i d ; oder vielmehr dieser selbst i s t schon Uebelwollen, erregt durch fremdes Glück, Besitz oder Vorzüge. Kein Mensch ist ganz frei davon, und schon Herodot (III, 80) hat es gesagt: Φθονος ἀρχηθεν ἐμφυεται ἀνθρωπῳ *(invidia ab origine homini insita est)* [Der Neid ist dem Menschen von Anbeginn angeboren]. Jedoch sind die Grade desselben sehr verschieden. Am unversöhnlichsten und giftigsten ist er, wann auf persönliche Eigenschaften gerichtet, weil hier dem Neider keine Hoffnung bleibt, und zugleich am niederträchtigsten; weil er haßt, was er lieben und verehren sollte; allein es ist so:

Di lor par più, che d'altri, invidia s'abbia,
Che per se stessi son levati a volo,
*Uscendo fuor della commune gabbia.**

* Noch mehr, als Andre, scheint man Die zu neiden,
Die, durch der eig'nen Flügel Kraft gehoben,
Aus dem gemeinen Käfig Aller scheiden.

klagt schon Petrarka [*Trionfo del Tempo*, 91 ff.]. Ausführlichere Betrachtungen über den Neid findet man im zweiten Bande der Parerga, § 114. – In gewissem Betracht ist das Gegentheil des Neides die Schadenfreude. Jedoch ist Neid zu fühlen, menschlich; Schadenfreude zu genießen, teuflisch. Es giebt kein unfehlbareres Zeichen eines ganz schlechten Herzens und tiefer moralischer Nichtswürdigkeit, als einen Zug reiner, herzlicher Schadenfreude. Man soll Den, an welchem man ihn wahrgenommen, auf immer meiden. *Hic niger est, hunc tu, Romane, caveto* (Dieser ist schwarz, den sollst du meiden, o Römer: Horaz, *serm.*, 1, 4, 85]. – Neid und Schadenfreude sind an sich bloß theoretisch: praktisch werden sie Bosheit und Grausamkeit. Der Egoismus kann zu Verbrechen und Unthaten aller Art führen: aber der dadurch verursachte Schaden und Schmerz Anderer ist ihm bloß Mittel, nicht Zweck, tritt also nur accidentell dabei ein. Der Bosheit und Grausamkeit hingegen sind die Leiden und Schmerzen Anderer Zweck an sich und dessen Erreichen Genuß. Dieserhalb machen jene eine höhere Potenz moralischer Schlechtigkeit aus. Die Maxime des äußersten Egoismus ist: *Neminem juva, imo omnes, si forte conducit* (also immer noch bedingt), *laede* [Hilf niemandem, vielmehr verletze alle, wenn es dir gerade nützt]. Die Maxime der Bosheit ist: *Omnes, quantum potes, laede* [Verletze alle, so sehr du kannst; s. S. 199]. – Wie Schadenfreude nur theoretische Grausamkeit ist, so Grausamkeit nur praktische Schadenfreude, und diese wird als jene auftreten, sobald die Gelegenheit kommt.

Die aus den beiden angegebenen Grundpotenzen entspringenden speciellen Laster nachzuweisen, wäre nur in einer ausgeführten Ethik an seinem Platz. Eine solche würde etwan aus dem Egoismus ableiten Gier, Völlerei, Wollust, Eigennutz, Geiz, Habsucht, Ungerechtigkeit, Hartherzigkeit, Stolz, Hoffarth u. s. w. – aus der Gehässigkeit aber Mißgunst, Neid, Uebelwollen, Bosheit, Schadenfreude, spähende Neugier, Verläumdung, Insolenz, Petulanz [Mutwille], Haß, Zorn, Verrath, Tücke, Rachsucht, Grausamkeit u. s. w. – Die erste Wurzel ist mehr thierisch, die zweite mehr teuflisch. Das Vorwalten der einen, oder der andern, oder aber der weiterhin erst nachzuweisenden moralischen Triebfeder, giebt die Hauptlinie in der ethischen Klassifikation der Charaktere. Ganz ohne etwas von allen dreien ist kein Mensch.

Hiemit hätte ich denn die allerdings erschreckliche Heerschau der antimoralischen Potenzen beendigt, welche an die der Fürsten der Finsterniß im Pandämonium [Reich der bösen Geister] bei Milton erinnert. Mein Plan brachte es jedoch mit sich, daß ich zuerst diese düstere Seite der menschlichen Natur in Betracht nähme, wodurch mein Weg freilich von dem aller andern Moralisten abweicht und dem des Dante ähnlich wird, der zuerst in die Hölle führt.

Durch die hier gegebene Uebersicht der antimoralischen Potenzen wird deutlich, wie schwer das Problem ist, eine Triebfeder aufzufinden, die den Menschen zu einer, allen jenen tief in seiner Natur wurzelnden Neigungen entgegengesetzten Handlungsweise bewegen könnte, oder, wenn etwan diese letztere in der Erfahrung gegeben wäre, von ihr genügende und ungekünstelte Rechenschaft ertheilte. So schwer ist das Problem, daß man zu seiner Lösung für die Menschheit im Großen überall die Maschinerie aus einer andern Welt hat zu Hülfe nehmen müssen. Man deutete auf Götter hin, deren Wille und Gebot die hier geforderte Handlungsweise wäre, und welche diesem Gebot, durch Strafen und Belohnungen, entweder in dieser oder in einer andern Welt, wohin wir durch den Tod versetzt würden, Nachdruck ertheilten. Angenommen, daß der Glaube an eine Lehre dieser Art, wie es durch sehr frühzeitiges Einprägen allerdings möglich ist, allgemein Wurzel faßte, und auch, was aber sehr viel schwerer hält und viel weniger Bestätigung in der Erfahrung aufzuweisen hat, daß er die beabsichtigte Wirkung hervorbrächte; so würde dadurch zwar Legalität der Handlungen, selbst über die Gränze hinaus, bis zu welcher Justiz und Polizei reichen können, zu Wege gebracht seyn: aber Jeder fühlt, daß es keineswegs Dasjenige wäre, was wir eigentlich unter Moralität der Gesinnung verstehn. Denn offenbar würden alle durch Motive solcher Art hervorgerufene Handlungen immer nur im bloßen Egoismus wurzeln. Wie sollte nämlich von Uneigennützigkeit die Rede seyn können, wo mich Belohnung lockt, oder angedrohte Strafe abschreckt? Eine festgeglaubte Belohnung in einer andern Welt ist anzusehn, wie ein vollkommen sicherer, aber auf sehr lange Sicht ausgestellter Wechsel. Die überall so häufige Verheißung befriedigter Bettler, daß dem Geber die Gabe in jener Welt tausendfach erstattet werden wird, mag manchen Geizhals zu reichlichen Almosen bewegen, die er, als gute Geldanlegung, vergnügt austheilt, fest überzeugt, nun auch in jener Welt sogleich wieder als ein steinreicher Mann aufzuerstehn. – Für die große Masse des Volkes muß es vielleicht bei Antrieben dieser Art sein Bewenden haben: demgemäß denn auch die verschiedenen Religionen, welche eben die Metaphysik des Volkes sind, sie ihm vorhalten. Hiebei ist jedoch anzumerken, daß wir über die wahren Motive unsers eigenen Thuns bisweilen eben so sehr im Irrthum sind, wie über die des fremden: daher zuverlässig Mancher, indem er von seinen edelsten Handlungen nur durch Motive obiger Art sich Rechenschaft zu geben weiß, dennoch aus viel edleren und reineren, aber auch viel schwerer deutlich zu machenden Triebfedern handelt und wirklich aus unmittelbarer Liebe des Nächsten thut, was er bloß durch seines Gottes Geheiß zu erklären versteht. Die Philosophie hingegen sucht hier, wie überall, die wahren, letzten, auf die Natur des Menschen gegründeten, von allen mythischen Auslegungen, religiösen Dogmen und transscendenten Hypostasen unabhängigen Aufschlüsse über das vorliegende Problem, und verlangt sie in der äußern oder innern Erfahrung nachgewiesen zu sehn. Unsere vorliegende Aufgabe aber ist eine philosophische; daher wir von allen durch Religionen bedingten Auflösungen derselben gänzlich abzusehn haben, an welche ich, bloß um die große Schwierigkeit des Problems ins Licht zu stellen, hier erinnert habe.

§ 15.

Kriterium der Handlungen von moralischem Werth.

Jetzt wäre zunächst die empirische Frage zu erledigen, ob Handlungen freiwilliger Gerechtigkeit und uneigennütziger Menschenliebe, die als dann bis zum Edelmuth und Großmuth gehn mag, in der Erfahrung vorkommen. Leider läßt diese Frage sich doch nicht ganz rein empirisch entscheiden; weil in der Erfahrung allemal nur die That gegeben ist, die Antriebe aber nicht zu Tage liegen: daher stets die Möglichkeit übrig bleibt, daß auf eine gerechte, oder gute Handlung ein egoistisches Motiv Einfluß gehabt hätte. Ich will mich nicht des unerlaubten Kunstgriffs bedienen, hier, in einer theoretischen Untersuchung, die Sache dem Leser ins Gewissen zu schieben.

Aber ich glaube, daß sehr Wenige seyn werden, die es bezweifeln und nicht aus eigener Erfahrung die Ueberzeugung haben, daß man oft gerecht handelt, einzig und allein damit dem Andern kein Unrecht geschehe, ja, daß es Leute giebt, denen gleichsam der Grundsatz, dem Andern sein Recht widerfahren zu lassen, angeboren ist, die daher Niemanden absichtlich zu nahe treten, die ihren Vortheil nicht unbedingt suchen, sondern dabei auch die Rechte Anderer berücksichtigen, die, bei gegenseitig übernommenen Verpflichtungen, nicht bloß darüber wachen, daß der Andere das Seinige leiste, sondern auch darüber, daß er das Seinige empfange, indem sie aufrichtig nicht wollen, daß wer mit ihnen handelt, zu kurz komme. Dies sind die wahrhaft ehrlichen Leute, die wenigen *Aequi* [Gerechten] unter der Unzahl der *Iniqui* [Ungerechten]. Aber solche Leute giebt es. Imgleichen wird man mir, denke ich, zugestehn, daß Mancher hilft und giebt, leistet und entsagt, ohne in seinem Herzen eine weitere Absicht zu haben, als daß dem Andern, dessen Noth er sieht, geholfen werde. Und daß Arnold von Winkelried, als er ausrief: »Trüwen, lieben Eidgenossen, wullt's minem Wip und Kinde gedenken«, und dann so viele feindliche Speere umarmte, als er fassen konnte, – dabei eine eigennützige Absicht gehabt habe; das denke sich wer es kann: ich vermag es nicht. – Auf Fälle freier Gerechtigkeit, die ohne Schikane und Obstination [Starrsinn] nicht abzuleugnen sind, habe ich schon oben § 13 aufmerksam gemacht. – Sollte aber dennoch Jemand darauf bestehn, mir das Vorkommen aller solcher Handlungen abzuleugnen; dann würde, ihm zufolge, die Moral eine Wissenschaft ohne reales Objekt seyn, gleich der Astrologie und Alchimie, und es wäre verlorene Zeit, über ihre Grundlage noch ferner zu disputiren. Mit ihm wäre ich daher zu Ende und rede zu Denen, welche die Realität der Sache einräumen.

Handlungen der besagten Art sind es also allein, denen man eigentlichen moralischen Werth zugesteht. Als das Eigenthümliche und Charakteristische derselben finden wir die Ausschließung derjenigen Art von Motiven, durch welche sonst alle menschliche Handlungen hervorgerufen werden, nämlich der eigennützigen, im weitesten Sinne des Worts. Daher eben die Entdeckung eines eigennützigen Motivs, wenn es das einzige war, den moralischen Werth einer Handlung ganz aufhebt, und wenn es accessorisch wirkte, ihn schmälert. Die Abwesenheit aller egoistischen Motivation ist also das Kriterium einer Handlung von moralischem Werth. Zwar ließe sich einwenden, daß auch die Handlungen reiner Bosheit und Grausamkeit nicht eigennützig sind: jedoch liegt am Tage, daß diese hier nicht gemeint seyn können, da sie das Gegentheil der in Rede stehenden Handlungen sind. Wer indessen auf die Strenge der Definition hält, mag jene Handlungen durch das ihnen wesentliche Merkmal, daß sie fremdes Leiden bezwecken, ausdrücklich ausscheiden. – Als ganz inneres und daher nicht so evidentes Merkmal der Handlungen von moralischem Werth kommt hinzu, daß sie eine gewisse Zufriedenheit mit uns selbst zurücklassen, welche man den Beifall des Gewissens nennt; wie denn gleichfalls die ihnen entgegengesetzten Handlungen der Ungerechtigkeit und Lieblosigkeit, noch mehr die der Bosheit und Grausamkeit, eine entgegengesetzte innere Selbstbeurtheilung erfahren; ferner noch, als sekundäres und accidentelles äußeres Merkmal, daß die Handlungen der ersten Art den Beifall und die Achtung der unbetheiligten Zeugen, die der zweiten das Gegentheil hervorrufen.

Die so festgestellten und als faktisch gegeben zugestandenen Handlungen von moralischem Werth haben wir nun als das vorliegende und zu erklärende Phänomen zu betrachten, und demnach zu untersuchen, was es sei, das den Menschen zu Handlungen dieser Art bewegen kann; welche Untersuchung, wenn sie uns gelingt, die ächte moralische Triebfeder nothwendig an den Tag bringen muß, wodurch, da auf diese alle Ethik sich zu stützen hat, unser Problem gelöst wäre.

§ 16.

Aufstellung und Beweis der allein ächten moralischen Triebfeder.

Nach den bisherigen, unumgänglich nöthigen Vorbereitungen komme ich zur Nachweisung der wahren, allen Handlungen von ächtem moralischen Werth zum Grunde liegenden Triebfeder, und als diese wird sich uns eine solche ergeben, welche durch ihren Ernst und durch ihre unzweifelbare Realität gar weit absteht von allen den Spitzfindigkeiten, Klügeleien, Sophismen, aus der Luft gegriffenen Behauptungen und apriorischen Seifenblasen, welche die bisherigen Systeme zur Quelle des moralischen Handelns und zur Grundlage der Ethik haben machen wollen. Da ich diese moralische Triebfeder nicht etwan zur beliebigen Annahme vorschlagen, sondern als die allein mögliche wirklich beweisen will, dieser Beweis aber die Zusammenfassung vieler Gedanken erfordert; so stelle ich einige Prämissen voran, welche die Voraussetzungen der Beweisführung sind und gar wohl als Axiomata gelten können, bis auf die zwei letzten, die sich auf oben gegebene Auseinandersetzungen berufen.

1) Keine Handlung kann ohne zureichendes Motiv geschehn; so wenig, als ein Stein ohne zureichenden Stoß, oder Zug, sich bewegen kann.

2) Eben so wenig kann eine Handlung, zu welcher ein für den Charakter des Handelnden zureichendes Motiv vorhanden ist, unterbleiben, wenn nicht ein stärkeres Gegenmotiv ihre Unterlassung nothwendig macht.

3) Was den Willen bewegt, ist allein Wohl und Wehe überhaupt und im weitesten Sinne des Worts genommen; wie auch umgekehrt Wohl und Wehe bedeutet »einem Willen gemäß, oder entgegen«. Also muß jedes Motiv eine Beziehung auf Wohl und Wehe haben.

4) Folglich bezieht jede Handlung sich auf ein für Wohl und Wehe empfängliches Wesen, als ihren letzten Zweck.

5) Dieses Wesen ist entweder der Handelnde selbst, oder ein Anderer, welcher alsdann bei der Handlung *passive* betheiligt ist, indem sie zu seinem Schaden, oder zu seinem Nutz und Frommen geschieht.

6) Jede Handlung, deren letzter Zweck das Wohl und Wehe des Handelnden selbst ist, ist eine egoistische.

7) Alles hier von Handlungen Gesagte gilt eben so wohl von Unterlassung solcher Handlungen, zu welchen Motiv und Gegenmotiv vorliegt.

8) In Folge der im vorhergehenden Paragraphen gegebenen Auseinandersetzung schließen Egoismus und moralischer Werth einer Handlung einander schlechthin aus. Hat eine Handlung einen egoistischen Zweck zum Motiv; so kann sie keinen moralischen Werth haben: soll eine Handlung morali-

schen Werth haben; so darf kein egoistischer Zweck, unmittelbar oder mittelbar, nahe oder fern, ihr Motiv seyn.

9) In Folge der § 5 vollzogenen Elimination der vorgeblichen Pflichten gegen uns selbst, kann die moralische Bedeutsamkeit einer Handlung nur liegen in ihrer Beziehung auf Andere: nur in Hinsicht auf diese kann sie moralischen Werth, oder Verwerflichkeit haben und demnach eine Handlung der Gerechtigkeit, oder Menschenliebe, wie auch das Gegentheil beider seyn.

Aus diesen Prämissen ist Folgendes evident: Das Wohl und Wehe, welches (laut Prämisse 3) jeder Handlung, oder Unterlassung, als letzter Zweck zum Grunde liegen muß, ist entweder das des Handelnden selbst, oder das irgend eines Andern, bei der Handlung passive Betheiligten. Im ersten Falle ist die Handlung nothwendig egoistisch; weil ihr ein interessirtes Motiv zum Grunde liegt. Dies ist nicht bloß der Fall bei Handlungen, die man offenbar zu seinem eigenen Nutzen und Vortheil unternimmt, dergleichen die allermeisten sind; sondern es tritt eben so wohl ein, sobald man von einer Handlung irgend einen entfernten Erfolg, sei es in dieser, oder einer andern Welt, für sich erwartet; oder wenn man dabei seine Ehre, seinen Ruf bei den Leuten, die Hochachtung irgend Jemandes, die Sympathie der Zuschauer u. dgl. m. im Auge hat; nicht weniger, wenn man durch diese Handlung eine Maxime aufrecht zu erhalten beabsichtigt, von deren allgemeiner Befolgung man *eventualiter* einen Vortheil für sich selbst erwartet, wie etwan die der Gerechtigkeit, des allgemeinen hülfreichen Beistandes u. s. w. – ebenfalls, wenn man irgend einem absoluten Gebot, welches von einer zwar unbekannten, aber doch offenbar überlegenen Macht ausgienge, Folge zu leisten für gerathen hielte; da alsdann nichts Anderes, als die Furcht vor den nachtheiligen Folgen des Ungehorsams, wenn sie auch bloß allgemein und unbestimmt gedacht werden, dazu bewegen kann; – desgleichen, wenn man seine eigene hohe Meinung von sich selbst, seinem Werthe oder Würde, deutlich oder undeutlich begriffen, die man außerdem aufgeben müßte und dadurch seinen Stolz gekränkt sähe, durch irgend eine Handlung, oder Unterlassung, zu behaupten trachtet; – endlich auch, wenn man, nach Wolfischen Principien, dadurch an seiner eigenen

Vervollkommnung arbeiten will. Kurzum, man setze zum letzten Beweggrund einer Handlung, was man wolle; immer wird sich ergeben, daß, auf irgend einem Umwege, zuletzt das eigene Wohl und Wehe des Handelnden die eigentliche Triebfeder, mithin die Handlung egoistisch, folglich ohne moralischen Werth ist. Nur einen einzigen Fall giebt es, in welchem dies nicht Statt hat: nämlich wenn der letzte Beweggrund zu einer Handlung, oder Unterlassung, geradezu und ausschließlich im Wohl und Wehe irgend eines dabei passive betheiligten Andern liegt, also der aktive Theil bei seinem Handeln, oder Unterlassen, ganz allein das Wohl und Wehe eines Andern im Auge hat und durchaus nichts bezweckt, als daß jener Andere unverletzt bleibe, oder gar Hülfe, Beistand und Erleichterung erhalte. Dieser Zweck allein drückt einer Handlung, oder Unterlassung, den Stämpel des moralischen Werthes auf; welcher demnach ausschließlich darauf beruht, daß die Handlung bloß zu Nutz und Frommen eines Andern geschehe, oder unterbleibe. Sobald nämlich dies nicht der Fall ist; so kann das Wohl und Wehe, welches zu jeder Handlung treibt, oder von ihr abhält, nur das des Handelnden selbst seyn: dann aber ist die Handlung, oder Unterlassung, allemal egoistisch, mithin ohne moralischen Werth.

Wenn nun aber meine Handlung ganz allein des Andern wegen geschehn soll; so muß sein Wohl und Wehe unmittelbar mein Motiv sein: so wie bei allen andern Handlungen das meinige es ist. Dies bringt unser Problem auf einen engern Ausdruck, nämlich diesen: wie ist es irgend möglich, daß das Wohl und Wehe eines Andern, unmittelbar, d. h. ganz so wie sonst nur mein eigenes, meinen Willen bewege, also direkt mein Motiv werde, und sogar es bisweilen in dem Grade werde, daß ich demselben mein eigenes Wohl und Wehe, diese sonst alleinige Quelle meiner Motive, mehr oder weniger nachsetze? – Offenbar nur dadurch, daß jener Andere der letzte Zweck meines Willens wird, ganz so wie sonst ich selbst es bin: also dadurch, daß ich ganz unmittelbar sein Wohl will und sein Wehe nicht will, so unmittelbar, wie sonst nur das meinige. Dies aber setzt nothwendig voraus, daß ich bei seinem Wehe als solchem geradezu mit leide, sein Wehe fühle, wie sonst nur meines, und deshalb sein Wohl unmittelbar will, wie sonst nur meines. Dies erfordert aber, daß ich auf irgend eine Weise mit ihm identificirt sei, d. h. daß jener gänzliche Unterschied zwischen mir und jedem Andern, auf welchem gerade mein Egoismus beruht, wenigstens in einem gewissen Grade aufgehoben sei. Da ich nun aber doch nicht in der Haut des Andern stecke, so kann allein vermittelst der Erkenntniß, die ich von ihm habe, d. h. der Vorstellung von ihm in meinem Kopf, ich mich so weit mit ihm identificiren, daß meine That jenen Unterschied als aufgehoben ankündigt. Der hier analysirte Vorgang aber ist kein erträumter, oder aus der Luft gegriffener, sondern ein ganz wirklicher, ja, keineswegs seltener: es ist das alltägliche Phänomen des Mitleids, d. h. der ganz unmittelbaren, von allen anderweitigen Rücksichten unabhängigen Theilnahme zunächst am Leiden eines Andern und dadurch an der Verhinderung oder Aufhebung dieses Leidens, als worin zuletzt alle Befriedigung und alles Wohlseyn und Glück besteht. Dieses Mitleid ganz allein ist die wirkliche Basis aller freien Gerechtigkeit und aller ächten Menschenliebe. Nur sofern eine Handlung aus ihm entsprungen ist, hat sie moralischen Werth: und jede aus irgend welchen andern Motiven hervorgehende hat keinen. Sobald dieses Mitleid rege wird, liegt mir das Wohl und Wehe des Andern unmittelbar am Herzen, ganz in der selben Art, wenn auch nicht stets in dem selben Grade, wie sonst allein das meinige: also ist jetzt der Unterschied zwischen ihm und mir kein absoluter mehr.

Allerdings ist dieser Vorgang erstaunenswürdig, ja, mysteriös. Er ist, in Wahrheit, das große Mysterium der Ethik, ihr Urphänomen und der Gränzstein, über welchen hinaus nur noch die metaphysische Spekulation einen Schritt wagen kann. Wir sehn, in jenem Vorgang, die Scheidewand, welche nach dem Lichte der Natur (wie alte Theologen die Vernunft nennen), Wesen von Wesen durchaus trennt, aufgehoben und das Nicht-Ich gewissermaaßen zum Ich geworden. Uebrigens wollen wir die metaphysische Auslegung des Phänomens für jetzt unberührt lassen und fürs Erste sehn, ob alle Handlungen der freien Gerechtigkeit und der ächten Menschenliebe wirklich aus diesem Vorgange fließen. Dann wird unser Problem gelöst seyn, indem wir das letzte Fundament der Moralität in der menschlichen

Natur selbst werden nachgewiesen haben, welches Fundament nicht selbst wieder ein Problem der Ethik seyn kann, wohl aber, wie alles Bestehende als solches, der Metaphysik. Allein die metaphysische Auslegung des ethischen Urphänomens liegt schon über die von der Königlichen Societät gestellte Frage, als welche auf die Grundlage der Ethik gerichtet ist, hinaus, und kann allenfalls nur als eine beliebig zu gebende und beliebig zu nehmende Zugabe beigefügt werden. – Bevor ich nun aber zur Ableitung der Kardinaltugenden aus der aufgestellten Grundtriebfeder schreite, habe ich noch zwei wesentliche Bemerkungen nachträglich beizubringen.

1) Zum Behuf leichterer Faßlichkeit habe ich die obige Ableitung des Mitleids, als alleiniger Quelle der Handlungen von moralischem Werth, dadurch vereinfacht, daß ich die Triebfeder der Bosheit, als welche, uneigennützig wie das Mitleid, den fremden Schmerz zu ihrem letzten Zwecke macht, absichtlich außer Acht gelassen habe. Jetzt aber können wir, mit Hinzuziehung derselben, den oben gegebenen Beweis vollständiger und stringenter [bündiger] so resumiren:

Es giebt überhaupt nur drei Grund-Triebfedern der menschlichen Handlungen: und allein durch Erregung derselben wirken alle irgend möglichen Motive. Sie sind:

a) Egoismus; der das eigene Wohl will (ist gränzenlos).

b) Bosheit; die das fremde Wehe will (geht bis zur äußersten Grausamkeit).

c) Mitleid; welches das fremde Wohl will (geht bis zum Edelmuth und zur Großmuth).

Jede menschliche Handlung muß auf eine dieser Triebfedern zurückzuführen seyn; wiewohl auch zwei derselben vereint wirken können. Da wir nun Handlungen von moralischem Werth als faktisch gegeben angenommen haben; so müssen auch sie aus einer dieser Grund-Triebfedern hervorgehn. Sie können aber, vermöge Prämisse 8, nicht aus der ersten Triebfeder entspringen; noch weniger aus der zweiten; da alle aus dieser hervorgehenden Handlungen moralisch verwerflich sind, während die erste zum Theil moralisch indifferente liefert. Also müssen sie von der dritten Triebfeder ausgehn: und dies wird seine Bestätigung *a posteriori* im Folgenden erhalten.

2) Die unmittelbare Theilnahme am Andern ist auf sein Leiden beschränkt und wird nicht, wenigstens nicht direkt,

auch durch sein Wohlseyn erregt: sondern dieses an und für sich läßt uns gleichgültig. Dies sagt ebenfalls J. J. Rousseau im *Emile (liv. IV.): »Première maxime: Il n'est pas dans le coeur humain, de se mettre à la place des gens, qui sont plus heureux que nous, mais seulement de ceux, qui sont plus à plaindre«* [Erste Regel: Es liegt dem menschlichen Herzen nicht, sich an die Stelle von Leuten zu setzen, die glücklicher sind als wir, sondern nur von jenen, die beklagenswerter sind] *etc.*

Der Grund hievon ist, daß der Schmerz, das Leiden, wozu aller Mangel, Entbehrung, Bedürfniß, ja jeder Wunsch gehört, das Positive, das unmittelbar Empfundene ist. Hingegen besteht die Natur der Befriedigung, des Genusses, des Glücks, nur darin, daß eine Entbehrung aufgehoben, ein Schmerz gestillt ist. Diese wirken also negativ. Daher eben ist Bedürfniß und Wunsch die Bedingung jedes Genusses. Dies erkannte schon Plato, und nahm nur die Wohlgerüche und die Geistesfreuden aus. *(De Rep., IX, p. 264 sq. Bp.)* Auch Voltaire sagt: *Il n'est de vrais plaisirs, qu'avec de vrais besoins* [Es gibt keine echten Genüsse ohne echte Bedürfnisse: *Précis de l'Ecclésiaste*, v. 30]. Also das Positive, das sich durch sich selbst kund Gebende ist der Schmerz: Befriedigung und Genüsse sind das Negative, die bloße Aufhebung jenes Erstern. Hierauf zunächst beruht es, daß nur das Leiden, der Mangel, die Gefahr, die Hülflosigkeit des Andern direkt und als solche unsere Theilnahme erwecken. Der Glückliche, Zufriedene als solcher läßt uns gleichgültig: eigentlich weil sein Zustand ein negativer ist: die Abwesenheit des Schmerzes, des Mangels und der Noth. Wir können zwar über das Glück, das Wohlseyn, den Genuß Anderer uns freuen: dies ist dann aber sekundär und dadurch vermittelt, daß vorher ihr Leiden und Entbehren uns betrübt hatte; oder aber auch wir nehmen Theil an dem Beglückten und Genießenden, nicht als solchem, sondern sofern er unser Kind, Vater, Freund, Verwandter, Diener, Unterthan u. dgl. ist. Aber nicht der Beglückte und Genießende rein als solcher erregt unsere unmittelbare Theilnahme, wie es der Leidende, Entbehrende, Unglückliche rein als solcher thut. Erregt doch sogar auch für uns selbst eigentlich nur unser Leiden, wohin auch jeder Mangel, Bedürfniß, Wunsch, ja, die Langeweile zu zählen ist, unsere Thätigkeit; während ein Zustand der Zufriedenheit und

Beglückung uns unthätig und in träger Ruhe läßt: wie sollte es in Hinsicht auf Andere nicht eben so seyn? da ja unsere Theilnahme auf einer Identifikation mit ihnen beruht. Sogar kann der Anblick des Glücklichen und Genießenden rein als solchen sehr leicht unsern Neid erregen, zu welchem die Anlage in jedem Menschen liegt und welcher seine Stelle oben unter den antimoralischen Potenzen gefunden hat.

In Folge der oben gegebenen Darstellung des Mitleids als eines unmittelbaren Motivirtwerdens durch die Leiden des Andern, muß ich noch den nachmals oft wiederholten Irrthum des Cassina *(Saggio analitico sulla compassione; 1788;* deutsch von Pockels, 1790) rügen, welcher meint, das Mitleid entstehe durch eine augenblickliche Täuschung der Phantasie, indem wir selbst uns an die Stelle des Leidenden versetzten und nun, in der Einbildung, seine Schmerzen an unserer Person zu leiden wähnten. So ist es keineswegs; sondern es bleibt uns gerade jeden Augenblick klar und gegenwärtig, daß Er der Leidende ist, nicht wir: und geradezu in seiner Person, nicht in unserer, fühlen wir das Leiden, zu unserer Betrübniß. Wir leiden mit ihm, also in ihm: wir fühlen seinen Schmerz als den seinen und haben nicht die Einbildung, daß es der unserige sei: ja, je glücklicher unser eigener Zustand ist und je mehr also das Bewußtseyn desselben mit der Lage des Andern kontrastirt, desto empfänglicher sind wir für das Mitleid. Die Erklärung der Möglichkeit dieses höchst wichtigen Phänomens ist aber nicht so leicht, noch auf dem bloß psychologischen Wege zu erreichen, wie Cassina es versuchte. Sie kann nur metaphysisch ausfallen: und eine solche werde ich im letzten Abschnitt zu geben versuchen.

Jetzt aber gehe ich an die Ableitung der Handlungen von ächtem moralischen Werth aus der nachgewiesenen Quelle derselben. Als die allgemeine Maxime solcher Handlungen und folglich als den obersten Grundsatz der Ethik habe ich schon im vorigen Abschnitte die Regel aufgestellt: *Neminem laede; imo omnes, quantum potes, juva* [S. 177, 199, 240]. Da diese Maxime zwei Sätze enthält; so zerfallen die ihr entsprechenden Handlungen von selbst in zwei Klassen.

§ 17.
Die Tugend der Gerechtigkeit.

Bei näherer Betrachtung des oben als ethisches Urphänomen nachgewiesenen Vorgangs des Mitleids ist auf den ersten Blick ersichtlich, daß es zwei deutlich getrennte Grade giebt, in welchen das Leiden eines Andern unmittelbar mein Motiv werden, d. h. mich zum Thun oder Lassen bestimmen kann: nämlich zuerst nur in dem Grade, daß es, egoistischen oder boshaften Motiven entgegenwirkend, mich abhält, dem Andern ein Leiden zu verursachen, also herbeizuführen was noch nicht ist, selbst Ursache fremder Schmerzen zu werden; sodann aber in dem höhern Grade, wo das Mitleid, positiv wirkend, mich zu thätiger Hülfe antreibt. Die Trennung zwischen sogenannten Rechts- und Tugend-Pflichten, richtiger zwischen Gerechtigkeit und Menschenliebe, welche bei Kant so gezwungen herauskam, ergiebt sich hier ganz und gar von selbst, und bezeugt dadurch die Richtigkeit des Princips: es ist die natürliche, unverkennbare und scharfe Gränze zwischen dem Negativen und Positiven, zwischen Nichtverletzen und Helfen. Die bisherige Benennung, Rechts- und Tugend-Pflichten, letztere auch Liebespflichten, unvollkommene Pflichten genannt, hat zuvörderst den Fehler, daß sie das *Genus* der *Species* koordinirt: denn die Gerechtigkeit ist auch eine Tugend. Sodann liegt derselben die viel zu weite Ausdehnung des Begriffes Pflicht zum Grunde, den ich weiter unten in seine wahren Schranken zurückführen werde. An die Stelle obiger zwei Pflichten setze ich daher zwei Tugenden, die der Gerechtigkeit und die der Menschenliebe, welche ich Kardinaltugenden nenne, weil aus ihnen alle übrigen praktisch hervorgehn und theoretisch sich ableiten lassen. Beide wurzeln in dem natürlichen Mitleid. Dieses Mitleid selbst aber ist eine unleugbare Thatsache des menschlichen Bewußtseyns, ist diesem wesentlich eigen, beruht nicht auf Voraussetzungen, Begriffen, Religionen, Dogmen, Mythen, Erziehung und Bildung; sondern ist ursprünglich und unmittelbar, liegt in der menschlichen Natur selbst, hält eben deshalb unter allen Verhältnissen Stich, und zeigt sich in allen Ländern und Zeiten; daher an dasselbe, als an etwas in jedem Menschen nothwendig Vorhandenes, überall zuversichtlich appellirt wird, und nirgends gehört es zu den

»fremden Göttern«. Hingegen nennt man Den, dem es zu mangeln scheint, einen Unmenschen; wie auch »Menschlichkeit« oft als Synonym von Mitleid gebraucht wird.

Der erste Grad der Wirksamkeit dieser ächten und natürlichen moralischen Triebfeder ist also nur negativ. Ursprünglich sind wir Alle zur Ungerechtigkeit und Gewalt geneigt, weil unser Bedürfniß, unsere Begierde, unser Zorn und Haß unmittelbar ins Bewußtseyn treten und daher das *Jus primi occupantis* [Recht der ersten Besitzergreifung] haben; hingegen die fremden Leiden, welche unsere Ungerechtigkeit und Gewalt verursacht, nur auf dem sekundären Wege der Vorstellung und erst durch die Erfahrung, also mittelbar ins Bewußtseyn kommen: daher sagt Seneka: *Ad neminem ante bona mens venit, quam mala* [Bei keinem stellt sich die gute Gesinnung früher ein als die böse] *Ep.* 50[7]. Der erste Grad der Wirkung des Mitleids ist also, daß es den von mir selbst, in Folge der mir einwohnenden antimoralischen Potenzen, Andern zu verursachenden Leiden hemmend entgegentritt, mir »Halt!« zuruft und sich als eine Schutzwehr vor den Andern stellt, die ihn vor der Verletzung bewahrt, zu welcher außerdem [sonst] mein Egoismus, oder Bosheit, mich treiben würde. Dergestalt entspringt aus diesem ersten Grade des Mitleids die Maxime *neminem laede,* d. i. der Grundsatz der Gerechtigkeit, welche Tugend ihren lautern, rein moralischen, von aller Beimischung freien Ursprung allein hier hat und nirgends außerdem haben kann, weil sie sonst auf Egoismus beruhen müßte. Ist mein Gemüth bis zu jenem Grade für das Mitleid empfänglich; so wird dasselbe mich zurückhalten, wo und wann ich, um meine Zwecke zu erreichen, fremdes Leiden als Mittel gebrauchen möchte; gleichviel ob dieses Leiden ein augenblicklich, oder später eintretendes, ein direktes, oder indirektes, durch Zwischenglieder vermitteltes sei. Folglich werde ich dann so wenig das Eigenthum, als die Person des Andern angreifen, ihm so wenig geistige, als körperliche Leiden verursachen, also nicht nur mich jeder physischen Verletzung enthalten; sondern auch eben so wenig auf geistigem Wege ihm Schmerz bereiten, durch Kränkung, Aengstigung, Aerger, oder Verläumdung. Das selbe Mitleid wird mich abhalten, die Befriedigung meiner Lüste auf Kosten des Lebensglückes weiblicher Individuen zu suchen, oder das Weib eines Andern zu verführen, oder auch Jünglinge moralisch und physisch zu verderben, durch Verleitung zur Päderastie. Jedoch ist keineswegs erforderlich, daß in jedem einzelnen Fall das Mitleid wirklich erregt werde; wo es auch oft zu spät käme: sondern aus der Ein für alle Mal erlangten Kenntniß von dem Leiden, welches jede ungerechte Handlung nothwendig über Andere bringt, und welches durch das Gefühl des Unrechterduldens, d. h. der fremden Uebermacht, geschärft wird, geht in edeln Gemüthern die Maxime *neminem laede* hervor, und die vernünftige Ueberlegung erhebt sie zu dem Ein für alle Mal gefaßten festen Vorsatz, die Rechte eines Jeden zu achten, sich keinen Eingriff in dieselben zu erlauben, sich von dem Selbstvorwurf, die Ursache fremder Leiden zu seyn, frei zu erhalten und demnach nicht die Lasten und Leiden des Lebens, welche die Umstände Jedem zuführen, durch Gewalt oder List auf Andere zu wälzen, sondern sein beschiedenes Theil selbst zu tragen, um nicht das eines Andern zu verdoppeln. Denn obwohl Grundsätze und abstrakte Erkenntniß überhaupt keineswegs die Urquelle, oder erste Grundlage der Moralität sind; so sind sie doch zu einem moralischen Lebenswandel unentbehrlich, als das Behältniß, das *Réservoir,* in welchem die aus der Quelle aller Moralität, als welche nicht in jedem Augenblicke fließt, entsprungene Gesinnung aufbewahrt wird, um, wenn der Fall der Anwendung kommt, durch Ableitungskanäle dahin zu fließen. Es verhält sich also im Moralischen wie im Physiologischen, wo z. B. die Gallenblase, als *Réservoir* des Produkts der Leber, nothwendig ist, und in vielen ähnlichen Fällen. Ohne fest gefaßte Grundsätze würden wir den antimoralischen Triebfedern, wenn sie durch äußere Eindrücke zu Affekten erregt sind, unwiderstehlich Preis gegeben seyn. Das Festhalten und Befolgen der Grundsätze, den ihnen entgegen wirkenden Motiven zum Trotz, ist Selbstbeherrschung. Hier liegt auch die Ursache, warum die Weiber, als welche, wegen der Schwäche ihrer Vernunft, allgemeine Grundsätze zu verstehn, festzuhalten und zur Richtschnur zu nehmen, weit weniger als die Männer fähig sind, in der Tugend der Gerechtigkeit, also auch Redlichkeit und Gewissenhaftigkeit, diesen in der Regel nachstehn; daher Ungerechtigkeit und Falschheit ihre häufigsten Laster sind und Lügen ihr eigentliches Element: hingegen übertreffen sie die Männer in der Tugend der Menschenliebe: denn zu dieser ist der Anlaß meistens anschaulich und redet daher unmittelbar zum Mitleid, für welches die Weiber entschieden leichter empfänglich sind. Aber nur das Anschauliche, Gegenwärtige, unmittelbar Reale hat wahre Existenz für sie: das nur mittelst der Begriffe erkennbare Entfernte, Abwesende, Vergangene, Zukünftige ist ihnen nicht wohl faßlich. Also ist auch hier Kompensation: Gerechtigkeit ist mehr die männliche, Menschenliebe mehr die weibliche Tugend. Der Gedanke, Weiber das Richteramt verwalten zu sehn, erregt Lachen; aber die barmherzigen Schwestern übertreffen sogar die barmherzigen Brüder. Nun aber gar das Thier ist, da ihm die abstrakte oder Vernunft-Erkenntniß gänzlich fehlt, durchaus keiner Vorsätze, geschweige Grundsätze und mithin keiner Selbstbeherrschung fähig, sondern dem Eindruck und Affekt wehrlos hingegeben. Daher eben hat es keine bewußte Moralität; wiewohl die Species große Unterschiede der Bosheit und Güte des Charakters zeigen, und in den obersten Geschlechtern selbst die Individuen. – Dem Gesagten zufolge wirkt, in den einzelnen Handlungen des Gerechten, das Mitleid nur noch indirekt, mittelst der Grundsätze, und nicht sowohl *actu* als *potentiâ;* etwan so, wie in der Statik die durch größere Länge des einen Waagebalkens bewirkte größere Geschwindigkeit, vermöge welcher die kleinere Masse der größeren das Gleichgewicht hält, im Zustand der Ruhe nur *potentiâ* und doch völlig so gut wie *actu* wirkt. Jedoch bleibt dabei das Mitleid stets bereit, auch *actu* hervorzutreten: daher, wenn etwan, in einzelnen Fällen, die erwählte Maxime der Gerechtigkeit wankt, zur Unterstützung derselben und zur Belebung der gerechten Vorsätze, kein Motiv (die egoistischen bei Seite gesetzt) wirksamer ist, als das aus der Urquelle selbst, dem Mitleid, geschöpfte. Dies gilt nicht etwan bloß wo es die Verletzung der Person, sondern auch wo es die des Eigenthums betrifft, z. B. wenn Jemand eine gefundene Sache von Werth zu behalten Lust spürt; so wird – mit Ausschluß aller Klugheits- und aller Religions-Motive dagegen – nichts ihn so leicht auf die Bahn der Gerechtigkeit zurückbringen, wie die Vorstellung der Sorge, des Herzeleids und der Wehklage des Verlierers. Im Gefühl dieser Wahrheit geschieht es oft, daß dem öffentlichen Aufruf zur Wiederbringung verlorenen Geldes die Versicherung hinzugefügt wird, der Verlierer sei ein armer Mensch, ein Dienstbote u. dgl.

Diese Betrachtungen werden es hoffentlich deutlich machen,

daß, so wenig es auf den ersten Blick scheinen mag, allerdings auch die Gerechtigkeit, als ächte, freie Tugend, ihren Ursprung im Mitleid hat. Wem dennoch dieser Boden zu dürftig scheinen möchte, als daß jene große, recht eigentliche Kardinaltugend bloß in ihm wurzeln könnte, der erinnere sich aus dem Obigen, wie gering das Maaß der ächten, freiwilligen, uneigennützigen und ungeschminkten Gerechtigkeit ist, die sich unter Menschen findet; wie diese immer nur als überraschende Ausnahme vorkommt und zu ihrer Afterart, der auf bloßer Klugheit beruhenden und überall laut angekündigten Gerechtigkeit, sich, der Qualität und Quantität nach, verhält wie Gold zu Kupfer. Ich möchte diese letztere δικαιοσυνη πανδημος [die irdische Gerechtigkeit], die andere aber οὐρανια [die himmlische] nennen; da ja sie es ist, welche, nach Hesiodus, im eisernen Zeitalter die Erde verläßt, um bei den himmlischen Göttern zu wohnen. Für diese seltene und auf Erden stets nur exotische Pflanze ist die nachgewiesene Wurzel stark genug.

Die Ungerechtigkeit, oder das Unrecht, besteht demnach allemal in der Verletzung eines Andern. Daher ist der Begriff des Unrechts ein positiver und dem des Rechts vorhergängig, als welcher der negative ist und bloß die Handlungen bezeichnet, welche man ausüben kann, ohne Andere zu verletzen, d. h. ohne Unrecht zu thun. Daß zu diesem auch alle Handlungen gehören, welche allein den Zweck haben, versuchtes Unrecht abzuwehren, ist leicht abzusehn. Denn keine Theilnahme am Andern, kein Mitleid mit ihm kann mich auffordern, mich von ihm verletzen zu lassen, d. h. Unrecht zu leiden. Daß der Begriff des Rechts der negative sei, im Gegensatz des Unrechts, als des positiven, giebt sich auch zu erkennen in der ersten Erklärung, welche der Vater der philosophischen Rechtslehre, Hugo Grotius, am Eingange seines Werkes, von jenem Begriffe aufstellt: *Jus hic nihil aliud, quam quod justum est significat, idque negante magis sensu, quam ajente, ut jus sit, quod injustum non est* [Recht bedeutet hier nichts anderes als das, was gerecht ist, und zwar mehr in verneinendem als in bejahendem Sinn, sofern Recht das ist, was nicht Unrecht ist] *(De jure belli et pacis, L. I. c. 1, § 3)*. Die Negativität der Gerechtigkeit bewährt sich, dem Anschein entgegen, selbst in der trivialen Definition: »Jedem das Seinige geben.« Ist es das Seinige, braucht man es ihm nicht zu geben: bedeutet also: »Keinem das Seinige nehmen.« – Weil die Forderung der Gerechtigkeit bloß negativ ist, läßt sie sich erzwingen: denn das *neminem laede* kann von Allen zugleich geübt werden. Die Zwangsanstalt hiezu ist der Staat, dessen alleiniger Zweck ist, die Einzelnen vor einander und das Ganze vor äußeren Feinden zu schützen. Einige deutsche Philosophaster dieses feilen Zeitalters möchten ihn verdrehn zu einer Moralitäts-Erziehungs- und Erbauungs-Anstalt: wobei im Hintergrunde der Jesuitische Zweck lauert, die persönliche Freiheit und individuelle Entwickelung des Einzelnen aufzuheben, um ihn zum bloßen Rade einer Chinesischen Staats- und Religions-Maschine zu machen. Dies aber ist der Weg, auf welchem man weiland zu Inquisitionen, Autos de Fé [Ketzerverbrennungen] und Religionskriegen gelangt ist: Friedrichs des Großen Wort, »In meinem Lande soll Jeder seine Säligkeit nach seiner eigenen Façon besorgen können«, besagte, daß er ihn nie betreten wolle. Hingegen sehn wir auch jetzt noch überall (mit mehr scheinbarer, als wirklicher Ausnahme Nordamerikas) den Staat auch die Sorge für das metaphysische Bedürfniß seiner Mitglieder übernehmen. Die Regierungen scheinen zu ihrem Princip den Satz des Quintus Curtius gewählt zu haben: *Nulla res efficacius multitudinem regit, quam superstitio: alioquin impotens, saeva, mutabilis; ubi vana religione capta est, melius vatibus, quam ducibus suis paret* [Nichts regiert die Menge so wirksam wie der Aberglaube; sobald sie, die in der Regel zügellose, grausame und wankelmütige, vom Religionswahn ergriffen ist, gehorcht sie eher ihren Priestern als ihren Heerführern (Q. Curtius Rufus, IV, 10, 7).

Die Begriffe Unrecht und Recht, als gleichbedeutend mit Verletzung und Nichtverletzung, zu welcher letztern auch das Abwehren der Verletzung gehört, sind offenbar unabhängig von aller positiven Gesetzgebung und dieser vorhergehend: also giebt es ein rein ethisches Recht, oder Naturrecht, und eine reine, d. h. von aller positiven Satzung unabhängige Rechtslehre. Die Grundsätze derselben haben zwar insofern einen empirischen Ursprung, als sie auf Anlaß des Begriffs der Verletzung entstehn, an sich selbst aber beruhen sie auf dem reinen Verstande, welcher *a priori* das Princip an die Hand giebt: *causa causae est causa effectus* [Die Ursache einer Ursache ist auch die Ursache ihrer Wirkung]; welches hier besagt, daß von dem, was ich thun muß, um die Verletzung eines Andern von mir abzuwehren, er selbst die Ursache ist, und nicht ich; also ich mich allen Beeinträchtigungen von seiner Seite widersetzen kann, ohne ihm Unrecht zu thun. Es ist gleichsam ein moralisches Reperkussionsgesetz. Also aus der Verbindung des empirischen Begriffes der Verletzung mit jener Regel, die der reine Verstand an die Hand giebt, entstehn die Grundbegriffe von Unrecht und Recht, die Jeder *a priori* faßt und auf Anlaß der Erfahrung sogleich anwendet. Den dieses leugnenden Empiriker darf man, da bei ihm allein Erfahrung gilt, nur auf die Wilden hinweisen, die alle ganz richtig, oft auch fein und genau, Unrecht und Recht unterscheiden; welches sehr in die Augen fällt bei ihrem Tauschhandel und andern Uebereinkünften mit der Mannschaft Europäischer Schiffe, und bei ihren Besuchen auf diesen. Sie sind dreist und zuversichtlich, wo sie Recht haben, hingegen ängstlich, wenn das Recht nicht auf ihrer Seite ist. Bei Streitigkeiten lassen sie sich eine rechtliche Ausgleichung gefallen, hingegen reizt ungerechtes Verfahren sie zum Kriege. – Die Rechtslehre ist ein Theil der Moral, welcher die Handlungen feststellt, die man nicht ausüben darf, wenn man nicht Andere verletzen, d. h. Unrecht begehn will. Die Moral hat also hiebei den aktiven Theil im Auge. Die Gesetzgebung aber nimmt dieses Kapitel der Moral, um es in Rücksicht auf die passive Seite, also umgekehrt, zu gebrauchen und die selben Handlungen zu betrachten als solche, die Keiner, da ihm kein Unrecht widerfahren soll, zu leiden braucht. Gegen diese Handlungen errichtet nun der Staat das Bollwerk der Gesetze, als positives Recht. Seine Absicht ist, daß Keiner Unrecht leide: die Absicht der moralischen Rechtslehre hingegen, daß keiner Unrecht thue.*

Bei jeder ungerechten Handlung ist das Unrecht der Qualität nach das selbe, nämlich Verletzung eines Andern, es sei an seiner Person, seiner Freiheit, seinem Eigenthum, seiner Ehre. Aber der Quantität nach kann es sehr verschieden seyn. Diese Verschiedenheit der Größe des Unrechts scheint von den Moralisten noch nicht gehörig untersucht zu seyn, wird jedoch im wirklichen Leben überall anerkannt, indem die Größe des Tadels, den man darüber ergehn läßt, ihr entspricht.

* Die ausgeführte Rechtslehre findet man in der »Welt als Wille und Vorstellung«, Bd. 1, § 62.

Gleichermaaßen verhält es sich mit der Gerechtigkeit der Handlungen. Um dies zu erläutern: z. B. wer, dem Hungertode nahe, ein Brot stiehlt, begeht ein Unrecht: aber wie klein ist seine Ungerechtigkeit gegen die eines Reichen, der auf irgend eine Weise einen Armen um sein letztes Eigenthum bringt. Der Reiche, welcher seinen Tagelöhner bezahlt, handelt gerecht: aber wie klein ist diese Gerechtigkeit gegen die eines Armen, der eine gefundene Geldbörse dem Reichen freiwillig zurückbringt. Das Maaß dieser so bedeutenden Verschiedenheit in der Quantität der Gerechtigkeit und Ungerechtigkeit (bei stets gleicher Qualität) ist aber kein direktes und absolutes, wie das auf dem Maaßstabe, sondern ein mittelbares und relatives, wie das der Sinus und Tangenten. Ich stelle dazu folgende Formel auf: die Größe der Ungerechtigkeit meiner Handlung ist gleich der Größe des Uebels, welches ich einem Andern dadurch zufüge, dividirt durch die Größe des Vortheils, den ich selbst dadurch erlange: – und die Größe der Gerechtigkeit meiner Handlung ist gleich der Größe des Vortheils, den mir die Verletzung des Andern bringen würde, dividirt durch die Größe des Schadens, den er dadurch erleiden würde. – Nun aber giebt es außerdem noch eine doppelte Ungerechtigkeit, die von jeder einfachen, sei diese noch so groß, specifisch verschieden ist, welches sich dadurch kund giebt, daß die Größe der Indignation des unbetheiligten Zeugen, welche stets der Größe der Ungerechtigkeit proportional ausfällt, bei der doppelten allein den höchsten Grad erreicht, und diese verabscheut als etwas Empörendes und Himmelschreiendes, als eine Unthat, ein ἄγος, bei welchem gleichsam die Götter ihr Antlitz verhüllen. Diese doppelte Ungerechtigkeit hat Statt, wo Jemand ausdrücklich die Verpflichtung übernommen hat, einen Andern in einer bestimmten Hinsicht zu schützen, folglich die Nichterfüllung dieser Verpflichtung schon Verletzung des Andern, mithin Unrecht wäre; er nun aber noch überdies jenen Andern, eben darin, wo er ihn schützen sollte, selbst angreift und verletzt. Dies ist z. B. der Fall, wo der bestellte Wächter, oder Geleitsmann, zum Mörder, der betraute Hüter zum Dieb wird, der Vormund die Mündel um ihr Eigenthum bringt, der Advokat prävaricirt [die Gegenpartei begünstigt], der Richter sich bestechen läßt, der um Rath Gebetene dem Frager absichtlich einen verderblichen Rath ertheilt; – welches Alles zusammen unter dem Begriff des Verraths gedacht wird, welcher der Abscheu der Welt ist: diesem gemäß setzt auch Dante die Verräther in den tiefuntersten Grund der Hölle, wo der Satan selbst sich aufhält *(Inf., XI, 61–66)*.

Da nun hier der Begriff der Verpflichtung zur Sprache gekommen, ist es der Ort, den in der Ethik, wie im Leben, so häufig angewandten Begriff der Pflicht, dem jedoch eine zu große Ausdehnung gegeben wird, festzustellen. Wir haben gefunden, daß das Unrecht allemal in der Verletzung eines Andern besteht, sei es an seiner Person, seiner Freiheit, seinem Eigenthum, oder seiner Ehre. Hieraus scheint zu folgen, daß jedes Unrecht ein positiver Angriff, eine That seyn müsse. Allein es giebt Handlungen, deren bloße Unterlassung ein Unrecht ist: solche Handlungen heißen Pflichten. Dieses ist die wahre philosophische Definition des Begriffs der Pflicht, welcher hingegen alle Eigenthümlichkeit einbüßt und dadurch verloren geht, wenn man, wie in der bisherigen Moral, jede lobenswerthe Handlungsweise Pflicht nennen will, wobei man vergißt, daß was Pflicht ist auch Schuldigkeit seyn muß. Pflicht, το δεον, *le devoir, duty,* ist also eine Handlung, durch deren bloße Unterlassung man einen Andern verletzt, d.h. Unrecht begeht. Offenbar kann dies nur dadurch der Fall seyn, daß der Unterlasser sich zu einer solchen Handlung anheischig gemacht, d. h. eben verpflichtet hat. Demnach beruhen alle Pflichten auf eingegangener Verpflichtung. Diese ist in der Regel eine ausdrückliche, gegenseitige Uebereinkunft, wie z. B. zwischen Fürst und Volk, Regierung und Beamten, Herrn und Diener, Advokat und Klienten, Arzt und Kranken, überhaupt zwischen einem Jeden, der eine Leistung irgend einer Art übernommen hat, und seinem Besteller, im weitesten Sinne des Worts. Darum giebt jede Pflicht ein Recht: weil Keiner sich ohne ein Motiv, d. h. hier, ohne irgend einen Vortheil für sich, verpflichten kann. Nur eine Verpflichtung ist mir bekannt, die nicht mittelst einer Uebereinkunft, sondern unmittelbar durch eine bloße Handlung übernommen wird; weil Der, gegen den man sie hat, noch nicht dawar, als man sie übernahm: es ist die der Eltern gegen ihre Kinder. Wer ein Kind in die Welt setzt, hat die Pflicht es zu erhalten, bis es sich selbst zu erhalten fähig ist: und sollte diese Zeit, wie bei einem Blinden, Krüppel, Kretinen [Schwachsinnigen] u. dgl. n i e eintreten, so hört auch die Pflicht nie auf. Denn durch das bloße Nichtleisten der Hülfe, also eine Unterlassung, würde er sein Kind verletzen, ja, dem Untergange zuführen. Die moralische Pflicht der Kinder gegen die Eltern ist nicht so unmittelbar und entschieden. Sie beruht darauf, daß, weil jede Pflicht ein Recht giebt, auch die Eltern eines gegen die Kinder haben müssen, welches bei diesen die Pflicht des Gehorsams begründet, die aber nachmals, mit dem Recht, aus welchem sie entstanden ist, auch aufhört. An ihre Stelle wird alsdann Dankbarkeit treten für Das, was die Eltern mehr gethan, als strenge ihre Pflicht war. Jedoch, ein so häßliches, oft selbst empörendes Laster auch der Undank ist: so ist Dankbarkeit doch nicht P f l i c h t zu nennen: weil ihr Ausbleiben keine Verletzung des Andern, also kein U n r e c h t ist. Außerdem müßte der Wohlthäter vermeint haben, stillschweigend einen Handel abzuschließen. – Allenfalls könnte man als unmittelbar durch eine Handlung entstehende Verpflichtung den Ersatz für angerichteten Schaden geltend machen. Jedoch ist dieser, als Aufhebung der Folgen einer ungerechten Handlung, eine bloße Bemühung sie auszulöschen, etwas rein Negatives, das darauf beruht, daß die Handlung selbst hätte unterbleiben sollen. – Noch sei hier bemerkt, daß die Billigkeit der Feind der Gerechtigkeit ist und ihr oft gröblich zusetzt: daher man ihr nicht zu viel einräumen soll. Der Deutsche ist ein Freund der Billigkeit, der Engländer hält es mit der Gerechtigkeit.

Das Gesetz der Motivation ist eben so streng, wie das der physischen Kausalität, führt also einen eben so unwiderstehlichen Zwang mit sich. Dem entsprechend giebt es zur Ausübung des Unrechts zwei Wege, den der G e w a l t und den der L i s t. Wie ich durch Gewalt einen Andern tödten, oder berauben, oder mir zu gehorchen zwingen kann; so kann ich alles dieses auch durch List ausführen, indem ich seinem Intellekt falsche Motive vorschiebe, in Folge welcher er thun muß, was er außerdem nicht thun würde. Dies geschieht mittelst der L ü g e; deren Verwerflichkeit allein hierauf beruht, ihr also nur anhängt, sofern sie ein Werkzeug der List, d. h. des Zwanges mittelst der Motivation, ist. Dies aber ist sie in der Regel. Denn zunächst kann mein Lügen selbst nicht ohne Motiv geschehn: dies Motiv aber wird, mit den seltensten Ausnahmen, ein ungerechtes, nämlich die Absicht seyn, Andere, über die ich keine Gewalt habe, nach meinem Willen zu leiten, d. h. sie mittelst der Motivation zu zwingen. Diese Absicht liegt sogar auch der bloß windbeutelnden Lüge zum Grunde, indem wer sie braucht sich dadurch bei Andern in höheres Ansehn, als ihm zusteht, zu setzen sucht. – Die Verbindlichkeit des Versprechens und des Vertrages beruht darauf, daß sie, wenn nicht erfüllt, die feierlichste Lüge sind, deren Absicht, moralischen Zwang über Andere auszuüben, hier um so evidenter ist, als das Motiv der Lüge, die verlangte Leistung des Gegenparts, ausdrücklich ausgesprochen ist. Das Verächtliche des Betrugs kommt daher, daß er durch Gleißnerei seinen Mann entwaffnet, ehe er ihn angreift. Der Verrath ist sein Gipfel und wird, weil er in die Kategorie der doppelten Ungerechtigkeit gehört, tief verabscheut. Aber wie ich, ohne Unrecht, also mit Recht, Gewalt durch Gewalt vertreiben kann; so kann ich, wo mir die Gewalt abgeht, oder es mir bequemer scheint, es auch durch List. Ich habe also in den Fällen, wo ich ein Recht zur Gewalt habe, es auch zur Lüge: so z. B. gegen Räuber und unberechtigte Gewältiger jeder Art, die ich demnach durch List in eine Falle locke. Darum bindet ein gewaltsam abgezwungenes Versprechen nicht. – Aber das Recht zur Lüge geht in der That noch weiter: es tritt ein bei jeder völlig unbefugten Frage, welche meine persönlichen, oder meine Geschäftsangelegenheiten betrifft, mithin vorwitzig ist, und deren Beantwortung nicht nur, sondern schon deren bloße Zurückweisung durch »ich will's nicht sagen«, als Verdacht erweckend, mich in Gefahr bringen würde. Hier ist die Lüge die Notwehr gegen unbefugte Neugier, deren Motiv meistens kein wohlwollendes ist. Denn, wie ich das Recht habe, dem vorausgesetzten bösen Willen Anderer und der demnach präsumirten [vorausgesetzten] physischen Gewalt physischen Widerstand, auf Gefahr des Beeinträchtigers, zum voraus entgegenzustellen und also, als Präventivmaaßregel, meine Gartenmauer mit scharfen Spitzen zu verwahren, Nachts auf meinem Hofe böse Hunde loszulassen, ja, nach Umständen, selbst Fußangeln und Selbstschüsse zu stellen, deren schlimme Folgen der Eindringer sich selber zuzuschreiben hat; so habe ich auch das Recht, dasjenige auf alle Weise geheim zu halten, dessen Kenntniß mich dem Angriff Anderer bloßstellen würde, und habe auch Ursache dazu, weil ich auch hier den bösen Willen Anderer als sehr leicht möglich annehmen und die Vorkehrungen dagegen zum voraus treffen muß. Daher sagt Ariosto:

Quantunque il simular sia le più volte
Ripreso, e dia di mala mente indici,
Si trova pure in molte cose e molte
Avere fatti evidenti benefici,
E danni e biasmi e morti avere tolte:
Che non conversiam' sempre con gli amici,
In questa assia più oscura che serena
*Vita mortal, tutta d'invidia piena.**
(Orl. fur., IV, 1)

Ich darf also, ohne Unrecht, selbst der bloß präsumirten Beeinträchtigung durch List, zum voraus List entgegenstellen, und brauche daher nicht Dem, der unbefugt in meine Privatverhältnisse späht, Rede zu stehn, noch durch die Antwort: »Dies will ich geheim halten«, die Stelle anzuzeigen, wo ein mir gefährliches, ihm vielleicht vortheilhaftes, jedenfalls ihm Macht über mich verleihendes Geheimniß liegt:

Scire volunt secreta domus, atque inde timeri.
[Des Hauses Geheimnisse wollen sie wissen,
um dadurch furchtbar zu werden:
Juvenal, *sat.*, III, 113.]

Sondern ich bin alsdann befugt, ihn mit einer Lüge abzufertigen, auf seine Gefahr, falls sie ihn in schädlichen Irrthum versetzt. Denn hier ist die Lüge das einzige Mittel, der vorwitzigen und verdächtigen Neugier zu begegnen: ich stehe daher im Fall der Nothwehr. *Ask me no questions, and I'll tell you no lies***, ist hier die richtige Maxime. Nämlich bei den Engländern, denen der Vorwurf der Lüge als die schwerste Beleidigung gilt, und die

* So sehr auch meistens die Verstellung getadelt wird und von schlechter Absicht zeugt; so hat sie dennoch in gar vielen Dingen augenfällig Gutes gestiftet, indem sie dem Schaden, der Schande und dem Tode vorbeugte: denn nicht immer reden wir mit Freunden, in diesem viel mehr finstern, als heitern, sterblichen Leben, welches von Neide strotzt.

** Frag' du mich nicht aus, will ich dich nicht belügen.

eben daher wirklich weniger lügen, als die andern Nationen, werden dem entsprechend alle unbefugten, die Verhältnisse des Andern betreffenden Fragen als eine Ungezogenheit angesehn, welche der Ausdruck *to ask questions* bezeichnet. – Auch verfährt nach dem oben aufgestellten Princip jeder Verständige, selbst wenn er von der strengsten Rechtlichkeit ist. Kehrt er z. B. von einem entlegenen Orte zurück, wo er Geld erhoben hat, und ein unbekannter Reisender gesellt sich zu ihm, frägt, wie gewöhnlich, erst wohin, und dann woher, darauf allmälig auch, was ihn an jenen Ort geführt haben mag; – so wird Jener eine Lüge antworten, um der Gefahr des Raubes vorzubeugen. Wer in dem Hause, in welchem ein Mann, um dessen Tochter er wirbt, wohnt, angetroffen und nach der Ursache seiner unvermutheten Anwesenheit gefragt wird, giebt, wenn er nicht auf den Kopf gefallen ist, unbedenklich eine falsche an. Und so kommen gar viele Fälle vor, in denen jeder Vernünftige, ohne allen Gewissensskrupel, lügt. Diese Ansicht allein beseitigt den schreienden Widerspruch zwischen der Moral, die gelehrt, und der, die täglich, selbst von den Redlichsten und Besten, ausgeübt wird. Jedoch muß dabei die angegebene Einschränkung auf den Fall der Nothwehr streng festgehalten werden; da außerdem diese Lehre abscheulichem Mißbrauche offen stände: denn an sich ist die Lüge ein sehr gefährliches Werkzeug. Aber wie, trotz dem Landfrieden, das Gesetz Jedem erlaubt, Waffen zu tragen und zu gebrauchen, nämlich im Fall der Nothwehr; so gestattet für den selben Fall, aber eben so auch nur für diesen, die Moral den Gebrauch der Lüge. Diesen Fall der Nothwehr gegen Gewalt oder List ausgenommen, ist jede Lüge ein Werkzeug zum Unrecht; daher die Gerechtigkeit Wahrhaftigkeit gegen Jedermann fordert. Aber gegen die völlig unbedingte, ausnahmslose und im Wesen der Sache liegende Verwerflichkeit der Lüge spricht schon Dies, daß es Fälle giebt, wo lügen sogar Pflicht ist, namentlich für Aerzte; ebenfalls, daß es edelmüthige Lügen giebt, z. B. die des Marquis Posa im Don Carlos, die in der *Gerusalemme liberata, II, 22*, und überhaupt in allen den Fällen, wo Einer die Schuld des Andern auf sich laden will; endlich daß sogar Jesus Christus ein Mal absichtlich die Unwahrheit gesagt hat (Joh. 7, 8). Demgemäß sagt Campanella, in seinen *Poesie filosofiche, madr. 9*, geradezu: *Bello è il mentir, se a fare gran ben' si tro-*

*va.** – Dagegen aber ist die gangbare Lehre von der Nothlüge ein elender Flicken auf dem Kleide einer armsäligen Moral. – Die, auf Kants Veranlassung, in manchen Kompendien gegebenen Ableitungen der Unrechtmäßigkeit der Lüge, aus dem Sprachvermögen des Menschen, sind so platt, kindisch und abgeschmackt, daß man, nur um ihnen Hohn zu sprechen, versucht werden könnte, sich dem Teufel in die Arme zu werfen und mit Talleyrand zu sagen: *l'homme a reçu la parole pour pouvoir cacher sa pensée* [Der Mensch hat die Sprache erhalten, um seine Gedanken verbergen zu können]. – Kants bei jeder Gelegenheit zur Schau getragener, unbedingter und gränzenloser Abscheu gegen die Lüge beruht entweder auf Affektation, oder auf Vorurtheil: in dem Kapitel seiner »Tugendlehre« von der Lüge, schilt er diese zwar mit allen ehrenrührigen Prädikaten, bringt aber gar keinen eigentlichen Grund für ihre Verwerflichkeit bei; welches doch wirksamer gewesen wäre. Deklamiren ist leichter als Beweisen, und Moralisiren leichter als Aufrichtigseyn. Kant hätte besser gethan, jenen speciellen Eifer gegen die Schadenfreude loszulassen: diese, nicht die Lüge, ist das eigentlich teuflische Laster. Denn sie ist das gerade Gegentheil des Mitleids, und ist nichts Anderes, als die ohnmächtige Grausamkeit, welche die Leiden, in denen sie Andere so gern erblickt, selbst herbeizuführen unfähig, dem Zufall dankt, der es statt ihrer that. – Daß, nach dem Princip der ritterlichen Ehre, der Vorwurf der Lüge als so sehr schwer und eigentlich mit dem Blute des Anschuldigers abzuwaschen genommen wird, liegt nicht daran, daß die Lüge unrecht ist, da alsdann die Anschuldigung eines durch Gewalt verübten Unrechts eben so schwer kränken müßte, was bekanntlich nicht der Fall ist; sondern es liegt daran, daß, nach dem Princip der ritterlichen Ehre, eigentlich die Gewalt das Recht begründet: wer nun, um ein Unrecht auszuführen, zur Lüge greift, beweist, daß ihm die Gewalt, oder der zur Anwendung dieser nöthige Muth abgeht. Jede Lüge zeugt von Furcht: das bricht den Stab über ihn.

* Schön ist das Lügen, wenn es viel Gutes stiftet.

§ 18.

Die Tugend der Menschenliebe.

Die Gerechtigkeit ist also die erste und grundwesentliche Kardinaltugend. Als solche haben auch die Philosophen des Alterthums sie anerkannt, jedoch ihr drei andere unpassend gewählte koordinirt. Hingegen haben sie die Menschenliebe, *caritas*, ἀγαπη, noch nicht als Tugend aufgestellt: selbst der in der Moral sich am höchsten erhebende Plato gelangt doch nur bis zur freiwilligen, uneigennützigen Gerechtigkeit. Praktisch und faktisch ist zwar zu jeder Zeit Menschenliebe dagewesen: aber theoretisch zur Sprache gebracht und förmlich als Tugend, und zwar als die größte von allen, aufgestellt, sogar auch auf die Feinde ausgedehnt, wurde sie zuerst vom Christenthum, dessen allergrößtes Verdienst eben hierin besteht: wiewohl nur hinsichtlich auf Europa; da in Asien schon tausend Jahre früher die unbegränzte Liebe des Nächsten eben so wohl Gegenstand der Lehre und Vorschrift, wie der Ausübung gewesen war, indem Veda und Dharma-Sastra, Itihasa und Purana, wie auch die Lehre des Buddha's Schakia Muni, nicht müde werden, sie zu predigen. – Und wenn wir es streng nehmen wollen, so lassen sich auch bei den Alten Spuren der Anempfehlung der Menschenliebe finden, z. B. beim Cicero, *De finib., V, 23*; sogar schon beim Pythagoras, nach Jamblichos, *De vita Pythagorae, c. 33.* Mir liegt jetzt die philosophische Ableitung dieser Tugend aus meinem Princip ob.

Der zweite Grad, in welchem, mittelst des oben thatsächlich nachgewiesenen, wiewohl seinem Ursprung nach geheimnißvollen Vorgangs des Mitleids, das fremde Leiden an sich selbst und als solches unmittelbar mein Motiv wird, sondert sich von dem ersten deutlich ab, durch den positiven Charakter der daraus hervorgehenden Handlungen; indem alsdann das Mitleid nicht bloß mich abhält, den Andern zu verletzen, sondern sogar mich antreibt, ihm zu helfen. Je nachdem nun theils jene unmittelbare Theilnahme lebhaft und tiefgefühlt, theils die fremde Noth groß und dringend ist, werde ich durch jenes rein moralische Motiv bewogen werden, ein größeres oder geringeres Opfer dem Bedürfniß oder der Noth des Andern zu bringen, welches in der Anstrengung meiner leiblichen oder geistigen Kräfte für ihn, in meinem Eigenthum, in meiner Gesundheit, Freiheit, sogar in meinem Leben bestehn kann. Hier also, in der unmittelbaren, auf keine Argumentation gestützten, noch deren bedürfenden Theilnahme, liegt der allein lautere Ursprung der Menschenliebe, der *caritas*, ἀγαπη, also derjenigen Tugend, deren Maxime ist, *omnes, quantum potes, juva* [Hilf allen, soviel du kannst], und aus welcher alles Das fließt, was die Ethik unter dem Namen Tugendpflichten, Liebespflichten, unvollkommene Pflichten vorschreibt. Diese ganz unmittelbare, ja, instinktartige Theilnahme am fremden Leiden, also das Mitleid, ist die alleinige Quelle solcher Handlungen, wenn sie moralischen Werth haben, d. h. von allen egoistischen Motiven rein seyn, und eben deshalb in uns selbst diejenige innere Zufriedenheit erwecken sollen, welche man das gute, befriedigte, lobende Gewissen nennt; wie auch bei dem Zuschauer die eigenthümliche Beistimmung, Hochachtung, Bewunderung und sogar demüthigenden Rückblick auf sich selbst hervorrufen sollen, welcher eine nicht abzuleugnende Thatsache ist. Hat hingegen eine wohlthätige Handlung irgend ein anderes Motiv; so kann sie nicht anders, als egoistisch seyn, wenn sie nicht gar boshaft ist. Denn, entsprechend den oben aufgestellten Urtriebfedern aller Handlungen, nämlich Egoismus, Bosheit, Mitleid, lassen sich die Motive, welche überhaupt den Menschen bewegen können, unter drei, ganz allgemeine und oberste Klassen bringen: 1) eigenes Wohl, 2) fremdes Wehe, 3) fremdes Wohl. Ist nun das Motiv einer wohlthätigen Handlung nicht aus der dritten Klasse; so muß es schlechterdings der ersten oder zweiten angehören. Letzteres ist wirklich bisweilen der Fall:. z. B. wenn ich Einem wohlthue, um einen Andern, dem ich nicht wohlthue, zu kränken, oder ihm sein Leiden noch fühlbarer zu machen; oder auch um einen Dritten, der demselben nicht wohlthat, zu beschämen; oder endlich um den, dem ich wohlthue, dadurch zu demüthigen. Ersteres aber ist viel öfter der Fall, nämlich sobald ich, bei einer guten That, sei es auch noch so entfernt und auf weitestem Umwege, mein eigenes Wohl im Auge habe, also wenn mich Rücksicht auf Belohnung, in dieser oder einer andern Welt, oder die zu erlangende Hochschätzung und der Ruf eines edeln Herzens, oder die Ueberlegung, daß der, dem heute ich helfe, mir ein Mal wieder helfen, oder sonst nützen und dienen könne, endlich auch, wenn mich der Gedanke treibt, die Maxime des Edelmuths oder der Wohlthätigkeit müsse aufrecht erhalten werden, da sie mir doch auch ein Mal zu gute kommen könne, kurz, sobald mein Zweck irgend ein anderer ist, als ganz allein der rein objektive, daß ich dem Andern geholfen, ihn aus seiner Noth und Bedrängniß gerissen, ihn von seinem Leiden befreiet wissen will: und nichts darüber und nichts daneben! Nur dann, und ganz allein dann, habe ich wirklich jene Menschenliebe, *caritas*, ἀγαπη, bewiesen, welche gepredigt zu haben, das große, auszeichnende Verdienst des Christenthums ist. Aber gerade die Vorschriften, welche das Evangelium seinem Geheiß der Liebe hinzufügt, wie: μη γνώτω ἡ ἀριστερά σου, τί ποιεῖ ἡ δεξία σου *(sinistra tua manus haud cognoscat, quae dextra facit)* [Laß deine linke Hand nicht wissen, was die Rechte tut: Matth. 6, 3] und ähnliche, sind auf das Gefühl dessen gegründet, was ich hier deducirt habe, daß nämlich ganz allein die fremde Noth und keine andere Rücksicht mein Motiv seyn muß, wenn meine Handlung moralischen Werth haben soll. Ganz richtig wird eben daselbst *(Matth. 6, 2)* gesagt, daß Die, welche mit Ostentation geben, ihren Lohn dahin haben. Aber die Veden ertheilen auch hier uns gleichsam die höhere Weihe, indem sie wiederholentlich versichern, daß wer irgend einen Lohn seiner Werke begehrt, noch auf dem Wege der Finsterniß begriffen und zur Erlösung nicht reif sei. – Wenn Einer, indem er ein Almosen giebt, mich früge, was er davon hat; so wäre meine gewissenhafte Antwort: »Dieses, daß jenem Armen sein Schicksal um so viel erleichtert wird; außerdem aber schlechterdings nichts. Ist dir nun damit nicht gedient, und daran eigentlich nichts gelegen; so hast du eigentlich nicht ein Almosen geben, sondern einen Kauf thun wollen: da bist du um dein Geld betrogen. Ist dir aber daran gelegen, daß Jener, den der Mangel drückt, weniger leide; so hast du eben deinen Zweck erreicht, hast dies davon, daß er weniger leidet, und siehst genau, wie weit deine Gabe sich belohnt.«

Wie ist es nun aber möglich, daß ein Leiden, welches nicht meines ist, nicht mich trifft, doch eben so unmittelbar, wie sonst nur mein eigenes, Motiv für mich werden, mich zum Handeln bewegen soll? Wie gesagt, nur dadurch, daß ich es, obgleich mir nur als ein Aeußeres, bloß vermittelst der äußern Anschauung oder Kunde gegeben, dennoch mitempfinde, es als meines fühle, und doch nicht in mir, sondern in einem Andern, und also eintritt was schon Calderon ausspricht:

que entre el ver
Padecer y el padecer
Ninguna distancia habia.
»No siempre el peor es cierto«, Jorn. II, p. 229.
(daß zwischen leiden sehn und leiden kein Unterschied sei.)

Dies aber setzt voraus, daß ich mich mit dem Andern gewissermaaßen identificirt habe, und folglich die Schranke zwischen Ich und Nicht-Ich, für den Augenblick, aufgehoben sei: nur dann wird die Angelegenheit des Andern, sein Bedürfniß, seine Noth, sein Leiden, unmittelbar zum meinigen: dann erblicke ich ihn nicht mehr, wie ihn doch die empirische Anschauung giebt, als ein mir Fremdes, mir Gleichgültiges, von mir gänzlich Verschiedenes; sondern in ihm leide ich mit, trotz dem, daß seine Haut meine Nerven nicht einschließt. Nur dadurch kann sein Wehe, seine Noth, Motiv für mich werden: außerdem kann es durchaus nur meine eigene. Dieser Vorgang ist, ich wiederhole es, mysteriös: denn es ist etwas, wovon die Vernunft keine unmittelbare Rechenschaft geben kann, und dessen Gründe auf dem Wege der Erfahrung nicht auszumitteln sind. Und doch ist er alltäglich. Jeder hat ihn oft an sich selbst erlebt, sogar dem Hartherzigsten und Selbstsüchtigsten ist er nicht fremd geblieben. Er tritt täglich ein, vor unsern Augen, im Einzelnen, im Kleinen, überall wo, auf unmittelbaren Antrieb, ohne viel Ueberlegung, ein Mensch dem Andern hilft und beispringt, ja, bisweilen selbst sein Leben für Einen, den er zum ersten Male sieht, in die augenscheinlichste Gefahr setzt, ohne mehr dabei zu denken, als eben daß er die große Noth und Gefahr des Andern sieht. Er tritt im Großen ein, wenn, nach langer Ueberlegung und schwerer Debatte, die hochherzige Brittische Nation 20 Millionen Pfund Sterling hingiebt, um den Negersklaven in ihren Kolonien die Freiheit zu erkaufen; unter dem Beifallsjubel einer ganzen Welt. Wer diese schöne Handlung im großen Stil, dem Mitleid als Triebfeder absprechen wollte, um sie dem Christenthum zuzuschreiben, bedenke, daß im ganzen Neuen Testament kein Wort gegen die Sklaverei gesagt ist; so allgemein auch damals die Sache war; und daß vielmehr, noch 1860, in Nord-Amerika, bei Debatten über die Sklaverei, Einer sich darauf berufen hat, daß Abraham und Jakob auch Sklaven gehalten haben.

Was nun in jedem einzelnen Fall die praktischen Ergebnisse jenes mysteriösen innern Vorganges seyn werden, mag die Ethik in Kapiteln und Paragraphen über Tugendpflichten, oder Liebespflichten, oder unvollkommene Pflichten, oder wie sonst, auseinandersetzen. Die Wurzel, die Grundlage von dem Allen ist die hier dargelegte, aus welcher der Grundsatz entspringt: *omnes, quantum potes, juva;* und aus diesem ist hier alles Uebrige gar leicht abzuleiten, wie aus der ersten Hälfte meines Princips, also aus dem *Neminem laede* [Schade niemandem], alle Pflichten der Gerechtigkeit. Die Ethik ist in Wahrheit die leichteste aller Wissenschaften; wie es auch nicht anders zu erwarten steht, da Jeder die Obliegenheit hat, sie selbst zu konstruiren, selbst aus dem obersten Grundsatz, der in seinem Herzen wurzelt, die Regel für jeden vorkommenden Fall abzuleiten: denn Wenige haben die Muße und Geduld, eine fertig konstruirte Ethik zu erlernen. Aus der Gerechtigkeit und Menschenliebe fließen sämmtliche Tugenden, daher sind jene die Kardinaltugenden, mit deren Ableitung der Grundstein der Ethik gelegt ist. – Gerechtigkeit ist der ganze ethische Inhalt des Alten Testaments, und Menschenliebe der des Neuen: diese ist die καινη ἐντολη [das neue Gebot] (Joh. 13, 34), in welcher, nach Paulus (Röm. 13, 8–10), alle Christlichen Tugenden enthalten sind.

§ 19.

Bestätigungen des dargelegten Fundaments der Moral.

Die jetzt ausgesprochene Wahrheit, daß das Mitleid, als die einzige nicht egoistische, auch die alleinige ächt moralische Triebfeder sei, ist, seltsamer, ja, fast unbegreiflicher Weise, paradox. Ich will daher versuchen, sie den Ueberzeugungen des Lesers dadurch zu entfremden, daß ich sie als durch die Erfahrung und die Aussprüche des allgemeinen Menschengefühls bestätigt nachweise.

1) Zu diesem Zweck will ich zuvörderst einen beliebig erdachten Fall zum Beispiel nehmen, der in dieser Untersuchung als *experimentum crucis* [entscheidende Probe] gelten kann. Um mir aber nicht die Sache leicht zu machen, nehme ich keinen Fall der Menschenliebe, sondern eine Rechtsverletzung und zwar die stärkste. – Man setze zwei junge Leute, Kajus und Titus, beide leidenschaftlich verliebt, doch jeder in ein anderes Mädchen: und jedem stehe ein wegen äußerer Umstände bevorzugter Nebenbuhler durchaus im Wege. Beide seien entschlossen, jeder den seinigen aus der Welt zu schaffen, und Beide seien vor aller Entdeckung, sogar vor jedem Verdacht, vollkommen gesichert. Als jedoch Jeder seinerseits an die nähere Veranstaltung des Mordes geht, stehn Beide, nach einem Kampfe mit sich selbst, davon ab. Ueber die Gründe dieses Aufgebens ihres Entschlusses sollen sie uns aufrichtige und deutliche Rechenschaft ablegen. – Nun soll die Rechenschaft, welche Kajus giebt, ganz in die Wahl des Lesers gestellt seyn. Er mag etwan durch religiöse Gründe, wie den Willen Gottes, die dereinstige Vergeltung, das künftige Gericht u. dgl. abgehalten worden seyn. Oder aber er sage: »Ich bedachte, daß die Maxime meines Verfahrens in diesem Fall sich nicht geeignet haben würde, eine allgemein gültige Regel für alle möglichen vernünftigen Wesen abzugeben, indem ich ja meinen Nebenbuhler allein als Mittel und nicht zugleich als Zweck behandelt haben würde.« – Oder er sage mit Fichte: »Jedes Menschenleben ist Mittel zur Realisation des Sittengesetzes: also kann ich nicht, ohne gegen die Realisation des Sittengesetzes gleichgültig zu seyn, Einen vernichten, der zu derselben beizutragen bestimmt ist.« (Sittenlehre, S. 373.) – (Diesem Skrupel, beiläufig gesagt, könnte er dadurch begegnen, daß er, im Besitz seiner Geliebten, bald ein neues Instrument des Sittengesetzes zu produciren hofft.) – Oder er sage, nach Wollastone: »Ich habe überlegt, daß jene Handlung der Ausdruck eines unwahren Satzes seyn würde.« – Oder er sage, nach Hutcheson: »Der moralische Sinn, dessen Empfindungen, wie die jedes andern Sinnes, nicht weiter erklärlich sind, hat mich bestimmt, es seyn zu lassen.« – Oder er sage, nach Adam Smith: »Ich sah voraus, daß meine Handlung gar keine Sympathie mit mir in den Zuschauern derselben erregt haben würde.« – Oder, nach Christian Wolf: »Ich erkannte, daß ich dadurch meiner eigenen Vervollkommnung entgegen arbeiten und auch keine

fremde befördern würde.« Oder er sage, nach Spinoza: *»Homini nihil utilius homine: ergo hominem interimere nolui«* [Nichts ist dem Menschen nützlicher als der Mensch; daher habe ich den Menschen nicht töten wollen: *Eth. IV*, prop. 18, schol.] – Kurz, er sage, was man will. – Aber Titus, dessen Rechenschaft ich mir vorbehalte, der sage: »Wie es zu den Anstalten kam, und ich deshalb, für den Augenblick, mich nicht mit meiner Leidenschaft, sondern mit jenem Nebenbuhler zu beschäftigen hatte; da zuerst wurde mir recht deutlich, was jetzt mit ihm eigentlich vorgehn sollte. Aber nun ergriff mich Mitleid und Erbarmen, es jammerte mich seiner, ich konnte es nicht über's Herz bringen: ich habe es nicht thun können.« – Jetzt frage ich jeden redlichen und unbefangenen Leser: Welcher von Beiden ist der bessere Mensch? – Welchem von Beiden möchte er sein eigenes Schicksal lieber in die Hand geben? – Welcher von ihnen ist durch das reinere Motiv zurückgehalten worden? – Wo liegt demnach das Fundament der Moral?

2) Nichts empört so im tiefsten Grunde unser moralisches Gefühl, wie Grausamkeit. Jedes andere Verbrechen können wir verzeihen, nur Grausamkeit nicht. Der Grund hievon ist, daß Grausamkeit das gerade Gegentheil des Mitleids ist. Wenn wir von einer sehr grausamen That Kunde erhalten, wie z. B. die ist, welche eben jetzt die Zeitungen berichten, von einer Mutter, die ihren fünfjährigen Knaben dadurch gemordet hat, daß sie ihm siedendes Oel in den Schlund goß, und ihr jüngeres Kind dadurch, daß sie es lebendig begrub; – oder die, welche eben aus Algier gemeldet wird, daß nach einem zufälligen Streit und Kampf zwischen einem Spanier und einem Algierer, dieser, als der stärkere, jenem die ganze untere Kinnlade rein ausriß und als Trophäe davon trug, jenen lebend zurücklassend; – dann werden wir von Entsetzen ergriffen und rufen aus: »Wie ist es möglich, so etwas zu thun?« – Was ist der Sinn dieser Frage? Ist er vielleicht: wie ist es möglich, die Strafen des künftigen Lebens so wenig zu fürchten? – Schwerlich. – Oder: Wie ist es möglich, nach einer Maxime zu handeln, die so gar nicht geeignet ist, ein allgemeines Gesetz für alle vernünftigen Wesen zu werden? – Gewiß nicht. – Oder: Wie ist es möglich, seine eigene und die fremde Vollkommenheit so sehr zu vernachlässigen? – Eben so wenig. – Der Sinn jener Frage ist ganz gewiß bloß dieser: Wie ist es möglich, so ganz ohne Mitleid zu seyn? – Also ist es der

größte Mangel an Mitleid, der einer That den Stämpel der tiefsten moralischen Verworfenheit und Abscheulichkeit aufdrückt. Folglich ist Mitleid die eigentliche moralische Triebfeder.

3) Ueberhaupt ist die von mir aufgestellte Grundlage der Moral und Triebfeder der Moralität die einzige, der sich eine reale, ja, ausgedehnte Wirksamkeit nachrühmen läßt. Denn von den übrigen Moralprincipien der Philosophen wird dies wohl Niemand behaupten wollen; da diese aus abstrakten, zum Theil selbst spitzfindigen Sätzen bestehn, ohne anderes Fundament, als eine künstliche Begriffskombination, so daß ihre Anwendung auf das wirkliche Handeln sogar oft eine lächerliche Seite haben würde. Eine gute That, bloß aus Rücksicht auf das Kantische Moralprincip vollbracht, würde im Grunde das Werk eines philosophischen Pedantismus seyn, oder aber auf Selbsttäuschung hinauslaufen, indem die Vernunft des Handelnden eine That, welche andere, vielleicht edlere Triebfedern hätte, als das Produkt des kategorischen Imperativs und des auf nichts gestützten Begriffs der Pflicht auslegte. Aber nicht nur von den philosophischen, auf bloße Theorie berechneten, sondern sogar auch von den ganz zum praktischen Behuf aufgestellten religiösen Moralprincipien läßt sich selten eine entschiedene Wirksamkeit nachweisen. Dies sehn wir zuvörderst daran, daß, trotz der großen Religionsverschiedenheit auf Erden, der Grad der Moralität, oder vielmehr Immoralität, durchaus keine jener entsprechende Verschiedenheit aufweist, sondern, im Wesentlichen, so ziemlich überall der selbe ist. Nur muß man nicht Rohheit und Verfeinerung mit Moralität und Immoralität verwechseln. Die Religion der Griechen hatte eine äußerst geringe, fast nur auf den Eid beschränkte moralische Tendenz; es wurde kein Dogma gelehrt und keine Moral öffentlich gepredigt: wir sehn aber nicht, daß deshalb die Griechen, Alles zusammengenommen, moralisch schlechter gewesen wären, als die Menschen der Christlichen Jahrhunderte. Die Moral des Christenthums ist viel höherer Art, als die der übrigen Religionen, die jemals in Europa aufgetreten sind: aber wer deshalb glauben wollte, daß die Europäische Moralität sich in eben dem Maaße verbessert hätte und jetzt wenigstens unter den gleichzeitigen excellirte, den würde man nicht nur bald überführen können, daß unter Mohammedanern, Gebern [Parsen], Hindu und Buddhaisten mindestens eben so viel Redlichkeit, Treue, Toleranz, Sanft-

muth, Wohlthätigkeit, Edelmuth und Selbstverleugnung gefunden wird, als unter den Christlichen Völkern; sondern sogar würde das lange Verzeichniß unmenschlicher Grausamkeiten, die das Christenthum begleitet haben, in den zahlreichen Religionskriegen, den unverantwortlichen Kreuzzügen, in der Ausrottung eines großen Theils der Ureinwohner Amerikas und Bevölkerung dieses Welttheils mit aus Afrika herangeschleppten, ohne Recht, ohne einen Schein des Rechts, ihren Familien, ihrem Vaterlande, ihrem Welttheil entrissenen und zu endloser Zuchthausarbeit verdammten Negersklaven*, in den unermüdlichen Ketzerverfolgungen und himmelschreienden Inquisitionsgerichten, in der Bartholomäusnacht, in der Hinrichtung von 18 000 Niederländern durch Alba, u. s. w. u. s. w. – eher einen Ausschlag zu Ungunsten des Christenthums besorgen lassen. Ueberhaupt aber, wenn man die vortreffliche Moral, welche die Christliche und mehr oder weniger jede Religion predigt, vergleicht mit der Praxis ihrer Bekenner, und sich vorstellt, wohin es mit dieser kommen würde, wenn nicht der weltliche Arm die Verbrechen verhinderte, ja, was wir zu befürchten hätten, wenn auch nur auf Einen Tag alle Gesetze aufgehoben würden; so wird man bekennen müssen, daß die Wirkung aller Religionen auf die Moralität eigentlich sehr geringe ist. Hieran ist freilich die Glaubensschwäche Schuld. Theoretisch und so lange es bei der frommen Betrachtung bleibt, scheint Jedem sein Glaube fest. Allein die That ist der harte Probierstein aller unserer Ueberzeugungen: wenn es zu ihr kommt und nun der Glaube durch große Entsagungen und schwere Opfer bewährt werden soll; da zeigt sich die Schwäche desselben. Wenn ein Mensch ein Verbrechen ernstlich meditirt; so hat er die Schranke der ächten reinen Moralität bereits durchbrochen: danach aber ist das Erste, was ihn aufhält, allemal der Gedanke an Justiz und Polizei. Entschlägt er sich dessen, durch die Hoffnung diesen zu entgehn; so ist die zweite Schranke, die sich ihm entgegenstellt, die Rücksicht auf seine Ehre. Kommt er nun aber auch über diese Schutzwehr hinweg; so ist sehr viel dagegen zu wetten, daß, nach Ueberwindung dieser zwei mächtigen Widerstände, jetzt noch irgend ein

---

* Noch jetzt wird, nach Buxton, *The African slavetrade, 1839,* ihre Zahl jährlich durch ungefähr 150 000 frische Afrikaner vermehrt, bei deren Einfangung und Reise über 200 000 andere jämmerlich umkommen.

Religionsdogma Macht genug über ihn haben werde, um ihn von der That zurückzuhalten. Denn wen nahe und gewisse Gefahren nicht abschrecken, den werden die entfernten und bloß auf Glauben beruhenden schwerlich im Zaum halten. Ueberdies läßt sich gegen jede ganz allein aus religiösen Ueberzeugungen hervorgegangene gute Handlung noch einwenden, daß sie nicht uneigennützig gewesen, sondern aus Rücksicht auf Lohn und Strafe geschehn sei, folglich keinen rein moralischen Werth habe. Diese Einsicht finden wir stark ausgedrückt in einem Briefe des berühmten Großherzogs Karl August von Weimar, wo es heißt: »Barón Weyhers fand selber, das müsse ein schlechter Kerl sein, der durch Religion gut, und nicht von Natur dazu geneigt sei. *In vino veritas* [Im Wein ist Wahrheit].« (Briefe an J. H. Merck, Br. 229.) – Nun betrachte man dagegen die von mir aufgestellte moralische Triebfeder. Wer wagt es, einen Augenblick in Abrede zu stellen, daß sie zu allen Zeiten, unter allen Völkern, in allen Lagen des Lebens, auch im gesetzlosen Zustande, auch mitten unter den Gräueln der Revolutionen und Kriege, und im Großen wie im Kleinen, jeden Tag und jede Stunde, eine entschiedene und wahrhaft wundersame Wirksamkeit äußert, täglich vieles Unrecht verhindert, gar manche gute That, ohne alle Hoffnung auf Lohn und oft ganz unerwartet ins Daseyn ruft, und daß wo sie und nur sie allein wirksam gewesen, wir Alle mit Rührung und Hochachtung der That den ächten moralischen Werth unbedingt zugestehn.

4) Denn gränzenloses Mitleid mit allen lebenden Wesen ist der festeste und sicherste Bürge für das sittliche Wohlverhalten und bedarf keiner Kasuistik. Wer davon erfüllt ist, wird zuverlässig Keinen verletzen, Keinen beeinträchtigen, Keinem wehe thun, vielmehr mit Jedem Nachsicht haben, Jedem verzeihen, Jedem helfen, so viel er vermag, und alle seine Handlungen werden das Gepräge der Gerechtigkeit und Menschenliebe tragen. Hingegen versuche man ein Mal zu sagen: »Dieser Mensch ist tugendhaft, aber er kennt kein Mitleid.« Oder: »Es ist ein ungerechter und boshafter Mensch; jedoch ist er sehr mitleidig«; so wird der Widerspruch fühlbar. – Der Geschmack ist verschieden; aber ich weiß mir kein schöneres Gebet, als Das, womit die Alt-Indischen Schauspiele (wie in früheren Zeiten die Englischen mit dem für den König) schließen. Es lautet: »Mögen alle lebende Wesen von Schmerzen frei bleiben.«

5) Auch aus einzelnen Zügen läßt sich entnehmen, daß die wahre moralische Grundtriebfeder das Mitleid ist. Es ist, z. B., eben so unrecht, einen Reichen, wie einen Armen, durch gefahrlose legale Kniffe, um hundert Thaler zu bringen: aber die Vorwürfe des Gewissens und der Tadel der unbetheiligten Zeugen werden im zweiten Fall sehr viel lauter und heftiger ausfallen; daher auch schon Aristoteles sagt: δεινότερον δέ ἐστι τὸν ἀτυχοῦντα, ἤ τὸν εὐτυχοῦντα, ἀδικεῖν *(iniquius autem est, injuriam homini infortunato, quam fortunato, intulisse* [Es ist schlimmer, einem Unglücklichen unrecht zu tun als einem Glücklichen], *Probl., XXIX, 2.* Hingegen werden die Vorwürfe noch leiser, als im ersten Falle seyn, wenn es eine Staatskasse ist, die man übervortheilt hat: denn diese kann kein Gegenstand des Mitleids seyn. Man sieht, daß nicht unmittelbar die Rechtsverletzung, sondern zunächst das dadurch auf den Andern gebrachte Leiden den Stoff des eigenen und fremden Tadels liefert. Die bloße Rechtsverletzung als solche, z. B. die obige gegen eine Staatskasse, wird zwar auch vom Gewissen und von Andern gemißbilligt werden, aber nur sofern die Maxime, jedes Recht zu achten, welche den wahrhaft ehrlichen Mann macht, dadurch gebrochen ist; also mittelbar und im geringern Grade. War es jedoch eine anvertraute Staatskasse, so ist der Fall ein ganz anderer, indem hier der oben festgestellte Begriff der doppelten Ungerechtigkeit, mit seinen specifischen Eigenschaften, eintritt. Auf dem hier Auseinandergesetzten beruht es, daß der schwerste Vorwurf, welcher habsüchtigen Erpressern und legalen Schurken überall gemacht wird, der ist, daß sie das Gut der Wittwen und Waisen an sich gerissen haben: eben weil diese, als ganz hülflos, mehr noch, als Andere, hätten das Mitleid erwecken sollen. Der gänzliche Mangel an diesem ist es also, welcher den Menschen der Ruchlosigkeit überführt.

6) Noch augenscheinlicher, als der Gerechtigkeit, liegt der Menschenliebe Mitleid zum Grunde. Keiner wird von Andern Beweise ächter Menschenliebe erhalten, so lange es ihm in jedem Betracht wohl geht. Der Glückliche kann zwar das Wohlwollen seiner Angehörigen und Freunde vielfach erfahren: aber die Aeußerungen jener reinen, uneigennützigen, objektiven Theilnahme am fremden Zustand und Schicksal, welche Wirkung der Menschenliebe sind, bleiben dem in irgend einem Betracht Lei-

denden aufbehalten. Denn an dem Glücklichen als solchem nehmen wir nicht Theil; vielmehr bleibt er als solcher unserm Herzen fremd: *habeat sibi sua* [möge er das Seinige für sich haben!]. Ja, er wird, wenn er Viel vor Andern voraus hat, leicht Neid erregen, welcher droht, bei seinem einstigen Sturz von der Höhe des Glücks, sich in Schadenfreude zu verwandeln. Jedoch bleibt diese Drohung meistens unerfüllt und es kommt nicht zu dem Sophokleischen γελῶσι δ' ἐχθροί *(rident inimici)* [die Feinde triumphieren: *Elektra*, 1153]. Denn sobald der Glückliche stürzt, geht eine große Umgestaltung in den Herzen der Uebrigen vor, welche für unsere Betrachtung belehrend ist. Nämlich zuvörderst zeigt sich jetzt, welcher Art der Antheil war, den die Freunde seines Glücks an ihm nahmen: *diffugiunt cadis cum faece siccatis amici* [Sind die Krüge erst leer, so fliehn mit dem Reste die Freunde: Horaz, *carmina*, I, 35, 26]. Aber andererseits, was er mehr fürchtete, als das Unglück selbst, und was zu denken ihm unerträglich fiel, das Frohlocken der Neider seines Glücks, das Hohngelächter der Schadenfreude, bleibt meistens aus: der Neid ist versöhnt, er ist mit seiner Ursache verschwunden, und das jetzt an seine Stelle tretende Mitleid gebiert die Menschenliebe. Oft haben die Neider und Feinde eines Glücklichen, bei seinem Sturz, sich in schonende, tröstende und helfende Freunde verwandelt. Wer hat nicht, wenigstens in schwächeren Graden, etwas der Art an sich selbst erlebt und, von irgend einem Unglücksfall betroffen, mit Ueberraschung gesehn, daß Die, welche bisher die größte Kälte, sogar Uebelwollen gegen ihn verriethen, jetzt mit ungeheuchelter Theilnahme an ihn herantraten. Denn Unglück ist die Bedingung des Mitleids und Mitleid die Quelle der Menschenliebe. – Dieser Betrachtung verwandt ist die Bemerkung, daß unsern Zorn, selbst wenn er gerecht ist, nichts so schnell besänftigt, wie hinsichtlich des Gegenstandes desselben die Rede: »Es ist ein Unglücklicher«. Denn was für das Feuer der Regen, das ist für den Zorn das Mitleid. Dieserhalb rathe ich Dem, der nicht gern etwas zu bereuen haben möchte, daß, wenn er von Zorn gegen einen Andern entbrannt, diesem ein großes Leid zuzufügen gedenkt, – er sich lebhaft vorstellen möge, er hätte es ihm bereits zugefügt, sähe ihn jetzt mit seinen geistigen, oder körperlichen Schmerzen, oder Noth und Elend, ringen und müßte zu sich sagen: das ist mein Werk. Wenn irgend Etwas, so vermag dieses seinen Zorn zu dämpfen. Denn Mitleid ist das rechte Gegengift des Zorns, und durch jenen Kunstgriff gegen sich selbst anticipirt man, während es noch Zeit ist,

la pitié, dont la voix,
Alors qu'on est vengé, fait entendre ses lois.
[das Mitleid, denn es läßt, siehst du des Feindes Noth,
An dem du dich gerächt, vernehmen sein Gebot.]
Volt[aire], »Sémiramis«, A. 5, Sc. 6.

Ueberhaupt wird unsere gehässige Stimmung gegen Andere durch nichts so leicht beseitigt, als wenn wir einen Gesichtspunkt fassen, von welchem aus sie unser Mitleid in Anspruch nehmen. – Sogar daß Eltern, in der Regel, das kränkliche Kind am meisten lieben, beruht darauf, daß es immerfort Mitleid erregt.

7) Die von mir aufgestellte moralische Triebfeder bewährt sich als die ächte ferner dadurch, daß sie auch die Thiere in ihren Schutz nimmt, für welche in den andern Europäischen Moralsystemen so unverantwortlich schlecht gesorgt ist. Die vermeinte Rechtlosigkeit der Thiere, der Wahn, daß unser Handeln gegen sie ohne moralische Bedeutung sei, oder, wie es in der Sprache jener Moral heißt, daß es gegen Thiere keine Pflichten gebe, ist geradezu eine empörende Rohheit und Barbarei des Occidents, deren Quelle im Judenthum liegt. In der Philosophie beruht sie auf der aller Evidenz zum Trotz angenommenen gänzlichen Verschiedenheit zwischen Mensch und Thier, welche bekanntlich am entschiedensten und grellsten von Cartesius ausgesprochen ward, als eine nothwendige Konsequenz seiner Irrthümer. Als nämlich die Cartesisch-Leibnitz-Wolfische Philosophie aus abstrakten Begriffen die rationale Psychologie aufbaute und eine unsterbliche *anima rationalis* [den vernünftigen Seelenteil] konstruirte; da traten die natürlichen Ansprüche der Thierwelt diesem exklusiven Privilegio und Unsterblichkeits-Patent der Menschenspecies augenscheinlich entgegen, und die Natur legte, wie bei allen solchen Gelegenheiten, still ihren Protest ein. Nun mußten die von ihrem intellektuellen Gewissen geängstigten Philosophen suchen, die rationale Psychologie durch die empirische zu stützen und daher bemüht seyn, zwischen Mensch und Thier eine ungeheuere Kluft, einen unermeßlichen Abstand zu eröffnen, um, aller Evidenz zum Trotz, sie als von

Grund aus verschieden darzustellen. Solcher Bemühungen spottet schon Boileau:

> *Les animaux ont-ils des universités?*
> *Voit-on fleurir chez eux des quatre facultés?*
>
> [Gehn auch die Tiere wohl zur Universität?
> Und schreiben sie sich ein bei einer Fakultät?
>
> *Satire*, VIII, 165.]

Da sollten am Ende gar die Thiere sich nicht von der Außenwelt zu unterscheiden wissen und kein Bewußtseyn ihrer selbst, kein Ich haben! Gegen solche abgeschmackte Behauptungen darf man nur auf den jedem Thiere, selbst dem kleinsten und letzten, inwohnenden gränzenlosen Egoismus hindeuten, der hinlänglich bezeugt, wie sehr die Thiere sich ihres Ichs, der Welt oder dem Nicht-Ich gegenüber, bewußt sind. Wenn so ein Cartesianer sich zwischen den Klauen eines Tigers befände, würde er auf das deutlichste inne werden, welchen scharfen Unterschied ein solcher zwischen seinem Ich und Nicht-Ich setzt. Solchen Sophistikationen der Philosophen entsprechend finden wir, auf dem populären Wege, die Eigenheit mancher Sprachen, namentlich der deutschen, daß sie für das Essen, Trinken, Schwangerseyn, Gebären, Sterben und den Leichnam der Thiere ganz eigene Worte haben, um nicht die gebrauchen zu müssen, welche jene Akte beim Menschen bezeichnen, und so unter der Diversität der Worte die vollkommene Identität der Sache zu verstecken. Da die alten Sprachen eine solche Duplicität der Ausdrücke nicht kennen, sondern unbefangen die selbe Sache mit dem selben Worte bezeichnen; so ist jener elende Kunstgriff ohne Zweifel das Werk Europäischer Pfaffenschaft, die, in ihrer Profanität, nicht glaubt weit genug gehn zu können im Verleugnen und Lästern des ewigen Wesens, welches in allen Thieren lebt; wodurch sie den Grund gelegt hat zu der in Europa üblichen Härte und Grausamkeit gegen Thiere, auf welche ein Hochasiate nur mit gerechtem Abscheu hinsehn kann. In der Englischen Sprache begegnen wir jenem nichtswürdigen Kunstgriff nicht; ohne Zweifel, weil die Sachsen, als sie England eroberten, noch keine Christen waren. Dagegen findet sich ein Analogon desselben in der Eigenthümlichkeit, daß im Englischen alle Thiere *generis neutrius* [sächlichen Geschlechts] sind und daher durch das Pronomen *it* (es) vertreten werden, ganz wie leblose Dinge; welches, zumal bei den Primaten, wie Hunde, Affen u. s. w., ganz empörend ausfällt und unverkennbar ein Pfaffenkniff ist, um die Thiere zu Sachen herabzusetzen. Die alten Aegypter, deren ganzes Leben religiösen Zwecken geweiht war, setzten in den selben Grüften die Mumien der Menschen und die der Ibisse, Krokodile u. s. w. bei: aber in Europa ist es ein Gräuel und Verbrechen, wenn der treue Hund neben der Ruhestätte seines Herrn begraben wird, auf welcher er bisweilen, aus einer Treue und Anhänglichkeit, wie sie beim Menschengeschlechte nicht gefunden wird, seinen eigenen Tod abgewartet hat. – Auf die Erkenntniß der Identität des Wesentlichen in der Erscheinung des Thiers und der des Menschen leitet nichts entschiedener hin, als die Beschäftigung mit Zoologie und Anatomie: was soll man daher sagen, wenn heut zu Tage (1839) ein frömmelnder Zootom [Tier-Anatom] einen absoluten und radikalen Unterschied zwischen Mensch und Thier zu urgiren [betonen] sich erdreistet und hierin so weit geht, die redlichen Zoologen, welche, fern von aller Pfäfferei, Augendienerei und Tartüffianismus, an der Hand der Natur und Wahrheit ihren Weg verfolgen, anzugreifen und zu verunglimpfen?

Man muß wahrlich an allen Sinnen blind, oder vom *foetor Judaicus* [Judengeruch] total chloroformirt seyn, um nicht zu erkennen, daß das Wesentliche und Hauptsächliche im Thiere und im Menschen das Selbe ist, und daß was Beide unterscheidet, nicht im Primären, im Princip, im Archäus [in der Urkraft], im innern Wesen, im Kern beider Erscheinungen liegt, als welcher in der einen wie in der andern der Wille des Individuums ist, sondern allein im Sekundären, im Intellekt, im Grad der Erkenntnißkraft, welcher beim Menschen, durch das hinzugekommene Vermögen abstrakter Erkenntniß, genannt Vernunft, ein ungleich höherer ist, jedoch erweislich nur vermöge einer größern cerebralen Entwickelung, also der somatischen Verschiedenheit eines einzigen Theiles, des Gehirns, und namentlich seiner Quantität nach. Hingegen ist des Gleichartigen zwischen Thier und Mensch, sowohl psychisch als somatisch, ohne allen Vergleich mehr. So einem occidentalischen, judaisirten Thierverächter und Vernunftidolater muß man in Erinnerung bringen, daß, wie Er von seiner Mutter, so auch der Hund von der s e i n i g e n gesäugt worden ist. Daß sogar K a n t in jenen Fehler der Zeit- und Landesgenossen gefallen ist, habe ich oben gerügt. Daß die Moral des Christenthums die Thiere nicht berücksichtigt, ist ein Mangel derselben, den es besser ist einzugestehn, als zu perpetuiren [verewigen], und über den man sich um so mehr wundern muß, als diese Moral im Uebrigen die größte Uebereinstimmung zeigt mit der des Brahmanismus und Buddhaismus, bloß weniger stark ausgedrückt und nicht bis zu den Extremen durchgeführt ist; daher man kaum zweifeln kann, daß sie, wie auch die Idee von einem Mensch gewordenen Gotte (Avatar), aus Indien stammt und über Aegypten nach Judäa gekommen seyn mag; so daß das Christenthum ein Abglanz Indischen Urlichtes von den Ruinen Aegyptens wäre, welcher aber leider auf Jüdischen Boden fiel. Als ein artiges S y m b o l des eben gerügten Mangels in der Christlichen Moral, bei ihrer sonstigen großen Uebereinstimmung mit der Indischen, ließe sich der Umstand auffassen, daß Johannes der Täufer ganz in der Weise eines Indischen Saniassi's [Einsiedlers] auftritt, dabei aber – in Thierfelle gekleidet! welches bekanntlich jedem Hindu ein Gräuel seyn würde; da sogar die Königliche Societät zu Kalkutta ihr Exemplar der Veden nur unter dem Versprechen erhielt, daß sie es nicht, nach Europäischer Weise, in Leder binden lassen würde: daher es sich in ihrer Bibliothek in Seide gebunden vorfindet. Einen ähnlichen, charakteristischen Kontrast bietet die Evangelische Geschichte vom Fischzuge Petri, den der Heiland, durch ein Wunder, dermaaßen segnet, daß die Böte mit Fischen bis zum Sinken überfüllt werden (Luk. 5), mit der Geschichte von dem in Aegyptische Weisheit eingeweihten Pythagoras, welcher den Fischern ihren Zug, während das Netz noch unter dem Wasser liegt, abkauft, um sodann allen gefangenen Fischen ihre Freiheit zu schenken *(Apul. de magia, p. 36. Bip.)*. – Mitleid mit Thieren hängt mit der Güte des Charakters so genau zusammen, daß man zuversichtlich behaupten darf, wer gegen Thiere grausam ist, könne kein guter Mensch seyn. Auch zeigt dieses Mitleid sich als aus der selben Quelle mit der gegen Menschen zu übenden Tugend entsprungen. So z. B. werden fein fühlende Personen, bei der Erinnerung, daß sie, in übler Laune, im Zorn, oder vom Wein erhitzt, ihren Hund, ihr Pferd, ihren Affen unverdienter oder unnöthiger Weise, oder über die Gebühr gemißhandelt haben, die selbe Reue, die selbe Unzufriedenheit mit sich selbst empfinden, welche bei der Erinnerung an gegen Menschen verübtes Unrecht empfunden wird, wo sie die Stimme des strafenden Gewissens heißt. Ich erinnere mich, gelesen zu haben, daß ein Engländer, der in Indien, auf der Jagd, einen Affen geschossen hatte, den Blick, welchen dieser im Sterben auf ihn warf, nicht vergessen gekonnt und seitdem nie mehr auf Affen geschossen hat. Eben so Wilhelm Harris, ein wahrer Nimrod, der, bloß um das Vergnügen der Jagd zu genießen, in den Jahren 1836 und 1837 tief in das innere Afrika reiste. In seiner 1838 zu Bombay erschienenen Reise erzählt er, daß, nachdem er den ersten Elephanten, welches ein weiblicher war, erlegt hatte und am folgenden Morgen das gefallene Thier aufsuchte, alle andern Elephanten aus der Gegend entflohen waren: bloß das Junge des gefallenen hatte die Nacht bei der todten Mutter zugebracht, kam jetzt, alle Furcht vergessend, den Jägern mit den lebhaftesten und deutlichsten Bezeugungen seines trostlosen Jammers entgegen, und umschlang sie mit seinem kleinen Rüssel, um ihre Hülfe anzurufen. Da, sagt Harris, habe ihn eine wahre Reue über seine That ergriffen und sei ihm zu Muthe gewesen, als hätte er einen Mord begangen. Diese fein fühlende Englische Nation sehn wir, vor allen andern, durch ein hervorstechendes Mitleid mit Thieren ausgezeichnet, welches sich bei jeder Gelegenheit kund giebt und die Macht gehabt hat, dieselbe, dem sie übrigens degradirenden »kalten Aberglauben« [nach Fürst Pückler, *Briefe eines Verstorbenen*] zum Trotz, dahin zu bewegen, daß sie die in der Moral von der Religion gelassene Lücke durch die Gesetzgebung ausfüllte. Denn diese Lücke eben ist Ursache, daß man in Europa und Amerika der Thier-Schutz-Vereine bedarf, welche selbst nur mittelst Hülfe der Justiz und Polizei wirken können. In Asien gewähren die Religionen den Thieren hinlänglichen Schutz, daher dort kein Mensch an dergleichen Vereine denkt. Indessen erwacht auch in Europa mehr und mehr der Sinn für die Rechte der Thiere, in dem Maaße, als die seltsamen Begriffe von einer bloß zum Nutzen und Ergötzen der Menschen ins Daseyn gekommenen Thierwelt, in Folge welcher man die Thiere ganz als Sachen behandelt, allmälig verblassen und verschwinden. Denn diese sind die Quelle der rohen und ganz rücksichtslosen Behandlung der Thiere in Europa, und habe ich den Alttestamentlichen Ursprung derselben nachgewiesen im zweiten Bande der Parerga, § 177. Zum Ruhme der Engländer also sei es gesagt, daß bei ihnen zuerst das Gesetz auch die Thiere ganz ernstlich gegen grausame Behandlung in Schutz genommen hat, und der Bösewicht es wirklich büßen muß, daß er gegen Thiere, selbst wenn sie ihm gehören, gefrevelt hat. Ja, hiemit noch nicht zufrieden, besteht in London eine zum Schutz der Thiere freiwillig zusammengetretene Gesellschaft, *Society for the prevention of cruelty to animals,* welche auf Privatwegen, mit bedeutendem Aufwande, sehr viel thut, um der Thierquälerei entgegen zu arbeiten. Ihre Emissarien [Geheimboten] passen heimlich auf, um nachher als Denunzianten der Quäler sprachloser, empfindender Wesen aufzutreten, und überall hat man deren Gegenwart zu befürchten.* Bei steilen Brücken in London hält die Gesellschaft ein Gespann Pferde, welches jedem schwer beladenen Wagen unentgeltlich vorgelegt wird. Ist das nicht schön? Erzwingt es nicht unsern Beifall, so gut wie eine Wohlthat gegen

---

* Wie ernstlich die Sache genommen wird, zeigt das folgende ganz frische Beispiel, welches ich aus dem *Birmingham-Journal* vom December 1839 übersetze: »Gefangennehmung einer Gesellschaft von 84 Hundehetzern. – Da man erfahren hatte, daß gestern auf dem Plan in der Fuchsstraße zu Birmingham eine Hundehetze Statt finden sollte, ergriff die Gesellschaft der Thierfreunde Vorsichtsmaaßregeln, um sich der Hülfe der Polizei zu versichern, von welcher ein starkes Detachement nach dem Kampfplatze marschirte und, sobald es eingelassen worden, die gesammte gegenwärtige Gesellschaft arretirte. Diese Theilnehmer wurden nunmehr paarweise mit Handschlingen aneinandergebunden und dann das Ganze durch ein langes Seil in der Mitte vereinigt: so wurden sie nach dem Polizeiamt geführt, woselbst der Bürgermeister mit dem Magistrat Sitzung hielt. Die beiden Hauptpersonen wurden jede zu einer Strafe von 1 Pfund Sterling nebst $8^1/_2$ Schilling Kosten und im Nichtzahlungsfall zu 14 Tage schwerer Arbeit im Zuchthause verurtheilt. Die übrigen wurden entlassen.« – Die Stutzer, welche bei solchen noblen Pläsirs nie zu fehlen pflegen, werden in der Procession sehr genirt ausgesehn haben. – Aber ein noch strengeres Exempel aus neuerer Zeit finden wir in den *Times* vom 6. April 1855, S. 6, und zwar eigentlich von dieser Zeitung selbst statuirt. Sie berichtet nämlich den gerichtlich gewordenen Fall der Tochter eines sehr begüterten Schottischen Baronets, welche ihr Pferd höchst grausam, mit Knüttel und Messer, gepeinigt hatte, wofür sie zu 5 Pfund Sterling Strafe verurtheilt worden war. Daraus nun aber macht so ein Mädchen sich nichts, und würde also eigentlich ungestraft davon gehüpft seyn, wenn nicht die *Times* mit der rechten und empfindlichen Züchtigung nachgekommen wären, indem sie, die Vor- und Zunamen des Mädchens zwei Mal, mit großen Buchstaben hinsetzend, fortfahren: »Wir können nicht umhin, zu sagen, daß ein Paar Monat Gefängnißstrafe, nebst einigen, privatim, aber vom handfestesten Weibe in Hampshire applicirten Auspeitschungen eine viel passendere Bestrafung der Miß *N. N.* gewesen seyn würde. Eine Elende dieser Art hat alle ihrem Geschlechte zustehenden Rücksichten und Vorrechte verwirkt: wir können sie nicht mehr als ein Weib betrachten.« – Ich widme diese Zeitungsnachrichten besonders den jetzt in Deutschland errichteten Vereinen gegen Thierquälerei, damit sie sehn, wie man es angreifen muß, wenn es etwas werden soll; wiewohl ich dem preiswürdigen Eifer des Herrn Hofrath Perner in München, der sich diesem Zweige der Wohlthätigkeit gänzlich gewidmet hat und die Anregung dazu über ganz Deutschland verbreitet, meine volle Anerkennung zolle.

Menschen? Auch die *Philanthropic Society* zu London setzte ihrerseits im Jahre 1837 einen Preis von 30 Pfund aus, für die beste Darlegung moralischer Gründe gegen Thierquälerei, welche jedoch hauptsächlich aus dem Christenthum genommen seyn sollten, wodurch freilich die Aufgabe erschwert war: der Preis ist 1839 dem Herrn Macnamara zuerkannt worden. In Philadelphia besteht, zu ähnlichen Zwecken, eine *Animals friends Society*. Dem Präsidenten derselben hat T. Forster (ein Engländer) sein Buch *Philozoia, moral reflections on the actual condition of animals and the means of improving the same* (Brüssel 1839) dedicirt. Das Buch ist originell und gut geschrieben. Als Engländer sucht der Verfasser seine Ermahnungen zu menschlicher Behandlung der Thiere natürlich auch auf die Bibel zu stützen, gleitet jedoch überall ab; so daß er endlich zu dem Argument greift, Jesus Christus sei ja im Stalle bei Oechselein und Eselein geboren, wodurch symbolisch angedeutet wäre, daß wir die Thiere als unsere Brüder zu betrachten und demgemäß zu behandeln hätten. – Alles hier Angeführte bezeugt, daß die in Rede stehende moralische Saite nachgerade auch in der occidentalischen Welt anzuklingen beginnt. Daß übrigens das Mitleid mit Thieren nicht so weit führen muß, daß wir, wie die Brahmanen, uns der thierischen Nahrung zu enthalten hätten, beruht darauf, daß in der Natur die Fähigkeit zum Leiden gleichen Schritt hält mit der Intelligenz; weshalb der Mensch durch Entbehrung der thierischen Nahrung, zumal im Norden, mehr leiden würde, als das Thier durch einen schnellen und stets unvorhergesehenen Tod, welchen man jedoch mittelst Chloroform noch mehr erleichtern sollte. Ohne thierische Nahrung hingegen würde das Menschengeschlecht im Norden nicht ein Mal bestehn können. Nach dem selben Maaßstabe läßt der Mensch das Thier auch für sich arbeiten, und nur das Uebermaaß der aufgelegten Anstrengung wird zur Grausamkeit.

8) Sehn wir ein Mal ganz ab von aller, vielleicht möglichen, metaphysischen Erforschung des letzten Grundes jenes Mitleids, aus welchem allein die nicht-egoistischen Handlungen hervorgehn können, und betrachten wir dasselbe vom empirischen Standpunkt aus, bloß als Naturanstalt; so wird Jedem einleuchten, daß zu möglichster Linderung der zahllosen und vielgestalteten Leiden, denen unser Leben ausgesetzt ist und welchen Keiner ganz entgeht, wie zugleich als Gegengewicht des brennenden

Egoismus, der alle Wesen erfüllt und oft in Bosheit übergeht, – die Natur nichts Wirksameres leisten konnte, als daß sie in das menschliche Herz jene wundersame Anlage pflanzte, vermöge welcher das Leiden des Einen vom Andern mitempfunden wird, und aus der die Stimme hervorgeht, welche, je nachdem der Anlaß ist, Diesem »Schone!« Jenem »Hilf!« stark und vernehmlich zuruft. Gewiß war von dem hieraus entspringenden gegenseitigen Beistande für die Wohlfahrt Aller mehr zu hoffen, als von einem allgemeinen und abstrakten, aus gewissen Vernunftbetrachtungen und Begriffskombinationen sich ergebenden strengen Pflichtgebot, von welchem um so weniger Erfolg zu erwarten stände, als dem rohen Menschen allgemeine Sätze und abstrakte Wahrheiten ganz unverständlich sind, indem für ihn nur das Konkrete etwas ist, – die ganze Menschheit aber, mit Ausnahme eines äußerst kleinen Theils, stets roh war und bleiben muß, weil die viele, für das Ganze unumgänglich nöthige körperliche Arbeit die Ausbildung des Geistes nicht zuläßt. Hingegen zur Erweckung des als die alleinige Quelle uneigennütziger Handlungen und deshalb als die wahre Basis der Moralität nachgewiesenen Mitleids, bedarf es keiner abstrakten, sondern nur der anschauenden Erkenntniß, der bloßen Auffassung des konkreten Falles, auf welche dasselbe, ohne weitere Gedankenvermittlung, sogleich anspricht.

9) In völliger Uebereinstimmung mit dieser letzten Betrachtung werden wir folgenden Umstand finden. Die Begründung, welche ich der Ethik gegeben habe, läßt mich zwar unter den Schulphilosophen ohne Vorgänger, ja, sie ist, in Beziehung auf die Lehrmeinungen dieser, paradox, indem Manche von ihnen, z. B. die Stoiker *(Sen[eca], De clem., II, 5)*, Spinoza *(Eth., IV, prop. 50)*, Kant (Kritik der praktischen Vernunft, S. 213; – R. S. 257), das Mitleid geradezu verwerfen und tadeln. Dagegen aber hat meine Begründung die Auktorität des größten Moralisten der ganzen neuern Zeit für sich: denn dies ist, ohne Zweifel, J. J. Rousseau, der tiefe Kenner des menschlichen Herzens, der seine Weisheit nicht aus Büchern, sondern aus dem Leben schöpfte, und seine Lehre nicht für das Katheder, sondern für die Menschheit bestimmte, er, der Feind der Vorurtheile, der Zögling der Natur, welchem allein sie die Gabe verliehen hatte, moralisiren zu können, ohne langweilig zu seyn, weil er die

Wahrheit traf und das Herz rührte. Von ihm also will ich einige Stellen zur Bestätigung meiner Ansicht herzusetzen mir erlauben, nachdem ich im Bisherigen mit Anführungen so sparsam wie möglich gewesen bin.

Im *Discours sur l'origine de l'inégalité*, S. 91 *(edit. Bip.)*, sagt er: *Il y a un autre principe, que Hobbes n'a point apperçu, et qui ayant été donné à l'homme pour adoucir, en certaines circonstances, la férocité de son amour-propre, tempère l'ardeur qu'il a pour son bien-être par une* répugnance innée à voir souffrir son semblable. *Je ne crois pas avoir aucune contradiction à craindre en accordant à l'homme* la seule vertu naturelle *qu'ait été forcé de reconnaître le détracteur le plus outré des vertus humaines. Je parle* de la pitié *etc.* – S. 92: *Mandeville a bien senti qu'avec toute leur morale les hommes n'eussent jamais été que des monstres, si la nature ne leur eut donné* la pitié *à l'appui de la raison: mais il n'a pas vu, que* de cette seule qualité découlent toutes les vertus sociales, *qu'il veut disputer aux hommes. En effet qu'est-ce-que la générosité, la clémence, l'humanité, sinon* la pitié *appliquée aux faibles, aux coupables, ou à l'espèce humaine en général? La bienveillance et l'amitié même sont, à le bien prendre, des productions d'une pitié constante, fixée sur un objet particulier; car désirer que quelqu'un ne souffre point, qu'est-ce autre-chose, que désirer qu'il soit heureux? -- La commisération sera d'autant plus énergique, que* l'animal spectateur s'identifiera *plus intimément* avec l'animal souffrant. – S. 94: *Il est donc bien certain, que la pitié est un sentiment naturel, qui, modérant dans chaque individu l'amour de soi-même, concourt à la conservation mutuelle de toute l'espèce. C'est elle, qui dans l'état de nature, tient lieu de lois, de moeurs et de vertus, avec cet avantage, que nul ne sera tenté de désobéir à sa douce voix: c'est elle, qui détournera tout sauvage robuste d'enlever à un faible enfant, ou à un vieillard infirme sa subsistence acquise avec peine, si lui même espère pouvoir trouver la sienne ailleurs: c'est elle qui, au lieu de cette maxime sublime de justice raisonnée »fais à autrui comme tu veux qu'on te fasse«, inspire à tous les hommes cette autre maxime de bonté naturelle, bien moins parfaite, mais plus utile peut-être que la précédente »fais ton bien avec le moindre mal d'autrui qu'il est possible«. C'est, en un mot,* dans ce sentiment naturel plutôt, que dans les argumens subtils, qu'il faut chercher la cause de la répugnance qu'éprouverait tout homme à mal faire, *même indépendamment des maximes de l'éducation.* [Es gibt ein anderes Princip, welches Hobbes gar nicht bemerkt hat, und welches dem Menschen verliehen worden ist, um unter gewissen Umständen die Rauheit seiner Eigenliebe zu mildern, und um den Eifer, den er für sein eigenes Wohlergehen hat, zu dämpfen durch ein angeborenes Widerstreben, seinesgleichen leiden zu sehen. Ich glaube keinen Widerspruch befürchten zu müssen, wenn ich dem Menschen die einzige natürliche Tugend zuschreibe, welche der eifrigste Verächter der menschlichen Tugenden anzuerkennen gezwungen ist. Ich meine das Mitleid u. s. w. – Mandeville hat richtig erkannt, daß die Menschen mit aller ihrer Moral nie etwas anderes gewesen wären als Scheusale, hätte nicht die Natur ihnen zur Unterstützung ihrer Vernunft das Mitleid gegeben; aber er hat nicht gesehen, daß allein aus dieser Eigenschaft alle sozialen Tugenden entspringen, welche er den Menschen absprechen will. Und in Wahrheit, was sind Großmut, Milde, Humanität anders als ein Mitleid, welches sich der Schwachen, der Schuldigen, ja der ganzen Menschheit annimmt? Das Wohlwollen und selbst die Freundschaft sind, recht verstanden, die Folgen eines beständigen Mitleids, welches sich auf einen besonderen Gegenstand richtet; denn zu wünschen, daß jemand nicht leide, ist doch nichts anderes, als zu wünschen, er möge glücklich sein. – – Das Mitgefühl wird um so stärker sein, je inniger sich der Zuschauer mit dem Leidenden identifiziert. – Es ist also ganz gewiß, daß das Mitleid ein natürliches Gefühl ist, welches in jedem Individuum die Liebe zu sich selbst mildert und dadurch zur wechselseitigen Erhaltung der ganzen Gattung beiträgt. Das Mitleid ist es, welches im Naturzustande alle Gesetze, Sitten und Tugenden ersetzt und dabei den Vorzug hat, daß keiner versuchen wird, seiner sanften Stimme ungehorsam zu sein; das Mitleid ist es, welches jeden rohen Wilden abhalten wird, einem schwachen Kinde oder einem hilflosen Greise seine mühsam erlangte Subsistenz zu rauben, solange er selbst hoffen kann, die seinige auf anderem Wege zu finden; das Mitleid ist es, welches statt jener erhabenen Maxime der vernunftmäßigen Gerechtigkeit: »Behandle den andern, wie du willst, daß man dich behandle«, allen Menschen jene andere, weniger vollkommene, aber vielleicht nützlichere Maxime der natürlichen Güte einflößt: »Betreibe dein Wohlsein so, daß die andern möglichst wenig darunter leiden.« Mit einem Worte, in diesem natürlichen Gefühl, viel mehr als in subtilen Argumenten, hat man die Ursache zu sehen für das Widerstreben, welches jeder Mensch empfindet, Böses zu tun, ganz unabhängig von Grundsätzen der Erziehung.] – Hiemit vergleiche man, was er sagt im *Emile, L. IV, p. 115–120 (ed. Bip.),* wo es unter Anderm heißt: *En effet, comment nous laissons-nous émouvoir à la pitié, si ce n'est en nous transportant hors de nous et en nous* identifiant avec l'animal souffrant; en quittant, pour ainsi dire, notre être, pour prendre le sien? *Nous ne souffrons qu'autant que nous jugeons qu'il souffre:* ce n'est pas dans nous, c'est dans lui, que nous souffrons. – – – offrir au jeune homme *des objets, sur lesquels puisse agir la force expansive de son coeur, qui le dilatent, qui l'étendent sur les autres êtres, qui le fassent partout* se retrouver hors de lui; *écarter avec soin ceux, qui le resserrent, le concentrent, et tendent le ressort* du moi humain *etc.* [In der Tat, wie ist es möglich, daß wir uns zum Mitleid bewegen lassen, wenn nicht dadurch, daß wir uns außerhalb unserer selbst versetzen und uns mit dem Wesen, welches leidet, identifizieren, dadurch daß wir sozusagen unser Selbst aufgeben, um das seinige anzunehmen. Wir leiden dabei nur in dem Maße, wie wir glauben, daß es leidet; nicht in uns leiden wir, sondern in ihm. – – – man muß dem jungen Menschen Gegenstände vorführen, bei welchen die expansive Kraft seines Herzens sich betätigen kann, welche es ausweiten, welche es über die andern Wesen ausdehnen, welche ihn veranlassen, sich überall außerhalb seiner wiederzufinden; und hingegen sorgfältig alles vermeiden, was sein Herz verengen und zusammenziehen, was die Triebfeder des menschlichen Ich anspannen könnte, u. s. w.] –

Von Auktoritäten abseiten der Schulen, wie gesagt, entblößt, führe ich noch an, daß die Chinesen fünf Kardinaltugenden *(Tschang)* annehmen, unter welchen das Mitleid *(Sin)* obenansteht. Die übrigen vier sind: Gerechtigkeit, Höflichkeit, Weisheit und Aufrichtigkeit.* Dem entsprechend sehn wir auch bei den Hindu, auf den zum Andenken verstorbener Fürsten errichteten Gedächtnißtafeln, unter den ihnen nachgerühmten Tugenden das Mitleid mit Menschen und Thieren die erste Stelle einnehmen. In Athen hatte das Mitleid einen Altar auf dem Forum: Ἀθηναίοις δὲ ἐν τῇ ἀγορᾷ ἐστι Ἐλέου βωμός, ᾧ μάλιστα θεῶν, ἐς ἀνθρώπινον βίον καὶ μεταβολὰς πραγμάτων ὅτι ὠφέλιμος, μόνοι τιμὰς Ἑλλήνων νέμουσιν Ἀθηναῖοι. Παυσ., *I, 17. (Atheniensibus in foro commiserationis ara est, quippe cui, inter omnes Deos, vitam humanam et mutationem rerum maxime adjuvanti, soli inter Graecos, honores tribuunt Athenienses.)* [Die Athener haben auf dem Markte einen Altar des Mitleids, einer Gottheit, welcher sie allein unter den Griechen Verehrung erweisen, weil sie am meisten unter allen Göttern im menschlichen Leben und bei den Wechselfällen der Dinge von Einfluß ist. (Pausanias 1, 17, 1.)] Diesen Altar erwähnt auch Lukianos im Timon, § 99. – Ein von Stobäos uns aufbehaltener Ausspruch des Phokion stellt das Mitleid als das Allerheiligste im Menschen dar: οὔτε ἐξ ἱεροῦ βωμόν, οὔτε ἐκ τῆς ἀνθρωπίνης φύσεως ἀφαιρετέον τὸν ἔλεον *(nec aram e fano, nec commiserationem e vita humana tollendam esse)* [Man darf den Altar nicht aus dem Tempel und das Mitleid nicht aus dem Menschenherzen reißen: *Floril.*, 1, 31]. In der *Sapientia Indorum*, welches die Griechische Uebersetzung des Pantscha Tantra ist, heißt es *(Sect. 3, p. 220):* Λέγεται γάρ, ὡς πρώτη τῶν ἀρετῶν ἡ ἐλεημοσύνη *(princeps virtutum misericordia censetur)* [Es heißt, daß das Mitleid die erste der Tugenden sei]. Man sieht, daß alle Zeiten und alle Länder sehr wohl die Quelle der Moralität erkannt haben; nur Europa nicht; woran allein der *foetor Judaicus* Schuld ist, der hier Alles und Alles durchzieht: da muß es dann schlechterdings ein Pflichtgebot, ein Sittengesetz, ein Imperativ, kurzum, eine Ordre und Kommando seyn, dem parirt wird: davon gehn sie nicht ab, und wollen nicht einsehn, daß Dergleichen immer nur den Egoismus zur Grundlage hat. Bei Einzelnen freilich und Ueberlegenen hat die gefühlte Wahrheit sich kund gegeben: so bei Rousseau, wie oben angeführt; und auch Lessing, in einem

* *Journ. Asiatique, Vol. 9, p. 62,* zu vergleichen mit *Meng-Tseu, ed. Stan. Julien, 1824, L. I, § 45;* auch mit *Meng Tseu* in den *Livres sacrés de l'Orient par Pauthier, p. 281.*

Briefe von 1756, sagt: »Der mitleidigste Mensch ist der beste Mensch, zu allen gesellschaftlichen Tugenden, zu allen Arten der Großmuth der aufgelegteste.«

§ 20.

Vom ethischen Unterschiede der Charaktere.

Die letzte Frage, deren Beantwortung zur Vollständigkeit des dargelegten Fundaments der Ethik gehört, ist diese: Worauf beruht der so große Unterschied im moralischen Verhalten der Menschen? Wenn Mitleid die Grundtriebfeder aller ächten, d. h. uneigennützigen Gerechtigkeit und Menschenliebe ist; warum wird der Eine, der Andere aber nicht dadurch bewogen? – Vermag vielleicht die Ethik, indem sie die moralische Triebfeder aufdeckt, auch sie in Thätigkeit zu versetzen? Kann sie den hartherzigen Menschen in einen mitleidigen und dadurch in einen gerechten und menschenfreundlichen umschaffen? – Gewiß nicht: der Unterschied der Charaktere ist angeboren und unvertilgbar. Dem Boshaften ist seine Bosheit so angeboren, wie der Schlange ihre Giftzähne und Giftblase; und so wenig wie sie kann er es ändern. *Velle non discitur* [Wollen läßt sich nicht lernen], hat der Erzieher des Nero [*Seneca*, epist., 81, 14] gesagt. Plato untersucht im Meno [p. 96 A] ausführlich, ob die Tugend sich lehren lasse, oder nicht: er führt eine Stelle des Theognis an:

> ἀλλὰ διδάσκων
> Οὔποτε ποιήσεις τὸν κακὸν ἄνδρ' ἀγαθόν.
> *(sed docendo nunquam ex malo bonum hominem facies)*
> [doch durch Belehrung wird nie der böse Mensch zu
> einem guten gemacht]

und gelangt zu dem Resultate: ἀρετὴ ἄν εἴη οὔτε φύσει, οὔτε διδακτόν· ἀλλὰ θείᾳ μοίρᾳ παραγιγνομένη, ἄνευ νοῦ, οἷς ἂν παραγίγνηται *(virtus utique nec doctrina, neque natura nobis aderit; verum divina sorte, absque mente, in eum, qui illam sortitus fuerit, influet)* [Tugend ist weder angeboren noch lehrbar, sondern sie wird durch göttliche Fügung, ohne den Verstand, denen zuteil, denen sie zuteil wird: p. 99 E]; wobei mir der

Unterschied zwischen φυσει und θειᾳ μοιρᾳ ungefähr den zwischen Physisch und Metaphysisch zu bezeichnen scheint. Schon der Vater der Ethik, S o k r a t e s, hat, nach Angabe des A r i s t o t e l e s, behauptet: οὐκ ἐφ' ἡμῖν γενέσθαι τὸ σπουδαίους εἶναι, ἢ φαύλους *(in nostra potestate non est, bonos, aut malos esse)* [Es steht nicht bei uns, ob wir gut oder böse sind.] *(Eth. magna, I, 9.)* Aristoteles selbst äußert sich in gleichem Sinn: πᾶσι γὰρ δοκεῖ ἕκαστα τῶν ἠθῶν ὑπάρχειν φύσει πως· καὶ γὰρ δίκαιοι, καὶ σωφρονικοί, καὶ τἆλλα ἔχομεν εὐθὺς ἐκ γενετῆς *(Singuli enim mores in omnibus hominibus quodammodo videntur inesse natura: namque ad justitiam, temperantiam, fortitudinem, ceterasque virtutes apti atque habiles sumus, cum primum nascimur)* [Denn allen sind, scheint es, die einzelnen Charakterzüge schon irgendwie von Natur eigen; denn gerecht, mäßig, tapfer und derlei mehr zu sein, ist uns schon von Geburt an gegeben]. *(Eth. Nicom., VI, 13.)* Desgleichen finden wir diese Ueberzeugung sehr entschieden ausgesprochen in den jedenfalls sehr alten, wenn auch vielleicht nicht ächten Fragmenten des Pythagoreers Archytas, welche uns Stobäos aufbehalten hat im *Florilegio, Tit. I, § 77.* Sie sind auch abgedruckt in den *Opusculis Graecorum sententiosis et moralibus, edente Orellio, Vol. 2, p. 240.* Daselbst also heißt es, im Dorischen Dialekt: Τὰς γὰρ λόγοις καὶ ἀποδείξεσιν ποτιχρωμένας ἀρετὰς δέον ἐπιστάμας ποταγορεύειν, ἀρετὰν δέ, τὰν ἠθικὰν καὶ βελτίσταν ἕ ξ ι ν τ ῶ ἀ λ ό γ ω μ έ ρ ε ο ς τ ᾶ ς ψ υ χ ᾶ ς, καθ' ἅν καὶ ποιοί τινες ἦμεν λεγόμεθα κατὰ τὸ ἦθος, οἷον ἐλευθέριοι, δίκαιοι καὶ σώφρονες. *(Eas enim, quae ratione et demonstratione utuntur, virtutes fas est, scientias appellare; virtutis autem nomine intelligemus moralem et optimum* animi partis ratione carentis habitum, *secundum quem qualitatem aliquam moralem habere dicimur, vocamurque v. c. liberales, justi et temperantes.)* [Denn diejenigen Tugenden, welche auf Belehrung und Beweisen beruhen, muß man als ein Wissen bezeichnen, die ethische Tugend aber, welche die beste ist, vielmehr als eine A n l a g e d e s u n v e r n ü n f t i g e n T e i l e s d e r S e e l e, auf Grund deren wir angesehn werden als eine bestimmte ethische Beschaffenheit besitzend, zum Beispiel als freigebig, gerecht und mäßig.] Wenn man die sämmtlichen Tugenden und Laster, welche A r i s t o t e l e s im Buche *de virtutibus et vitiis* zu kurzer Uebersicht zusammengestellt hat, überblickt; so wird man finden, daß sie alle sich nur denken lassen als angeborene Eigenschaften, ja, nur als solche ächt seyn können; hingegen wenn sie, in Folge vernünftiger Ueberlegung, willkürlich angenommen wären, eigentlich auf Verstellung hinauslaufen und unächt seyn würden: daher alsdann auf ihren Fortbestand und Bewährung im Drange der Umstände durchaus nicht zu rechnen wäre. Nicht anders verhält es sich auch mit der Tugend der Menschenliebe, die beim Aristoteles, wie bei allen Alten, fehlt. In gleichem Sinne daher, wenn auch seinen skeptischen Ton beibehaltend, sagt Montaigne: *Seroit-il vrai, que pour être bon tout-à-fait, il nous le faille être par occulte, naturelle et universelle propriété, sans loi, sans raison, sans exemple?* [Kann es wahr sein, daß wir, um vollkommen gut zu sein, es vermöge einer verborgenen, natürlichen und allgemeinen Beschaffenheit, ohne Gesetz, ohne Vernunft, ohne Beispiel sein müssen?] *(L. II, c. 11.)* Lichtenberg aber sagt geradezu: »Alle Tugend aus Vorsatz taugt nicht viel. Gefühl, oder Gewohnheit ist das Ding.« (*Vermischte Schriften,* »Moralische Bemerkungen«.) Aber sogar die ursprüngliche Lehre des Christenthums stimmt dieser Ansicht bei, indem es, in der Bergpredigt selbst, bei Lukas, Kap. 6, v. 45, heißt: ὁ ἀγαθὸς ἄνθρωπος ἐκ τοῦ ἀγαθοῦ θησαυροῦ τῆς καρδίας αὑτοῦ προφέρει τὸ ἀγαθὸν, καὶ ὁ πονηρὸς ἄνθρωπος ἐκ τοῦ πονηροῦ θησαυροῦ τῆς καρδίας αὑτοῦ προφέρει τὸ πονηρόν *(homo bonus ex bono animi sui thesauro profert bonum, malusque ex malo animi sui thesauro profert malum)* [Ein guter Mensch bringt Gutes hervor aus dem guten Schatz seines Herzens; und ein böser Mensch bringt Böses hervor aus dem bösen Schatz seines Herzens], nachdem, in den beiden vorhergehenden Versen, die bildliche Erläuterung der Sache, durch die Frucht, welche stets dem Baum gemäß ausfällt, vorangeschickt war.

Kant aber ist es, der zuerst diesen wichtigen Punkt vollkommen aufgeklärt hat, durch seine große Lehre, daß dem empirischen Charakter, der, als eine Erscheinung, sich in der Zeit und in einer Vielheit von Handlungen darstellt, der intelligibele Charakter zum Grunde liegt, welcher die Beschaffenheit des Dinges an sich jener Erscheinung und daher von Raum und Zeit, Vielheit und Veränderung, unabhängig ist. Hieraus allein wird die jedem Erfahrenen bekannte, so erstaunliche, starre Unveränderlichkeit der Charaktere erklärlich, welche die Wirklichkeit und Erfahrung den Versprechungen einer den Menschen moralisch bessern wollenden und von Fortschritten in der Tugend redenden Ethik allezeit siegreich entgegengehalten und dadurch bewiesen hat, daß die Tugend angeboren und nicht angepredigt wird. Wenn nicht der Charakter, als Ursprüngliches, unveränderlich und daher aller Besserung, mittelst Berichtigung der Erkenntniß, unzugänglich wäre; wenn vielmehr, wie jene platte Ethik es behauptet, eine Besserung des Charakters mittelst der Moral und demnach »ein stetiger Fortschritt zum Guten« möglich wäre; – so müßte, sollen nicht alle die vielen religiösen Anstalten und moralisirenden Bemühungen ihren Zweck verfehlt haben, wenigstens im Durchschnitt, die ältere Hälfte der Menschen bedeutend besser als die jüngere seyn. Davon ist aber so wenig eine Spur, daß wir umgekehrt eher von jungen Leuten etwas Gutes hoffen, als von alten, als welche durch die Erfahrung schlimmer geworden sind. Es kann zwar kommen, daß ein Mensch im Alter etwas besser, ein anderer wiederum schlechter erscheint, als er in der Jugend war: Dies liegt aber bloß daran, daß im Alter, in Folge der reifern und vielfach berichtigten Erkenntniß, der Charakter reiner und deutlicher hervortritt; während in der Jugend Unwissenheit, Irrthümer und Chimären bald falsche Motive vorschoben, bald wirkliche verdeckten; – wie dies folgt aus dem in der vorhergehenden Abhandlung S. 50 ff. [S. 89] unter 3 Gesagten. – Daß unter den bestraften Verbrechern sich viel mehr junge als alte befinden, kommt daher, daß, wo Anlage zu dergleichen Thaten im Charakter liegt, sie auch bald den Anlaß findet, als That hervorzutreten, und ihr Ziel, Galeere oder Galgen, erreicht: und umgekehrt, wen die Anlässe eines langen Lebens nicht zu Verbrechen haben bewegen können, der wird auch späterhin nicht leicht auf Motive dazu stoßen. Daher scheint mir der wahre Grund der dem Alter gezollten Achtung darin zu liegen, daß ein Alter die Prüfung eines langen Lebens bestanden und seine Unbescholtenheit bewahrt hat: denn dies ist die Bedingung jener Achtung. – Dieser Ansicht gemäß hat man, im wirklichen Leben, sich durch jene Verheißungen der Moralisten auch niemals irre machen lassen; sondern hat Dem, der ein Mal sich schlecht erwiesen, nie mehr getraut, und auf den Edelmuth Dessen, der ein Mal Proben davon abgelegt, nach Allem, was sich auch verändert haben mochte, stets mit Zuversicht hingeblickt. *Operari sequitur Esse* [Was man tut, folgt aus dem, was man ist], ist ein fruchtbarer

Satz der Scholastik: jedes Ding in der Welt wirkt nach seiner unveränderlichen Beschaffenheit, die sein Wesen, seine *Essentia* ausmacht; so auch der Mensch. Wie Einer ist, so wird, so muß er handeln, und das *liberum arbitrium indifferentiae* [die freie unbeeinflußte Willensentscheidung] ist eine längst explodirte Erfindung aus der Kindheit der Philosophie, mit welcher immerhin sich einige alte Weiber im Doktorhute noch schleppen mögen.

Die drei ethischen Grundtriebfedern des Menschen, Egoismus, Bosheit, Mitleid, sind in Jedem in einem andern und unglaublich verschiedenen Verhältnisse vorhanden. Je nachdem dieses ist, werden die Motive auf ihn wirken und die Handlungen ausfallen. Ueber einen egoistischen Charakter werden nur egoistische Motive Gewalt haben, und die zum Mitleid, wie die zur Bosheit redenden werden nicht dagegen aufkommen: er wird so wenig sein Interesse opfern, um an seinem Feinde Rache zu nehmen, als um seinem Freunde zu helfen. Ein Anderer, der für boshafte Motive stark empfänglich ist, wird oft, um Andern zu schaden, großen eigenen Nachtheil nicht scheuen. Denn es giebt Charaktere, die im Verursachen des fremden Leidens einen Genuß finden, der das eigene eben so große überwiegt: *dum alteri noceat sui negligens* [Wenn er nur andern schaden kann, nimmt er keine Rücksicht auf sich selbst] *(Sen[eca], De ira, I, 1).* Diese gehn mit leidenschaftlicher Wonne in den Kampf, in welchem sie eben so große Verletzungen zu empfangen, als auszutheilen erwarten: ja, sie werden, mit Vorbedacht, Den, der ihnen ein Uebel verursacht hat, morden und gleich darauf, um der Strafe zu entgehn, sich selbst; wie dies die Erfahrung sehr oft gezeigt hat. Hingegen besteht die Güte des Herzens in einem tief gefühlten, universellen Mitleid mit Allem was Leben hat, zunächst aber mit dem Menschen; weil mit der Steigerung der Intelligenz die Empfänglichkeit für das Leiden gleichen Schritt hält: daher die unzähligen, geistigen und körperlichen Leiden des Menschen das Mitleid viel stärker in Anspruch nehmen, als der allein körperliche und selbst da dumpfere Schmerz des Thieres. Die Güte des Charakters wird demnach zunächst abhalten von jeder Verletzung des Andern, worin es auch sei, sodann aber auch zur Hülfe auffordern, wo immer ein fremdes Leiden sich darbietet. Und auch hiemit kann es eben so weit gehn, wie in umgekehrter Richtung mit der Bosheit, nämlich bis dahin, daß Charaktere von seltener Güte sich fremdes Leiden mehr zu Herzen nehmen, als eigenes, und daher für Andere Opfer bringen, durch welche sie selbst mehr leiden, als vorhin Der, dem sie geholfen. Wo Mehreren oder gar Vielen zugleich dadurch zu helfen ist, werden sie erforderlichenfalls sich ganz aufopfern: so Arnold von Winkelried. Vom Paulinus, Bischofe zu Nola, im 5. Jahrhundert, während des Einfalls der Vandalen aus Afrika in Italien, erzählt Joh. v. Müller (Weltgeschichte, Buch 10, Kap. 10): »Nachdem er, zum Lösegeld für Gefangene, alle Schätze der Kirche, sein und seiner Freunde eigenes Vermögen dargebracht, und er den Jammer einer Wittwe sah, deren einziger Sohn fortgeführt wurde, bot er für diesen sich selber zur Dienstbarkeit. Denn wer von gutem Alter war und nicht vom Schwerdte fiel, wurde gefangen nach Karthago geführt.«

Dieser unglaublich großen, angeborenen und ursprünglichen Verschiedenheit gemäß, werden Jeden nur die Motive vorwaltend anregen, für welche er überwiegende Empfänglichkeit hat; so wie der eine Körper nur auf Säuren, der andere nur auf Alkalien reagirt: und wie Dieses, so ist auch Jenes nicht zu ändern. Die menschenfreundlichen Motive, welche für den guten Charakter so mächtige Antriebe sind, vermögen als solche nichts über Den, der allein für egoistische Motive empfänglich ist. Will man nun diesen dennoch zu menschenfreundlichen Handlungen bringen; so kann es nur geschehn durch die Vorspiegelung, daß die Milderung der fremden Leiden mittelbar, auf irgend einem Wege, zu seinem eigenen Vortheil gereicht (wie denn auch die meisten Sittenlehren eigentlich verschiedenartige Versuche in diesem Sinne sind). Dadurch wird aber sein Wille bloß irre geleitet, nicht gebessert. Zu wirklicher Besserung wäre erfordert, daß man die ganze Art seiner Empfänglichkeit für Motive umwandelte, also z. B. machte, daß dem Einen fremdes Leiden als solches nicht mehr gleichgültig, dem Andern die Verursachung desselben nicht mehr Genuß wäre, oder einem Dritten nicht jede, selbst die geringste Vermehrung des eigenen Wohlseyns alle Motive anderer Art weit überwöge und unwirksam machte. Dies aber ist viel gewisser unmöglich, als daß man Blei in Gold umwandeln könnte. Denn es würde erfordern, daß man dem Menschen gleichsam das Herz im Leibe umkehrte, sein tief Innerstes umschüfe. Hingegen ist Alles, was man zu thun vermag, daß man den Kopf aufhellt, die Einsicht berichtigt, den Menschen zu einer richtigern Auffassung des objektiv

Vorhandenen, der wahren Verhältnisse des Lebens bringt. Hiedurch aber wird nichts weiter erreicht, als daß die Beschaffenheit seines Willens sich konsequenter, deutlicher und entschiedener an den Tag legt, sich unverfälscht ausspricht. Denn, wie manche gute Handlungen im Grunde auf falschen Motiven, auf wohlgemeinten Vorspiegelungen eines dadurch in dieser, oder jener Welt zu erlangenden eigenen Vortheils beruhen; so beruhen auch manche Missethaten bloß auf falscher Erkenntniß der menschlichen Lebensverhältnisse. Hierauf gründet sich das Amerikanische Pönitentiarsystem: es beabsichtigt nicht, das Herz des Verbrechers zu bessern, sondern bloß, ihm den Kopf zurechtzusetzen, damit er zu der Einsicht gelange, daß Arbeit und Ehrlichkeit ein sichererer, ja leichterer Weg zum eigenen Wohle sind, als Spitzbüberei.

Durch Motive läßt sich Legalität erzwingen, nicht Moralität: man kann das Handeln umgestalten, nicht aber das eigentliche Wollen, welchem allein moralischer Werth zusteht. Man kann nicht das Ziel verändern, dem der Wille zustrebt, sondern nur den Weg, den er dahin einschlägt. Belehrung kann die Wahl der Mittel ändern, nicht aber die der letzten allgemeinen Zwecke: diese setzt jeder Wille sich, seiner ursprünglichen Natur gemäß. Man kann dem Egoisten zeigen, daß er durch Aufgeben kleiner Vortheile größere erlangen wird; dem Boshaften, daß die Verursachung fremder Leiden größere auf ihn selbst bringen wird. Aber den Egoismus selbst, die Bosheit selbst wird man Keinem ausreden; so wenig, wie der Katze ihre Neigung zum Mausen. Sogar auch die Güte des Charakters kann, durch Vermehrung der Einsicht, durch Belehrung über die Verhältnisse des Lebens, also durch Aufhellung des Kopfes, zu einer folgerechtern und vollkommenern Aeußerung ihres Wesens gebracht werden, z. B. mittelst Nachweisung der entfernteren Folgen, welche unser Thun für Andere hat, wie etwan der Leiden, welche ihnen, mittelbar und erst im Laufe der Zeit, aus dieser oder jener Handlung, die wir für so schlimm nicht hielten, erwachsen; desgleichen durch Belehrung über die nachtheiligen Folgen mancher gutherzigen Handlung, z. B. der Verschonung eines Verbrechers; besonders auch über den Vorrang, welcher dem *Neminem laede* durchgängig vor dem *Omnes juva* zusteht u. s. f. In dieser Hinsicht giebt es allerdings eine moralische Bildung und eine bessernde Ethik: aber darüber hinaus geht sie nicht, und die Schranke ist leicht abzusehn. Der Kopf wird aufgehellt; das Herz bleibt ungebessert. Das Grundwesentliche, das Entschiedene, im Moralischen, wie im Intellektuellen und wie im Physischen, ist das Angeborene: die Kunst kann überall nur nachhelfen. Jeder ist, was er ist, gleichsam »von Gottes Gnaden«, *jure divino*, θείᾳ μοίρᾳ.

> »Du bist am Ende – was du bist.
> Setz' dir Perrücken auf von Millionen Locken,
> Setz' deinen Fuß auf ellenhohe Socken:
> Du bleibst doch immer was du bist.«
> [*Faust* I, 1806–1809.]

Aber schon lange höre ich den Leser die Frage aufwerfen: wo bleibt Schuld und Verdienst? – Zur Antwort hierauf verweise ich auf § 10. Daselbst hat, was sonst hier vorzutragen wäre, schon seine Stelle gefunden, weil es in enger Verbindung mit Kants Lehre vom Zusammenbestehn der Freiheit mit der Nothwendigkeit steht. Das dort Gesagte also bitte ich hier nochmals zu lesen. In Gemäßheit desselben ist das *Operari* [Handeln], beim Eintritt der Motive, durchweg nothwendig: daher kann die Freiheit, welche sich allein durch die Verantwortlichkeit ankündigt, nur im *Esse* [Sein] liegen. Die Vorwürfe des Gewissens betreffen zwar zunächst und ostensibel Das, was wir gethan haben, eigentlich und im Grund aber Das, was wir sind, als worüber unsere Thaten allein vollgültiges Zeugniß ablegen, indem sie zu unserm Charakter sich verhalten wie die Symptome zur Krankheit. In diesem *Esse* also, in dem was wir sind, muß auch Schuld und Verdienst liegen. Was wir an Andern entweder hochachten und lieben, oder verachten und hassen, ist nicht ein Wandelbares und Veränderliches, sondern ein Bleibendes, ein für alle Mal Bestehendes: das was sie sind: und kommen wir etwan von ihnen zurück; so sagen wir nicht, daß sie sich geändert, sondern daß wir uns in ihnen geirrt haben. Eben so ist der Gegenstand unserer Zufriedenheit und Unzufriedenheit mit uns selbst Das, was wir sind, unwiderruflich sind und bleiben: dies erstreckt sich sogar auf die intellektuellen, ja auf die physiognomischen Eigenschaften. Wie sollte also nicht in Dem, was wir sind, Schuld und Verdienst liegen? – Die immer vollständiger werdende Bekanntschaft mit uns selbst, das immer mehr sich füllende Protokoll der Thaten, ist das Gewissen. Das Thema des Gewissens sind zunächst unsere Handlungen, und zwar sind es diejenigen, in welchen wir dem Mitleid, das uns aufforderte, Andere wenigstens nicht zu verletzen, ja sogar ihnen Hülfe und Beistand zu leisten, entweder kein Gehör gegeben haben, weil Egoismus, oder gar Bosheit uns leitete; oder aber, mit Verleugnung dieser Beiden, jenem Rufe gefolgt sind. Beide Fälle zeigen die Größe des Unterschiedes an, den wir zwischen uns und Andern machen. Auf diesem Unterschiede beruhen zuletzt die Grade der Moralität, oder Immoralität, d. h. der Gerechtigkeit und Menschenliebe, wie auch ihres Gegentheils. Die immer reicher werdende Erinnerung der in dieser Hinsicht bedeutsamen Handlungen vollendet mehr und mehr das Bild unsers Charakters, die wahre Bekanntschaft mit uns selbst. Aus dieser aber erwächst Zufriedenheit, oder Unzufriedenheit mit uns, mit dem, was wir sind, d. h. je nachdem Egoismus, Bosheit, oder Mitleid vorgewaltet haben, d. h. je nachdem der Unterschied, den wir zwischen unserer Person und den übrigen gemacht haben, größer, oder kleiner gewesen ist. Nach dem selben Maaßstabe beurtheilen wir ebenfalls die Andern, deren Charakter wir eben so empirisch, wie den eigenen, nur unvollkommener, kennen lernen: hier tritt als Lob, Beifall, Hochachtung, oder Tadel, Unwille und Verachtung auf, was bei der Selbstbeurtheilung sich als Zufriedenheit, oder Unzufriedenheit, die bis zur Gewissensangst gehn kann, kund gab. Daß auch die Vorwürfe, welche wir Andern machen, nur zunächst auf die Thaten, eigentlich aber auf den unveränderlichen Charakter derselben gerichtet sind, und Tugend oder Laster als inhärirende, bleibende Eigenschaften angesehn werden, bezeugen manche sehr häufig vorkommende Redensarten, z. B. »Jetzt sehe ich, wie du bist!« – »In dir habe ich mich geirrt.« – *Now I see what You are! – Voilà donc, comme tu es!* – »So bin ich nicht!« – »Ich bin nicht der Mann, der fähig wäre, Sie zu hintergehn« u. dgl. m.; ferner auch: *les âmes bien nées* [die hochherzigen Charaktere]; auch im Spanischen, *bien nacido* [von guter Herkunft = gesittet]; εὐγενής, εὐγένεια, für tugendhaft, Tugend; *generosioris animi amicus* [ein Freund edlerer Sinnesart], u. s. w.

Durch Vernunft ist das Gewissen bloß deshalb bedingt, weil

nur vermöge ihrer eine deutliche und zusammenhängende Rückerinnerung möglich ist. Es liegt in der Natur der Sache, daß das Gewissen erst h i n t e r h e r spricht; weshalb es auch das r i c h t e n d e Gewissen heißt. V o r h e r sprechen kann es nur im uneigentlichen Sinn, nämlich indirekt, indem die Reflexion aus der Erinnerung ähnlicher Fälle auf die künftige Mißbilligung einer erst projektirten That schließt. – So weit geht die ethische Thatsache des Bewußtseyns: sie selbst bleibt als metaphysisches Problem stehn, welches nicht unmittelbar zu unserer Aufgabe gehört, jedoch im letzten Abschnitt berührt werden wird. – Zu der Erkenntniß, daß das Gewissen nur die mittelst der Thaten entstehende Bekanntschaft mit dem eigenen unveränderlichen Charakter ist, stimmt es vollkommen, daß die in den verschiedenen Menschen so höchst verschiedene E m p f ä n g l i c h k e i t für die Motive des Eigennutzes, der Bosheit und des Mitleids, worauf der ganze moralische Werth des Menschen beruht, nicht etwas aus einem Andern Erklärliches, noch durch Belehrung zu Erlangendes und daher in der Zeit Entstehendes und Veränderliches, ja, vom Zufall Abhängiges, sondern angeboren, unveränderlich und nicht weiter erklärlich ist. Demgemäß ist der Lebenslauf selbst, mit allem seinem vielgestalteten Treiben, nichts weiter, als das äußere Zifferblatt jenes innern, ursprünglichen Getriebes, oder der Spiegel, in welchem allein dem Intellekt eines Jeden die Beschaffenheit seines eigenen Willens, der sein Kern ist, offenbar werden kann.

Wer sich die Mühe giebt, das hier und im erwähnten § 10 Gesagte recht zu durchdenken, wird in meiner Begründung der Ethik eine Konsequenz und abgerundete Ganzheit entdecken, welche allen andern abgeht, und andererseits eine Uebereinstimmung mit den Thatsachen der Erfahrung, welche jene noch weniger haben. Denn nur die Wahrheit kann durchgängig mit sich und mit der Natur übereinstimmen: hingegen streiten alle falsche Grundansichten innerlich mit sich selbst und nach außen mit der Erfahrung, welche bei jedem Schritte ihren stillen Protest einlegt.

Daß jedoch besonders die hier am Schlusse dargelegten Wahrheiten vielen festgewurzelten Vorurtheilen und Irrthümern, namentlich einer gewissen gangbaren Kinderschulen-Moral geradezu vor den Kopf stoßen, ist mir gar wohl, jedoch ohne Reue und Bedauern, bewußt. Denn erstlich spreche ich hier nicht zu

Kindern, noch zum Volke, sondern zu einer erleuchteten Akademie, deren rein theoretische Frage auf die letzten Grundwahrheiten der Ethik gerichtet ist, und die auf eine höchst ernsthafte Frage auch eine ernste Antwort erwartet: und zweitens halte ich dafür, daß es weder privilegirte, noch nützliche, noch selbst unschädliche Irrthümer geben kann, sondern jeder Irrthum unendlich mehr Schaden als Nutzen stiftet. – Wollte man hingegen bestehende Vorurtheile zum Maaßstabe der Wahrheit, oder zum Gränzstein machen, den ihre Darlegung nicht überschreiten darf, so würde es redlicher seyn, philosophische Fakultäten und Akademien ganz eingehn zu lassen: denn was nicht ist, soll auch nicht scheinen.

IV.

Zur metaphysischen Auslegung des ethischen Urphänomens.

§ 21.

Verständigung über diese Zugabe.

Im Bisherigen habe ich die moralische Triebfeder als Thatsache nachgewiesen, und habe gezeigt, daß aus ihr allein uneigennützige Gerechtigkeit und ächte Menschenliebe hervorgehn können, auf welchen zwei Kardinaltugenden alle übrigen beruhen. Zur Begründung der Ethik ist dies hinreichend, insofern diese nothwendig auf irgend etwas thatsächlich und nachweisbar Vorhandenes, sei es nun in der Außenwelt oder im Bewußtseyn gegeben, gestützt werden muß; wenn man nicht etwan, wie manche meiner Vorgänger, bloß einen abstrakten Satz beliebig annehmen und aus ihm die ethischen Vorschriften ableiten, oder, wie Kant, mit einem bloßen Begriff, dem des Gesetzes, eben so verfahren will. Der von der Königlichen Societät gestellten Aufgabe scheint mir hiedurch genügt zu seyn, da solche auf das Fundament der Ethik gerichtet ist und nicht noch eine Metaphysik dazu verlangt, um wieder jenes zu begründen. Inzwischen sehe ich sehr wohl, daß der menschliche Geist hiebei die letzte Befriedigung und Beruhigung noch nicht findet. Wie am Ende jeder Forschung und jeder Realwissenschaft, so steht er auch hier vor einem Urphänomen, welches zwar Alles unter ihm Begriffene und aus ihm Folgende erklärt, selbst aber unerklärt bleibt und als ein Räthsel vorliegt. Auch hier also stellt sich die Forderung einer Metaphysik ein, d. h. einer letzten Erklärung der Urphänomene als solcher und, wenn in ihrer Gesammtheit genommen, der Welt. Diese Forderung erhebt auch hier die Frage, warum das Vorhandene und Verstandene sich so und nicht anders verhalte, und wie aus dem Wesen an sich der Dinge der dargelegte Charakter der Erscheinung hervorgehe. Ja, bei der Ethik ist das Bedürfniß einer metaphysischen Grundlage um so dringender, als die philosophischen, wie die religiösen Systeme darüber einig sind, daß die ethische Bedeutsamkeit der Handlungen zugleich eine metaphysische, d. h. über die bloße Erscheinung der Dinge und somit auch über alle Möglichkeit der Erfahrung hinausreichende, demnach mit dem ganzen Daseyn der Welt und dem Loose des Menschen in engster Beziehung stehende seyn müsse; indem die letzte Spitze, in welche die Bedeutung des Daseyns überhaupt auslaufe, zuverlässig das Ethische sei. Dies Letztere bewährt sich auch durch die unleugbare Thatsache, daß, bei Annäherung des Todes, der Gedankengang eines jeden Menschen, gleichviel ob dieser religiösen Dogmen angehangen habe oder nicht, eine m o r a l i s c h e Richtung nimmt und er die Rechnung über seinen vollbrachten Lebenslauf durchaus in m o r a l i s c h e r Rücksicht abzuschließen bemüht ist. Hierüber sind besonders die Zeugnisse der Alten von Gewicht; weil sie nicht unter Christlichem Einfluß stehn. Ich führe demnach an, daß wir diese Thatsache bereits ausgesprochen finden in einer, dem uralten Gesetzgeber Zaleukos zugeschriebenen, nach Bentley und Heyne jedoch von einem Pythagoreer herrührenden Stelle, welche Stobäos *(Floril., Tit. 44, § 20)* uns aufbehalten hat: Δεῖ τίϑετϑαι πρὸ ὀμμάτων τὸν καιρὸν τοῦτον, ἐν ᾧ γίγνεται τὸ τέλος ἑκάστῳ τῆς ἀπαλλαγῆς τοῦ ζῆν. Πᾶσι γὰρ ἐμπίπτει μεταμέλεια τοῖς μέλλουσι τελευτᾷν, μεμνημένοις ὧν ἠδικήκασι, καί ὁρμὴ τοῦ βούλεσϑαι πάντα πεπρᾶχϑαι δικαίως αὐτοῖς. *(Oportet ante oculos sibi ponere punctum temporis illud, quo unicuique e vita excedendum est: omnes enim moribundos poenitentia corripit, e memoria eorum, quae injuste egerint, ac vehementer optant, omnia sibi juste peracta fuisse.)* [Man muß jenen Zeitpunkt vor Augen haben, zu dem das Ende herannaht und man das Leben verlassen muß. Denn alle werden von Reue ergriffen, wenn sie sterben sollen und an begangenes Unrecht denken, und von dem Wunsch, jederzeit gerecht gehandelt zu haben.] Imgleichen sehn wir, um an ein historisches Beispiel zu erinnern, den P e r i k l e s , auf dem Sterbebette, von allen seinen Großthaten nichts hören wollen, sondern nur davon, daß er nie einen Bürger in Trauer versetzt hatte *(Plut[arch], in Pericl[em].)*. Um nun aber einen sehr heterogenen Fall daneben zu stellen, so ist mir aus dem Berichte der Aussagen vor einer Englischen Jury erinnernlich, daß ein roher fünfzehnjähriger Negerjunge, auf einem Schiffe, im Begriff an einer soeben in einer Schlägerei erhaltenen Verletzung zu sterben, eilig alle Kameraden herbeiholen ließ, um sie zu fragen, ob er jemals einen von ihnen gekränkt oder beleidigt hätte, und bei der Verneinung große Beruhigung fand. Durchgängig lehrt die Erfahrung, daß Sterbende sich vor dem Scheiden mit Jedem zu versöhnen wünschen. Einen anderartigen Beleg zu unserm Satze giebt die bekannte Erfahrung, daß, während für intellektuelle Leistungen, und wären sie die ersten Meisterstücke der Welt, der Urheber sehr gern einen Lohn annimmt, wenn er ihn nur erhalten kann, fast Jeder, der etwas moralisch Ausgezeichnetes geleistet hat, allen Lohn dafür abweist. Dies ist besonders der Fall bei moralischen Großthaten, wann z. B. Einer das Leben eines Andern, oder gar Vieler, mit Gefährdung seines eigenen, gerettet hat; als wo er, in der Regel, selbst wenn er arm ist, schlechterdings keinen Lohn annimmt; weil er fühlt, daß der metaphysische Werth seiner Handlung darunter leiden würde. Eine poetische Darstellung dieses Herganges liefert uns Bürger am Schlusse des Liedes vom braven Mann. Aber auch in der Wirklichkeit fällt es meistens so aus, und ist mir in Englischen Zeitungen mehrmals vorgekommen. – Diese Thatsachen sind allgemein und treten ohne Unterschied der Religion ein. Wegen dieser unleugbaren ethisch-metaphysischen Tendenz des Lebens könnte auch, ohne eine in diesem Sinn gegebene Auslegung desselben, keine Religion in der Welt Fuß fassen: denn mittelst ihrer ethischen Seite hat jede ihren Anhaltspunkt in den Gemüthern. Jede Religion legt ihr Dogma der jedem Menschen fühlbaren, aber deshalb noch nicht verständlichen, moralischen Triebfeder zum Grunde und verknüpft es so eng mit derselben, daß Beide als unzertrennlich erscheinen: ja, die Priester sind bemüht, Unglauben und Immoralität für Eins und das Selbe auszugeben. Hierauf beruht es, daß dem Gläubigen der Ungläubige für identisch mit dem moralisch Schlechten gilt, wie wir schon daran sehn, daß Ausdrücke, wie Gottlos, Atheistisch, Unchristlich, Ketzer u. dgl. als synonym mit moralisch Schlecht gebraucht werden. Den Religionen ist die Sache dadurch leicht gemacht, daß sie, vom Glauben ausgehend, diesen für ihr Dogma schlechthin, ja, unter Drohungen fordern dürfen. Aber die philosophischen Systeme haben hier nicht so leichtes Spiel: daher man bei Untersuchung aller Systeme finden wird, daß es, wie mit der Begründung der Ethik, so auch mit dem Anknüpfungspunkte derselben an die gegebene Metaphysik überall äußerst schlecht bestellt ist. Und doch ist die Forderung, daß die Ethik sich auf die Metaphysik stütze, unabweisbar, wie ich dies schon in der Einleitung durch Wolfs und Kants Auktorität bekräftigt habe.

Nun aber ist das Problem der Metaphysik so sehr das schwerste aller den menschlichen Geist beschäftigenden Probleme, daß es von vielen Denkern für schlechthin unauflösbar gehalten wird. Für mich kommt, in gegenwärtigem Fall, noch der ganz besondere Nachtheil hinzu, den die Form einer abgerissenen Monographie herbeiführt, daß ich nämlich nicht von einem bestimmten metaphysischen Systeme, zu welchem ich mich etwan bekenne, ausgehn darf; weil ich es entweder darzulegen, welches viel zu weitläuftig, oder als gegeben und gewiß anzunehmen hätte, welches höchst mißlich seyn würde. Hieraus wieder folgt, daß ich hier so wenig, als im Vorhergehenden, die synthetische, sondern nur die analytische Methode anwenden darf, d. h. nicht vom Grunde auf die Folgen, sondern von den Folgen auf den Grund zu gehn habe. Diese harte Nothwendigkeit aber, voraussetzungslos zu verfahren und von keinem andern, als dem Allen gemeinsamen Standpunkt auszugehn, hat mir schon die Darlegung des Fundaments der Ethik so sehr erschwert, daß ich jetzt auf dieselbe zurücksehe, wie auf ein zu Stande gebrachtes schweres Kunststück, dem analog, wo Einer aus freier Hand gemacht hat, was sonst überall nur auf einer festen Unterlage ausgeführt wird. Vollends aber jetzt, wo die Frage nach der metaphysischen Auslegung der ethischen Grundlage angeregt ist, wird die Schwierigkeit des voraussetzungslosen Verfahrens so überwiegend, daß ich nur den Ausweg sehe, es bei ganz allgemeinen Umrissen bewenden zu lassen, mehr Andeutungen, als Ausführungen zu geben, den Weg, der hier zum Ziele führt, zu zeigen, aber nicht ihn bis ans Ende zu verfolgen, und überhaupt nur einen sehr geringen Theil von dem zu sagen, was ich unter andern Umständen hier vorzubringen hätte. Bei diesem Verfahren aber berufe ich mich, neben den eben dargelegten Gründen, darauf, daß die eigentliche Aufgabe in den vorhergehenden Abschnitten gelöst ist, folglich was ich hier noch darüber leiste ein *opus supererogationis* [eine Leistung über die Forderung hinaus], eine beliebig zu gebende und beliebig zu nehmende Zugabe ist.

§ 22.

Metaphysische Grundlage.

Den festen Boden der Erfahrung, welcher bis hieher alle unsere Schritte getragen hat, sollen wir also jetzt verlassen, um in dem, wohin keine Erfahrung auch nur möglicherweise reichen kann, die letzte theoretische Befriedigung zu suchen, glücklich, wenn uns auch nur ein Fingerzeig, ein flüchtiger Durchblick zu Theil wird, bei welchem wir uns einigermaaßen beruhigen können. Hingegen was uns nicht verlassen soll, ist die bisherige Redlichkeit des Verfahrens: wir werden nicht, nach der Weise der sogenannten Nach-Kantischen Philosophie, uns in Träumereien gefallen, Mährchen auftischen, durch Worte zu imponiren und dem Leser Sand in die Augen zu streuen suchen; sondern ein Weniges, redlich dargeboten, ist unsere Verheißung.

Das, was bis hieher Erklärungsgrund war, wird jetzt selbst unser Problem, nämlich jenes jedem Menschen angeborene und unvertilgbare, natürliche Mitleid, welches sich uns als die alleinige Quelle nicht-egoistischer Handlungen ergeben hat: diesen aber ausschließlich kommt moralischer Werth zu. Die Weise vieler modernen Philosophen, welche die Begriffe Gut und Böse als einfache, d.h. keiner Erklärung bedürftige, noch fähige, Begriffe behandeln, und dann meistens sehr geheimnißvoll und andächtig von einer »Idee des Guten« reden, aus welcher sie die Stütze ihrer Ethik, oder wenigstens einen Deckmantel ihrer Dürftigkeit machen*, nöthigt mich, hier die Erklärung einzuschalten, daß diese Begriffe nichts weniger als einfach, geschweige *a priori* gegeben, sondern Ausdrücke einer Relation und aus der alltäglichsten

* »Der Begriff des Guten, in seiner Reinheit, ist ein Urbegriff, eine absolute Idee, deren Inhalt sich im Unendlichen verliert.«

Bouterweck, Praktische Aphorismen, S. 54.

Man sieht, er möchte aus dem schlichten, ja trivialen Begriff Gut am liebsten einen Διϊπετης [vom Himmel Gefallenen] machen, um ihn als Götzen im Tempel aufstellen zu können.

Erfahrung geschöpft sind. Alles, was den Bestrebungen irgend eines individuellen Willens gemäß ist, heißt, in Beziehung auf diesen, gut: – gutes Essen, gute Wege, gute Vorbedeutung; – das Gegentheil schlecht, an belebten Wesen böse. Ein Mensch, der, vermöge seines Charakters, den Bestrebungen Anderer nicht gern hinderlich, vielmehr, so weit er füglich kann, günstig und förderlich ist, der also Andere nicht verletzt, vielmehr ihnen, wo er kann, Hülfe und Beistand leistet, wird von ihnen, in eben der selben Rücksicht, ein guter Mensch genannt, mithin der Begriff Gut, von dem selben relativen, empirischen und im passiven Subjekt gelegenen Gesichtspunkte aus, auf ihn angewandt. Untersuchen wir nun aber den Charakter eines solchen Menschen nicht bloß in Hinsicht auf Andere, sondern an sich selbst; so wissen wir aus dem Vorhergehenden, daß eine ganz unmittelbare Theilnahme am Wohl und Wehe Anderer, als deren Quelle wir das Mitleid erkannt haben, es ist, aus welcher die Tugenden der Gerechtigkeit und Menschenliebe in ihm hervorgehn. Gehn wir aber auf das Wesentliche eines solchen Charakters zurück; so finden wir es unleugbar darin, daß er weniger als die Uebrigen einen Unterschied zwischen sich und Andern macht. Dieser Unterschied ist in den Augen des boshaften Charakters so groß, daß ihm fremdes Leiden unmittelbar Genuß ist, den er deshalb, ohne weitern eigenen Vortheil, ja, selbst diesem entgegen, sucht. Der selbe Unterschied ist in den Augen des Egoisten noch groß genug, damit er, um einen kleinen Vortheil für sich zu erlangen, großen Schaden Anderer als Mittel gebrauche. Diesen Beiden ist also zwischen dem Ich, welches sich auf ihre eigene Person beschränkt, und dem Nicht-Ich, welches die übrige Welt begreift, eine weite Kluft, ein mächtiger Unterschied: *Pereat mundus, dum ego salvus sim* [Mag die Welt untergehen, wenn nur ich gerettet werde!], ist ihre Maxime. Dem guten Menschen hingegen ist dieser Unterschied keineswegs so groß, ja, in den Handlungen des Edelmuths erscheint er als aufgehoben, indem hier das fremde Wohl auf Kosten des eigenen befördert, also das fremde Ich dem eigenen gleichgesetzt wird: und wo viele Andere zu retten sind, wird das eigene Ich ihnen gänzlich zum Opfer gebracht, indem der Einzelne für Viele sein Leben hingiebt.

Es frägt sich jetzt, ob die letztere Auffassung des Verhältnisses zwischen dem eigenen und dem fremden Ich, welche den Handlungen des guten Charakters zum Grunde liegt, eine irrige sei und auf einer Täuschung beruhe? oder ob dies vielmehr der Fall der entgegengesetzten Auffassung sei, auf welcher der Egoismus und die Bosheit fußt? –

Diese dem Egoismus zum Grund liegende Auffassung ist, empirisch, streng gerechtfertigt. Der Unterschied zwischen der eigenen und der fremden Person erscheint erfahrungsgemäß als ein absoluter. Die Verschiedenheit des Raumes, welche mich von dem Andern trennt, trennt mich auch von seinem Wohl und Wehe. – Hingegen wäre jedoch zunächst zu bemerken, daß die Erkenntniß, die wir vom eigenen Selbst haben, keineswegs eine erschöpfende und bis auf den letzten Grund klare ist. Durch die Anschauung, welche das Gehirn auf Data der Sinne vollzieht, also mittelbar, erkennen wir den eigenen Leib als ein Objekt im Raum, und durch den innern Sinn die fortlaufende Reihe unserer Bestrebungen und Willensakte, welche auf Anlaß äußerer Motive entstehn, endlich auch die mannigfaltigen, schwächeren, oder stärkeren Bewegungen des eigenen Willens, auf welche alle inneren Gefühle sich zurückführen lassen. Das ist Alles: denn das Erkennen wird nicht selbst wieder erkannt. Hingegen das eigentliche Substrat dieser ganzen Erscheinung, unser inneres Wesen an sich, das Wollende und Erkennende selbst, ist uns nicht zugänglich: wir sehn bloß nach außen, innen ist es finster. Demnach ist die Kenntniß, welche wir von uns selbst haben, keineswegs eine vollständige und erschöpfende, vielmehr sehr oberflächlich, und dem größern, ja, hauptsächlichen Theil nach sind wir uns selber unbekannt und ein Räthsel, oder, wie Kant sagt: Das Ich erkennt sich nur als Erscheinung, nicht nach dem, was es an sich seyn mag. Jenem andern Theile nach, der in unsere Erkenntniß fällt, ist zwar Jeder vom Andern gänzlich verschieden: aber hieraus folgt noch nicht, daß es sich eben so verhalte hinsichtlich des großen und wesentlichen Theiles, der Jedem verdeckt und unbekannt bleibt. Für diesen ist also wenigstens eine Möglichkeit übrig, daß er in Allen Eines und identisch sei.

Worauf beruht alle Vielheit und numerische Verschiedenheit der Wesen? – Auf Raum und Zeit: durch diese allein ist sie möglich; da das Viele sich nur entweder als neben einander, oder als nach einander denken und vorstellen läßt. Weil nun das gleichartige Viele die Individuen sind; so nenne ich Raum und Zeit, in der Hinsicht, daß sie die Vielheit möglich machen, das *principium individuationis* [den Seinsgrund der Einzelwesen], unbekümmert, ob dies genau der Sinn sei, in welchem die Scholastiker diesen Ausdruck nahmen.

Wenn an den Aufschlüssen, welche Kants bewunderungswürdiger Tiefsinn der Welt gegeben hat, irgend etwas unbezweifelt wahr ist, so ist es die transscendentale Aesthetik, also die Lehre von der Idealität des Raumes und der Zeit. Sie ist so klar begründet, daß kein irgend scheinbarer Einwand dagegen hat aufgetrieben werden können. Sie ist Kants Triumph und gehört zu den höchst wenigen metaphysischen Lehren, die man als wirklich bewiesen und als eigentliche Eroberungen im Felde der Metaphysik ansehn kann. Nach ihr also sind Raum und Zeit die Formen unsers eigenen Anschauungsvermögens, gehören diesem, nicht den dadurch erkannten Dingen an, können also nimmermehr eine Bestimmung der Dinge an sich selbst seyn; sondern kommen nur der Erscheinung derselben zu, wie solche in unserm, an physiologische Bedingungen gebundenen Bewußtseyn der Außenwelt allein möglich ist. Ist aber dem Dinge an sich, d. h. dem wahren Wesen der Welt, Zeit und Raum fremd; so ist es nothwendig auch die Vielheit: folglich kann dasselbe in den zahllosen Erscheinungen dieser Sinnenwelt doch nur Eines seyn, und nur das Eine und identische Wesen sich in diesen allen manifestiren. Und umgekehrt, was sich als ein Vieles, mithin in Zeit und Raum darstellt, kann nicht Ding an sich, sondern nur Erscheinung seyn. Diese aber ist, als solche, bloß für unser durch vielerlei Bedingungen beschränktes, ja, auf einer organischen Funktion beruhendes Bewußtseyn vorhanden, nicht außer demselben.

Diese Lehre, daß alle Vielheit nur scheinbar sei, daß in allen Individuen dieser Welt, in so unendlicher Zahl sie auch, nach und neben einander, sich darstellen, doch nur Eines und das selbe, in ihnen allen gegenwärtige und identische, wahrhaft seiende Wesen sich manifestire, diese Lehre ist freilich lange vor Kant, ja, man möchte sagen von jeher dagewesen. Denn zuvörderst ist sie die Haupt- und Grundlehre des ältesten Buches der Welt, der heiligen Veden, deren dogmatischer Theil, oder vielmehr esoterische Lehre, uns in den Upanischaden vorliegt.* Daselbst finden wir fast auf jeder Seite jene große Lehre: sie wird unermüdlich, in zahllosen Wendungen wiederholt und durch mannigfaltige Bilder und Gleichnisse erläutert. Daß sie gleichfalls der Weisheit des Pythagoras zum Grunde lag, ist, selbst nach den kärglichen Nachrichten, die von seiner Philosophie zu uns gelangt sind, durchaus nicht zu bezweifeln. Daß in ihr allein fast die ganze Philosophie der Eleatischen Schule enthalten war, ist allbekannt. Später waren von ihr die Neu-Platoniker durchdrungen, indem sie lehrten διὰ τὴν ἑνότητα ἁπάντων πάσας ψυχὰς μίαν εἶναι *(propter omnium unitatem cunctas animas unam esse)* [daß wegen der Einheit aller Dinge alle Seelen eine seien: vgl. Plotin, *Enneades*, IV, 9]. Im 9. Jahrhundert sehn wir sie in Europa unerwartet auftreten durch Skotus Erigena, der, von ihr begeistert, sich bemüht, sie in die Formen und Ausdrücke der Christlichen Religion zu kleiden. Unter den Mohammedanern finden wir sie als begeisterte Mystik der Sufis wieder. Aber im Occident mußte Jordanus Brunus es mit einem schmählichen und quaalvollen Tode büßen, daß er dem Drange, jene Wahrheit auszusprechen, nicht hatte widerstehn können. Dennoch sehn wir auch die christlichen Mystiker, wider Willen und Absicht, sich in sie verstricken, wann und wo sie auftreten. Spinoza's Name ist mit ihr identificirt. In unsern Tagen endlich, nachdem Kant den alten Dogmatismus vernichtet hatte und die Welt erschrocken vor den rauchenden Trümmern stand, wurde jene Erkenntniß wieder auferweckt durch die eklektische Philosophie Schellings, der, die Lehren des Plotinos, Spinoza's, Kants und Jakob Böhmes mit den Ergebnissen

---

* Die Aechtheit des Oupnekhat war auf Grund einiger, von Mohammedanischen Abschreibern beigefügten und in den Text gerathenen Randglossen angefochten worden. Allein sie wird vollkommen vindicirt [in Anspruch genommen] von dem Sanskrit-Gelehrten F. H. H. Windischmann (dem Sohn) in seinem *Sancara, sive de theologumenis Vedanticorum, 1833, p. XIX,* ebenfalls von Bochinger, *De la vie contemplative chez les Indous, 1831, p. 12.* – Sogar der des Sanskrits unkundige Leser kann sich, durch Vergleichung der neueren Uebersetzungen einzelner Upanischaden, von Rammohun Roy, Poley und selbst der von Colebrooke, wie auch der neuesten von Röer, deutlich überzeugen, daß der von Anquetil streng wörtlich ins Lateinische übertragenen Persischen Uebersetzung des Märtyrers dieser Lehre, Sultans Daraschakoh, ein genaues und vollkommenes Wortverständniß zum Grunde gelegen hat; hingegen jene Andern sich großentheils mit Tappen und Errathen geholfen haben, daher sie ganz gewiß viel ungenauer sind. – Näheres hierüber findet man im zweiten Bande der Parerga, Kap. 16, § 184.

der neuen Naturwissenschaft amalgamirend, schleunig ein Ganzes zusammensetzte, dem dringenden Bedürfniß seiner Zeitgenossen einstweilen zu genügen, und es dann mit Variationen abspielte; in Folge wovon jene Erkenntniß unter den Gelehrten Deutschlands zu durchgängiger Geltung gelangt, ja, selbst unter den bloß Gebildeten fast allgemein verbreitet ist.* Eine Ausnahme machen allein die heutigen Unversitätsphilosophen, als welche die schwere Aufgabe haben, dem sogenannten Pantheismus entgegen zu arbeiten, wodurch in große Noth und Verlegenheit versetzt, sie in ihrer Herzensangst bald zu den kläglichsten Sophismen, bald zu den bombastischesten Phrasen greifen, um daraus irgend einen anständigen Maskenanzug zusammenzuflicken, eine beliebte und oktroyirte Rockenphilosophie darin zu kleiden. Kurzum, das Ἓν καὶ πᾶν [Eines und Alles] war zu allen Zeiten der Spott der Thoren und die endlose Meditation der Weisen. Jedoch läßt der strenge Beweis desselben sich allein aus Kants Lehre, wie oben geschehn, führen; obwohl Kant selbst dies nicht gethan hat, sondern, nach Weise kluger Redner, nur die Prämissen gab, den Zuhörern die Freude der Konklusion überlassend.

Gehört demnach Vielheit und Geschiedenheit allein der bloßen Erscheinung an, und ist es Ein und das selbe Wesen, welches in allem Lebenden sich darstellt; so ist diejenige Auffassung, welche den Unterschied zwischen Ich und Nicht-Ich aufhebt, nicht die irrige: vielmehr muß die ihr entgegengesetzte dies seyn. Auch finden wir diese letztere von den Hindus mit dem Namen Maja, d. h. Schein, Täuschung, Gaukelbild, bezeichnet. Jene erstere Ansicht ist es, welche wir als dem Phänomen des Mitleids zum Grunde liegend, ja, dieses als den realen Ausdruck derselben gefunden haben. Sie wäre demnach die metaphysische Basis der Ethik, und bestände darin, daß das eine

---

* *On peut assez longtems, chez notre espèce,*
Fermer la porte à la raison.
Mais, dès qu'elle entre avec adresse,
Elle reste dans la maison,
Et bientôt elle en est maîtresse.

[Man kann zwar der Vernunft für lange Zeit
Bei Menschen, wie wir's sind, die Tür versperren,
Doch wenn sie eindringt mit Geschicklichkeit,
Bleibt sie im Haus und macht sich bald zum Herren.]
Volt[*aire*], lettre à Saurin, 10. nov. 1777.

Individuum im a n d e r n unmittelbar sich selbst, sein eigenes wahres Wesen wiedererkenne. Demnach träfe die praktische Weisheit, das Rechtthun und Wohlthun, im Resultat genau zusammen mit der tiefsten Lehre der am weitesten gelangten theoretischen Weisheit; und der praktische Philosoph, d. h. der Gerechte, der Wohlthätige, der Edelmüthige, spräche durch die That nur die selbe Erkenntniß aus, welche das Ergebniß des größten Tiefsinns und der mühsäligsten Forschung des theoretischen Philosophen ist. Indessen steht die moralische Trefflichkeit höher denn alle theoretische Weisheit, als welche immer nur Stückwerk ist und auf dem langsamen Wege der Schlüsse zu dem Ziele gelangt, welches jene mit Einem Schlage erreicht; und der moralisch Edle, wenn ihm auch noch so sehr die intellektuelle Trefflichkeit abgeht, legt durch sein Handeln die tiefste Erkenntniß, die höchste Weisheit an den Tag, und beschämt den Genialsten und Gelehrtesten, wenn dieser durch sein Thun verräth, daß jene große Wahrheit ihm doch im Herzen fremd geblieben ist.

»Die Individuation ist real, das *principium individuationis* und die auf demselben beruhende Verschiedenheit der Individuen ist die Ordnung der Dinge an sich. Jedes Individuum ist ein von allen andern von Grund aus verschiedenes Wesen. Im eigenen Selbst allein habe ich mein wahres Seyn, alles Andere hingegen ist Nicht-Ich und mir fremd.« – Dies ist die Erkenntniß, für deren Wahrheit Fleisch und Bein Zeugniß ablegen, die allem Egoismus zum Grunde liegt, und deren realer Ausdruck jede lieblose, ungerechte, oder boshafte Handlung ist. –

»Die Individuation ist bloße Erscheinung, entstehend mittelst Raum und Zeit, welche nichts weiter als die durch mein cerebrales Erkenntnißvermögen bedingten Formen aller seiner Objekte sind; daher auch die Vielheit und Verschiedenheit der Individuen bloße Erscheinung, d. h. nur in meiner V o r s t e l l u n g vorhanden ist. Mein wahres, inneres Wesen existirt in jedem Lebenden so unmittelbar, wie es in meinem Selbstbewußtseyn sich nur mir selber kund giebt.« – Diese Erkenntniß, für welche im Sanskrit die Formel *tat-twam asi,* d. h. »dies bist Du«, der stehende Ausdruck ist, ist es, die als M i t l e i d hervorbricht, auf welcher daher alle ächte, d. h. uneigennützige Tugend beruht und deren realer Ausdruck jede gute That ist. Diese Erkenntniß ist es im letzten Grunde, an welche jede Appellation an Milde, an Menschenliebe, an Gnade für Recht sich richtet: denn eine solche ist eine Erinnerung an die Rücksicht, in welcher wir alle Eins und das selbe Wesen sind. Hingegen beruft Egoismus, Neid, Haß, Verfolgung, Härte, Rache, Schadenfreude, Grausamkeit sich auf jene erstere Erkenntniß und beruhigt sich bei ihr. Die Rührung und Wonne, welche wir beim Anhören, noch mehr beim Anblick, am meisten beim eigenen Vollbringen einer edlen Handlung empfinden, beruht im tiefsten Grunde darauf, daß sie uns die Gewißheit giebt, daß jenseit aller Vielheit und Verschiedenheit der Individuen, die das *principium individuationis* uns vorhält, eine Einheit derselben liege, welche wahrhaft vorhanden, ja, uns zugänglich ist, da sie ja eben faktisch hervortrat.

Je nachdem die eine oder die andere Erkenntnißweise festgehalten wird, tritt, zwischen Wesen und Wesen, die φιλια [Liebe] oder der νεικος [Haß] des Empedokles hervor. Aber wer, vom νεικος beseelt, feindlich eindränge auf seinen verhaßtesten Widersacher, und bis in das Tiefinnerste desselben gelangte; der würde in diesem, zu seiner Ueberraschung, sich selbst entdecken. Denn so gut wie im Traum in allen uns erscheinenden Personen wir selbst stecken, so gut ist es im Wachen der Fall, – wenn auch nicht so leicht einzusehn. Aber *tat-twam asi.*

Das Vorwalten der einen oder der andern jener beiden Erkenntnißweisen zeigt sich nicht bloß in den einzelnen Handlungen, sondern in der ganzen Art des Bewußtseyns und der Stimmung, welche daher beim guten Charakter eine von der des schlechten so wesentlich verschiedene ist. Dieser empfindet überall eine starke Scheidewand zwischen sich und Allem außer ihm. Die Welt ist ihm ein absolutes Nicht-Ich und sein Verhältniß zu ihr ein ursprünglich feindliches: dadurch wird der Grundton seiner Stimmung Gehässigkeit, Argwohn, Neid, Schadenfreude. – Der gute Charakter hingegen lebt in einer seinem Wesen homogenen Außenwelt: die Andern sind ihm kein Nicht-Ich, sondern »Ich noch ein Mal«. Daher ist sein ursprüngliches Verhältniß zu Jedem ein befreundetes: er fühlt sich allen Wesen im Innern verwandt, nimmt unmittelbar Theil an ihrem Wohl und Wehe, und setzt mit Zuversicht die selbe Theilnahme bei ihnen voraus. Hieraus erwächst der tiefe Friede seines Innern und jene getroste, beruhigte, zufriedene Stimmung, vermöge welcher in seiner Nähe Jedem wohl wird. – Der böse Charakter vertraut in der

Noth nicht auf den Beistand Anderer: ruft er ihn an, so geschieht es ohne Zuversicht: erlangt er ihn, so empfängt er ihn ohne wahre Dankbarkeit: weil er ihn kaum anders denn als Wirkung der Thorheit Anderer begreifen kann. Denn sein eigenes im fremden Wesen wieder zu erkennen, ist er selbst dann noch unfähig, nachdem es von dort aus sich durch unzweideutige Zeichen kund gegeben hat. Hierauf beruht eigentlich das Empörende alles Undanks. Diese moralische Isolation, in der er sich wesentlich und unausweichbar befindet, läßt ihn auch leicht in Verzweiflung gerathen. – Der gute Charakter wird mit eben so vieler Zuversicht den Beistand Anderer anrufen, als er sich der Bereitwilligkeit bewußt ist, ihnen den seinigen zu leisten. Denn, wie gesagt, dem Einen ist die Menschenwelt Nicht-Ich, dem Andern »Ich noch ein Mal«. – Der Großmüthige, welcher dem Feinde verzeiht und das Böse mit Gutem erwidert, ist erhaben und erhält das höchste Lob; weil er sein selbsteigenes Wesen auch da noch erkannte, wo es sich entschieden verleugnete.

Jede ganz lautere Wohltat, jede völlig und wahrhaft uneigennützige Hülfe, welche, als solche, ausschließlich die Noth des Andern zum Motiv hat, ist, wenn wir bis auf den letzten Grund forschen, eigentlich eine mysteriöse Handlung, eine praktische Mystik, sofern sie zuletzt aus der selben Erkenntniß, die das Wesen aller eigentlichen Mystik ausmacht, entspringt und auf keine andere Weise mit Wahrheit erklärbar ist. Denn daß Einer auch nur ein Almosen gebe, ohne dabei auf die entfernteste Weise etwas Anderes zu bezwecken, als daß der Mangel, welcher den Andern drückt, gemindert werde, ist nur möglich, sofern er erkennt, daß er selbst es ist, was ihm jetzt unter jener traurigen Gestalt erscheint, also daß er sein eigenes Wesen an sich in der fremden Erscheinung wiedererkenne. Daher habe ich, in der vorigen Abtheilung, das Mitleid das große Mysterium der Ethik genannt.

Wer für sein Vaterland in den Tod geht, ist von der Täuschung frei geworden, welche das Daseyn auf die eigene Person beschränkt: er dehnt sein eigenes Wesen auf seine Landsleute aus, in denen er fortlebt, ja, auf die kommenden Geschlechter derselben, für welche er wirkt; – wobei er den Tod betrachtet, wie das Winken der Augen, welches das Sehn nicht unterbricht.

Der, dem alle Andern stets Nicht-Ich waren, ja, der im Grunde allein seine eigene Person für wahrhaft real hielt, die

Andern hingegen eigentlich nur als Phantome ansah, denen er bloß eine relative Existenz, sofern sie Mittel zu seinen Zwecken seyn oder diesen entgegenstehn konnten, zuerkannte, so daß ein unermeßlicher Unterschied, eine tiefe Kluft zwischen seiner Person und allem jenen Nicht-Ich blieb, der also ausschließlich in dieser eigenen Person existirte, dieser sieht, im Tode, mit seinem Selbst auch alle Realität und die ganze Welt untergehn. Hingegen Der, welcher in allen Andern, ja in Allem, was Leben hat, sein eigenes Wesen, sich selbst erblickte, dessen Daseyn daher mit dem Daseyn alles Lebenden zusammenfloß, der verliert durch den Tod nur einen kleinen Theil seines Daseyns: er besteht fort in allen Andern, in welchen er ja sein Wesen und sein Selbst stets erkannt und geliebt hat, und die Täuschung verschwindet, welche sein Bewußtseyn von dem der Uebrigen trennte. Hierauf mag, zwar nicht ganz, aber doch zum großen Theil, die Verschiedenheit beruhen zwischen der Art, wie besonders gute und überwiegend böse Menschen die Todesstunde entgegennehmen. –

In allen Jahrhunderten hat die arme Wahrheit darüber erröthen müssen, daß sie paradox war: und es ist doch nicht ihre Schuld. Sie kann nicht die Gestalt des thronenden allgemeinen Irrthums annehmen. Da sieht sie seufzend auf zu ihrem Schutzgott, der Zeit, welcher ihr Sieg und Ruhm zuwinkt, aber dessen Flügelschläge so groß und langsam sind, daß das Individuum darüber hinstirbt. So bin denn auch ich mir des Paradoxen, welches diese metaphysische Auslegung des ethischen Urphänomens für die an ganz anderartige Begründungen der Ethik gewöhnten occidentalisch Gebildeten haben muß, sehr wohl bewußt, kann jedoch nicht der Wahrheit Gewalt anthun. Vielmehr ist Alles, was ich, aus dieser Rücksicht, über mich vermag, daß ich durch eine Anführung belege, wie jene Metaphysik der Ethik schon vor Jahrtausenden die Grundansicht der Indischen Weisheit war, auf welche ich zurückdeute, wie Kopernikus auf das von Aristoteles und Ptolemäos verdrängte Weltsystem der Pythagoreer. Im *Bhagavad-Gita, Lectio 13; 27, 28,* heißt es, nach A. W. v. Schlegels Uebersetzung: *Eundem in omnibus animantibus consistentem summum dominum, istis pereuntibus haud pereuntem qui cernit, is vere cernit. – Eundem vero cernens ubique praesentem dominum, non violat semet ipsum sua ipsius culpa: exinde pergit ad summum iter.* [Wörtlich nach dem Sanskrit:

Den einen höchsten Gott in allen Wesen stehend,
Und lebend, wenn sie sterben, wer diesen sieht, ist sehend.
Denn welcher allerorts den höchsten Gott gefunden,
Der Mann wird durch sich selbst sich selber nicht verwunden:
Er wird von dort aus seinen Weg zum Höchsten nehmen.

(*Bhagavadgîtâ*, XIII, 27–28.)]

Bei diesen Andeutungen zur Metaphysik der Ethik muß ich es bewenden lassen, obwohl noch ein bedeutender Schritt in derselben zu thun übrig bleibt. Allein dieser setzt voraus, daß man auch in der Ethik selbst einen Schritt weiter gegangen wäre, welches ich nicht thun durfte, weil in Europa der Ethik ihr höchstes Ziel in der Rechts- und Tugendlehre gesteckt ist, und man was über diese hinausgeht nicht kennt, oder doch nicht gelten läßt. Dieser nothwendigen Unterlassung also ist es zuzuschreiben, daß die dargelegten Umrisse zur Metaphysik der Ethik noch nicht, auch nur aus der Ferne, den Schlußstein des ganzen Gebäudes der Metaphysik, oder den eigentlichen Zusammenhang der *Divina Commedia* [*Göttlichen Komödie*] absehn lassen. Dies lag aber auch weder in der Aufgabe, noch in meinem Plan. Denn man kann nicht Alles in Einem Tage sagen, und soll auch nicht mehr antworten, als man gefragt ist.

Indem man sucht, menschliche Erkenntniß und Einsicht zu fördern, wird man stets den Widerstand des Zeitalters empfinden, gleich dem einer Last, die man zu ziehn hätte, und die schwer auf den Boden drückt, aller Anstrengung trotzend. Dann muß man sich trösten mit der Gewißheit, zwar die Vorurtheile gegen sich, aber die Wahrheit für sich zu haben, welche, sobald nur ihr Bundesgenosse, die Zeit, zu ihr gestoßen seyn wird, des Sieges vollkommen gewiß ist, mithin, wenn auch nicht heute, doch morgen.

Judicium

Regiae Danicae Scientiarum Societatis.

Quaestionem anno 1837 propositam, »utrum philosophiae moralis fons et fundamentum in idea moralitatis, quae immediate conscientia contineatur, et ceteris notionibus fundamentalibus, quae ex illa prodeant, explicandis quaerenda sint, an in alio cognoscendi principio«, unus tantum scriptor explicare conatus est, cujus commentationem, germanico sermone compositam et his verbis notatam: Moral predigen ist leicht, Moral begründen ist* schwer, *praemio dignam judicare nequivimus. Omisso enim eo, quod potissimum postulabatur, hoc expeti putavit, ut principium aliquod ethicae conderetur, itaque eam partem commentationis suae, in qua prinicpii ethicae a se propositi et metaphysicae suae nexum exponit, appendicis loco habuit, in qua plus quam postulatum esset praestaret, quum tamen ipsum thema ejusmodi disputationem flagitaret, in qua vel praecipuo loco metaphysicae et ethicae nexus consideraretur. Quod autem scriptor in sympathia fundamentum ethicae constituere conatus est, neque ipsa disserendi forma nobis satisfecit, neque reapse, hoc fundamentum sufficere, evicit; quin ipse contra esse confiteri coactus est. Neque reticendum videtur, plures recentioris aetatis summos philosophos tam indecenter commemorari, ut justam et gravem offensionem habeat.*

---

* Dieses zweite »i s t« hat die Akademie aus eigenen Mitteln hinzugefügt, um einen Beleg zu liefern zur Lehre des Longinus *(de sublim., c. 39)*, daß man durch Hinzufügung, oder Wegnahme, e i n e r Silbe die ganze Energie einer Sentenz vernichten kann.

[Urteil
der Königl. Dänischen Gesellschaft
der Wissenschaften.

Die im Jahre 1837 aufgestellte Preisfrage: »Ist die Quelle und Grundlage der Moral zu suchen in einer unmittelbar im Bewußtsein (oder Gewissen) liegenden Idee der Moralität und in der Analyse der übrigen, aus dieser entspringenden, moralischen Grundbegriffe, oder in einem andern Erkenntnisgrunde?« hat nur ein Bewerber zu beantworten unternommen, dessen deutsch geschriebene und mit dem Motto: »Moral predigen ist leicht, Moral begründen ist schwer« versehene Abhandlung wir nicht als des Preises würdig haben erklären können. Denn indem er das überging, was vor allem andern gefordert worden war, hat er geglaubt, daß es sich darum handele, irgendein Prinzip der Ethik aufzustellen, daher er den Teil seiner Abhandlung, in welchem er den Zusammenhang des von ihm aufgestellten ethischen Prinzips mit seiner Metaphysik erörtert, nur in einem Anhange dargelegt hat, in dem er mehr als gefordert darbot, während doch das Thema gerade eine solche Untersuchung gefordert hatte, in der vor allen Dingen der Zusammenhang der Metaphysik mit der Ethik klargelegt würde. Wenn aber der Verfasser versucht, die Grundlage der Moral in dem Mitleide nachzuweisen, so hat er uns weder durch die Form seiner Abhandlung befriedigt, noch auch in der Sache diese Grundlage als ausreichend nachgewiesen: vielmehr sich genötigt gesehen, selbst das Gegenteil einzugestehen. Auch kann nicht verschwiegen werden, daß mehrere hervorragende Philosophen der Neuzeit so unziemlich erwähnt werden, daß es gerechten und schweren Anstoß erregt.]

Zu diesen Werken

Die Welt als Wille und Vorstellung hat in zwei späteren Werken Schopenhauers eine nähere Ausführung und Erläuterung gefunden. Wie die Schrift *Über den Willen in der Natur* in einem ergänzenden Verhältnis zum zweiten Buch des Hauptwerks steht, so treten *Die beiden Grundprobleme der Ethik* ergänzend, bestätigend, weiter ausführend zum vierten Buch. Die »Ethik« enthält zwei akademische Preisschriften, die Schopenhauer in den Jahren 1837 und 1838 beantwortet hat. Die erste dieser Preisschriften, *Über die Freiheit des Willens*, eine der kühnsten und zugleich klarsten Abhandlungen Schopenhauers, wurde am 26. Januar 1839 von der Königlich Norwegischen Gesellschaft der Wissenschaften in Trondheim gekrönt – es war die erste öffentliche Anerkennung, die der unbekannte Mann erhielt –, die zweite, *Über die Grundlage der Moral*, wurde (am 30. Januar 1840) von der Königlich Dänischen Gesellschaft der Wissenschaften wegen angeblicher Verkennung der Fragestellung der Aufgabe und wegen verletzender Geringschätzung angesehener Denker der jüngsten Zeit des Preises für nicht würdig erklärt.

Die Veröffentlichung der beiden Arbeiten, bei der Hermannschen Buchhandlung in Frankfurt, leitete Schopenhauer mit einer Vorrede von 31 Seiten ein, in der er der Königlich Dänischen Gesellschaft rückhaltlos seine Meinung sagte. Auch dieses Buch aber blieb wie die früheren Schriften unbeachtet. Die zweite Auflage konnte erst im Todesjahr Schopenhauers 1860 erscheinen, nun bei F. A. Brockhaus, dem Verleger des Hauptwerks. In der Gestalt dieser zweiten Auflage ist das Werk ohne nachträgliche Veränderungen oder Zusätze in die *Gesammelten Werke* Schopenhauers eingegangen.

Angelika Hübscher

Glossar

Die Stichwörter erscheinen in der Originalorthographie Schopenhauers.

Abstraktes, abstracta: (lat. abstractum = das Abgezogene) das rein Gedankliche, rein Begriffliche, die verselbständigten Denkbestimmungen, das nur in Gedanken Existierende. *in abstracto:* im allgemeinen, ohne Rücksicht auf die Wirklichkeit, an und für sich, ohne Rücksicht auf die tatsächlichen Verhältnisse. → Konkretes.

Accidenz: (lat. accidens = anfallend, plötzlich eintretend; übliche Schreibweise nach dem Lateinischen: Akzidens) das Zufällige; die zufällige, wechselnde Eigenschaft, die fehlen kann, ohne daß sich dadurch das Wesen eines Dinges (= → Substanz) ändert. *accidental, -iell, -ell:* zufällig, unwesentlich. → essentia, essentiell.

actu: (lat.) tatsächlich, in der Wirklichkeit. → potentiâ.

Affektion, afficiren: (medizinisch: Reizung, reizen) nach zeitgenössischer Definition jeder Eindruck, innerlich und äußerlich, auf den Organismus. Nach Kant muß der Gegenstand »das Gemüt auf eine gewisse Weise afficiren«, damit eine Erkenntnis zustandekommt.

Akosmismus: (griech. kosmos = Welt) Lehre von der Weltlosigkeit, nach der Gott die einzige → Substanz, die Welt nur Zufallsgebilde sei. Der A. leugnet also die Realität des Zeitlichen und Vergänglichen.

Amphibolie: (griech. amphibolia, von amphibolos = zweideutig) Doppeldeutigkeit, Zweideutigkeit im logischen Sinne.

analytisch: (griech.) in Teile aufgelöst, zergliedernd, zergliedert, zerlegend. → synthetisch, → Induktion.

Antinomie: (griech. nomos = Gesetz) Widerstreit zweier Sätze; Widerstreit eines Gesetzes mit sich selbst. Der Ausdruck wurde von Kant neu in die Philosophie eingeführt. (»Widerwärtigkeit der Gesetze«.)

Antithesis: (griech.) Gegenbehauptung: der These entgegengestellter, das Gegenteil behauptender Satz. → Thesis.

Apagoge: (griech. = Abführung) Schluß aus einem gültigen Obersatz und einem unsicheren, aber glaubwürdigen Untersatz. *apagogischer Beweis:* indirekter Beweis: begründet die Richtigkeit einer Behauptung durch den Nachweis der Unrichtigkeit ihres Gegenteils. → Syllogistik, → Epagoge.

a parte ante: (lat.) hinsichtlich des Vorher, vonseiten des Vorher.

a parte post: (lat.) hinsichtlich des Nachher, vonseiten des Nachher.

apodiktisch: (griech.) unumstößlich, unwiderleglich, von schlagender Beweiskraft. Dazu: *Apodikticität.* → Modalität. → Urteil.

a posteriori: (lat. = vom späteren her) die allgemein übliche Bedeutung »hinterher, nachher« trifft den philosophischen Gehalt nicht: aus der Erfahrung, aus der Wahrnehmung stammend: Schopenhauer: »nach der Erfahrung.« → *a priori.*

Apperception: (lat. percipere = wahrnehmen) erkennende Wahrnehmung; Schopenhauer: »Anschauung, nicht Denken eines Begriffs.« *appercipiren:* bewußt wahrnehmen, eine Sache, Zustand, usw. in den Zusammenhang des Bewußtseins aufnehmen. → Perception.

a priori: (lat. = vom früheren her) die allgemein übliche Bedeutung »von vornherein, im vorhinein« trifft den Gehalt nicht: vor der (vor aller) Erfahrung, unabhängig von der Erfahrung, die Erfahrung erst ermöglichend. – Dazu: *apriorisch, aprioristisch, das Apriorische, die Apriorität.* → *a posteriori,* → transscendental.

Asketismus: (griech. askesis = Übung) Asketik, Lehre von der Askese (Selbstüberwindung), Anleitung dazu. Zweig der praktischen Ethik. → Enkratiten.

Atheismus: (griech. a [Negation], theos = Gott) Leugnung des Daseins und Wirkens von Göttern, oder, in neuerer Zeit, eines, bzw. des christlichen Gottes. → Theismus.

Atomismus, Atomistik: (griech. atomon = das Unzerschneidbare) Lehre, daß die ganze Welt, auch die Seele, aus selbständigen Elementen, Atomen, bestehe, deren nach Naturgesetzen verlaufende Bewegung (Umlagerung, Vereinigung, Trennung) alles Geschehen bestimmt.

Augustinismus: Denkrichtung auf der Grundlage der religiös-metaphysischen Lehre des Kirchenvaters Augustinus, der biblisch-christliche Gotteserfahrung mit griechisch-platonischer Gedankenwelt verband.

Axiom: (Plural: *Axiomata;* griech. axioma = Geltung, Forderung) Grundannahme, Grundsatz; Satz, der eines Beweises weder fähig noch bedürftig ist. Schopenhauer: »ein Satz von unmittelbarer Gewißheit.«

Beweis: aus als wahr anerkannten Sätzen durch Schlußfolgerung abgeleiteter, als wahr anerkannter bzw. anzuerkennender Satz. → Schluß, → Syllogistik.

Brahma: das durch sich selbst seiende, schöpferische, erhaltende Weltprinzip. *Brahmanen:* die führende Schicht in Indien. *Brahmanismus:* noch zu Schopenhauers Zeiten die herrschende Religion Indiens, die in den Veden, dem Schriftwerk der arischen Inder, wurzelt.

Charakter: intelligibler Charakter: der außerzeitliche, unveränderliche, freie Charakter. *empirischer Charakter:* der individuell angeborene und in Raum und Zeit und den Formen des Satzes vom Grunde entwickelte intelligible, unfreie Charakter. *erworbener Charakter:* die möglichst genaue, durch Erfahrung erworbene Kenntnis des eigenen (empirischen) Charakters. Schopenhauer: »Erst die genaue Kenntnis seines eigenen empirischen Charakters gibt dem Menschen das, was man erworbenen Charakter nennt: derjenige besitzt ihn, der seine Eigenschaften, gute wie schlechte, genau kennt und dadurch sicher weiß, was er sich zutrauen und zumuten kann, was aber nicht.«

causa efficiens: (lat. efficere = bewirken, veranlassen) die bewirkende Ursache, die Ursache, *durch die* etwas ist; die Ursächlichkeit, nach der spätere Zustände als durch frühere Zustände bewirkt erscheinen. *causa finalis:* (lat. finis = das Ziel) die Endursache, der Zweck; die Ursache, weshalb etwas ist; die Ursächlichkeit, nach der das Geschehen durch ein vorausgesetztes Ziel bestimmt ist.

circulus vitiosus: (lat. = fehlerhafter Kreis) → Schluß, bei dem man zum → Beweis eines Satzes diesen selbst benutzt, d. i. Beweis, bei dem das zu Beweisende in der Voraussetzung schon enthalten ist.

contradictio in adjecto: (lat.) Widerspruch im Beiwort, gegenseitiger Widerspruch zweier Wörter; Widersinnigkeit.

Corollarium: → Korollarium.

Deduktion: (lat. = Ableitung, Herbeiführung) Denkmethode, die vom Allgemeinen auf das Besondere, von allgemeinen Gesetzen auf einen konkreten Fall schließt. *deduktiv:* vom Allgemeinen auf das Einzelne schließend. *deduzieren:* ableiten (vom Allgemeinen auf das Einzelne). → Induktion.

Determinismus: Lehre von der durchgängigen Vorbestimmtheit alles Geschehens.

Dialektik: im Altertum Überredungskunst; Gesprächskunst zur Begriffserklärung; philosophisches Bemühen um die Abklärung von Widersprüchen; Kunst der Beweisführung. Bis ins 18. Jahrh. auch = → Logik. Schopenhauer: »Unter Dialektik verstehe ich ... die Kunst des auf gemeinsame Erforschung der Wahrheit, namentlich der philosophischen, gerichteten Gesprächs. Ein Gespräch dieser Art geht aber nothwendig ... in die Kontroverse über, daher Dialektik auch erklärt werden kann als Disputirkunst.« *dialektisch:* nach der Methode der Dialektik.

Dianoiologie: (griech. dianoia = Denkkraft) Verstandeslehre, die Betrachtung der anschaulichen Vorstellungen, Denklehre.

Diastole: (griech.) Ausdehnung, Erweiterung, Trennung, Unterscheidung. → Systole.

dictum de omni et nullo: (lat.) der Satz, daß, was von allem gilt, auch von jedem einzelnen gilt, und was von keinem gilt, auch von jedem einzelnen nicht gilt.

Ding an sich: nach Kant das unabhängig von unserer Wahrnehmung Vorhandene, eigentlich Seiende; nach Schopenhauer: nur auf subjektivem Wege, aus dem Selbstbewußtsein, als Wille bestimmbar.

diskursiv: (lat. discurrere = auseinanderlaufen) von einer bestimmten Vorstellung oder einem Begriff in logischer Folge zu einem anderen sukzessiv fortschreitend, ein Ganzes aus seinen Teilen aufbauend; begrifflich; Punkt für Punkt vorgehend. → Intuition.

Dogmatismus: (griech. dogma = die Meinung) allgemein das Sichberufen auf eine ungeprüft hingenommene Lehre, im Gegensatz zum → Skepticismus. Bei Kant: die (fälschliche) Annahme, daß der Mensch die Wirklichkeit durch bloße Begriffe, mittels bloßer Vernunft erkennen könne. → Kriticismus.

Doketismus, Doketen: (griech: dokein = scheinen) eine der → Gnosis nahestehende Lehre, wonach Christus nur einen »Scheinleib« gehabt und keinen wirklichen Kreuzestod erlitten habe.

Dualismus: Lehre vom Nebeneinanderbestehen je zweier verschiedener, nicht zur Einheit zu bringender Prinzipien, Denkweisen, Zustände u. a. Zum Beispiel: Leib – Seele; gut – böse. Gegensatz: Monismus.

Eklekt(iz)ismus, Eklektiker: (griech. = Auswähler) Philosophen ohne eigenes System, die aus bereits vorhandenen Systemen ihnen passende Elemente auswählen und zu einer eigenen Lehre zu binden versuchen. Besonders im späten Griechenland, dann wieder im 18. Jahrh. und später.

Eleatismus, Eleaten: Lehre, die von einem nur durch Denken erfaßbaren absoluten Sein ausgeht, dem das Werden und die sichtbare Welt als Schein gegenübersteht. Griech. Philosophenschule um 500 v. Chr. → Rationalismus.

Emanation: (lat. = Ausfluß) Ausstrahlung, Ausströmung, Hervorgehen aus dem Einen, Vollkommenen, dem »Urgrund«; Hervorgehen des Niederen aus dem Höheren. *Emanationssystem:* »Abfallslehre«, Lehre vom Hervorgehen des Niederen aus dem Höheren.

Empirie: (griech. empeiría = die Erfahrung) Sinnes-Erfahrung, Erfahrungswissenschaft. *empirisch:* durch Erfahrung gewonnen, auf Erfahrung gegründet, erfahrungsmäßig. *Empirismus:* Lehre, die die Erfahrung, bzw. das Ausgehen von Erfahrungstatsachen, z. B. von Experimenten, als Grundlage aller Erkenntnis annimmt. *Empiriker:* Erfahrungswissenschaftler, -mensch. → Rationalismus.

Enkratiten: (griech. = Enthaltsame) Richtung der ersten vorchristlichen Jahrhunderte, besonders in Kleinasien vorherrschend, die die Enthaltung von Ehe, Fleisch und Wein verlangte. → Askese.

Enthymem: (griech. = Gedanke) unvollständiger, verkürzter → Schluß, bei dem eine in Gedanken zu ergänzende Prämisse fehlt; Wahrscheinlichkeitsschluß; Kurz-Schluß. → Syllogistik.

Epagoge: (griech. = Hinaufführung) das Denken vom Einzelnen zum Allgemeinen hin. → Induktion, → Deduktion, → Apagoge. *epagogi-*

scher Beweis: Beweis, der die Wahrheit eines Urteils dadurch zeigt, daß die Folgen dieses Urteils als wahr bewiesen werden.

Erkenntnistheorie: die Wissenschaft von der Erkenntnis, ihrem Ursprung, ihrem Wesen, ihrer Wahrheit. Erst in neuerer Zeit gebrauchte Bezeichnung.

esse: (lat.) Sein. *Essentia, Essenz:* Sein, Wesenheit, Sosein. *essentiell, -ial:* wesentlich, zum Wesen eines Dinges gehörend. → Substanz, → Accidenz.

Eudämonismus: (griech.) das Streben nach dem Zustand der Glückseligkeit, als Prinzip der Moral aufgestellt. Dazu: Eudämonist, eudämonistisch. *Eudämonologie, -isch:* Anleitung zu einem glücklichen Leben; Glückseligkeitslehre.

Evidenz: (lat.) höchste Einsichtigkeit, Klarheit, Augenscheinlichkeit; auf sinnlicher Anschauung oder geistiger Einsicht beruhende Deutlichkeit. → Intuition.

explicit, explicite: (lat.) ausführlich dargestellt, breit entwickelt, nachdrücklich, deutlich. → implicite.

Fatalismus: (lat. fatalis – vom Schicksal [fatum] bestimmt) Glaube an ein blindes Schicksal, gegen das man sich nicht wehren kann.

formal, formell: (lat. forma = Form, Gestalt, Bild) formhaft, formelartig; was sich nur auf die Form, nicht auf den Inhalt bezieht. Schopenhauer: formell: = »die Art und Weise«.

generatio aequivoca: (lat.) die Urzeugung, Zeugung durch sich selbst, durch das Zusammenwirken von Naturkräften; die (angenommene) erste Entstehung von Leben aus anorganischem Stoff.

Gnosis: (griech. = Erkenntnis) von den Kirchenvätern bekämpfte Bewegung der ersten christlichen Jahrhunderte, die die Erlösung durch Erkenntnis Gottes in mystischer Schau, nicht durch den Glauben, lehrte. Die Gnostiker vereinten das Christentum mit griechischen und orientalischen Religionselementen. → Doketismus.

Gottesbeweise: Versuche, das Dasein Gottes logisch zu beweisen; von Kirchenvätern und → Scholastikern aufgestellt, von Kant abgelehnt. Von Schopenhauer werden erwähnt: der *ontologische* schließt von der Idee eines höchsten Wesens auf dessen Dasein; ebenso der *ontotheologische*. Der *kosmologische* schließt von der Bewegung in der Welt auf einen Beweger, von der Existenz der Welt auf einen Urheber, von der Bedingtheit alles Seienden auf eine bedingende erste Ursache. Der *physikotheologische* schließt von der Zweckmäßigkeit der Welt auf eine zwecksetzende höchste Vernunft; → Physikotheologie; ebenso der teleologische. → Teleologie. Der *keraunologische* (Schopenhauers Wortbildung) schließt von der Furcht vor einem Höheren (griech. keraunos = der Donnerkeil) auf dessen Existenz.

harmonia praestabilita: → prästabilirte Harmonie.

heterogen: (griech.) andersgeartet, ungleichartig, fremdstoffig; grundverschieden, von anderer Gattung oder Abstammung. Dazu: Heterogeneität. → homogen.

homogen: (griech.) gleichartig, gleichstoffig, von gleicher Abstammung oder Herkunft. Dazu: Homogeneität. Das *Gesetz der Homogeneität:* sucht mit Hilfe von Ähnlichkeiten und Übereinstimmungen bestimmte Arten zu erfassen und diese zu Gattungen zu vereinigen, bis wir zur obersten, umfassenden Einheit gelangen und aus dieser Einheit das Einzelne → deduzieren können. → Specifikation, → heterogen.

Humanismus: (lat. humanitas = Menschlichkeit) auf das griechische Bildungsideal begründete, seit der Renaissance führende geistige Bewegung.

Hypostase: (griech. = Unterlage) Verdinglichung, Substantialisierung von Begriffen, Ideen; »Gedanken zu Sachen machen«. (Kant).

hypothetisch: (griech. hypothesis = das Untergelegte, das Unterstellte) bedingt, angenommen, nur unter bestimmten Bedingungen geltend. → kategorisch, → Urteil.

ideal: (neulat. idealis, abgeleitet vom griech. eidos = Bild) einem Ideal nachstrebend, dem Ideal gemäß; nur als Idee bestehend (= ideell), nicht real oder wirklich; nicht gegenständlich, nicht dinghaft gegenwärtig. Schopenhauer: »das, was unserer Erkenntniß allein und als solcher angehört.« *Idealität:* das Sein als bloße Idee oder Vorstellung. → Realität, →real. *Idealismus:* Erkenntnistheoretisch der Standpunkt, der das Sein als Wahrgenommenwerden, als Bewußtsein auffaßt, → Realismus, → transscendental.

Idee, platonische: von Schopenhauer als die unwandelbaren, in die Vielheit der → Individuation noch nicht eingegangenen Stufen der → Objektivation des Willens bezeichnet.

Identitäts-Philosophie: nach Schelling → Metaphysik, die Subjekt und Objekt, Denken und Sein, Geist und Stoff nur als verschiedene, im Grunde identische Erscheinungsformen einer einzigen Wirklichkeit sieht.

Illuminismus: (lat. lumen = Licht) eine nach innen gerichtete, auf innerer Erleuchtung, intellektueller Anschauung usw. beruhende Erkenntnisweise (F. H. Jacobi, Schelling); das Vermögen zu solcher Erkenntnis. Gegensatz: → Rationalismus. → Intuition.

immanent: (lat. immanere = darin bleiben) innewohnend; was im eigenen bleibt, nicht über sich selbst hinausgeht, nicht auf etwas Fremdes übergreift (= transzendiert), was innerhalb der möglichen Erfahrung bleibt. Schopenhauer: »In den Schranken möglicher Erfahrung bleibend.« → transscendent, transscendental.

implicit, implicite: (lat.) im Gewußten stillschweigend enthalten, unausgesprochen, eingeschlossen, inbegriffen, dem Sinn nach mitenthalten. → explicit.

Indifferentismus: Gleichgültigkeit gegenüber Dingen, Zuständen, Ereignissen, usw., entweder aus Mangel an Interesse, oder aus Überlegenheitsgefühl, oder aus Verzicht auf eigene Stellungnahme.

Individuationsprinzip, principium individuationis: (lat.) das die Individualität, die Besonderung der Weltsubstanz in Einzelwesen Bedingende und dadurch die Vielheit der individuellen Wesenheiten Ermöglichende und Erklärende; der Seinsgrund der Einzelwesen. Nach Schopenhauer ist dieses Prinzip in Raum und Zeit gegeben.

Induktion: (lat. = Einführung) Zuleitung, Denkmethode, die vom Einzelnen, vom besonderen Fall auf das Allgemeine, auf eine Gesetzmäßigkeit schließt. Schopenhauer: »die Erkenntnisse des Grundes aus den Folgen.« *induktiv:* vom Einzelnen auf das Allgemeine schließend, → Deduktion, → Epagoge.

inhäriren: (lat.) innewohnen, anhaften, wie das → Accidenz der → Substanz.

Inkommensurabilität: Unmeßbarkeit, Unvergleichbarkeit. Dazu: inkommensurabel.

Inkongruenz: → Kongruenz.

intelligibel: (lat. intellegere = einsehen, begreifen) nur durch den Verstand, durch Denken, durch Denkanschauung erkennbar, dem Reich der Gedanken zugehörig. *intelligibler Charakter:* der außerzeitliche, unveränderliche, freie → Charakter. *intellektual:* verstandesbedingt, zur geistigen Wahrnehmung befähigt, auf den Verstand, auf das Erkenntnisvermögen sich beziehend, bes. in Gegensatz zum Sinnlichen. *intellektuale Anschauung:* unmittelbare Selbstanschauung des Ich (Fichte); unsinnliche, unmittelbare Anschauung des Absoluten (Schelling). → sensual.

Intuition: (lat. intuitus = Blick, Anblick) unmittelbare, eingebungsartige Anschauung, unmittelbares Erfassen des Wesens der Dinge. Schopenhauer: »lebendige Anschauung«. *intuitiv:* durch unmittelbare, lebendige Anschauung erkennbar, erkennend, oder erkannt. → diskursiv.

Ionier, ionische Philosophen: die ältesten griech. Philosophen, sämtlich Naturphilosophen, die insbesondere nach dem Urstoff (griech. hyle) fragten. Hauptvertreter: Thales, Heraklit.

Irritabilität, Reproduktivität (Reproduktion), Sensibilität: bilden nach der Auffassung des 19. Jahrh. eine Dreiheit von Hauptäußerungen des Lebens, in der das Leben sich als ein organisches Ganzes darstellt. *Irritabilität:* Fähigkeit des Muskels, sich zusammenzuziehen, Erregbarkeit,

Reproduktivität, Reproduktion: die ständige Erneuerung im organischen Körper, Voraussetzung der Gesundheit. *Sensibilität:* Empfänglichkeit für Sinneseindrücke, Reaktionsfähigkeit auf empfangenen Reiz, innerlich reale Nerventätigkeit.

Islam: (arab. = Hingebung) von Mohammed (ca. 570–632 n. Chr.) gestiftete Eingott-Religion.

Jansenismus: katholische theologische Bewegung, benannt nach dem niederländischen Theologen Cornelius Jansen (1585–1638), die die Lehren Augustins gegen die Jesuiten verteidigte und eine katholische Innerlichkeit vertrat.

Kabbalistische Philosophie: (hebr. kabbala = Überlieferung) jüdische Mystik, derzufolge die sichtbare Welt aus dem Ur-Einen, dem Licht, hervorgegangen ist.

Kategorien: allgemeinste Begriffe, Denkformen, durch die alles Vorhandene zuletzt gedacht wird, bei Aristoteles 10, bei Kant 12, von denen Schopenhauer nur die → Kausalität behält, als (→ apriorische) Grundform der Anschauung in Raum und Zeit. *kategorisch:* (griech. kategorikos = aussagend) unbedingt, bedingungslos geltend, nicht an Bedingungen geknüpft, im Gegensatz zu → hypothetisch. → Urteil.

Kategorischer Imperativ: (Kant): »Handle so, daß die Maxime deines Wollens jederzeit zugleich als Prinzip einer allgemeinen Gesetzgebung gelten kann« – nach Kant Grundsatz aller Sittlichkeit; nach Schopenhauer »der theologischen Moral entlehnt« und »ohne solides Fundament«.

Kausalität, Kausalgesetz: (lat. causa = Ursache) der gesetzmäßige Folgezusammenhang von Ursache und Wirkung; jedes Geschehen hat eine Ursache und ist zugleich Ursache eines anderen Geschehens. Also: kein Geschehen ohne Ursache. Bei Kant eine der 12 → Kategorien, bei Schopenhauer (als Reiz, Ursache oder → Motiv wirkende) Grundform der Anschauung. *Kausalnexus, -reihe, -kette:* (lat. nexus = Zusammenhang, Verflechtung) Bild des von Anbeginn fortlaufenden Zusammenhangs der Verknüpfung von Ursache und Wirkung.

Kommunismus: das Kommunistische Manifest von Marx/Engels erschien 1848.

Kongruenz, kongruiren: Deckungsgleichheit, (math.) völlige Gleichheit (nicht: Identität), Übereinstimmung. *Inkongruenz:* Verschiedenartigkeit, Nicht-Übereinstimmung.

Konkretes, concreta: (lat. = das Zusammengewachsene) das unmittelbar Erlebte, greifbar Wirkliche. *in concreto:* in Wirklichkeit, tatsächlich, in einem bestimmten Fall. → abstracta, in abstracto.

Kontraposition: (lat. = Entgegenstellung) Ableitung einer verneinenden Aussage aus einer positiven Aussage: »Alle A = B; folglich kein Nicht-B = A.«

Konversion: (lat. conversio = Umwendung) Verfahren, durch Vertauschen von Begriffen in Prämissen neue Sätze abzuleiten. → Urteil.

Kopula: Verbindungswort; das Zeitwort »sein«; in der → Logik verbindet es im → Urteil Subjekt und Prädikat.

Korollarium: (lat. Kränzlein) Schlußfolgerung, ein gleichsam sich von selbst ergebender Folgesatz; Satz, der selbstverständlich aus einem bewiesenen Satz folgt. Auch: (selbständiger) Zusatz in einer wissenschaftlichen Darstellung (bes. Spinoza).

Korrelate: (lat. con = mit, relatum = zurückbezogen) Wechselbegriffe, Begriffe, die nur in wechselseitiger Beziehung einen Sinn haben, z. B. Ursache – Wirkung.

Kreatianismus, Kreatianer: (lat. creatio = Schöpfung) Lehre, im Mittelalter, daß nur der Leib durch Zeugung entsteht, während jede einzelne Seele von Gott erschaffen und mit dem Leib vereinigt wird. → Traduzianismus.

Kriticismus: seit Kant das Verfahren, die Möglichkeiten und die Grenzen des menschlichen Erkennens abzustecken. → Dogmatismus, → Skepticismus.

Kynismus: (griech. kyon = Hund) Lehre von der Bedürfnislosigkeit und Selbstgenügsamkeit im 5. und 4. Jahrh. v. Chr.; später in ehrfurchtslose Sittenverachtung ausartend (Zynismus).

Logik: (griech. logos = Wort) Lehre vom vernünftigen Denken und Schließen, also Denklehre, Lehre vom Schließen. Bei Plato noch → Dialektik, von Aristoteles Analytik genannt.

Makrokosmos: (griech. makros = groß) die »große Welt«, die Schöpfung, das Weltall (Neubildung des 18. Jahrh.) → Mikrokosmos.

Materie: (lat. materia = Stoff) Grundstoff, Urstoff, Stoff als Inhalt im Gegensatz zur Form. → formal, → Substanz. *materiell, material:* stofflich, inhaltlich, auf den Inhalt bezüglich. Schopenhauer: »Das Materielle ist das Wirkende (Wirkliche) überhaupt.« *immateriell:* unstofflich, unkörperlich, geistig. *Materialismus:* Ansicht, derzufolge die Materie, der Stoff, die einzige Wirklichkeit ist; auch Seele, Geist, Vernunft sind Bewegungen oder Kräfte der Materie. → Idealismus.

Megariker: Mitglieder der nach dem Tode des Sokrates (399 v. Chr.) durch Euklides von Megara gegründeten, auch den → Eleaten nahestehenden Philosophenschule.

metalogisch: über das Logische hinaus, jenseits des Logischen, überlogisch.

Metaphysik: (griech. meta ta physika = hinter oder nach dem Physischen) die Wissenschaft, die das Seiende und seine Grundbedingungen erforscht, die Lehre vom Seienden selbst (Ontologie), vom Wesen der Welt (Kosmologie), vom Menschen (philosophische Anthropologie), von

Gott (Theologie). Schopenhauer: »jede angebliche Erkenntniß, die über die Möglichkeit der Erfahrung hinausgeht.« »Die Aufgabe der Metaphysik ist zwar nicht die Beobachtung einzelner Erfahrungen, aber doch die richtige Erklärung der Erfahrung im Ganzen.«

Metempsychose: (griech.) Seelenwanderung. Ein bei Indern und Aegyptern verbreiteter Glaube und Bestandteil u. a. der buddhistischen und pythagoreischen Philosophie.

Mikrokosmos: (griech. mikros = klein) die »kleine Welt«, im eigentlichen philosophischen Sinne der Mensch als Welt für sich, als Abbild des Gesamtkosmos. → Makrokosmos.

Modalität: (lat. modus) Art und Weise des Seins oder Geschehens in den Kategorien Möglichkeit, Wirklichkeit, Notwendigkeit. → Modalität des → Urteils.

Monadologie: (griech. monas = Einheit) Lehre von den letzten Einheiten, Monaden, einfachen körperlichen und geistigen, bewußten und unbewußten Substanzen, aus denen sich die Weltsubstanz zusammensetzt. Gott ist die Urmonade, alle anderen Monaden ihre Ausstrahlungen (Leibniz).

Monotheismus: (griech. monos = einzig, allein; theos = Gott) Glaube an *einen* Gott, im Gegensatz zum → Polytheismus. → Pantheismus.

Mormonismus: die Mormonen oder Kirche Jesu Christi der Heiligen der Letzten Tage, gegr. 1830 durch Joe Smith, später beheimatet in Salt Lake City, USA. Bekannt durch die bis 1895 geübte Vielehe.

Motiv: (lat. movere = bewegen) Beweggrund. Schopenhauer: »Motive sind Vorstellungen, und ihr Sitz ist das Gehirn.« → Quietiv.

mundus intelligibilis: (lat.) die nur mit dem Verstand erfaßbare Welt, die Verstandeswelt. *mundus sensibilis:* die mit den Sinnen wahrnehmbare Welt, die Sinneswelt.

Mysticismus: Neigung zur Mystik, zur Verehrung des Geheimnisvollen; widerstrebt der Aufklärung, dem → Rationalismus. Schopenhauer: »Bewußtsein der Identität der eigenen Wesenheit mit der ... aller Dinge, oder mit dem Kern der Welt.«

natura naturans: (lat.) die schaffende Natur, die schöpferische Natur, die hervorbringende Natur. *natura naturata:* die geschaffene Natur, die geschaffenen Einzeldinge der Natur.

Naturalismus: Ableitung alles Geschehens aus Naturtatsachen. Schopenhauer: »die rein physikalische Betrachtung.«

Neo-Spinozismus: Weiterbildung der Lehre Spinozas durch Fichte, Schelling u. a.

Neu-Platonismus: Weiterbildung der Lehre Platons, das letzte, um 200 n. Chr. entstandene System der griechischen Philosophie.

Nominalismus: (lat. nomen = Name) im Universalienstreit des Mittelalters die Lehre, daß den Allgemeinbegriffen (Universalien) keine reale Existenz zugrundeliege, daß sie bloße Worte seien. Gegensatz: der (platonische) Begriffsrealismus, der den Allgemeinbegriffen reale Existenz und Vorrang vor den Einzeldingen zuschrieb. → Scholastik. → Realismus.

Noumenon: (Plural: Noumena; griech. nous, nóos = Geist, Verstand) das geistig Erkennbare, das »Verstandesding«. → Phänomenon.

nunc stans: (lat. = jetzt stehend, stehendes Jetzt) beharrendes Jetzt, ständige Gegenwart. Bezeichnung der → Scholastiker für die Ewigkeit.

Objektität: (Eigenbildung Schopenhauers) Sichdarstellen des Willens in der Erscheinungswelt. *Objektivation:* Sichdarstellen, Vergegenständlichung in einer einzelnen bestimmten Stufe der Erscheinungswelt. → Ideen, platonische. *objektiviren:* (sich) sichtbar machen, vergegenständlichen.

operari: (lat.) handeln

Optimismus: (lat. optimum = das Beste) Lehre, daß diese Welt die beste aller möglichen Welten sei (Leibniz). → Pessimismus.

Organon: (griech. = Werkzeug) die logischen Schriften des Aristoteles, die als »Werkzeug« zur Erkenntnis der Wahrheit betrachtet wurden.

Ontologie: (griech. to on = das Seiende, logos = Wort, Lehre) Seinslehre, Lehre von den Dingen, den Gegenständen der menschlichen Erkenntnis »überhaupt«. Bezeichnung für die Metaphysik des Seins, als ersten Teil der → Metaphysik. Von Kant abgelehnt. Schopenhauer: »Die Ontologie nimmt die Welt als Vorstellung, nebst ihren Gesetzen, als etwas schlechthin Vorhandenes und absolut Reales ... Was die alten Ontologien füllt, ist ... zusammengeraffte *farrago* (Gemengsel).« Dazu: *ontologisch.*

Palingenesie: (griech.) Wiedererstehung.

Pantheismus: (griech. pan = alles, theos = Gott) »Allgottlehre«; Gott ist das Weltall selbst. Schopenhauer: »die vornehme Form des Atheismus«, die das gesamte Sein mit Gott ineins setzt. → Monotheismus, → Polytheismus, → Theismus.

Paralogismus: Fehlschluß aus formalen Gründen, trotz richtiger Prämissen, falsch gezogener → Schluß.

Pelagianismus: Lehre des irischen Mönchs Pelagius (gest. nach 418), der das Dogma der Erbsünde verwarf und die natürlichen Kräfte des Menschen als zur Erlangung der Seligkeit für ausreichend erklärte.

Perception: (lat. perceptio = Erfassen, Begreifen) Wahrnehmung, insbesondere sinnliche; Auffassung; auch erklärt als erste Stufe der Erkenntnis. *percipiren:* wahrnehmen, erfassen. → Apperception.

Peripatetiker: Schüler des Aristoteles (4. Jahrh. v. Chr.)

Pessimismus: (lat. pessimum = das Schlechteste) Philosophie, die die schlechten Seiten der Welt in den Vordergrund der Betrachtung rückt und die Nichtigkeit des menschlichen Daseins lehrt. Der Pessimismus liegt allen Erlösungsreligionen zugrunde. → Optimismus.

petitio principii: (lat. = Forderung des Beweisgrundes) Voraussetzung eines noch unbewiesenen, noch zu beweisenden Satzes schon als Beweisgrund; Erschleichung des Beweisgrundes. → Beweis.

Phaenomenon: (Plural: Phaenomena; griech. phainomenon = das Erscheinende) die Erscheinung, die sich der Erkenntnis anbietenden Bewußtseinsinhalte bzw. Gegenstände. → Noumenon. *phänomenal:* zur Welt der Erscheinungen gehörend. *phänomenell:* auf die Erscheinung bezogen, sich beziehend.

Physikotheologie: Lehre, wonach sich Gottes Dasein aus der zweckmäßigen Einrichtung der Welt ergibt. Schopenhauer: die Lehre, »daß es ein Intellekt sein müsse, der die Natur geordnet und gemodelt hat.« → Gottesbeweise.

Polytheismus: (griech. polys = viel) Glaube an viele Götter. Gegensatz: → Monotheismus. → Atheismus.

Postulat: (lat. postulare = fordern) Denkforderung, notwendige Annahme. *postuliren:* beweislos annehmen, sachlich bzw. denkerisch fordern.

potentiâ: (lat.) in der Möglichkeit. → actu

Potenz: (lat. potentia = Kraft, Macht, Einfluß) auch: Möglichkeit, Einwirkung. – Im 19. Jahrhundert jede Einwirkung auf den lebenden Körper, die das Leben unterhält oder einschränkt. *Potenzirung:* Steigerung, Erhebung. *Depotenzirung:* Schwächung, Herabsetzung (bes. der Naturkräfte).

Präexistenzianer: Vertreter der Lehre, daß die Welt schon vor ihrer Erschaffung als stoffliche Welt als Idee im Gedanken Gottes existierte, ebenso wie die Seele vor ihrem Eintritt in den Leib und Christus als Logos (griech. = Wort) bei Gott vor seiner Menschwerdung. → Kreatianismus, → Traduzianismus.

Prämisse: → Urteil.

Prästabilirte Harmonie, harmonia praestabilita: das von Gott vorherbestimmte harmonische Verhältnis der Dinge im All, besonders von Leib und Seele des Menschen, zueinander; entsprechend der Übereinstimmung zweier gleichlaufender Uhren. (Leibniz).

Pragmatismus: (griech. pragma = Handlung) Philosophie, die das Handeln über das Denken stellt und den Wert des Denkens nach seinem Nutzen für die Praxis des Lebens mißt.

Primum mobile: (lat.) der erste Beweggrund, das erste Bewegende, der erste Antriebsgrund, -faktor, die erste bewegende Kraft. Ausdruck der aristotelischen Philosophie.

principium individuationis: → Individuationsprinzip.

Psychologie, rationale: Lehre von den Begriffen der Seele und der seelischen Vorgänge, also nicht von der praktischen Erfahrung solcher Vorgänge (Chr. Wolff). Nach Kant Teil der → Metaphysik; nach Schopenhauer einfach »Denklehre«, »welcher zufolge der Mensch aus zwei völlig heterogenen Substanzen zusammengesetzt ist, dem materiellen Leibe, und der immateriellen Seele. Plato ist der Erste, der dieses Dogma förmlich aufgestellt ... hat.«

Pythagoreismus, Pythagoreer: Schüler des Pythagoras, die lehrten, daß die Zahlen, als Prinzipien des Mathematischen, auch die Prinzipien des Seienden und ihre Proportionen Abbilder der Harmonie der Welt seien.

qualitates occultae: (lat. = verborgene Eigenschaften) Ausdruck der Scholastiker für die nicht wahrnehmbaren Eigenschaften und nicht erklärbaren Wirkungen der Dinge.

Quietismus: (lat. quies = Ruhe) nach Schopenhauer: »Aufgeben allen Wollens, Askese, d. i. absichtliche Ertötung des Eigenwillens.« *Quietiv:* (Schopenhauersche Prägung) »Stillungsgrund« als Gegensatz zu → *Motiv:* Beweggrund.

Ramisten: Anhänger des Petrus Ramus (1515–1572), eines Gegners der aristotelisch-scholastischen Philosophie. → Scholastik.

rational: (lat. ratio = die Vernunft) vernünftig, vernunftmäßig begründet, durch Verstandesdenken gewonnen. *Rationalismus:* Lehre, die die Vernunft zum obersten Prinzip macht – die Denkweise der Aufklärung. Gegensatz: Irrationalismus. → Sensualismus.

real: (lat. res = die Sache) wirklich, objektiv, nicht nur in Gedanken seiend, gegenständlich. Schopenhauer: »Das Ideale ist die sich räumlich darstellende, anschauliche Gestalt, mit allen ihren wahrnehmbaren Eigenschaften; das Reale ist das Ding an sich, in und für sich selbst, unabhängig von seinem Vorgestelltwerden im Kopfe eines Anderen, oder seinem eigenen.« *Realität:* das Sein in der objektiven Wirklichkeit.
Realismus: Lehre, die das Vorhandensein einer außerhalb des Bewußtseins liegenden Wirklichkeit behauptet. (Gegensatz – Idealismus); in der → Scholastik die Annahme einer Realität der Allgemeinbegriffe (Gegensatz → Nominalismus).

Regressus: (lat.) Rückgang des Denkens vom Besonderen zum Allgemeinen, vom Bedingten zur Bedingung, von den Wirkungen zur Ursache.

Reproduktion, Reproduktivität: → Irritabilität.

Rigorismus: (lat. rigor = Starrheit) das starre Festhalten an Grundsätzen der Philosophie, der Religion, des Handelns.

Sabäismus: Religion in Ägypten, Arabien und den Ländern zwischen Mittelmeer und Tigris, welche die Gestirne als göttlich verehrte und die Veränderungen der Natur ebenso wie die menschlichen Schicksale von ihnen abhängig macht.

Schluß: das Verfahren, aus mehreren, mindestens zwei Urteilen ein einziges Urteil, die Schlußfolgerung (lat. = conclusio), Konklusion, abzuleiten. *Fangschluß:* falsch formulierter, pseudowissenschaftlicher, zur Täuschung gezogener Schluß. *Schlußfigur:* die jeweils besondere, durch die Stellung des Mittelbegriffs bestimmte Form des Schlusses. *Sophisma:* Trugschluß mit Täuschungsabsichten, Scheinbeweis. → Urteil, → Syllogistik.

Scholastik: (lat. schola = Schule) die Philosophie des Mittelalters, die unter Einbeziehung der Lehre des Aristoteles die christlichen, in den Dogmen niedergelegten Wahrheiten als Grundlage des Wissens betrachtete. → Nominalismus.

Sensibilität: → Irritabilität

sensual: (lat. sensus = Sinn, Gefühl, Empfindung) sinnlich, auf Sinneswahrnehmungen gegründet, der Sinneswahrnehmung fähig. *Sensualismus:* seit Locke eine → erkenntnistheoretische Lehre, die alle Erkenntnis aus den Sinneswahrnehmungen ableitet. → Rationalismus.

Skepticismus: (griech. skepsis = Untersuchung, Überlegung) philosophische Richtung, die den Zweifel an einer sicheren Wahrheit zum Prinzip allen Denkens macht. → Dogmatismus, → Kriticismus.

Sophisma: → Schluß. *Sophistik:* (griech. sophia = die Weisheit) eine Epoche der griechischen Philosophie, von Sokrates und Platon bekämpft. *Sophisten:* (griech. sophistes ≐ Weiser, Meister, Künstler) waren bezahlte Bildungslehrer, bekannt als geschickte Redner; daher der Begriff *Sophistikation* = Spitzfindigkeit.

Specifikation: (lat. species = Art) Besonderung, Einteilung in Unterabteilungen. *Gesetz der Specifikation:* sucht die in einem umfassenden Geschlechtsbegriff vereinigten Gattungen zu unterscheiden und in Arten und Unterarten zu gliedern, um aus einzelnen Wahrnehmungen → induktiv allgemeine Erkenntnisse zu gewinnen. → Homogeneität. *specifisch:* arteigen, wesenseigen, kennzeichnend.

Spekulation: (lat. speculatio = Ausspähung) Versuch, durch Denken zum Erkennen über die Erfahrung hinaus zu gelangen. *spekulativ:* über die Erfahrung auf das zugrundeliegende Geistige, Übersinnliche hinausgehend.

Spiritualismus: philosophische Richtung, für die das Geistige das Wirkliche, das Absolute ist, das Körperliche aber die Erscheinungsweise des Geistes. → Materialismus.

Stoicismus: Haltung der Philosophischen Schule der Stoa, der Stoiker (Epiktet, Seneca, Marc Aurel). Ihre Forderung: der Natur gemäß leben, die Affekte beherrschen, Schweres ruhig ertragen.

Substanz: (lat. substantia = das darunter Bestehende) der beharrende Wesenskern im Gegensatz zu seinen wechselnden Zuständen und Eigenschaften; der Träger der Erscheinungen; das für sich Bestehende im Gegensatz zu dem nur an anderem Bestehenden; das Beharrende im Unterschied zum Wechselnden, zu seinen Zuständen. Schopenhauer: »ein Synonym von → Materie, darüberhinaus ein unberechtigter Begriff.« *substantiell, substantial:* zum Wesen gehörend, wesenhaft, stofflich, materiell. → Accidenz, → essentia.

Substrat: (lat. = das Untergelegte) die Grundlage, der Träger, d. i. die → Substanz.

Subsumtion, subsumiren: Unterordnung, einbegreifen. Besonders in der → Logik die Unterordnung des Artbegriffs unter den Gattungsbegriff.

Sufismus: islamische Mystik arabisch-indisch-persischer Herkunft, wonach der Mensch eine Ausstrahlung Gottes ist, die wieder zu Gott zurückstrebt.

Supranaturalismus: (lat. supra = über) der Glaube an Übernatürliches, insbesondere an eine durch Ahnung oder geistige Schau faßbare übernatürliche Offenbarung.

Syllogistik: (griech. syllogizomai = zusammenrechnen, herausfolgern) die klassische, von Aristoteles begründete Lehre von den Schlüssen, insbesondere vom Allgemeinen auf das Besondere. Auch: Lehre von der Vermeidung von Schlußfehlern. *Syllogismus:* zwei Urteile (Prämissen) und die Schlußfolgerung. *Prosyllogismus:* Vorschluß – der Schlußsatz eines Syllogismus ist zugleich die Prämisse des folgenden Syllogismus. → Urteil, → Schluß, → Beweis.

Synkretismus: (griech.) kritiklose Verschmelzung philosophischer oder religiöser Systemelemente. → Eklekticismus.

synthetisch: (griech.) zusammensetzend, verknüpfend, vom Allgemeinen zum Besonderen fortschreitend. → Deduktion, → analytisch.

Systole: (griech.) Zusammenziehung, Verdichtung. *Systole und Diastole:* ursprünglich und medizinisch heute noch: Erweiterung und Zusammenziehung der Muskelfasern der Gefäße; übertragen für das Lebensgesetz der Polarität (Goethe).

Teleologie: (griech. telos = Zweck, Ziel) Lehre von der Zweckmäßigkeit, von den Gesetzen der Zweckursachen, vom Endzweck der Dinge; nach ihr werden menschliches Handeln, geschichtliche Ereignisse, Naturgeschehnisse durch Endzwecke bestimmt und geleitet. *Teleologisch:* von der Zweckmäßigkeit her denkend oder gedacht. → Kausalität.

Theismus: (griech. theos = Gott) Glaube an einen außerweltlichen, persönlichen Gott als selbsttätigen Weltschöpfer und Weltlenker. → Polytheismus, → Pantheismus, → Monotheismus, → Atheismus.

Theodicee: Rechtfertigung Gottes gegenüber dem Vorwurf seiner Verantwortlichkeit für das Böse und Schlimme in der Welt. (Leibniz).

Thesis: (griech. = Setzung) These, Behauptung, Satz, Lehrsatz, der eines Beweises bedarf. → Antithesis.

transscendent: (lat. transscendere = überschreiten) die Grenzen der Erfahrung überschreitend; außerhalb der Grenzen der uns mittels der Sinne erkennbaren Welt liegend; über das menschliche Bewußtsein hinausreichend, die mögliche Erfahrung übersteigend. Schopenhauer: »alle Möglichkeiten der Erfahrung überfliegend.« → transscendental, → immanent.

transscendental: bis Kant gleichbedeutend mit transscendent. Dann: was der Erfahrung logisch vorhergeht, was von der Erfahrung unabhängig gilt; vor aller Erfahrung. Transszendentale Erkenntnis bestimmt das in aller Erfahrung Mögliche vor aller Erfahrung. Schopenhauer: »Eben nur, sofern das Bewußtsein seiner – Apriorität ihn begleitet, heißt er bei Kant transscendental – als zum Unterschiede von transscendent.« Davon: Transscendentalität. *transscendentale Ästhetik:* Wissenschaft von allen Prinzipien der Sinnlichkeit → a priori. *transscendentale → synthetische Einheit der → Apperception* (Kant): diejenige Einheit des Selbstbewußtseins, durch welche alle in einer Anschauung gegebene Mannigfaltigkeit in einem Begriff vom Objekt vereinigt wird, d. i. bei Schopenhauer das Subjekt des Erkennens, der Einheitspunkt des Bewußtseins. *transscendentaler → Idealismus:* Lehre Kants, daß alle Gegenstände möglicher Erfahrung nicht an sich, sondern nur als Erscheinungen faßbar sind.

Topik: seit Aristoteles die Lehre von den »Örtern«, (griech.) den Topoi, den allgemeinen Gesichtspunkten, die zur Erhellung eines Begriffs dienen; Verfahren, das jedem Begriff den Ort innerhalb der Sinnlichkeit oder des Verstandes auszuweisen sucht.

Traduzianismus, Traduzianer: (lat. traducere = übertragen) Lehre, derzufolge die Seele des Menschen zugleich mit dem Leib vom Vater bei der Zeugung erzeugt werde. → Kreatianismus, → Präexistentianer.

Trope: (griech.) Wendung, bildlicher Ausdruck. *tropisch:* übertragen, bildlich, nicht im eigentlichen Sinn.

Universalia, Universalien: → Nominalismus, Realismus.

unité de plan: (frz.) Einheitlichkeit des Plans, die Entsprechung aller Formen im Tierreich, ihr gemeinsamer Grundtypus.

Urteil: im logischen Sinne ein Akt des Bejahens oder Verneinens. Schopenhauer: »Die Materie des Denkens.« Die Urteile, die Voraussetzungen, aus denen der → Schluß gezogen wird, heißen Prämissen. (auch propositiones, Vordersätze, Voraussetzungen). Eine Prämisse ist der Obersatz (propositio major, z. B. »Alle Menschen sind sterblich«); die andere der Untersatz (propositio minor, z. B. »Priester sind Menschen«). Die beiden Prämissen haben einen gemeinsamen Begriff (hier: Menschen), den Mittelbegriff, terminus medius. Die den Prämissen nicht gemeinsamen Begriffe heißen Außenbegriffe; terminus major im Obersatz, terminus minor im Untersatz. Die Schlußfolgerung hier: »Priester sind sterblich.« *Analytisches Urteil:* hier wird vom Subjekt durch Zergliederung der schon im Subjekt enthaltenen bzw. mitgedachten Merkmale etwas ausgesagt. (»Das Dreieck hat drei Seiten.«) *Disjunktive Urteile:* sind Urteile, die einander ausschließen und zugleich eine Einteilung begründen. Einander wechselseitig ausschließende Urteile. *Hypothetisches Urteil:* auf → Hypothesen beruhendes Urteil. *Identisches Urteil, Identitäts-Urteil:* Urteil, das ein- und dasselbe bedeutet; identische Gleichung a = a. *Synthetisches Urteil:* hier wird vom Subjekt etwas ausgesagt, das erst durch das Urteil selbst neu hinzukommt (»Das Dreieck ist auf Papier gezeichnet«). Schopenhauer: »durch welches (Urteil) wir, ohne alle Erfahrung, und doch mit Gültigkeit für alle Erfahrung, unsere Begriffe bilden und vervollständigen.« *Modalität des Urteils:* Gültigkeit oder Erkenntniswert des Urteils, zerfallend in problematische (fragliche), assertorische (schlechthin behauptende), apodiktische (unumstößliche) Urteile.

Utilitarismus, Utilitarianismus: (lat. utilis = nützlich) Lehre, die als Grundlage sittlichen Handelns den Nutzen erklärt: ideale Werte müssen einzelnen oder dem Gemeinwohl nutzen. → Pragmatismus.

Vorsokratiker: Die griechischen Philosophen vor Sokrates: die → Eleaten Pythagoras, Empedokles von Agrigent, Anaxagoras, Protagoras.

Zend-Religion: Im 19. Jahrh. Name für das heilige Buch der vorislamischen Perser (6.–5. Jahrh. v. Chr.) und der heutigen Parsen, das Awesta (»Zend-Avesta«). Zend: Name des in mittelpersischer Sprache verfaßten Kommentars zum Awesta. – Nicht zu verwechseln mit dem Zen-Buddhismus, der von China her im 12. Jahrh. nach Japan eingeführten buddhistischen Reformrichtung (Meditation zur Entspannung, strenge Lebensführung).

Arthur Schopenhauer im Diogenes Verlag

Der komplette Schopenhauer: Jeder Band bringt den integralen Text in der originalen Orthographie und Interpunktion Schopenhauers; Übersetzungen und seltene Fremdwörter sind in eckigen Klammern eingearbeitet; ein Glossar wissenschaftlicher Fachausdrücke ist als Anhang jeweils dem letzten Band der *Welt als Wille und Vorstellung*, der *Kleineren Schriften* und der *Parerga und Paralipomena* beigegeben. Die Textfassung geht auf die historisch-kritische Gesamtausgabe von Arthur Hübscher zurück; das editorische Material besorgte Angelika Hübscher.

Gesammelte Werke
10 Bände in Kassette
Alle Bände auch als Einzelausgaben erhältlich

Die Welt als Wille und Vorstellung I
in zwei Teilbänden

Die Welt als Wille und Vorstellung II
in zwei Teilbänden

Über die vierfache Wurzel des Satzes vom zureichenden Grunde / Über den Willen in der Natur
Kleinere Schriften I

Die beiden Grundprobleme der Ethik: Über die Freiheit des menschlichen Willens / Über die Grundlage der Moral
Kleinere Schriften II

Parerga und Paralipomena I
in zwei Teilbänden, wobei der zweite Teilband die ›Aphorismen zur Lebensweisheit‹ enthält

Parerga und Paralipomena II
in zwei Teilbänden

Außerdem erschienen:

Denken mit Arthur Schopenhauer
Vom Lauf der Zeit, dem wahren Wesen der Dinge, dem Pessimismus, dem Tod und der Lebenskunst
Herausgegeben und mit einem Nachwort von Otto A. Böhmer

Aphorismen zur Lebensweisheit
Mit einem Nachwort von Egon Friedell